二十一世纪普通高等院校实用规划教材·经济管理系列

管理运筹学

(第2版)

孟丽莎 主 编
丁四波 李凤廷 副主编
任明利 闫运生 参 编

清华大学出版社
北 京

内 容 简 介

“管理运筹学”是高等院校经济管理类专业一门重要的专业基础课，掌握运筹学整体优化的思想和若干定量分析的优化技术，以便能正确运用各类模型分析、解决复杂的实际问题，是培养和提高学生科学思维、科学方法、实践技能和创新能力的有效途径。

本书精选了大量的案例，在面向应用、兼顾算法的原则下，系统地介绍了在经济管理中应用最为广泛的线性规划、对偶理论与灵敏度分析、整数规划、目标规划、运输问题、图论与网络分析、动态规划、存储论、决策分析、博弈论等理论和方法。各章均配有多媒体课件、习题及答案、计算机算法软件使用说明等。

本书理论与实践相结合，注重培养学生解决实际问题的能力，可作为高等院校经济管理专业本科生、MBA 的教材，也可作为工程技术人员和工商企业管理者的自学参考书。

图书在版编目(CIP)数据

管理运筹学/孟丽莎主编. —2 版. —北京：清华大学出版社，2017（2021. 7 重印）
(二十一世纪普通高等院校实用规划教材・经济管理系列)
ISBN 978-7-302-47905-5

Ⅰ. ①管…　Ⅱ. ①孟…　Ⅲ. ①管理学—运筹学—高等学校—教材　Ⅳ. ①C931.1

中国版本图书馆 CIP 数据核字(2017)第 193237 号

责任编辑：陈冬梅
封面设计：刘孝琼
责任校对：周剑云
责任印制：沈　露
出版发行：清华大学出版社
　　网　　址：http://www.tup.com.cn, http://www.wqbook.com
　　地　　址：北京清华大学学研大厦 A 座　　**邮　　编：**100084
　　社 总 机：010-62770175　　**邮　　购：**010-62786544
　　投稿与读者服务：010-62776969, c-service@tup.tsinghua.edu.cn
　　质量反馈：010-62772015, zhiliang@tup.tsinghua.edu.cn
　　课件下载：http://www.tup.com.cn, 010-62791865
印 装 者：三河市龙大印装有限公司
经　　销：全国新华书店
开　　本：185mm×230mm　　**印　张：**21.5　　**字　数：**470 千字
版　　次：2011 年 9 月第 1 版　2017 年 9 月第 2 版　　**印　次：**2021 年 7 月第 3 次印刷
定　　价：52.00 元

产品编号：072954-01

前　言

管理运筹学主要研究人类在经济管理活动中对各种经济资源的运用及筹划活动，其目的在于了解和发现这种运用及筹划活动的基本规律，以便发挥有限资源的最大经济效益，达到总体最优化的目标。近年来，管理运筹学的研究与实践得到了长足的发展，在工程、管理、科研以及国民经济发展的诸多方面都发挥了巨大的作用。随着计算机等信息技术的发展，作为一门优化与决策的学科，管理运筹学的方法和手段更是如虎添翼，该课程已经成为经济管理类专业一门重要的专业基础课。

本书面向培养应用型人才的教学需要编写，在选择教材内容及确定知识体系、编写体例时，注意学生素质教育和创新能力、实践能力的综合培养，减少了繁杂的数学演算，使用大量的案例增加了实证性教学内容，强化用运筹学的方法和手段解决实际问题的建模和优化的能力。具体而言，本书有以下特点。

(1) 强调先进的教学思想和教学理念。重先进思想与坚实基础的结合、重理论和实践的结合、重方法工具与创造性思维的结合。强调基本概念、基本原理与技能的训练，对比较成熟的运筹学分支要求做到概念准确、原理清楚、方法熟练、注重创新应用，并完全与管理实践相结合。

(2) 强化应用能力和解决实际问题的技能训练。本着“学以致用”的改革理念，强化“管理”背景，与我国工商管理的实际紧密结合，注重对实际应用能力的训练，大量的建模题型和案例分析能够使学生尽快掌握分析问题和解决问题的能力。突出使用计算机软件解决管理问题，每章的最后一节详细介绍了运筹学专用软件 WinQSB 的使用方法，结合该章案例，将计算机解题的步骤图文并茂地展示出来，使学生能够很快掌握软件的用法。

(3) 课程体系和教学内容更加优化。在不失科学性和逻辑性的前提下，叙述较为通俗、简洁，减少了复杂的数学推导和证明，降低了经济管理类学生学习的困难。书中有大量经济管理问题的实例，通过学习可提高学生建模和对优化结果分析应用的能力。

本书体系完整，结构严谨，写作行文简明、流畅。

参加本书写作的是省级精品课程“运筹学教学团队”的成员，这是一支老、中、青相结合的教学团队，他们将多年的运筹学教学经验、丰富的实践经验和扎实的专业知识结合在一起，编撰了本书。具体分工如下：绪论、第一章由孟丽莎编写；第二、三、五章及附录由丁四波编写；第四、十、十一章由闫运生编写；第六、九章由李凤廷编写；第七、八章由任明利编写；由孟丽莎、丁四波、李凤廷统稿。

为方便教师教学，本书配有内容丰富的教学资源包(包括精致的电子课件、教案、案例库及案例分析、习题集及参考答案)，下载地址为 http://www.tup.tsinghua.edu.cn。

本书在编写过程中参考了多本著作、论文和教材，多在参考文献中列明，在此向相关的专家学者致谢。

主编孟丽莎现为管理学教授，1986 年工作至今一直从事管理学和运筹学教学与研究，先后出版过管理学、运筹学相关的著作与教材 10 余部。

编　者

目　　录

第一章 绪 论

运筹学研究人类对各种资源的运用及筹划活动，其目的在于了解和发现这种运用及筹划活动的基本规律，以便发挥有限资源的最大效益，达到总体最优化的目标。运筹学在商业活动和行政事务中的早期应用可以追溯到几个世纪以前，系统的运筹学理论则起源和发展于20世纪40年代前后。在不到100年的历程中，它发展迅速，运用广泛，成效显著，如今已经成为一门独立的基础学科和应用科学，在工业、农业、商业、国防、科技等诸多方面都发挥了巨大的作用。管理运筹学是运筹学与人文科学交叉后形成的，管理运筹学运用运筹学的基础理论和方法研究解决工商管理实践活动中需要定量决策的问题，在经济管理界的应用十分广泛和深入，已成为现代化管理不可或缺的强有力工具。

通过对本章内容的学习，可以了解运筹学的起源与发展、运筹学的学科释义以及运筹学主要分支的研究对象和内容，初步了解管理运筹学模型的构建及研究方法，并通过运筹学在管理工作中的应用案例，对管理运筹学要解决的问题及达到的效果有一个基本认识。

第一节 运筹学的起源与发展

一、运筹学的起源

运筹学作为一门科学是在20世纪40年代前后发展起来的，但是它的某些分支形成得更早些，它的某些思想萌芽甚至可以追溯到上古时期。

朴素的运筹学思想在中国古代历史发展中源远流长。早在公元前6世纪的春秋时期，著名的军事家孙武所著的《孙子兵法》就是当时军事运筹思想的集中体现。公元前4世纪的战国时期，孙膑的“斗马术”则蕴涵着对策论的某些思想。“孙膑斗马术”说的是春秋战国时期齐王与田忌赛马的事。齐王和田忌赛马，规定各自从自己的上、中、下三个等级的马中各选一匹来参赛，说好输一匹付出千金，胜一匹可获千金。当时齐王的上、中、下三马均比田忌的强。前两局比赛，田忌用上、中、下三马对齐王上、中、下三马，结果田忌均以0∶3输掉。当时，田忌的谋士孙膑一直在场观赛，就给他出了主意，叫他用下马对齐王的上马，中马对齐王的下马，上马对齐王的中马，结果以2∶1胜了齐王，以劣胜优，可见古人早已研究过在多个策略中选择最优策略的运筹思想了。公元前3世纪楚汉相争中，刘邦称誉张良“夫运筹帷幄之中，决胜千里之外”，是对其运筹思想的高度评价。北宋时期的沈括关于行军作战中军粮供应与行军进退关系的分析计算则是更具有现代意义的运筹范例。国外也有这样的史例，如公元前212年古希腊科学家阿基米德曾应海伦皇帝的邀请，为叙拉古(Syracuse)城策划粉碎罗马海军对该城的围攻。这在国外许多有影响的运筹学著作中被认为是所知最早的运筹学活动，然而比我国的这类活动晚了许多年。

除军事运筹思想的成功应用之外，在我国古代一些浩大的工程活动中也有大量运筹思想的应用典籍。最著名的是“丁渭修皇宫”，故事发生在宋真宗大中祥符年间，宰相丁渭主持皇宫失火后的修复工作。由于取土的地方太远太费工，他就让人在皇宫前大街上取土烧砖。没几天大街就挖成了大沟，他把汴河的堤挖开使水流入沟中，各处来的竹木排筏和船运杂材就经过沟中运到宫门前面，工程完毕后，再将废砖碎瓦等填回沟中，修复大街。这个办法使“取土、运料、回填废料”三件事一下子都办了，而且“计省费以亿万计”。这种施工方案是对工程中的人力、物力、财力等资源进行的最佳统筹安排，是运筹学的核心思想。类似的事例还有宋仁宗庆历年间，黄河决口的封堵过程采用了分阶段作业方案，把该方案从经济、人力和效果各方面与旧方案进行比较，论证了分阶段作业优于一次作业。更远年代的如西汉首都长安的选址、水陆枢纽的设计及对宫殿、街道、市井等的统筹布局以及汉宣帝时在首都长安的粮食供应与储存中实现合理物流的运筹思想等。

尽管这些朴素的运筹思想在国内和国外的历史中都可以找到不少的记载，但由于古代社会生产力水平低下，生产组织结构简单，人们在生产实践和其他实践中从事的管理活动也不复杂，对面临的各种决策问题并不需要十分高深的定量分析方法就能解决，所以各种运筹思想的萌芽只是停留在自发地和零星地应用在个别问题上，远没有形成一种系统的科学方法。

18 世纪英国发起第一次工业革命以后，随着近代资本主义生产的迅速发展，生产规模越来越大，生产组织机构日趋复杂，人们在经济管理中面临着越来越复杂的决策问题。传统的经济模式和定性分析已不能作出满意解释，促使人们萌生运用定量分析的方法进行尝试的初步愿望，而当时数学科学的新成果也为此准备了基本工具，使人们这种愿望成为可能并开始变为现实。特别自 20 世纪泰勒(F. W. Taylor)提出科学管理以后，吸引了更多的人去尝试运用数量方法研究已经提出的各种管理问题，并且取得了一些重要成果。例如：

1736 年，欧拉解决了著名的哥尼斯堡七桥问题，为“图论”的发展奠定了基础。

1905 年，丹麦电话工程师爱尔朗(A. K. Erlang)开始研究运用数学模型解释电话自动拨号设备在不同时间内服务频数的波动现象，1917 年，他发表了这方面的研究成果，初步奠定了“排队论”的理论基础。

1915 年，哈里斯(F. W. Harris)推导出物资储备的简单经济订货批量公式，开创了“存储论”研究的先河。

1921 年，法国数学家波雷尔(Emile Borel)首次撰文讨论了“对策论”的问题。

1931 年，里昂惕夫(W. W. Leontief)开始研究美国经济部门之间投入与产出关系的平衡模型，该模型已具有线性规划模型的雏形。

以上事实表明，这一时期人们已从不同层次和不同角度展开了数量方法的理论研究和应用研究，并且促成了运筹学某些分支的奠定。但由于当时生产实践对数量方法的需求还

不够迫切，加上数学和计算手段的限制，致使许多应用研究未进一步获得显著成果。

二、运筹学的发展

运筹学概念和方法的系统提出是在 20 世纪第二次世界大战(以下有时简称二战)期间。二战期间，英国对德国宣战。由于英国是一个岛国，英伦三岛上任何一块陆地到海岸的距离都不超过 70 英里，这个距离，德国的轰炸机只需 17 分钟就能飞到，因而防空就成了英国政府的首要任务。英军如何能够尽早地发现敌机，使自己的防空战斗机有时间起飞、爬高并能在敌机深入中心区之前进行迎击呢？为了解决这个问题，英国政府于 1934 年 12 月成立了防空科学调查委员会，以研究当前的科学技术到底有多少能用来加强目前的防空。直到 1935 年年初，这个委员会在研究死光的过程中，提供了一种用无线电对飞机定位的可能，于是全面开展了今天我们称之为雷达的研究工作。直到 1938 年，才确认雷达在探测飞机的技术上是可行的。1938 年 7 月，英国在沿岸建了四个雷达站，并进行了一次防空演习，但结果令人失望，因为单个雷达可以探测飞机，而多个雷达同时工作就会导致无线电波互相干扰，使接收到的信息相互矛盾，也就是整个雷达系统不能协调地开展工作。为了使这些雷达站接收到的信息协调一致，建立一个反空袭雷达控制系统势在必行。1940 年 8 月，在获诺贝尔奖的物理学家布莱克特教授领导下成立了一个研究小组。这个特殊小组第一次应用了 Operational Research 这个名词，意思是军事活动研究(简称 OR，又译为操作研究或作业研究)。当时这个小组包括物理学家、数学家、生理学家、天文学家、军官等人，人们戏称它为“布莱克特马戏团”。这个 OR 小组对雷达系统的应用进行了模拟试验，最后有效地解决了这个问题。后来研究工作从空军扩展到海军和陆军，不久美国、加拿大等国也成立了 OR 小组，在二战期间成功解决了许多非常复杂的战略和战术问题，比如飞机出击的时间和队形、商船护航的规模、水雷的布置、对深水潜艇的袭击以及战略轰炸等。从此，以 OR 命名的一门新兴学科就初步创立起来。

第二次世界大战结束后，从事这项活动的许多专家转移到经济部门、民用企业、大学和研究所。OR 的研究中心也从英国转移到了美国，从军事部门转移到了管理部门，研究的范围也渐趋扩大。20 世纪 50 年代，由于大规模新兴工业的出现，同行业间的竞争加剧，迫切需要对大型工业复杂的生产结构和管理关系进行研究，做出科学的分析和设计；产品更新换代的加速，使得生产者必须密切注意市场情况和消费者的心理分析；计算机的出现，使需要大型运算的复杂问题的解决得以实现。管理的需要使 OR 这门学科得到迅速发展，其标志是 1949 年线性规划理论的建立；1951 年非线性规划理论的创立；1954 年网络流理论的建立；1955 年随机规划的创立以及 1958 年整数规划理论的创立。其他，如排队论、存储论和马氏决策理论也在同期得到了迅速的发展。与此同时，大批专门从事 OR 研究的公司和研究所也相继成立，如 RAND 公司就成立于 1949 年，世界上第一份 OR 杂志于 1950 年出现，第一个 OR 学会“美国 OR 学会”于 1952 年成立。到 20 世纪 50 年代末期，英美两国几乎所有工业部门都建立了相应的组织。1959 年，英、美、法三国发起成立了国际运筹学会联合会(IFORS)，进入 21 世纪，已有 48 个国家或地区的 OR 组织成为其正式会员。

在中国，现代 OR 的研究是从 20 世纪 50 年代后期开始的。在钱学森、华罗庚、许国志等老一辈科学家的推动下，Operational Research 被引入中国，并根据古代汉书中“运筹于帷幄之中，决策于千里之外”所表达的思想与这门学科的内涵和背景的一致，把这门学科定名为“运筹学”。1956 年，我国第一个运筹学小组在中国科学院力学研究所成立，并于 1958 年组建成运筹学研究室。同年，中国科学院数学研究所在华罗庚教授的领导下也开始从事运筹学的研究，并于 1959 年建立了运筹学研究室。从那时开始，在钱学森、华罗庚、许国志、越民义教授的直接指导和积极参与下，运筹学在中国取得了蓬勃的发展。运筹学中的“图上作业法”“打麦场的选址问题”和“中国邮递员问题”就是在那个时期提出并研究解决的典型问题。华罗庚先生从 1965 年起的 10 年中走出中国科学院数学研究所，在全国推广“优选法”和“统筹法”，对中国运筹学的研究和运用起到了极大的推动作用。1980 年，中国数学学会运筹学分会在山东济南成立，1982 年加入国际运筹学会联合会并创刊《运筹学杂志》。1991 年中国运筹学会正式成立并开始定期主办学术会议。一批学者走出国门积极与国外同行进行交流，取得了令国外同行瞩目的成果，为我国经济建设和国际学术地位的确立做出了极大贡献。

第二节　运筹学的释义与分支

一、运筹学的释义

运筹学使用科学的方法去研究人类对各种资源的运用及筹划活动的基本规律，以便发挥有限资源的最大效益，达到总体全局优化的目标。这里的“资源”是广义的，既包括物质材料，也包括人力设备；既包括技术装备，也包括社会结构。由于运筹学研究的广泛性和复杂性，学术界对运筹学还没有一个明确的定义，现筛选出以下几个定义来说明运筹学的研究对象及特点。

英国运筹学会给运筹学下的定义是：运筹学是一系列科学方法的应用。在工业、商业、政府部门及国防中，用这些方法处理大量的人员、机器、材料和资金等复杂问题。这种方法的特点是科学地建立系统模型，包括度量各种因素，例如分析机会和风险，以此预测和比较各种决策、策略或控制的结果，使管理机构科学地确定它的政策及其行动。

美国运筹学会的定义为：运筹学是研究用科学方法来决定在资源不充分的情况下如何最好地设计人-机系统，并使之最好运行的一门学科。

中国大百科全书的释义为：运筹学是用数学方法研究经济、民政和国防等部门在内外环境的约束下合理分配人力、物力、财力等资源，使实际系统有效运行的技术科学，它可

以用来预测发展趋势，制定行动规划或优选可行方案。

有关运筹学的定义和研究虽有不同，但都表明：运筹学是一门独立的新兴科学，有它本身特定的研究对象，它有自成系统的基础理论，以及相对独立的研究方法和工具。它的发展与社会科学、技术科学和军事科学的发展紧密相关，已成为工程与管理学科不可缺少的基础性学科。它的方法和实践已在科学管理、工程技术、社会经济、军事决策等方面起着重要的作用并已产生巨大的经济效益和社会效益。同时，运筹学以越来越快的速度渗透到信息科学、生命科学、材料科学和能源科学等前沿基础性研究中去，又成为这些学科不可缺少的研究工具。总之，运筹学是一门基础性、交叉性、实用性均很强的学科。

中国运筹学会将运筹学学科按其内涵分成三大部类：第一类是运筹学的基础理论，包括规划理论、随机运筹理论、组合及网络优化理论、决策理论；第二类是有特定对象的运筹学理论与方法，包括工业运筹学、农业运筹学、交通运输运筹学、公用事业运筹学、军事运筹学、金融运筹学、市场运筹学、保险运筹学等；第三类是运筹学同其他自然科学和人文科学的交叉，例如计算运筹学、工程技术运筹学、管理运筹学、生命科学运筹学等。本书取名《管理运筹学》，根据《中国企业管理百科全书》可释义管理运筹学是应用分析、试验、量化的方法，对经济管理系统中人力、物力、财力等资源进行统筹安排，为决策者提供有依据的最优方案，以实现最有效的管理的一门学科。

管理运筹学作为一门定量决策科学，利用数学、计算机科学以及其他科学的新成就，研究经济管理系统中运行的数量化规律，合理使用与统筹安排人力、物力、财力等资源，为决策者提供有依据的决策方案，以实现最有效的管理并获得满意的经济效益和社会效益。它具有如下主要特点。

(1) 管理运筹学研究和解决问题的基础是最优化技术，并强调系统整体最优。管理运筹学针对研究的经济问题，从系统的观点出发，以整体最优为目标，研究各组成部分的功能及其相互间的影响关系，解决各组成部分之间的利害冲突，求出使所研究的经济问题达到满意效果的解，并寻找一个好的行动方案付诸实施。

(2) 管理运筹学研究和解决问题的优势是应用各学科交叉的方法，具有综合性。经济系统有人、财、物，其投入产出的过程会涉及工程技术、生理、心理、仿生、艺术等学科的知识，要有不同学科知识专长、多方面专家经过共同协作集体努力才能获得成果。

(3) 管理运筹学研究和解决问题的方法具有显著的系统分析特征，要将一个经济系统用数学描述，不管使用什么方法，几乎都需要建立数学模型和利用计算机求解，这为大型经济问题实现科学决策提供了可能。

(4) 管理运筹学研究和解决问题的过程具有连续性。经济问题的决策会受到企业内外各种因素的影响，预测和实施过程中的数据会根据变化不断修正，因此，只有通过连续研究才能最大限度获得符合经济运行规律的解。

(5) 管理运筹学具有强烈的实践性。管理运筹学的目的在于解决实际经济运行系统中的问题，它所使用的全部假设和数学模型无非都是解决实际问题的工具，因此，繁杂的计算原理和过程可以简化或舍弃，重点应是对结果的分析和应用。

二、运筹学的分支

1. 线性规划

线性规划(linear programming)是解决在线性约束条件下追求最大或最小的线性目标函数的方法。例如，当管理者在现有的条件下追求最大利润或在完成任务的前提下追求最小成本的时候，如果现有条件(或完成任务的前提)的约束可以用数学上变量的线性等式或不等式来表示，最大利润(或最小成本)的目标也可以用变量的线性函数来表示，那么这样的问题就可以用线性规划的方法来解决。线性规划建模相对简单，有通用算法和计算机软件，是运筹学中应用最为广泛的一个分支。用线性规划求解的典型问题有运输问题、生产计划问题、下料问题、混合配料问题、人力资源调配问题等。

当线性规划要求某些决策变量或全部变量的解是整数时，就称为整数规划(integer programming)。

2. 非线性规划

当线性规划模型中目标函数或约束条件不全是线性的，对这类模型的研究便构成非线性规划(nonlinear programming)的分支。由于大多数工程物理量的表达式是非线性的，因此非线性规划在各类工程的优化设计中得到较多的应用。它是优化设计的有力武器。

3. 动态规划

动态规划(dynamic programming)是研究多阶段决策过程最优化的一个运筹学分支。有些经济管理活动由一系列相互关联的阶段组成，在每个阶段依次进行决策，而且上一阶段的输出状态就是下一阶段的输入状态，各阶段决策之间互相关联，因而构成一个多阶段的决策过程。动态规划研究多阶段决策过程的总体优化，即从系统总体出发，要求各阶段决策所构成的决策序列使目标函数值达到最优。

4. 图论与网络分析

生产管理中经常遇到工序间的合理衔接搭配问题，设计中经常遇到研究各种管道、线路的通过能力，以及仓库、附属设施布局等问题。这种模型把研究对象用节点表示，对象之间的关系用边(或弧)来表示，点、边的集合构成了图。图论是研究由节点和边所组成的图形的数学理论和方法。图论中的重要问题是网络，将庞大复杂的工程和管理问题用网络描述，可以使解决方法达到最优化。

5. 存储论

存储论(inventory theory)是研究物资管理、采购设备、资源的一套数学理论。如工厂生产需储备一定的原材料和零部件，如果储备太多，积压了资金，造成了浪费，如果储备太少，可能会造成生产上的停工待料，因此就必须根据生产活动的连续性决定最佳存储量，使得订购费、库存费以及缺货所带来的损失的费用总和为最小。

6. 排队论

排队论(queueing theory)是研究排队拥挤现象的一门科学。在生产和生活中，存在着大量有形和无形的拥挤和排队现象。排队系统由顾客和服务机构组成。从顾客的立场出发，希望多设服务机构，以减少排队现象和时间；而从服务机构的立场出发，显然服务机构越多，则人力、物力和开支也越大，服务成本增多是不经济的。那么，究竟设置多少个服务机构才能减少排队现象，缩短排队时间，又不造成服务成本的升高呢？这个问题就是排队论研究的主要课题。

排队论可用来解决电话局、水库、港口码头、飞机跑道等的设计问题以及一些军事问题。

7. 博弈论

博弈论(game theory)是描述和研究斗争态势的抽象模型并给斗争双方提供对策方法的一门数学理论，也称为对策论。分析存在利害关系的两个主体的行动及其结果时采用的模型叫作博弈。

在博弈中，人们总希望自己取胜，但由于博弈有对手，所以每一方为取胜所做的努力往往会受到对手的干扰。因此，人们要想获得尽可能好的结局，就必须考虑对手可能怎样决策，从而选出自己的对策。对策选择不同，其最后的结局会差别很大，如“孙膑斗马术”。博弈论可用于商品、消费者、生产者之间的供求平衡分析，利益集团间的协商和谈判，以及军事上各种作战模型的研究等。

8. 决策论

决策(decision theory)是指为最优地达到目标，依据一定的准则，对若干备选行动的方案进行的抉择。决策论研究在决策环境不确定和风险情况下对几种备选方案进行决策的准则和方法。

第三节　管理运筹学模型与研究方法

很多学科在研究中广泛使用实验的方法，但管理运筹学研究的系统往往不能搬到实验室来，代替的方法是建立这个问题的数学或模拟的模型。管理运筹学研究和解决问题的核心是正确建立模型和使用模型。学习管理运筹学最重要的技巧就是提高对管理运筹学数学模型的表达、运算和分析能力，成功的模型往往是科学和艺术的结晶。

管理运筹学模型的一般形式可作如下表述。

目标的评价准则： $\max(\min)\ Z = f(x_1, x_2, \cdots, x_n)$

约束条件： $\text{s.t.}\begin{cases} g_i(x_1, x_2, \cdots, x_n) \leqslant (\text{或}=，\text{或}\geqslant) 0, i = 1, 2, \cdots, m \\ x_j \geqslant 0, j = 1, 2, \cdots, n \end{cases}$

式中，x_j为决策变量，Z为目标函数，g_i为约束条件。模型的目标是在满足约束条件的前提下，使目标函数达到最大或最小。

目标函数可以是单一的，也可以是多个的。当目标函数和约束条件都是线性函数时，称为线性模型，否则称为非线性模型。当模型中不含随机因素时，称它为确定模型，否则称为随机模型。当可控变量只取离散值时，称为离散模型，否则称为连续模型。

应用管理运筹学解决实际问题的工作步骤一般如下所述。

(1) 提出并形成问题。任何管理上的决策问题在进行定量分析前，都需要认真地进行定性分析。首先要提出问题，明确问题的实质及关键所在，这就要求对经济系统进行深入的调查和分析，确定问题的界限，选准问题的目标。

(2) 建立模型。模型是对现实世界的事物、现象、过程和系统的简化描述，是对实际问题的抽象概括和严格的逻辑表达。如在经济管理中，对人力、设备、材料、资金的利用安排都可以归纳为所谓资源的分配利用问题，可建立起一个统一的规划模型，对规划模型的研究和优化代替了对一个个具体问题的分析解决。模型还为应用计算机来解决实际问题搭起了桥梁。

(3) 分析并求解问题。根据所建模型的性质及其数学特征，选择适当的求解方法，求出模型的最优解、次最优解和满意解。

(4) 检验并评价模型。模型分析和计算得到结果以后，尚需按照它能否解决实际问题，主要考虑达成目标的情况，选择合适的标准，并通过一定的方法对模型结构和一些基本参数进行评价，以检验它们是否准确无误，否则就要考虑改变或修正模型，增减计算过程中所用到的资料或数据。

(5) 应用或实施模型的解。经过反复检查以后，最终应用或实施模型的解，就是提供给决策者一套有科学依据的并为解决问题所需要的数据、信息或方案，以辅助决策者在处理问题时做出正确的决策和行动方案。

需要指出的是，经济管理系统存在着大量的不确定性和非定量因素，因此，管理运筹学仅仅依靠数学模型做定量分析很难处理好系统的优化问题。所以其研究方法已经开始出现向将定量分析、定性分析及计算机模拟等相结合的综合优化分析方法发展的趋势。

第四节　管理运筹学的应用

根据中国运筹学会提出的关于运筹学学科分类的意见，管理运筹学是运筹学同人文科学的交叉。其实，运筹学诞生的主要土壤就是管理，既是管理科学发展的需要，也是管理科学研究深化的标志。管理运筹学的主要分支，如规划论(含线性规划、整数规划、动态规划等)、排队论、存储论、对策论等就是在解决生产管理实际中遇到的各类优化问题中逐渐发展完善起来的。

比如，规划论主要研究计划管理工作中有关安排和估计的问题，以确定适应需求的生产、储存和劳动力安排等计划，谋求最大的利润和最小的成本。一般可以归纳为在满足既定的要求下，按某一衡量指标来寻求最优方案的问题。应用规划论的典型例子如“运输问题”，即将某种物资从一个地点运送到另一个地点，要求在供销平衡的同时，定出流量与流向，使总运输成本最低。20 世纪 50 年代后期，运筹学在中国的应用就集中在运输问题上，其中一个广为流传且容易明白的例子就是“打麦场的选址问题”，目的在于解决当时手工收割为主的情况下如何节省人力和时间。国际运筹学界著名的“中国邮递员问题”模型也是在那个时期由管梅谷教授提出的。有关部门曾运用线性规划进行水泥、粮食和钢材的合理调运，取得了较好的经济效益。运用规划论方法可以解决合理选址问题、车辆调度问题、货物配装问题、物流资源(人员或设备)指派问题等。

管理运筹学在供应链管理中的应用也十分典型。供应链管理的基本模型是：从供应商开始到制造商到批发商到顾客，通过这样一个网络，目标是怎样把顾客需要的产品以最低的成本在合适的时间送到顾客手上。供应链管理的问题分成三块：第一块是网络规划，对于一个制造企业来讲，你的制造厂设在哪里，你的物流中心设在哪里，你的零售商会在哪个地点，这是需要通过“合理选址”设计的；第二块称为仓库规划，你的仓库建成什么形式，你的库存怎样进行管理，要确定你的最低库存和最高库存到底应该是多少，这需要通过存储论的方法来计算；第三块称为运输规划，如在运输中是大车大批量地运送还是小车小批量地运送？是从一个点出发再返回，还是走一个环形的路线？送货和取货应该在两个网络中还是在一个网络中？等等。管理运筹学在供应链管理优化上的应用，主要解决产品和服务设计的问题以及工艺能力设计问题。比如，生产产品需要什么样的工艺，需要多大的工厂；工厂设在什么地方，配送仓库设在什么地方，厂区内如何布局，设备及工器具如何定置，如何通过合理的人力资源和工作设计建立一个良好的工作环境；在供应链管理中，哪些需要购买，哪些可以自己做，如何同供应商建立好关系以及库存管理、设备维护等。

通信手段和互联网的发展使管理运筹学的思想在订单交付中得到体现。例如，青岛海尔集团商流部通过在每一笔订单生产完成的第一时间，把产品出厂信息通过短信的方式传递给一线 2000 多名相关工贸公司的业务人员，进而由这些业务人员协助当地客户同步做好订单接收工作。这是海尔解决订单交付迟延、实现零库存至关重要的一环。采用短信之前，海尔从产品出厂到客户仓库所需的时间约为7天；而采用短信之后，这个过程压缩了一半，仅需要3～4天。这不仅意味着更少的库存成本和更快的资金周转速度，更意味着企业有着更为快速的订单反应速度；如果说前者对公司财务方面意义重大，后者在市场营销方面有时对企业的生死存亡具有重大影响。

已故数学大师华罗庚曾在中国大力推行运筹学思想，其广为称道的一个例子是：在烧开水的同时，你也可以洗衣服，等水开了，衣服也洗好了；两件事同时做完，总时间最少。像烧开水和洗衣服这样能同时进行的事件称为并行事件；而另一类事件，如烧开水和洗澡，必须烧好了水之后才能用热水洗澡，不能同时进行，称为顺延事件。在管理运筹学思想中，并行事件越多，就能在同一时间内做更多的事情，效率就更高。

在海尔订单交付的过程中，也存在同样的逻辑：产品按订单生产出来，首先有一个在途的过程，产品要从工厂运到海尔各地的工贸公司。海尔的工贸公司相当于一般企业的销售公司，工贸公司的作用除了吸引客户向海尔提交订单，还包括向客户交付订单和替客户暂时保存订单产品，有一个过渡型仓库的作用。真正意义上的订单交付是从货到后才开始的，即客户得到货到通知后，要开始整理自己的仓库、货架，同时准备相关接收单据，完成货物交接。如果排除客户故意延迟接收订单的情况，这一过程往往需要2～3天。从运筹学来看，在途和交付是两个顺延的事件，这意味着订单产品只有到了工贸公司，海尔业务代表才可能通知客户开始接收这批订单。而客户为接收订单进行准备的2～3天时间里，该未交付的订单就作为海尔的库存待在工贸公司的仓库里。海尔短信的作用就是把这两个订单处理方面的顺延事件变成并行事件。海尔的具体做法是：订单产品出厂时，由总部向工贸公司的相关业务员发出一个短信，告知货物在途，业务人员马上可以同时着手进行订单交付的前期准备工作；货物到达工贸公司后，由工贸公司立即通过局域网反馈给总部货物已到的信息，该信息再通过总部集中的短信平台以短信方式发送给业务员，由业务员立刻组织交货，避免货物在工贸公司的仓库中积压。

短信收发只是一个形式，背后是海尔以订单为中心的供应链管理系统。海尔的每一个订单都包含订单型号、客户、业务代表三方面的信息，在提交订单的时候通过商流部门的CRM网络进入生产运营的ERP平台，保证与生产系统一一对应的关系，生产完成后又自动由ERP系统在第一时间将信息释放到商流部门的短信平台中，发送给业务代表。海尔在这个过程中虽未使用运筹学的具体定量分析方法，但是运筹学统筹思想的运用显露无遗。

运筹学的研究应用已经给企业各部门带来了巨大的财富节约。由国际运筹学会联合会和美国运筹学会联合主办的Interfaces杂志主要用于刊登运筹学的应用成果，由国际运筹学会联合会每年在世界范围内评选出 6 篇最优秀的运筹学应用成果，授予弗兰茨·厄德曼(Franz Edelman)奖，并刊登在该杂志每年的首期上。

比如美国雪铁戈(Citgo)石油公司运用线性规划的方法针对炼油程序及产品供应、配送和销售的整体优化案例发表于Interfaces 17(1987，no.1)。Citgo在20世纪80年代中期曾是全

美前 150 位最大的工业公司之一，由于财务亏损，1983 年被 Southland 收购，1984 年税前亏损创纪录达到 5000 万美元。Southland 集团是 7-11 便利商店的大供应商，该便利商店每年零售汽油达 20 亿加仑。为挽回亏损，公司成立了一个由凯林满(Klingman)领导的 OR 任务小组，希望借助于运筹学的方法来分析优化业务流程，以提高公司的赢利。OR 任务小组分析了石油行业的竞争环境对石油价格以及公司业务流程对成本的影响，确定了利润改善的领域：减少原油产品库存和原油库存、控制原油及原料采购、减少分摊在产品销售上的变动成本、降低石油精炼厂的成本等。通过对石油精炼厂的原油选择和采购、运营水平、产品组成部分的生产水平、原料选择和采购、单位周转时间的优化、加氢裂化装置改装等的经济分析，确定了 LP 系统和基础数据的质量。在此基础上，建立了 LP(线性规划)模型：

min　Citgo 各工厂炼油成本

s.t. { 成本约束
　　　 生产能力约束
　　　 库存约束

该模型共有 15 000 个决策变量，3000 个约束条件。工作小组在对模型中的数据进行了一个月的调整对比后，将输出的优化方案应用到 Citgo 的各种业务流程中，运行第一年即减少库存 11 650 万美元，节省利息 1400 万美元；在协作、定价、购买决策上的改进至少增加了 250 万美元利润。1985 年总利润增加 7000 万美元，而实施 OR 工作的总成本估计为 2000 万～3000 万美元，与这个数字相比，Citgo 在 OR 上投资的收益是巨大的。

综上所述，无论在国内或国外，管理运筹学的应用前景都是非常广阔的，取得的成效也是十分显著的，这也是管理运筹学发展越来越快的驱动因素之一。

管理运筹学课程是经济管理类专业的主干课程，也是所有专业基础课中难度较大的一门课程。该门课程对于经济管理类专业学生的培养不同于数学类专业，其主旨在于运用运筹学方法去分析和解决管理中的问题，而不是单纯学习运筹学理论本身。管理运筹学教学的目的就是要使学生掌握运筹学理论的基本思想方法，掌握各种定量模型及其求解方法，为今后运用运筹学理论解决实际管理问题打下坚实的基础。特别要注意，管理运筹学不同于纯数学课程，模型的求解并不代表问题的解决，还需要考虑许多因素，这就要求学生在学习过程中不拘泥于课本，不墨守成规，要充分发挥自己的想象力和主观能动性，独立思考，大胆探索，提出自己的新观点、新思路和新方法。培养学生解决实际问题的能力是管理运筹学课程设置的宗旨。

第二章 线 性 规 划

线性规划问题是目标函数和约束条件均为线性的最优化问题。自从 1947 年丹齐格(Dantzig，1914—2005)提出求解线性规划的单纯形方法以来，线性规划在理论上趋向成熟。特别是在计算机能处理成千上万个约束条件和决策变量的线性规划问题之后，线性规划的适用领域更为广泛，已成为现代管理中经常采用的基本方法之一。线性规划是最优化问题中的重要领域之一，很多运筹学中的实际问题都可以用线性规划来表述。很多其他种类的最优化问题算法也都可以分拆成线性规划子问题，然后求解。

通过学习本章，应当了解线性规划的有关概念，掌握线性规划模型的建立及优化方法，会用计算机对大型线性规划模型问题进行求解和分析。本章的难点为单纯形计算方法。

第一节 线性规划问题的提出

线性规划是运筹学的一个重要分支。它的适用领域非常广泛，从工业、农业、商业、交通运输业、军事的计划和管理及决策到整个国民经济计划的最优方案的提出，都有它的用武之地，是现代管理科学的重要基础和手段之一。

线性规划研究的问题主要有以下两类。

(1) 给出一定量的人力、物力、财力等资源，如何统筹规划这些有限资源完成最大任务。

(2) 给定一项任务，如何运筹规划，合理安排，以最少资源来完成它。

线性规划要研究的两类问题中都有一个限制条件：第一类问题是给出一定量的人力、物力和财力等资源；第二类问题是给定一项任务。这种限制条件可以用一组线性方程组或线性不等式组来描述。限制条件所要达到的结果称为“目标”，第一类问题的目标是利用有限资源完成最大任务，第二类问题的目标是以最少资源完成给定任务。可以用一个线性函数来描述这种目标，称这个线性函数为目标函数。

由此可见，各类问题尽管限制条件与目标不相同，但规划的目的就是使这些资源发挥最大限度的作用，从而完成最多最大的任务。换句话说，也就是资源的最优利用问题。用数学形式表示的话，规划的目的就是在给定的限制条件(或称约束条件)下，求目标函数的极值问题(包括极小值和极大值)。

下面用一个例题来说明线性规划问题的特点。

例 2-1 某工厂在计划期内安排生产Ⅰ、Ⅱ两种产品，已知生产单位产品所占用的设备A、B的台时，原材料的消耗如表2-1所示。工厂每生产一单位产品Ⅰ可获得利润2万元，每生产一单位产品Ⅱ可获得利润 3 万元，问：工厂应分别生产多少单位产品Ⅰ和产品Ⅱ才能使工厂获利最多？

表 2-1 原材料消耗

	Ⅰ	Ⅱ	资源总量
设备 A 有效台时/小时	0	3	15
设备 B 有效台时/小时	4	0	12
原材料消耗量/公斤	2	2	14

解： 设计划期内生产单位产品Ⅰ和单位产品Ⅱ的件数为 x_1 和 x_2 。因为在计划期内设备A的可利用有效台时是15，所以在确定单位产品Ⅰ、Ⅱ的产量时可表示为

$$3x_2 \leqslant 15$$

同理，因在计划期内设备B的限制，有不等式

$$4x_1 \leqslant 12$$

因原材料的限制，有不等式

$$2x_1 + 2x_2 \leqslant 14$$

此外， x_1 、 x_2 还应该是非负的数，即

$$x_1 \geqslant 0 ，\ x_2 \geqslant 0$$

该工厂的利润值为

$$Z = 2x_1 + 3x_2$$

综上所述，该工厂的计划安排问题可用以下数学模型表示：

$$\max Z = 2x_1 + 3x_2$$

$$\text{s.t.}\begin{cases} 3x_2 \leqslant 15 \\ 4x_1 \leqslant 12 \\ 2x_1 + 2x_2 \leqslant 14 \\ x_1, x_2 \geqslant 0 \end{cases}$$

由上例可看出线性规划问题有如下特点。

(1) 用一组未知数 $(x_1, x_2, \cdots, x_n)$ 表示某一方案，这组未知数的一组定值就代表一个具体方案，通常要求这些未知数取值是非负的。

(2) 存在一定的约束条件，这些约束条件可以用一组线性等式或线性不等式来表达。

(3) 有一个目标函数，按研究问题不同，要求其实现极大或极小值。

一般来讲，这类问题可用数学语言描述如下。

目标函数：

$$\max(\min)\ Z = c_1x_1 + c_2x_2 + \cdots + c_nx_n \tag{2-1}$$

满足约束条件：

$$\text{s.t.}\begin{cases} a_{11}x_1 + a_{12}x_2 + \cdots + a_{1n}x_n \leqslant (=, \geqslant) b_1 \\ a_{21}x_1 + a_{22}x_2 + \cdots + a_{2n}x_n \leqslant (=, \geqslant) b_2 \\ \vdots \\ a_{m1}x_1 + a_{m2}x_2 + \cdots + a_{mn}x_n \leqslant (=, \geqslant) b_n \\ x_1, x_2, \cdots, x_n \geqslant 0 \end{cases} \tag{2-2}$$

这就是线性规划的数学模型。式(2-1)称为目标函数，式(2-2)称为约束条件，其中，式 $x_1, x_2, \cdots, x_n \geqslant 0$ 也称为非负条件。

为了书写方便，上述模型可以简写为

$$\max(\min)\ Z = \sum_{j=1}^{n} c_j x_j$$

$$\text{s.t.}\begin{cases} \sum_{j=1}^{n} a_{ij} x_j \leqslant (=, \geqslant) b_i\ , i = 1, 2, \cdots, m \\ x_j \geqslant 0,\ j = 1, 2, \cdots, n \end{cases}$$

第二节　线性规划问题的数学模型

当用线性规划的方法对实际问题进行优化时，必须把这个实际问题用恰当的数学形式表达出来，这个表达的过程，就是建立数学模型的过程。数学模型的建立需要经验和技巧以及有关的专业知识，只有通过大量的实践，在建立模型时才能得心应手。初学时可从题目中所给出的限制条件和目标入手，由限制条件建立起线性方程组，由目标得到目标函数。

下面，结合若干个实际问题讨论数学模型的建立。

一、投资问题的数学模型

例 2-2　已知某集团有 1 000 000 元的资金可供投资，该集团有 5 个可选择的投资项目，其中各种资料如表 2-2 所示。

表 2-2　投资方案

投资项目	风险比例/%	红利比例/%	增长率/%	信用度
1	10	5	10	11
2	6	8	17	8
3	18	7	14	10
4	12	6	22	4
5	4	10	7	10

该集团的目标为：每年红利至少是 80 000 元，最低平均增长率为 14%，最低平均信用度为 6。该集团应如何安排投资，才能使投资风险最小？

解：设 x_i 表示第 i 个项目的投资额，$i=1,2,3,4,5$，目标是投资风险最小化，因此目标函数为

$$\min Z = 0.1x_1 + 0.06x_2 + 0.18x_3 + 0.12x_4 + 0.04x_5$$

约束条件分别如下。

各项投资总和为 1 000 000 元，即

$$x_1 + x_2 + x_3 + x_4 + x_5 = 1\,000\,000$$

所得红利最少为 80 000 元，即

$$0.05x_1 + 0.08x_2 + 0.07x_3 + 0.06x_4 + 0.1x_5 \geqslant 80\,000$$

增加额不低于 140 000 元，即

$$0.1x_1 + 0.17x_2 + 0.14x_3 + 0.22x_4 + 0.07x_5 \geqslant 140\,000$$

平均信用度不低于 6，即

$$(11x_1 + 8x_2 + 10x_3 + 4x_4 + 10x_5)/(5\times10^6) \geqslant 6$$

非负约束，即 $x_i \geqslant 0$，$i=1, 2, 3, 4, 5$

综上所述，该问题的数学模型可以表示为

$$\min Z = 0.1x_1 + 0.06x_2 + 0.18x_3 + 0.12x_4 + 0.04x_5$$

$$\text{s.t.}\begin{cases} x_1 + x_2 + x_3 + x_4 + x_5 = 1\,000\,000 \\ 0.05x_1 + 0.08x_2 + 0.07x_3 + 0.06x_4 + 0.1x_5 \geqslant 80\,000 \\ 0.1x_1 + 0.17x_2 + 0.14x_3 + 0.22x_4 + 0.07x_5 \geqslant 140\,000 \\ (11x_1 + 8x_2 + 10x_3 + 4x_4 + 10x_5)/(5\times10^6) \geqslant 6 \\ x_i \geqslant 0,\ i=1,2,3,4,5 \end{cases}$$

二、配料问题的数学模型

例 2-3 某厂要用三种原材料 A、B、C 混合调出三种不同规格的产品 X、Y、Z。产品的规格要求、产品单价、每天能供应的原材料数量及原材料单价分别如表 2-3 和表 2-4 所示。该厂应如何安排生产，才能使得利润收入为最大？

表 2-3 产品规格

产品名称	规格要求	单价/(元/千克)
X	原材料 A 不少于 50% 原材料 B 不超过 25%	50
Y	原材料 A 不少于 25% 原材料 B 不超过 50%	35
Z	不限	25

表 2-4　原材料供应数量和单价

原材料名称	每天最多供应量/千克	单价/(元/千克)
A	100	65
B	100	25
C	60	35

解： 设 x_1 表示产品 X 中 A 的成分；x_2 表示产品 X 中 B 的成分；x_3 表示产品 X 中 C 的成分；x_4 表示产品 Y 中 A 的成分；x_5 表示产品 Y 中 B 的成分；x_6 表示产品 Y 中 C 的成分；x_7 表示产品 Z 中 A 的成分；x_8 表示产品 Z 中 B 的成分；x_9 表示产品 Z 中 C 的成分。依据条件有

$$x_1 \geqslant \frac{1}{2}(x_1 + x_2 + x_3)$$

$$x_2 \leqslant \frac{1}{4}(x_1 + x_2 + x_3)$$

$$x_4 \geqslant \frac{1}{4}(x_4 + x_5 + x_6)$$

$$x_5 \leqslant \frac{1}{2}(x_4 + x_5 + x_6)$$

目标函数为 $\max Z = 50(x_1 + x_2 + x_3) + 35(x_4 + x_5 + x_6) + 25(x_7 + x_8 + x_9)$
$-65(x_1 + x_4 + x_7) - 25(x_2 + x_5 + x_8) - 35(x_3 + x_6 + x_9)$

约束条件为

$$\text{s.t.}\begin{cases} -\frac{1}{2}x_1 + \frac{1}{2}x_2 + \frac{1}{2}x_3 \leqslant 0 \\ -\frac{1}{4}x_1 + \frac{3}{4}x_2 - \frac{1}{4}x_3 \leqslant 0 \\ -\frac{3}{4}x_4 + \frac{1}{4}x_5 + \frac{1}{4}x_6 \leqslant 0 \\ -\frac{1}{2}x_4 + \frac{1}{2}x_5 - \frac{1}{2}x_6 \leqslant 0 \\ x_1 + x_4 + x_7 \leqslant 100 \\ x_2 + x_5 + x_8 \leqslant 100 \\ x_3 + x_6 + x_9 \leqslant 60 \\ x_1, x_2, \cdots, x_9 \geqslant 0 \end{cases}$$

配料问题在工业中常用到。例如铸造车间对熔炼出来的铁水有一定的质量要求，也就是要求化学成分有一定含量的百分比。已知各种炉料所含有的各种化学成分的数量，以及各种炉料的最大利用量及单价，利用配料问题的数学模型就能制订出价格最低而又符合一定质量要求的铁水的配料方案。

三、人力资源问题的数学模型

例 2-4 某商场因为每天顾客的数量不同，所以每天需要的营业员人数也不同。经过统计分析，商场对营业员的需求量如表 2-5 所示。按照规定，营业员每周工作五天后，连续休息两天。问：应如何安排营业员的作息，既能满足工作需要，又使得雇佣的营业员人数最少？

表 2-5 营业员需求量

工作日	需要营业员人数
星期一	300
星期二	300
星期三	350
星期四	400
星期五	480
星期六	600
星期日	550

解： 设 x_i 为星期 i 开始工作的人数。问题的目标是要在满足工作需要的条件下，使一周内需要的营业员数量最少。由于每个营业员都工作五天，休息两天，因此只要计算出一周每天开始工作的人数，然后计算营业员的总数并使得营业员总数最少。

所以，目标函数可以表示为以下形式：

$$\min Z = x_1 + x_2 + x_3 + x_4 + x_5 + x_6 + x_7$$

再按照每天所需要的营业员的人数写出约束条件。例如对于星期一，因为除了星期二和星期三开始工作的营业员(休息)，在其他时间开始工作的营业员都会在星期一继续工作，其余类推。所以可以得到以下约束：

$$\text{s.t.}\begin{cases} x_1 + x_4 + x_5 + x_6 + x_7 \geqslant 300 \\ x_1 + x_2 + x_5 + x_6 + x_7 \geqslant 300 \\ x_1 + x_2 + x_3 + x_6 + x_7 \geqslant 350 \\ x_1 + x_2 + x_3 + x_4 + x_7 \geqslant 400 \\ x_1 + x_2 + x_3 + x_5 + x_6 \geqslant 480 \\ x_2 + x_3 + x_4 + x_5 + x_6 \geqslant 600 \\ x_3 + x_4 + x_5 + x_6 + x_7 \geqslant 550 \\ x_i \geqslant 0, i = 1, 2, \cdots, 7 \end{cases}$$

四、合理下料问题的数学模型

合理下料问题是机械工业常遇到的问题。毛坯车间经常要在长度一定的条形材料或面积一定的板材上切割若干个具有一定形状、尺寸的毛坯。在一般情况下，材料不可能被完全利用，会有边角余料，造成浪费。因此，如何最大限度地减少边角余料，提高材料利用率，使得切割规定数量的毛坯所用材料最少就是合理下料问题所要研究的。

例 2-5 某车间有一批长度为 180 cm 的钢管(数量充分多)，为了制造零件的需要，要将其截成三种不同长度的管料：70 cm、52 cm、35 cm。规定这三种管料的需要量分别不少于 100 根、150 根和 100 根。问：应如何下料能使消耗的钢管数量最少？

解：为了完成规定的下料任务，有许多下料方法。

(1) 单一下料法：最简单。就是在每一根或每一张板材上只下一种规格的毛坯。其好处是可以按照一种固定不变的方式送料、下料，简单方便。但是由于材料规格尺寸与毛坯尺寸一般不成比例，所以采用单一下料法会产生很多甚至比较大的边角余料，因此材料利用率低。

(2) 简单套裁法：就是在一根或一张板材上先下尺寸规格大的零件，以剩下的边角余料下尺寸规格小的零件。该法的材料利用率虽然比单一下料法高一些，但往往由于事先对如何下料缺乏周密的考虑，所以材料利用率也不会太高。

一个高利用率的下料方案，必须是没有太多的边角余料，并且各种零件的生产数量都正好等于或略高于计划需要的数量。现在的问题是如何求得材料利用率高的下料方案。

下料方案是由一种或几种不同的下料方式配以一定的数量所组成。因此，只要求出材料的全部下料方式，就可找出下料问题的数学模型。

下面结合例题讲述。

找出全部下料方式的思想：假设切口宽度为零，从一根材料上能不能裁出若干个长度相同或不相同的零件，就完全取决于这些零件的总长度是否超过材料的长度。也就是说，如果从一根条材上下出若干个零件来。这些零件的总长度一定不超过条材的长度。有了这个简单的判断准则，就不难求出全部下料方式。

设在 180 cm 长的钢管上能够下出 U 个 70 cm 的零件、V 个 52 cm 的零件和 W 个 35 cm 的零件，则 U、V、W 个零件必须符合

$$70U+52V+35W\leqslant 180$$

上式左方是这些零件的长度，右方是材料的长度。所以，要求出在 180 cm 长的钢管上下出这三种零件的全部下料方式，就只要求适合 $U\geqslant 0$、$V\geqslant 0$、$W\geqslant 0$ 的全部整数组 $[U,V,W]$。

全部整数组可以采用试算法得到。可以从最大尺寸的零件下起，也就是先看 U 最多能够达到多少。显然 $U\leqslant 2$，所以 U 可以取 2,1,0 三个数值。

当 $U=2$ 时，$140+52V+35W\leqslant180$。

于是 $V=0$，$W=1$，余料为 5，得第一个下料方式为

U	V	W	余料/cm
2	0	1	5

当 $U=1$ 时，$70+52V+35W\leqslant180$。

于是 $V\leqslant2$，因此 V 可能取 2,1,0 三个数，这样可得三个下料方式，为

U	V	W	余料/cm
1	2	0	6
1	1	1	23
1	0	3	5

当 $U=0$ 时，$0+52V+35W\leqslant180$。

于是 $V=3$，V 取 3,2,1,0 四个数，这样可得四个下料方式，为

U	V	W	余料/cm
0	3	0	24
0	2	2	6
0	1	3	23
0	0	5	5

经过这样试算，可得到 8 种下料方式，如表 2-6 所示。

表 2-6　下料方式

下料方式 零件尺寸/cm	一	二	三	四	五	六	七	八	零件需要量
70	2	1	1	1	0	0	0	0	100
52	0	2	1	0	3	2	1	0	150
35	1	0	1	3	0	2	3	5	100
余料	5	6	23	5	24	6	23	5	

现在的问题是：在这 8 种下料方式中找出用料最省的下料方案。从表中可见，一、二、四、六、八这 5 种下料方式余料最少，但单一采用任一种均不能保证零件的需要量，所以必须同时采用多种下料方式，才能满足零件的需要量，这里零件需要量是限制条件。

设 $x_1,x_2,x_3,x_4,x_5,x_6,x_7,x_8$ 分别表示这 8 种下料方式钢管消耗的总根数，则数学模型为

$$\min Z=5x_1+6x_2+23x_3+5x_4+24x_5+6x_6+23x_7+5x_8$$

$$\text{s.t.}\begin{cases}2x_1+x_2+x_3+x_4\geqslant100\\2x_2+x_3+3x_5+2x_6+x_7\geqslant150\\x_1+x_3+3x_4+2x_6+3x_7+5x_8\geqslant100\\x_1,x_2,\cdots,x_8\geqslant0\end{cases}$$

五、运输问题的数学模型

问题的提出：某类产品有若干个产地，已知每个生产地的产量；这类产品有若干个消费地，已知每个消费地的需要量。假设总的产量等于总的需要量。问题是如何编制一个最优的运输计划，使从产地到消费地的运输费用最小。

例 2-6 某地区有 3 个矿山 A_1,A_2,A_3，生产同一种矿物。另外有 4 个这种矿物的消费地(铁厂)B_1,B_2,B_3,B_4。各矿山产量及铁厂的需要量和矿山将矿物运到铁厂的单位运价如表 2-7 所示。

表 2-7 需求量和单位运价

铁厂 / 运价/(元/t) / 矿山	B_1	B_2	B_3	B_4	产量/t
A_1	1.5	2	0.3	3	100
A_2	7	0.8	1.4	2	80
A_3	1.2	0.3	2	2.5	50
需要量/t	50	70	80	30	

问：应如何调运，才使总运费最省？

解：该题有两个限制条件：一个是产量，一个是需量。目标是总运费最省。

设 x_{ij} 表示从第 i 个矿山运往第 j 个铁厂的矿物运量，这样得到以下两组线性方程组。

(1) 各矿山矿物的生产量与运出量的平衡方程为

$$\text{s.t.}\begin{cases} x_{11}+x_{12}+x_{13}+x_{14}=100 \\ x_{21}+x_{22}+x_{23}+x_{24}=80 \\ x_{31}+x_{32}+x_{33}+x_{34}=50 \end{cases}$$

(2) 各铁厂矿物的供应量与需要量的平衡方程为

$$\text{s.t.}\begin{cases} x_{11}+x_{21}+x_{31}=50 \\ x_{12}+x_{22}+x_{32}=70 \\ x_{13}+x_{23}+x_{33}=80 \\ x_{14}+x_{24}+x_{34}=30 \end{cases}$$

(3) 矿物的运输量应非负，即

$$x_{ij}\geqslant 0, i=1,2,3; j=1,2,3,4$$

(4) 目标函数为

$$\begin{aligned}\min Z=&1.5x_{11}+2x_{12}+0.3x_{13}+3x_{14}+7x_{21}+0.8x_{22}\\&+1.4x_{23}+2x_{24}+1.2x_{31}+0.3x_{32}+2x_{33}+2.5x_{34}\end{aligned}$$

以上建立了 5 个在经济领域常见的实际问题的数学模型。其他一些类型，同学们可根据实际问题的特点，灵活运用所学知识去建立相应的数学模型。

第三节　两个变量问题的图解法

图解法简单直观，有助于我们从几何图形上了解线性规划问题求解的基本原理。

例 2-7　以例 2-1 的数学模型为例讲述图解法。原模型如下：

$$\max Z = 2x_1 + 3x_2$$

$$\text{s.t.}\begin{cases} 3x_2 \leqslant 15 \\ 4x_1 \leqslant 12 \\ 2x_1 + 2x_2 \leqslant 14 \\ x_1, x_2 \geqslant 0 \end{cases}$$

解：建立直角坐标系如图 2-1 所示，x_1 为横轴，x_2 为纵轴。在以 x_1、x_2 为坐标轴的直角坐标系中，模型中的非负条件 $x_1 \geqslant 0$ 就代表包括 x_2 轴和它右侧的半个平面，非负条件 $x_2 \geqslant 0$ 代表包括 x_1 轴和它以上的半个平面。这两个条件同时存在就把 x_1 和 x_2 的解均限制在第 I 象限了，所以寻找线性规划数学模型的解只在第 I 象限进行即可。

同样道理，每一个约束条件都代表一个半平面。因为题目由 5 个不等式组成，所以满足全部约束条件的点集是这 5 个半平面的相交部分，即公共区域 $OABCD$，如图 2-1 所示。

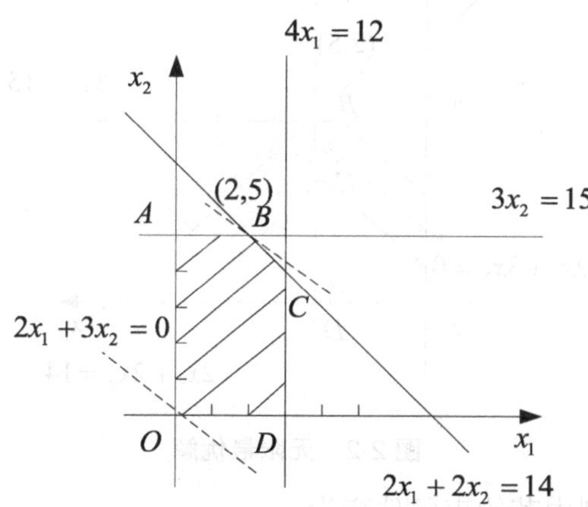

图 2-1　唯一最优解

区域 $OABCD$ 中的每一个点(包括边界点)都是这个线性规划问题的一个解(又称可行解)，因而区域 $OABCD$ 是解集合(称它为可行域)。

现分析目标函数 $Z = 2x_1 + 3x_2$。在坐标平面上，它可表示为以 Z 为参数的一族平行线

$x_2 = -\frac{2}{3}x_1 + \frac{Z}{3}$。位于同一直线上的点，具有相同的目标函数值，因而称它为“等值线”。当 Z 值由小变大时，直线 $x_2 = -\frac{2}{3}x_1 + \frac{Z}{3}$ 沿其法线方向向右上方移动。当移到 B 点时 Z 的取值最大，这就得到了问题的最优解。B 的坐标为(2,5)，于是可计算出 Z=19。

这说明该工厂的最优生产计划方案是：在计划期内生产产品Ⅰ2 件，产品Ⅱ5 件，可得最大利润 19 万元。

由上例可得到图解法的一般做法如下。

(1) 建立直角坐标系。

(2) 找出所有约束条件交成的公共区域即可行域。

(3) 改变 Z 值，使等值线平行移动，当移动到某一点再移动就要离开可行域时，则该点使目标函数达到极值，该点坐标为最优解。

例 2-8 若将例 2-1 的模型中的目标函数变为 $\max Z = 4x_1 + 4x_2$，求解线性规划。

解： 目标函数以 Z 为参数的等值线与约束条件 $2x_1 + 2x_2 \leqslant 14$ 的边界直线平行。当 Z 值由小变大时，等值线与线段 BC 重合，见图 2-2。继续移动等值线将会离开可行域，这表明线段 BC 上任意一点都使目标函数 Z 取得相同的最大值。于是，该线性规划问题有无限多个最优解。

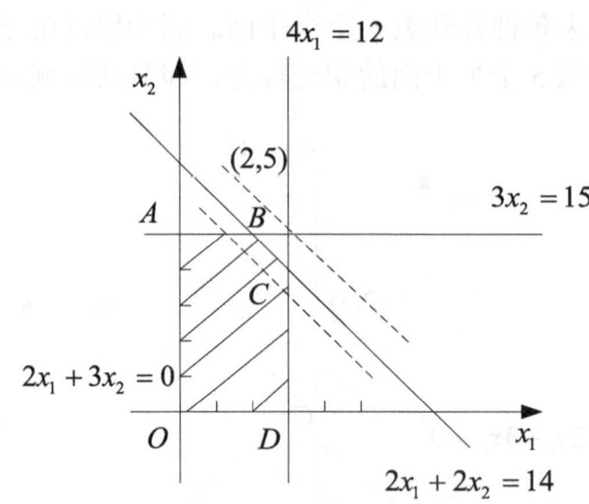

图 2-2 无限最优解

例 2-9 例 2-1 的模型中若约束条件变为

$$\text{s.t.}\begin{cases} 3x_2 \geqslant 15 \\ 4x_1 \geqslant 12 \\ 2x_1 + 2x_2 \geqslant 14 \\ x_1, x_2 \geqslant 0 \end{cases}$$

求解线性规划。

解：从图 2-3 中可以看到，可行域无界。

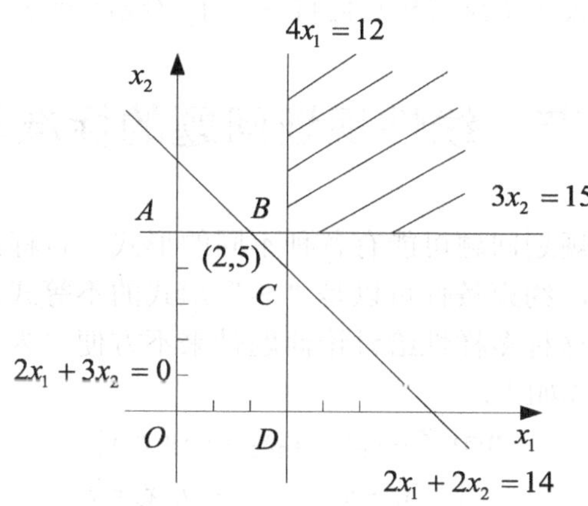

图 2-3 无最优解

该题目标函数为 $Z=2x_1+3x_2$，要求极大值。从图 2-3 中可以看出，因为可行域无界，目标函数 $Z\to+\infty$ 无上界，因此无最优解。

例 2-10 例 2-1 模型中若约束条件 1 变为 $3x_2\geqslant 24$，求解线性规划。

解：从图 2-4 中可以看出，同时满足 5 个不等式的点集不存在，所以没有可行解，当然没有最优解。

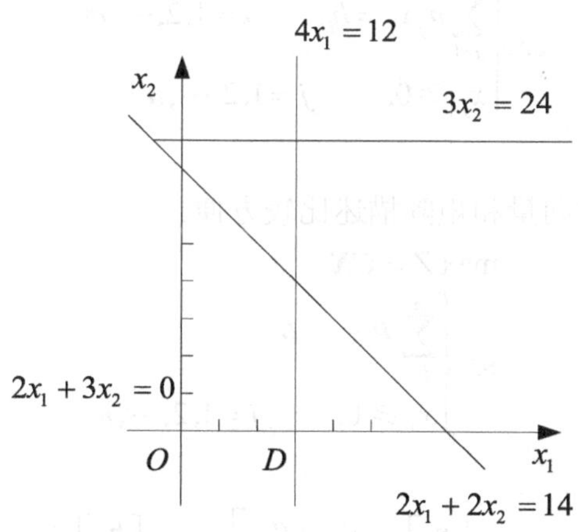

图 2-4 无可行解

通过图解法可以看到，线性规划问题的所有可行解构成的可行域一般是凸多边形(有时可行域是无界的)。若存在最优解，则一定可在可行域的某顶点上得到：若在两个顶点上同时得到最优解，则这两顶点连线上的任一点都是最优解。若可行域无界，则可能发生最优解无界的情况，这时无最优解。

图解法虽然有直观、简便等优点，但是当变量较多时(三个以上)，即在高维的情况下它就无能为力了，但这种方法能使我们从几何直观上了解线性规划问题解的性质。

第四节 线性规划问题的标准形式

我们已经看到，线性规划问题可能有各种不同的形式。目标函数，有的要求实现最大化，有的要求实现最小化，约束条件可以是“≤”形式的不等式，也可以是“≥”形式的不等式，还可以是等式。这种多样性给讨论问题带来不方便，为了便于以后讨论，我们规定线性规划问题的标准形式如下。

目标函数为

$$\max Z = c_1x_1 + c_2x_2 + \cdots + c_nx_n \tag{2-3}$$

满足于

$$\text{s.t.}\begin{cases} a_{11}x_1 + a_{12}x_2 + \cdots + a_{1n}x_n = b_1 \\ a_{21}x_1 + a_{22}x_2 + \cdots + a_{2n}x_n = b_2 \\ \vdots \\ a_{m1}x_1 + a_{m2}x_2 + \cdots + a_{mn}x_n = b_m \\ x_1, x_2, \cdots, x_n \geqslant 0 \end{cases} \tag{2-4}$$

其简缩形式为

$$\max Z = \sum_{j=1}^{n} c_j x_j \tag{2-5}$$

$$\text{s.t.}\begin{cases} \sum_{j=1}^{n} a_{ij}x_j = b_i, & i = 1,2,\cdots,m \\ x_j \geqslant 0, & j = 1,2,\cdots,n \end{cases} \tag{2-6}$$

这里假定$b_i \geqslant 0$。

有时，线性规划问题用向量和矩阵描述比较方便。

用向量描述可得

$$\max Z = \boldsymbol{CX}$$

$$\text{s.t.}\begin{cases} \sum_{j=1}^{n} \boldsymbol{P}_j x_j = \boldsymbol{b} \\ x_j \geqslant 0, & j = 1,2,\cdots,n \end{cases} \tag{2-7}$$

其中

$$\boldsymbol{X} = \begin{bmatrix} x_1 \\ x_2 \\ \vdots \\ x_n \end{bmatrix};\ \boldsymbol{P}_j = \begin{bmatrix} a_{1j} \\ a_{2j} \\ \vdots \\ a_{mj} \end{bmatrix};\ \boldsymbol{b} = \begin{bmatrix} b_1 \\ b_2 \\ \vdots \\ b_m \end{bmatrix}$$

向量 P_j 是其对应变量 x_j 的系数列向量。

用矩阵描述可得

$$\max Z = CX \tag{2-8}$$

$$\text{s.t.}\begin{cases} AX = b \\ X \geqslant 0 \end{cases} \tag{2-9}$$

其中

$$A=\begin{bmatrix} a_{11} & a_{12} & \cdots & a_{1n} \\ \vdots & \vdots & & \vdots \\ a_{m1} & a_{m2} & \cdots & a_{mn} \end{bmatrix}=(P_1, P_2, \cdots, P_m)\text{；}\quad 0=\begin{bmatrix} 0 \\ 0 \\ \vdots \\ 0 \end{bmatrix}_{n\times 1}$$

称 A 为约束方程组的系数矩阵($m\times n$ 阶)，一般情况下 $m<n$，m,n 为正整数。

b 为限定向量，一般情况下 $b_i \geqslant 0$ 。

C 为价值向量。

X 为未知数向量；为了方便，常将其列向量写成转置形式，如

$$X=\begin{bmatrix} x_1 \\ x_2 \\ \vdots \\ x_n \end{bmatrix}=(x_1, x_2, \cdots, x_n)^{\mathrm{T}}$$

实际问题的线性规划数学模型是各种各样的，需要把它们化成标准形式，并都借助于标准形式的求解方法进行求解。

下面讨论如何将模型化为标准形式的问题。

(1) 若要求目标函数实现最小化，即 $\min Z=CX$，此时将目标函数乘以(−1)，即可变为求最大值：$\max Z = \max Z' = -CX$。

(2) 约束方程组为不等式，分两种情况。

若约束条件为“≤”形式的不等式，则可在“≤”号的左端加入一个非负变量 x(称松弛变量)，把原“≤”形式的不等式变成等式。

若约束条件为“≥”形式的不等式，则可在“≥”号的左端减去一个非负变量(称剩余变量或松弛变量)，把“≥”号变为“=”号。下面举例说明。

例 2-11　将例 2-1 的数学模型化为标准形式。原模型如下：

$$\max Z = 2x_1 + 3x_2$$

$$\text{s.t.}\begin{cases} 3x_2 \leqslant 15 \\ 4x_1 \leqslant 12 \\ 2x_1 + 2x_2 \leqslant 14 \\ x_1, x_2 \geqslant 0 \end{cases}$$

解：在各不等式中，分别加上一个松弛变量 x_3, x_4, x_5，使不等式化为等式，于是得标准形式为

$$\max Z = 2x_1 + 3x_2 + 0x_3 + 0x_4 + 0x_5$$

$$\text{s.t.}\begin{cases} 3x_2 + x_3 = 15 \\ 4x_1 + x_4 = 12 \\ 2x_1 + 2x_2 + x_5 = 14 \\ x_1, x_2, x_3, x_4, x_5 \geqslant 0 \end{cases}$$

所加松弛变量 x_3, x_4, x_5 表示没有被利用的 3 种资源，由于它们未被利用，当然也没有转变为价值，所以在目标函数中，它们的系数应当为零，即 $c_3 = c_4 = c_5 = 0$。

(3) 若存在无非负要求的变量，即变量 x_k 取正值或取负值都可以，为了满足标准形式对变量的非负要求，可令 $x_k = x_{k'} - x_{k''}$，其中 $x_{k'} \geqslant 0$，$x_{k''} \geqslant 0$。由于 $x_{k'}$ 可能大于 $x_{k''}$，也可能小于 $x_{k''}$，故 x_k 可以为正也可以为负。

例 2-12 将下述模型化为标准形式：

$$\min Z = -x_1 + 2x_2 - 3x_3$$

$$\text{s.t.}\begin{cases} x_1 + x_2 + x_3 = 7 \\ x_1 - x_2 + x_3 \geqslant 2 \\ -3x_1 + x_2 + 2x_3 = 5 \\ x_1, x_2 \geqslant 0, x_3\text{无符号约束} \end{cases}$$

解：令 $x_3 = x_4 - x_5$，其中 $x_4 \geqslant 0$，$x_5 \geqslant 0$，则标准形式为

$$\max Z' = x_1 - 2x_2 + 3(x_4 - x_5) + 0x_6 + 0x_7$$

$$\text{s.t.}\begin{cases} x_1 + x_2 + (x_4 - x_5) + x_6 = 7 \\ x_1 - x_2 + (x_4 - x_5) - x_7 = 2 \\ -3x_1 + x_2 + 2(x_4 - x_5) = 5 \\ x_1, x_2, x_4, x_5, x_6, x_7 \geqslant 0 \end{cases}$$

(4) 若 $b_i \leqslant 0$，则在约束条件两边同乘(-1)，使 $b_i \geqslant 0$。

第五节 线性规划问题解的概念和性质

在讨论线性规划问题的解法前，先来介绍一下线性规划问题解的概念。由本章第四节可知，一般线性规划问题的标准形式为

$$\max Z = \sum_{j=1}^{n} c_j x_j \tag{2-10}$$

$$\text{s.t.}\begin{cases}\sum_{j=1}^{n} a_{ij}x_j = b_i\,,\ i=1,2,\cdots,m \\ x_j \geqslant 0\,,\ j=1,2,\cdots,n\end{cases} \tag{2-11}$$

可行解：满足约束条件(2-11)的解 $\boldsymbol{x}=(x_1,x_2,\cdots,x_n)^{\mathrm{T}}$，称为线性规划问题的可行解。所有可行解的集合称为可行域。

最优解：满足式(2-10)的可行解称为线性规划问题的最优解(即使目标函数达到最大值的可行解，叫最优解)。

基：设 $\boldsymbol{A}$ 是约束方程组的 $m\times n$ 阶系数矩阵，其秩为 m。$\boldsymbol{B}$ 是矩阵 $\boldsymbol{A}$ 中 $m\times m$ 阶非奇异子矩阵 ($|\boldsymbol{B}|\neq 0$)，则称 $\boldsymbol{B}$ 是线性规划的一个基。

这就是说，矩阵 $\boldsymbol{B}$ 是由 m 个线性独立的列向量组成。不失一般性，可设

$$\boldsymbol{B}=\begin{bmatrix} a_{11} & a_{12} & \cdots & a_{1m} \\ \vdots & \vdots & & \vdots \\ a_{m1} & a_{m2} & \cdots & a_{mm}\end{bmatrix}=(\boldsymbol{P}_1,\boldsymbol{P}_2,\cdots,\boldsymbol{P}_m)$$

称 $\boldsymbol{P}_j$ 为基向量($j=1,2,\cdots,m$)，与基向量 $\boldsymbol{P}_j$ 相对应的变量 x_j ($j=1,2,\cdots,m$)为基变量。否则称为非基变量。

为了进一步讨论线性规划问题的解，现在来研究约束方程组(2-11)的求解问题(暂不考虑非负约束)。假设该方程组系数矩阵 $\boldsymbol{A}$ 的秩为 m。因 $m<n$，故它有无穷多个解。假设前 m 个变量的系数列向量是线性独立的，这时式(2-11)可写成

$$\begin{bmatrix} a_{11} \\ a_{21} \\ \vdots \\ a_{m1}\end{bmatrix}x_1+\begin{bmatrix} a_{12} \\ a_{22} \\ \vdots \\ a_{m2}\end{bmatrix}x_2+\cdots+\begin{bmatrix} a_{1m} \\ a_{2m} \\ \vdots \\ a_{mn}\end{bmatrix}x_m=\begin{bmatrix} b_1 \\ b_2 \\ \vdots \\ b_m\end{bmatrix}-\begin{bmatrix} a_{1m+1} \\ a_{2m+1} \\ \vdots \\ a_{mm+1}\end{bmatrix}x_{m+1}-\cdots-\begin{bmatrix} a_{1n} \\ a_{2n} \\ \vdots \\ a_{mn}\end{bmatrix}x_n \tag{2-12}$$

方程组(2-12)的一个基是

$$\boldsymbol{B}=\begin{bmatrix} a_{11} & a_{12} & \cdots & a_{1m} \\ \vdots & \vdots & & \vdots \\ a_{m1} & a_{m2} & \cdots & a_{mm}\end{bmatrix}=(\boldsymbol{P}_1,\boldsymbol{P}_2,\cdots,\boldsymbol{P}_m)$$

设 $\boldsymbol{x}_B$ 是对应这个基的基变量，则 $\boldsymbol{x}_B=(x_1,x_2,\cdots,x_m)^{\mathrm{T}}$。

现若令式(2-12)中的非基变量 $x_{m+1}=x_{m+2}=\cdots=x_n=0$，并用高斯消去法，可求出一个解 $\boldsymbol{x}=(x_1,x_2,\cdots,x_m,0,\cdots,0)^{\mathrm{T}}$，称 $\boldsymbol{x}$ 为基本解。由此可见，有一个基就可以求出一个基本解。

基本可行解：满足非负条件的基本解，称为基本可行解。

可行基：对应于基本可行解的基，称为可行基。

第六节　单纯形法的基本原理

一、单纯形法的思路

在用图解法解两个变量的线性规划问题时，我们提出，如果线性规划有最优解存在的话，则一定可以在可行域(即凸多边形)的顶点上找到，只要沿着这些顶点去找就行了。这个方法可推广到多个变量的线性规划问题。由多个变量所组成的不等式组的可行域在 n 维空间内是一个凸多面体，与多边形一样，凸多面体的每一个顶点均是一个基本可行解。根据定理：线性规划问题目标函数一定可在其可行域的顶点上达到最大值。只需从可行域(凸多面体)的顶点去找，按照问题的标准形式，从可行域中一个基本可行解(一个顶点)开始，转换到另一个基本可行解(顶点)，并且使目标函数的值逐步增大；当目标函数达到最大值时，问题就得到了最优解。先举一个例子来说明。

例 2-13　某制药厂生产甲、乙两种药品。生产 1 吨甲药品需要 30 千克维生素和 5 个台班。生产 1 吨乙药品需要 20 千克维生素和 1 个台班。该厂每周所能得到的维生素量为 160 千克，每周设备最多能开 15 个台班。根据市场需求，甲种产品每周产量不应该超过 4 吨。已知该厂生产 1 吨甲、乙两种产品的利润分别为 5 万元及 2 万元。问：该厂应如何安排两种产品的产量才能使每周获得的利润最大？

解：设该厂每周安排生产甲种药品的产量为 x_1 吨，乙种药品的产量为 x_2 吨，则每周所能获得的利润总和为 $Z=5x_1+2x_2$ 万元。但是生产量的大小要受到维生素产量、设备台班和市场最大需求量的制约，即 x_1、x_2 要满足以下约束条件：

$$\text{s.t.}\begin{cases}30x_1+20x_2\leqslant 160\\5x_1+2x_2\leqslant 15\\x_1\leqslant 4\\x_1,x_2\geqslant 0\end{cases}$$

综上所述可以建立如下模型：

$$\max Z=5x_1+2x_2$$

$$\text{s.t.}\begin{cases}30x_1+20x_2\leqslant 160\\5x_1+2x_2\leqslant 15\\x_1\leqslant 4\\x_1,x_2\geqslant 0\end{cases}$$

化为标准形式得

$$\max Z=5x_1+2x_2+0x_3+0x_4+0x_5$$

$$\text{s.t.}\begin{cases}30x_1+20x_2+x_3=160\\5x_1+x_2+x_4=15\\x_1+x_5=4\\x_1,x_2,x_3,x_4,x_5\geqslant 0\end{cases}$$

首先从约束矩阵 $\boldsymbol{A}$ 中找出一个基矩阵。可以看出由 $\boldsymbol{P}_3,\boldsymbol{P}_4,\boldsymbol{P}_5$ 向量构成一个三阶单位矩阵，是可逆矩阵。因此令

$$\boldsymbol{B}^{(0)}=(\boldsymbol{P}_3,\boldsymbol{P}_4,\boldsymbol{P}_5)=\begin{bmatrix}1&0&0\\0&1&0\\0&0&1\end{bmatrix}$$

为基矩阵。相应的 x_3,x_4,x_5 是基变量，x_1,x_2 是非基变量。

将基变量用非基变量表示，可得

$$\left.\begin{aligned}x_3&=160-30x_1-20x_2\\x_4&=15-5x_1-x_2\\x_5&=4-x_1\end{aligned}\right\}\tag{2-13}$$

将 x_3,x_4,x_5 代入目标函数，得到目标函数的非基变量表示式为

$$Z=0+5x_1+2x_2\tag{2-14}$$

若令非基变量 $x_1=x_2=0$，代入式(2-13)，得到一个基本可行解 $\boldsymbol{x}^{(0)}$：

$$\boldsymbol{x}^{(0)}=(0,0,160,15,4)^{\mathrm{T}}$$

这个基本可行解显然不是最优解。因为从经济上讲 $x_1=x_2=0$ 表示该厂不安排生产，因此没有利润。从数学角度看，式(2-14)中非基变量 x_1,x_2 前的系数为正数。故若让非基变量 x_1 或 x_2 的取值从零增加，相应的目标函数 Z 也将随之增加，因此就有可能找到一个新的基本可行解，使目标函数数值更好。显然在式(2-14)中，x_1 的系数比 x_2 前的系数大，即 x_1 每增加一个单位对 Z 值的贡献比 x_2 的大。故让 x_1 的取值从零变为一个正值。这表明 x_1 应从非基变量转为基变量，称为进基变量。因此必须从原有基变量 x_3,x_4,x_5 中选一个离开转为非基变量，称为离基变量(或出基变量)。下面分析 x_1 应该取多大的正值及选哪个基变量作为离基变量。在式(2-13)中，让 x_1 由零值开始增加，则由式(2-15)

$$\left.\begin{aligned}x_3&=160-30x_1\\x_4&=15-5x_1\\x_5&=4-x_1\end{aligned}\right\}\tag{2-15}$$

可知 x_3,x_4,x_5 的值都要逐步减小。但为了满足非负条件，必须 $x_3,x_4,x_5\geqslant 0$。故当 x_1 从零值开始增加直到使 x_3,x_4,x_5 取值第一个减少到零时停止。这时 x_1 的取值既能满足非负条件，又使原有基变量中一个转为非基变量，即此时 x_1 的取值应为

$$x_1=\min\left\{\frac{160}{30},\frac{15}{5},\frac{4}{1}\right\}=\frac{15}{5}=3$$

此时 $x_3=160-30\times3=70$，$x_5=4-1\times3=1$，而 $x_4=15-5\times3=0$。这样就得到一个新的基本可行解 $\boldsymbol{x}^{(1)}=(3,0,70,0,1)^{\mathrm{T}}$，相应的基矩阵为 $\boldsymbol{B}^{(1)}=(\boldsymbol{P}_1,\boldsymbol{P}_3,\boldsymbol{P}_5)$。基变量是 x_1,x_3,x_5，非基变量为 x_2 和 x_4。对应的目标函数值 $Z(\boldsymbol{x}^{(1)})=15>Z(\boldsymbol{x}^{(0)})=0$，因此 $\boldsymbol{x}^{(1)}$ 是比 $\boldsymbol{x}^{(0)}$ 改善了的基本可行解。为了分析 $\boldsymbol{x}^{(1)}$ 是否为最优解，仍要用非基变量来表示基变量及目标函数。由式(2-13)可得

$$\left.\begin{aligned}&30x_1+x_3=160-20x_2\\&5x_1=15-x_2-x_4\\&x_1+x_5=4\end{aligned}\right\}\tag{2-16}$$

式(2-13)中 x_4 的位置在式(2-16)中由 x_1 来代替。为了进一步分析问题，找出规律，可以用消元法将式(2-16)中的 x_1 的系数列向量 $\boldsymbol{P}_1'=(30,5,1)^{\mathrm{T}}$ 化成式(2-13)中 x_4 的系数列向量 $\boldsymbol{P}_4=(0,1,0)^{\mathrm{T}}$ 的形式，得到

$$\left.\begin{aligned}&x_3=70-14x_2+60x_4\\&x_1=3-\frac{1}{5}x_2-\frac{1}{5}x_4\\&x_5=1+\frac{1}{5}x_2+\frac{1}{5}x_4\end{aligned}\right\}\tag{2-17}$$

将式(2-17)代入目标函数式(2-14)，得到用非基变量 x_2 和 x_4 表示目标函数值的表示式

$$Z=15+x_2-x_4\tag{2-18}$$

在式(2-17)中令 $x_2=x_4=0$ 即可得当前基变量的取值 $x_3=70$，$x_1=3$，$x_5=1$；在式(2-18)中令 $x_2=x_4=0$ 即可得到当前基本可行解 $\boldsymbol{x}^{(1)}$ 的目标函数值 $Z(\boldsymbol{x}^{(1)})=15$。

在式(2-18)中，非基变量 x_2 前的系数仍为正数，因此若让 x_2 作为进基变量，迭代到另一个新基本可行解 $\boldsymbol{x}^{(2)}$，就有可能使目标函数值再增加，因此当前解 $\boldsymbol{x}^{(1)}$ 仍不是最优解。为了从 $\boldsymbol{x}^{(1)}$ 迭代到 $\boldsymbol{x}^{(2)}$，选 x_2 作为进基变量，仍让 x_4 作非基变量。因此令式(2-17)中的 $x_4=0$，得到

$$\left.\begin{aligned}&x_3=70-14x_2\\&x_1=3-\frac{1}{5}x_2\\&x_5=1+\frac{1}{5}x_2\end{aligned}\right\}\tag{2-19}$$

当 x_2 取值从零开始增加时，显然 x_5 总可以满足可行性。因此取 $x_2=\min\left\{\frac{70}{14},\frac{3}{1/5}\right\}=\frac{70}{14}=5$，则 $x_3=0$，$x_1=2>0$，$x_5=2>0$，即 x_2 作进基变量，x_3 为离基变量，得到新的基

本可行解 $\boldsymbol{x}^{(2)}=(2,5,0,0,2)^{\mathrm{T}}$ 。为了进一步的分析，将式(2-17)写成用非基变量 x_3 , x_4 表示 x_1 , x_2 , x_5 的式子，即

$$\left.\begin{aligned}14x_2&=70-x_3+6x_4\\ \frac{1}{5}x_2+x_1&=3-\frac{1}{5}x_4\\ -\frac{1}{5}x_2+x_5&=1+\frac{1}{5}x_4\end{aligned}\right\}\tag{2-20}$$

再用高斯消去法将式(2-20)中 x_2 的系数化成单位列向量 $(1,0,0)^{\mathrm{T}}$ ，得到

$$\left.\begin{aligned}x_2&=5-\frac{1}{14}x_3+\frac{3}{7}x_4\\ x_1&=2+\frac{1}{70}x_3-\frac{2}{7}x_4\\ x_5&=2-\frac{1}{70}x_3+\frac{2}{7}x_4\end{aligned}\right\}\tag{2-21}$$

再将式(2-21)代入目标函数式(2-18)，得到用非基变量 x_3 , x_4 表示目标函数的式子

$$Z=20-\frac{1}{14}x_3-\frac{4}{7}x_4\tag{2-22}$$

在式(2-22)中，若非基变量 x_3 或 x_4 由零增加，只能使 Z 值下降，因此当前的基本可行解 $\boldsymbol{x}^{(2)}$ 就是最优解： $\boldsymbol{x}^*=\boldsymbol{x}^{(2)}=(2,5,0,0,2)^{\mathrm{T}}$ 。最优值 $Z^*=Z(\boldsymbol{x}^{(2)})=20$ 。

通过上述例子，可以了解利用单纯形法求解线性规划问题的思路。

原题是二维的，即两个变量 x_1 , x_2 ；当加入松弛变量 x_3 , x_4 , x_5 后，变换成高维。这时可以想象，满足所有约束条件的可行域是一个高维空间的凸多面体。这个凸多面体上的顶点就是基本可行解。以下将做出一般性叙述。

二、确定初始基本可行解

为了确定初始基本可行解，要首先找出初始可行基。由前述已知，可行基一定是约束条件

$$\sum_{j=1}^{n}a_{ij}x_j=b_i$$

中的一个单位矩阵。因此，在解线性规划问题前，要先观察约束条件方程的系数矩阵中是否存在单位矩阵，如果存在，则作为一个基；如果不存在，就要分两种情况分别解决。

(1)　对约束条件是“≤”形式的不等式情况，可用化标准形式的方法，在每个约束条件的左端加上一个非负的松弛变量，经过整理，重新对 x_j 及 a_{ij} 进行编号，则得到下列方程组：

$$\begin{cases} x_1 + a_{1m+1}x_{m+1} + \cdots + a_{1n}x_n = b_1 \\ x_2 + a_{2m+1}x_{m+1} + \cdots + a_{2n}x_n = b_2 \\ \quad\vdots \\ x_m + a_{mm+1}x_{m+1} + \cdots + a_{mn}x_n = b_m \\ x_j \geqslant 0,\ j = 1,2,\cdots,n \end{cases}$$

显然得到一个单位$(m\times n)$矩阵为

$$\boldsymbol{B} = (\boldsymbol{P}_1, \boldsymbol{P}_2, \cdots, \boldsymbol{P}_m) = \begin{bmatrix} 1 & 0 & \cdots & 0 \\ 0 & 1 & \cdots & 0 \\ \vdots & \vdots & & \vdots \\ 0 & 0 & \cdots & 1 \end{bmatrix}$$

将$\boldsymbol{B}$作为可行基，将上述方程组移项得

$$\text{s.t.}\begin{cases} x_1 = b_1 - a_{1m+1}x_{m+1} - \cdots - a_{1n}x_n \\ x_2 = b_2 - a_{2m+1}x_{m+1} - \cdots - a_{2n}x_n \\ \quad\vdots \\ x_m = b_m - a_{mm+1}x_{m+1} - \cdots - a_{mn}x_n \end{cases}$$

令$x_{m+1} = x_{m+2} = \cdots = x_n = 0$，则得一初始基本可行解为

$$\boldsymbol{x} = (b_1, b_2, \cdots b_m, \underbrace{0, \cdots, 0}_{n-m})^{\mathrm{T}}$$

(2) 对于约束是“≥”或“=”形式的不等式，若不存在单位矩阵，则采用人造基方法。即对“≥”的不等式减去一个非负的剩余变量，再加上一个非负的人工变量；对于“=”约束再加上一个非负的人工变量，总能得到一个单位矩阵。

三、最优性检验

得到一个基本可行解后，要检验它是否为最优解，如果是，则停止迭代，如果不是，则继续迭代。为此，需要建立一个判别准则。

一般情况下，经过迭代后，约束方程组变为

$$x_i = b_i' - \sum_{j=m+1}^{n} a_{ij}'x_j, i = 1,2,\cdots,m$$

将其代入目标函数的表达式，得

$$\begin{aligned} Z &= \sum_{j=1}^{n} c_j x_j = \sum_{i=1}^{m} c_i x_i + \sum_{j=m+1}^{n} c_j x_j \\ &= \sum_{i=1}^{m} c_i (b_i' - \sum_{j=m+1}^{n} a_{ij}' x_j) + \sum_{j=m+1}^{n} c_j x_j \\ &= \sum_{i=1}^{m} c_i b_i' + \sum_{j=m+1}^{n} (c_j - \sum_{i=1}^{m} c_i a_{ij}') x_j \end{aligned}$$

令

$$z_0 = \sum_{i=1}^{m} c_i b_i', z_j = \sum_{i=1}^{m} c_i a_{ij}', j = m+1, \cdots, n$$

于是

$$Z = z_0 + \sum_{j=m+1}^{n} (c_j - z_j) x_j$$

再令

$$\sigma_j = c_j - z_j, j = m+1, \cdots, n$$

则

$$Z = z_0 + \sum_{j=m+1}^{n} \sigma_j x_j$$

式中，σ_j 为非基变量 x_j 的检验数。

(1) 最优解判别定理：若 $\boldsymbol{x} = (b_1', b_2', \cdots, b_m', 0 \cdots 0,)^{\mathrm{T}}$ 为对应于基 $\boldsymbol{B}$ 的基本可行解，且对于一切 $j=m+1,m+2,\cdots,n$，有 $\sigma_j \leqslant 0$，则 $\boldsymbol{x}$ 为最优解。

(2) 无有限最优解判别定理：若 $\boldsymbol{x} = (b_1', b_2', \cdots, b_m', 0, \cdots, 0,)^{\mathrm{T}}$ 为一个基本可行解。有一个非基变量的检验数 $\sigma_{m+k} \geqslant 0$，并且对于一切 $i=1,2,\cdots,m$，有 $a_{i,m+k}' \leqslant 0$，那么该线性规划问题没有有限最优解(也称无解)。

(3) 最优表中存在非基变量的检验数为零，则线性规划具有多重最优解。

四、基变换

得到一个基本可行解后，经检验如果不是最优解，则要寻找一个新的基本可行解。具体做法是从原可行基中换一个列向量，得到一个新的可行基，这就叫基变换。为了换基，要确定进基变量和离基变量。

(1) 确定进基变量。得到一个基本可行解，经检验，发现某些 $\sigma_j > 0$ 时，x_j 增加则目标函数值还可能增加。这时要将某个非基变量 x_j 换到基变量中去(称为进基变量)。若有两个以上的 $\sigma_j > 0$，为了使目标函数值增加得快，一般选 $\sigma_j > 0$ 中的最大者，即 max($\sigma_j > 0$)= σ_k，则对应的 x_k 为进基变量。

(2) 确定离基变量。离基变量的确定依据 θ 规则。

当确定 σ_k 所对应的 x_k 为进基变量后，再求 b_i' 与 x_k 对应的系数 a_{ik} $(a_{ik} > 0)$ 的比值 θ_i，选比值最小的 θ_i 所对应的变量 x_l 为离基变量，即

$$\theta = \min\left(\frac{b_i}{a_{ik}} \middle| a_{ik} > 0\right) = \frac{b_l}{a_{lk}}$$

对应的 x_l 为离基变量，a_{lk} 为主元素。

(3) 迭代(旋转运算)。确定了进基变量 x_k 和换出变量 x_l 后，要让它们的系数列向量对换位置，由此得到一个新基。利用矩阵的初等行变换将新基变为单位矩阵，即将主元素 a_{lk} 变为 1，主元素所在列的其他元素变为 0。当非基变量为 0 时，就可得到新的基本可行解。

第七节 单纯形表

根据第六节讨论的结果，可以利用单纯形法求解任何形式的线性规划问题。为了使计算过程紧凑，便于计算和检验，设计了一种计算表，称为单纯形表，如表 2-8 所示，其功能与增广矩阵相似。

表 2-8 单纯形表

c_j			c_1	…	c_m	c_{m+1}	…	c_n	θ_i
C_B	X_B	b	x_1	…	x_m	x_{m+1}	…	x_n	
c_1	x_1	b_1	1	…	0	a_{1m+1}	…	a_{1n}	θ_1
c_2	x_2	b_2	0	…	0	a_{2m+1}	…	a_{2n}	θ_2
⋮	⋮	⋮	⋮		⋮	⋮		⋮	⋮
c_m	x_m	b_m	0	…	1	a_{mm+1}	…	a_{mn}	θ_m
	σ_j		0	…	0	$c_{m+1}-\sum_{i=1}^{m}c_i a_{im}+1$	…	$c_n-\sum_{i=1}^{m}c_i a_{in}$	

表 2-8 中各列、各行的意义如下。

(1) X_B 列中填入基变量，这里是 $x_1,x_2,\cdots,x_m$。

(2) C_B 列中填入基变量的价格系数，这里是 $c_1,c_2,\cdots,c_m$，它们随基变量的改变而改变，并与基变量相对应。

(3) b 列中填入方程组右端的常数。

(4) c_j 行表示各变量的价格系数。

(5) σ_j 行称为检验数行。对应各非基变量 x_j 的检验数为

$$\sigma_j=c_j-\sum_{i=1}^{m}c_i a_{ij},\ j=m+1,\cdots,n$$

对应基变量的检验数为

$$\sigma_j=0,\quad j=1,2,\cdots,m$$

(6) θ_i 列的数字是在确定换入变量后，按 θ 规则计算出来的。

表 2-8 称为初始单纯形表，以它为起点进行迭代，每迭代一次后就得到一个新的单纯形表。

单纯形表法的计算步骤如下。

第一步：找出初始可行基，确定初始基本可行解，建立初始单纯形表。

第二步：检查对应于非基变量的检验数σ_j，若所有的$\sigma_j \leqslant 0$，$j=m+1,\cdots,n$，则已得最优解，停止计算。否则，转入下一步。

第三步：在所有$\sigma_j \geqslant 0$中，若有一个σ_k对应x_k的系数列向量$\boldsymbol{P}_k \leqslant 0$(即对$i$=1,2,…,$m$，均有$a_{ik} \leqslant 0$)，则此问题无解，停止计算，否则，转入下一步。

第四步：根据$\max(\sigma_j > 0) = \sigma_k$，确定$x_k$为换入变量，根据$\theta$规则

$$\theta = \min\left(\frac{b_i}{a_{ik}}\middle| a_{ik} > 0\right) = \frac{b_l}{a_{lk}}$$

确定x_l为换出变量，于是得到主元素a_{lk}，转入下一步。

第五步：在表中以a_{lk}为主元素进行旋转运算，把x_k所对应的列向量

$$\boldsymbol{P}_k = \begin{bmatrix} a_{1k} \\ a_{2k} \\ \vdots \\ a_{lk} \\ \vdots \\ a_{mk} \end{bmatrix} \text{变换为} \begin{bmatrix} 0 \\ 0 \\ \vdots \\ 1 \\ \vdots \\ 0 \end{bmatrix}$$

将x_k与x_l对换位置，则得到新的单纯形表。再以它为起点重复第二步，第三步……直到得到最优解为止。

例 2-14　用例 2-1 来说明单纯形表法的计算步骤。其标准形式的数学模型如下：

$$\max Z = 2x_1 + 3x_2 + 0x_3 + 0x_4 + 0x_5$$

$$\text{s.t.}\begin{cases} 3x_2 + x_3 = 15 \\ 4x_1 + x_4 = 12 \\ 2x_1 + 2x_2 + x_5 = 14 \\ x_1, x_2, x_3, x_4, x_5 \geqslant 0 \end{cases}$$

解：(1)　根据例 2-1 线性规划问题的标准形式，取对应于松弛变量的单位矩阵为基，即以x_3, x_4, x_5为基变量，令非基变量$x_1, x_2 = 0$，可得一初始基本可行解为

$$\boldsymbol{x}^{(0)} = (0,0,15,12,14)^{\mathrm{T}}$$

将有关数字填入单纯形表的相应列中，得初始单纯形表，如表 2-9 所示。

表 2-9 中c_j行是表示目标函数中各变量的价值系数。在表的C_B列中填入初始基变量的价值系数，它们都是 0。检验数行各非基变量的检验数为

$$\sigma_1 = c_1 - \sum_{i=1}^{4} c_i a_{i1} = 2 - (0\times 2 + 0\times 1 + 0\times 4 + 0\times 0) = 2$$

$$\sigma_2 = c_2 - \sum_{i=1}^{4} c_i a_{i2} = 3 - (0\times 2 + 0\times 1 + 0\times 0 + 0\times 4) = 3$$

表 2-9　初始单纯形表(1)

c_j			2	3	0	0	0	θ_i
C_B	X_B	b	x_1	x_2	x_3	x_4	x_5	
0	x_3	15	0	[3]	1	0	0	5
0	x_4	12	4	0	0	1	0	—
0	x_5	14	2	2	0	0	1	7
σ_j			2	3	0	0	0	

(2) 因为$\sigma_1 = 2$, $\sigma_2 = 3$都大于零，且$\boldsymbol{P}_1, \boldsymbol{P}_2$的坐标有正分量存在，转入下一步。

(3) $\max(\sigma_1, \sigma_2) = \max(2,3) = 3$，因$\sigma_2 = 3$，所以$x_2$为换入变量

$$\theta = \min\left(\frac{b_i}{a_{ik}} \middle| a_{ik} > 0\right) = \min\left(\frac{15}{3}, \frac{14}{2}\right) = \frac{15}{3} = 5$$

因$\frac{15}{3}$对应x_3那一行，所以x_3为换出变量。x_3对应行和x_2对应列交叉处[3]为主元素。

(4) 以[3]为主元素进行旋转运算，即对表 2-9 进行初等行变换，总能使$\boldsymbol{P}_2$变为$\begin{bmatrix}1\\0\\0\end{bmatrix}$，于是得到如表 2-10 所示的单纯形表。

表 2-10　第一次迭代后的单纯形表

c_j			2	3	0	0	0	θ_i
C_B	X_B	b	x_1	x_2	x_3	x_4	x_5	
3	x_2	5	0	1	1/3	0	0	—
0	x_4	12	4	0	0	1	0	3
0	x_5	4	[2]	0	−2/3	0	1	2
σ_j			2	0	−1	0	0	

b列的数字表示$x_2 = 5$, $x_4 = 12$, $x_5 = 4$，于是得到一个新的基本可行解为

$$\boldsymbol{x}^{(1)} = (0,5,0,12,4)^{\mathrm{T}}$$

(5) 检查表 2-10 中所有检验数σ_j，这时还有检验数$\sigma_1 = 2 > 0$，说明应将x_1作为换入变量，于是重复(2)～(4)中的计算步骤，得到如表 2-11 所示的单纯形表。

(6) 由于表 2-11 的最后一行中的所有检验数均小于或等于零。这表示目标函数已不可能再增大，于是得到最优解(b列的数字)为

$$\boldsymbol{x}^{(2)} = (2,5,0,4,0)^{\mathrm{T}}$$

目标函数 $Z = 2x_1 + 3x_2 = 2\times2+3\times5=19$。

表 2-11 第二次迭代后的单纯形表

c_j			2	3	0	0	0	θ_i
C_B	X_B	b	x_1	x_2	x_3	x_4	x_5	
3	x_2	5	0	1	1/3	0	0	—
0	x_4	4	0	0	4/3	1	−2	3
2	x_1	2	1	0	−1/3	0	1/2	2
σ_j			0	0	−1/3	0	−1	

例 2-15 用单纯形表法计算下面的线性规划问题。其数学模型如下：

$$\max Z = -x_1 + x_2$$

$$\text{s.t.}\begin{cases}3x_1 - 2x_2 \leqslant 1 \\ -2x_1 + x_2 \geqslant -4 \\ x_1, x_2 \geqslant 0\end{cases}$$

解：先化为标准形式的数学模型：

$$\max Z = -x_1 + x_2$$

$$\text{s.t.}\begin{cases}3x_1 - 2x_2 + x_3 = 1 \\ 2x_1 - x_2 + x_4 = 4 \\ x_i \geqslant 0, i = 1,2,3,4\end{cases}$$

填入单纯形表，如表 2-12 所示。

表 2-12 初始单纯形表(2)

c_j			2	3	0	0	θ_i
C_B	X_B	b	x_1	x_2	x_3	x_4	
0	x_3	1	3	−2	1	0	
0	x_4	4	2	−1	0	1	
σ_j			−1	1	0	0	

由于 $\sigma_2 = 1 > 0$，x_2 进基，而 $a_{12} < 0$，$a_{22} < 0$，没有比值，即当固定 x_1 时，当 x_2 趋于无穷，Z 也趋于无穷，且满足约束条件，因而原问题具有无界解。

例 2-16 用单纯形表法计算下面的线性规划问题。其数学模型如下：

$$\max Z = 2x_1 + 4x_2$$

$$\text{s.t.}\begin{cases}-x_1 + 2x_2 \leqslant 4 \\ x_1 + 2x_2 \leqslant 10 \\ x_1 - x_2 \leqslant 2 \\ x_i \geqslant 0, i = 1,2\end{cases}$$

解：先将数学模型化为标准形式，然后填入单纯形表如表 2-13 所示，进行迭代运算。

检验数全部非正，最优解为 $\boldsymbol{x}^{(1)}=(3,7/2,0,0,5/2)^{\mathrm{T}}$，$Z=20$。非基变量 x_3 的检验数为零，x_3 若增加，目标函数值不变，即当 x_3 进基时 Z 仍等于 20。进基、出基继续迭代，得到另一最优解 $\boldsymbol{x}^{(2)}=(14/3,8/3,10/3,0,0)^{\mathrm{T}}$，$Z=20$。它们的组合仍是最优解，所以原线性规划有多重最优解。

表 2-13　单纯形表的迭代过程(1)

	c_j		2	3	0	0	0	θ_i
C_B	X_B	b	x_1	x_2	x_3	x_4	x_5	
0	x_3	4	−1	[2]	1	0	0	2
0	x_4	10	1	2	0	1	0	5
0	x_5	2	1	−1	0	0	1	—
	σ_j		2	4	0	0	0	
3	x_2	2	−1/2	1	1/2	0	0	—
0	x_4	6	[2]	0	−1	1	0	3
0	x_5	4	1/2	0	1/2	0	1	8
	σ_j		4	0	−2	0	0	
3	x_2	7/2	0	1	1/4	1/4	0	14
2	x_1	3	1	0	−1/2	1/2	0	—
0	x_5	5/2	0	0	3/4	−1/4	1	10/3
	σ_j		0	0	0	−2	0	
3	x_2	8/3	0	1	0	1/3	−1/3	
2	x_1	14/3	1	0	0	1/3	2/3	
0	x_3	10/3	0	0	1	−1/3	4/3	
	σ_j		0	0	0	−2	0	

补充有关检验数的表示方法如下。

本书是以 max $Z=\boldsymbol{CX}$；$\boldsymbol{AX}=\boldsymbol{b}$，$\boldsymbol{X}\geqslant 0$ 为标准形式，并以检验数 $\sigma_j\leqslant 0$，$C_j=1,2,\cdots,n$ 为最优解的判别准则。有的书以 min $Z=\boldsymbol{CX}$；$\boldsymbol{AX}=\boldsymbol{b}$，$\boldsymbol{X}\geqslant\boldsymbol{0}$ 为标准形式，以检验数 $\sigma_j\geqslant 0$，$j=1,2,\cdots,n$ 为最优判别准则，为了避免混淆，列出判别准则如表 2-14 所示。

表 2-14　判别准则

规则 \ 标准型	max $Z=\boldsymbol{CX},\boldsymbol{AX}=\boldsymbol{b}$，$\boldsymbol{X}\geqslant\boldsymbol{0}$	min $Z=\boldsymbol{CX},\boldsymbol{AX}=\boldsymbol{b}$，$\boldsymbol{X}\geqslant\boldsymbol{0}$
最优解判别	所有 $\sigma_j\leqslant 0$	所有 $\sigma_j\geqslant 0$
选进基变量	由 $\max(\sigma_j>0)=\sigma_k$ 确定 x_k 为换入变量	由 $\min(\sigma_j<0)=\sigma_k$ 确定 x_k 为换入变量
选出基变量	$\theta=\min\{b_i'/a_{ik}'\}$	$\theta=\min\{b_i'/a_{ik}'\}$

第八节 单纯形法的进一步讨论

我们已经知道，要找出线性规划问题的初始基本可行解，就要先找出初始可行基。在约束条件方程$\sum_{j=1}^{n} a_{ij}x_j = b_i$中，初始可行基一定是一个 m 阶单位矩阵。对于“≤”形式的不等式，可用加松弛变量的方法得到。而对于“≥”或“=”形式的式子，就要采用人造基的方法，即减去一个非负的剩余变量再加上一个非负的人工变量，以得到 m 阶单位矩阵，对于“=”约束，只加一个非负的人工变量即可。

例 2-17 将如下的约束条件化为标准形式。原数学模型如下：

$$\min Z = -3x_1 + x_2 + x_3$$

$$\text{s.t.}\begin{cases} x_1 - 2x_2 + x_3 \leqslant 11 \\ -4x_1 + x_2 + 2x_3 \geqslant 3 \\ -2x_1 + x_3 = 1 \\ x_1, x_2, x_3 \geqslant 0 \end{cases}$$

解： 在原数学模型的约束条件中加入松弛变量、剩余变量和人工变量，得到标准形式的约束如下：

$$\text{s.t.}\begin{cases} x_1 - 2x_2 + x_3 + x_4 = 11 \\ -4x_1 + x_2 + 2x_3 - x_5 + x_6 = 3 \\ -2x_1 + x_4 + x_7 = 1 \\ x_1, x_2, \cdots, x_7 \geqslant 0 \end{cases}$$

约束方程中 x_4, x_6, x_7 的系数列向量构成三阶单位矩阵，可作为初始可行基，因基变量 x_6, x_7 为人工变量，所以该基为人造基。令非基变量 x_1, x_2, x_3, x_5 为零，便可以得到一个初始基本可行解 $\boldsymbol{x}^{(0)}$ 为

$$\boldsymbol{x}^{(0)} = (0,0,0,11,0,3,1)^{\mathrm{T}}$$

因为人工变量是后加入原约束方程组中的虚拟变量，要求将它们从基变量中逐渐替换掉。若经过基的变换，基变量中不再包含有人工变量，则表示原问题有解。若经过基的变换，最后在基中还有某一个或几个人工变量，则意味原问题无可行解。下面介绍两种处理人工变量的方法。

一、大 *M* 法

我们希望人工变量对目标函数取值不受影响，因此只有在迭代过程中把人工变量从基变量中换出去，让它成为非基变量。为此假定人工变量在目标函数中的价值系数为 M。

M 是一个很大的正数，并设人工变量为 X_α。则目标函数实现最大化时 $\max Z = \boldsymbol{CX} - MX_\alpha$，因此只要在基变量中存在人工变量，目标函数就不可能实现最大化。

同理，目标函数实现最小化时 $\min Z = \boldsymbol{CX} + MX_\alpha$，只要在基变量中存在人工变量，目标函数就不可能实现最小化。

例 2-18 用大 M 法求解例 2-17。

$$\min Z = -3x_1 + x_2 + x_3 + 0x_4 + 0x_5 + Mx_6 + Mx_7$$

$$\text{s.t.}\begin{cases} x_1 - 2x_2 + x_3 + x_4 = 11 \\ -4x_1 + x_2 + 2x_3 - x_5 + x_6 = 3 \\ -2x_1 + x_3 + x_7 = 1 \\ x_1, x_2, \cdots, x_7 \geqslant 0 \end{cases}$$

解：用单纯形法求解如表 2-15 所示。因本例是求目标函数最小化，所以用所有 $\sigma_j \geqslant 0$ 来判别目标函数是否实现了最小化。

表 2-15 单纯形表的迭代过程(2)

σ_j			−3	1	1	0	0	M	M	θ_i
C_B	X_B	b	x_1	x_2	x_3	x_4	x_5	x_6	x_7	
0	x_4	11	1	−2	1	1	0	0	0	11
M	x_6	3	−4	1	2	0	−1	1	0	1.5
M	x_7	1	−2	0	[1]	0	0	0	1	1
σ_j			$-3+6M$	$1-M$	$1-3M$	0	M	0	0	
0	x_4	10	3	−2	0	1	0	0	−1	—
M	x_6	1	0	[1]	0	0	−1	1	−2	1
1	x_3	1	−2	0	1	0	0	0	1	—
σ_j			−1	$1-M$	0	0	M	0	$3M-1$	
0	x_4	12	[3]	0	0	1	−2	2	−5	4
1	x_2	1	0	1	0	0	−1	1	−2	—
1	x_3	1	−2	0	1	0	0	0	1	—
σ_j			−1	0	0	0	1	$M-1$	$M+1$	
−3	x_1	4	1	0	0	1/3	−2/3	2/3	−5/3	
1	x_2	1	0	1	0	0	−1	1	−2	
1	x_3	9	0	0	1	2/3	−4/3	4/3	−7/3	
σ_j			0	0	0	1/3	1/3	$M-1/3$	$M-2/3$	

表 2-15 的最终计算表中所有 $\sigma_j \geqslant 0$，且基变量中无人工变量，故已得最优解，即

$$\boldsymbol{x} = (4,1,9,0,0,0)^{\mathrm{T}}$$

$$Z = -3 \times 4 + 1 + 9 = -2$$

二、两阶段法

两阶段法是处理人工变量的另一种方法，这种方法是将加入人工变量后的线性规划问题分两段来求解。

第一阶段：要判断原线性规划问题是否存在基本可行解。办法是，先求解以下线性规划问题，其数学模型如下：

$$\min w = x_{n+1} + \cdots + x_{n+m}$$

$$\text{s.t.}\begin{cases} a_{11}x_1 + \cdots + a_{1n}x_n + x_{n+1} = b_1 \\ a_{21}x_1 + \cdots + a_{2n}x_n + x_{n+2} = b_2 \\ \quad\vdots \\ a_{m1}x_1 + \cdots + a_{mn}x_n + x_{n+m} = b_m \\ x_1, x_2, \cdots, x_{n+m} \geqslant 0 \end{cases}$$

式中，$x_{n+1} = x_{n+2} = \cdots = x_{n+m}$ 为人工变量。

用单纯形法对上述问题求解，若得到 $w = 0$，即所有的人工变量都变换为非基变量，这表示原问题已得到了一个基本可行解，转入第二阶段计算。若第一阶段的最终计算表出现 $w>0$，这表示原问题无可行解，停止计算。

第二阶段：将第一阶段的最终计算表中的人工变量取消，并将第一阶段最终计算表中的目标函数行的数字换成原问题的目标函数的数字，继续求解，直到得到最优解。

各阶段的计算方法及步骤与以前讲的单纯形法完全相同。下面用例子说明两阶段法的计算。

例 2-19 用两阶段法求解如下的线性规划问题，其数学模型如下：

$$\min Z = -3x_1 + x_2 + x_3$$

$$\text{s.t.}\begin{cases} x_1 - 2x_2 + x_3 \leqslant 11 \\ -4x_1 + x_2 + 2x_3 \geqslant 3 \\ -2x_1 + x_3 = 1 \\ x_1, x_2, x_3 \geqslant 0 \end{cases}$$

解：先在上述问题的约束条件方程中加入人工变量，给出第一阶段的规划问题。

第一阶段的数学模型如下：

$$\min w = x_6 + x_7$$

$$\text{s.t.}\begin{cases} x_1 - 2x_2 + x_3 + x_4 = 11 \\ -4x_1 + x_2 + 2x_3 - x_5 + x_6 = 3 \\ -2x_1 + x_3 + x_7 = 1 \\ x_1, \cdots, x_7 \geqslant 0 \end{cases}$$

这里x_6, x_7是人工变量。用单纯形法求解，如表 2-16 所示。因这里是求目标函数最小化，所以当所有的检验数$\sigma_j \geqslant 0$时，表示目标函数达到了最小值。

表 2-16 单纯形表的迭代过程(3)

c_j			0	0	0	0	0	1	1	θ_i
C_B	X_B	b	x_1	x_2	x_3	x_4	x_5	x_6	x_7	
0	x_4	11	1	−2	1	1	0	0	0	11
1	x_6	3	−4	1	2	0	−1	1	0	3/2
1	x_7	1	−2	0	[1]	0	0	0	1	1
	σ_j		6	−1	−3	0	1	0	0	
0	x_4	10	3	−2	0	1	0	0	−1	—
1	x_6	1	0	[1]	0	0	−1	1	−2	1
0	x_3	1	−2	0	1	0	0	0	1	—
	σ_j		0	−1	0	0	1	0	3	
0	x_4	12	3	0	0	1	−2	2	−5	
0	x_2	1	0	1	0	0	−1	1	−2	
0	x_3	1	−2	0	1	0	0	0	1	
	σ_j		0	0	0	0	0	1	1	

第一阶段求得的结果是$w = 0$，$\boldsymbol{X} = (0,1,1,12,0,0,0)^{\mathrm{T}}$。

因人工变量$x_6 = x_7 = 0$，即已从基变量中全部替换出。故原问题有解，转入第二阶段计算。

第二阶段：将第一阶段最终计算表中的人工变量x_6和x_7取消，并将c_j行的数字换成目标函数行的数字，其余数不变，继续求解，如表 2-17 所示。

表 2-17 单纯形表的迭代过程(4)

c_j			−3	1	1	0	0	θ_i
C_B	X_B	b	x_1	x_2	x_3	x_4	x_5	
0	x_4	12	[3]	0	0	1	−2	4
1	x_2	1	0	1	0	0	−1	—
1	x_3	1	−2	0	1	0	0	—
	σ_j		−1	0	0	0	1	
−3	x_1	4	1	0	0	1/3	−2/3	
1	x_2	1	0	1	0	0	−1	
1	x_3	9	0	0	1	2/3	−4/3	
	σ_j		0	0	0	1/3	2/3	

表 2-17 中所有 $\sigma_j \geqslant 0$，已得最优解 $\boldsymbol{x}=(4,1,9,0,0)^{\mathrm{T}}$，$\min Z=-2$。

以上讨论了用单纯形法求解线性规划问题的具体方法。实际应用时，可能会出现一些问题。以目标函数求极大为例，现说明如下。

(1) 非基变量的检验数为零。一般在最优单纯形表中所有检验数 $\sigma_j \leqslant 0$，其中基变量的 $\sigma_j=0$，非基变量的 $\sigma_j<0$，但有时会出现非基变量的检验数 $\sigma_j=0$ 的情况。如果出现这种情况，说明原问题存在多个最优解，这种情况称线性规划具有任选最优解或多重最优解。反之，如果最优表中所有非基变量的检验数都为负数时，则不可能存在其他可行解使目标函数达到极大，即只有唯一最优解。

(2) 最小比值 θ_i 相同。遇到这种情况，如果任选一个基变量出基，则进一步的迭代不一定会立即改进目标函数值，因而减低了单纯形法求解的效率，甚至可能导致循环。为避免这种情况，应按摄动原理处理。

(3) 检验数相同。选取哪一个非基变量进基一般是按检验数的大小来处理。如有一个以上的检验数 σ_j 相同，选取哪一个非基变量进基就有几种可能了。遇到这种情况时，一般任选一个非基变量进基是不成问题的。选不同的非基变量进基的差别仅仅是迭代次数不同，这在事先是很难预测的，也没有必要多考虑，因为最终得到的结果是一样的。

(4) 最小比值规则失效。在迭代过程中，如果换入变量的系数列向量全部小于或等于 0，则导致最小比值规则失效，这种情况表明线性规划问题无有限最优解。

第九节　线性规划问题的 WinQSB 求解

例 2-20　某商店要制定某种商品第二季度的进货计划，已知该商店仓库容纳此种商品的容量不能超过 600 件，3 月底已存货 200 件，以后每月初进货一次。假定各月份此种商品买进售出的单价如表 2-18 所示，问：各月进货、售货各多少件才能使得利润最大(存货控制数学模型)？(为了简单起见，只考虑进货时受到的仓库容量的限制、售货时受到进货量的限制这两个约束因素，对于货物存放在仓库内的消耗与保管费用不作考虑。)

表 2-18　单价

月　份	买进单价/(元/件)	出售价格/(元/件)
4	17	18
5	16.5	18
6	17	19

解一：设 4、5、6 月份的进货量分别为 x_1, x_2, x_3 件；销售量分别为 y_1, y_2, y_3 件。由于各月份的进货量要受到仓库容量的限制，所以有

4 月份的进货约束为

$$x_1 \leqslant 600-200=400，即 x_1 \leqslant 400$$

5 月份的进货约束为

$$x_2 \leqslant 600-(200+x_1-y_1)，即 x_1+x_2-y_1 \leqslant 400$$

6 月份的进货约束为

$$x_3 \leqslant 600-(200+x_1+x_2-y_1-y_2)，即 x_1+x_2+x_3-y_1-y_2 \leqslant 400$$

售货量还要受到存货量的限制，所以 4 月份的售货约束应满足

$$y_1 \leqslant 200+x_1，即 y_1-x_1 \leqslant 200$$

5 月份的售货约束应满足

$$y_2 \leqslant 200+x_1+x_2-y_1，即 y_1+y_2-x_1-x_2 \leqslant 200$$

6 月份的售货约束应满足

$$y_3 \leqslant 200+x_1+x_2+x_3-y_1-y_2，即 y_1+y_2+y_3-x_1-x_2-x_3 \leqslant 200$$

第二季度的利润目标函数为

$$\max Z=18y_1+18y_2+19y_3-17x_1-16.5x_2-17x_3$$

约束条件为

$$\text{s.t.}\begin{cases} x_1 \leqslant 400 \\ x_1+x_2-y_1 \leqslant 400 \\ x_1+x_2+x_3-y_1-y_2 \leqslant 400 \\ y_1-x_1 \leqslant 200 \\ y_1+y_2-x_1-x_2 \leqslant 200 \\ y_1+y_2+y_3-x_1-x_2-x_3 \leqslant 200 \\ x_i \geqslant 0, y_i \geqslant 0,\ i=1,2,3 \end{cases}$$

解二：运用 WinQSB 求解该线性规划模型，从“开始”菜单中，选择 Linear and Integer Programming 命令，求解线性规划问题。选择 File | New Problem 命令，创建一个新问题，弹出如图 2-5 所示的对话框。在该对话框中，输入问题名称 2，设置变量个数和约束条件个数，设置默认变量类型，选择目标函数类型为 Maximization，然后单击 OK 按钮输入目标函数及约束系数、资源系数和价值系数如图 2-6 所示。

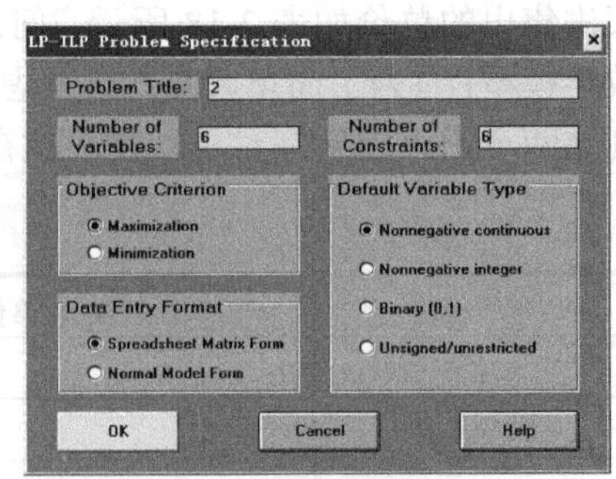

图 2-5 定义问题

选择 Edit | Variable Names 命令，修改变量 X4,X5,X6 为 Y1,Y2,Y3，如图 2-7 所示。

Variable -->	X1	X2	X3	Y1	Y2	Y3	Direction	R. H. S.
Maximize	-17	-16.5	-17	18	18	19		
C1	1						<=	400
C2	1	1		-1			<=	400
C3	1	1	1	-1	-1		<=	400
C4	-1			1			<=	200
C5	-1	-1		1	1		<=	200
C6	-1	-1	-1	1	1	1	<=	200
LowerBound	0	0	0	0	0	0		
UpperBound	M	M	M	M	M	M		
VariableType	Continuous	Continuous	Continuous	Continuous	Continuous	Continuous		

图 2-6　数据输入

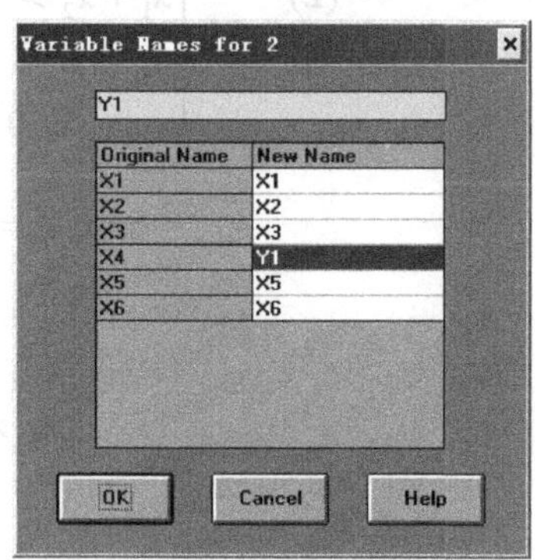

图 2-7　修改变量

输入完数据后，选择 Solve and Analyze | Solve the Problem 命令，进行求解运算。得到如图 2-8 所示的求解结果。其中，Reduced Cost 是检验数，Basis Status 是基变量状态。

	10:42:00		Wednesday	July	07	2010		
	Decision Variable	Solution Value	Unit Cost or Profit c(i)	Total Contribution	Reduced Cost	Basis Status	Allowable Min. c(i)	Allowable Max. c(i)
1	X1	400.0000	-17.0000	-6,800.0000	0	basic	-18.0000	M
2	X2	600.0000	-16.5000	-9,900.0000	0	basic	-18.0000	M
3	X3	600.0000	-17.0000	-10,200.0000	0	basic	-18.0000	M
4	Y1	600.0000	18.0000	10,800.0000	0	basic	17.0000	M
5	Y2	600.0000	18.0000	10,800.0000	0	basic	17.0000	M
6	Y3	600.0000	19.0000	11,400.0000	0	basic	17.0000	M
	Objective	Function	(Max.) =	6,100.0000				
	Constraint	Left Hand Side	Direction	Right Hand Side	Slack or Surplus	Shadow Price	Allowable Min. RHS	Allowable Max. RHS
1	C1	400.0000	<=	400.0000	0	1.0000	0	M
2	C2	400.0000	<=	400.0000	0	1.5000	-200.0000	M
3	C3	400.0000	<=	400.0000	0	2.0000	-200.0000	M
4	C4	200.0000	<=	200.0000	0	1.5000	-400.0000	M
5	C5	200.0000	<=	200.0000	0	1.0000	-400.0000	M
6	C6	200.0000	<=	200.0000	0	19.0000	-400.0000	M

图 2-8　求解结果

于是得到最优解为 $x_1=400$，$x_2=600$，$x_3=600$，$y_1=600$，$y_2=600$，$y_3=600$，$\max Z=6100$。

习　题

1. 用图解法求下列线性规划模型的最优解。

(1)
$$\max Z = 3x_1 - 2x_2$$
$$\text{s.t.}\begin{cases} x_1 + x_2 \leqslant 1 \\ x_1 + 2x_2 \geqslant 4 \\ x_1, x_2 \geqslant 0 \end{cases}$$

(2)
$$\min Z = x_1 - 3x_2$$
$$\text{s.t.}\begin{cases} 2x_1 - x_2 \leqslant 4 \\ x_1 + x_2 \geqslant 3 \\ x_1 \leqslant 4 \\ x_1, x_2 \geqslant 0 \end{cases}$$

(3)
$$\max Z = x_1 + 2x_2$$
$$\text{s.t.}\begin{cases} 2x_1 - x_2 \leqslant 6 \\ 3x_1 + 2x_2 \leqslant 12 \\ x_1 \leqslant 3 \\ x_1, x_2 \geqslant 0 \end{cases}$$

(4)
$$\min Z = -x_1 + 3x_2$$
$$\text{s.t.}\begin{cases} 4x_1 + 7x_2 \geqslant 56 \\ 3x_1 - 5x_2 \geqslant 15 \\ x_1, x_2 \geqslant 0 \end{cases}$$

2. 把下列线性规划模型化为标准形式。

(1)
$$\min Z = -x_1 + 5x_2 - 2x_3$$
$$\text{s.t.}\begin{cases} 3x_1 + 2x_2 - 4x_3 \leqslant 6 \\ 2x_1 - 3x_2 + x_3 \geqslant 5 \\ x_1 + x_2 + x_3 = 9 \\ x_1 \geqslant 0, x_2 \leqslant 0 \end{cases}$$

(2)
$$\max Z = 3x_1 + 5x_2 - 4x_3 + 2x_4$$
$$\text{s.t.}\begin{cases} 2x_1 + 6x_2 - x_3 + 3x_4 \leqslant 18 \\ x_1 - 3x_2 + 2x_3 - 2x_4 \geqslant 13 \\ -x_1 + 4x_2 - 3x_3 - 5x_4 = 9 \\ x_1, x_2, x_4 \geqslant 0 \end{cases}$$

3. 求出如下线性规划模型的所有基本解，并指出其中的基可行解和最优解。

$$\max Z = 2x_1 + x_2 - x_3$$
$$\text{s.t.}\begin{cases} x_1 + x_2 + 2x_3 \leqslant 6 \\ x_1 + x_2 - x_3 \leqslant 4 \\ x_j \geqslant 0, \quad j = 1,2,3 \end{cases}$$

4. 求下列线性规划模型的解。

(1)
$$\max Z = 3x_1 + 2x_2$$
$$\text{s.t.}\begin{cases} 2x_1 - 3x_2 \leqslant 3 \\ -x_1 + x_2 \leqslant 5 \\ x_1, x_2 \geqslant 0 \end{cases}$$

(2)
$$\max Z = x_2 - 2x_3$$
$$\text{s.t.}\begin{cases} x_1 + 3x_2 + 4x_3 = 12 \\ 2x_1 - x_3 \leqslant 12 \\ x_1, x_2, x_3 \geqslant 0 \end{cases}$$

(3) $\max Z = x_1 - 2x_2 + x_3$

$$\text{s.t.}\begin{cases} x_1 + x_2 + x_3 \leqslant 12 \\ 2x_1 + x_2 - x_3 \leqslant 6 \\ -x_1 + 3x_2 \leqslant 9 \\ x_1, x_2, x_3 \geqslant 0 \end{cases}$$

(4) $\min Z = -2x_1 - x_2 + 3x_3 - 5x_4$

$$\text{s.t.}\begin{cases} x_1 + 2x_2 + 4x_3 - x_4 \leqslant 6 \\ 2x_1 + 3x_2 + 4x_3 - x_4 \leqslant 12 \\ x_1 + x_3 + x_4 \leqslant 4 \\ x_1, x_2, x_3, x_4 \geqslant 0 \end{cases}$$

5. 利用大 M 法或两阶段法求解下列线性规划模型。

(1) $\min Z = 3x_1 - x_2$

$$\text{s.t.}\begin{cases} x_1 + 3x_2 \geqslant 3 \\ 2x_1 - 3x_2 \geqslant 6 \\ 2x_1 + x_2 \leqslant 8 \\ -4x_1 + x_2 \geqslant -16 \\ x_1, x_2 \geqslant 0 \end{cases}$$

(2) $\max Z = 2x_1 + 3x_2 + 4x_3$

$$\text{s.t.}\begin{cases} 3x_1 + 2x_2 \leqslant 13 \\ x_2 + 3x_2 \leqslant 17 \\ 2x_1 + x_2 + x_3 = 13 \\ x_1, x_2, x_3 \geqslant 0 \end{cases}$$

6. 某公司计划在 3 年的计划期内，有 4 个建设项目可以投资。项目 I 从第一年到第三年年初都可以投资，预计每年年初投资，年末可收回本利 120%，每年又可以重新将所获本利纳入投资计划。项目 II 需要在第一年年初投资，经过两年可收回本利 150%，又可以重新将所获本利纳入投资计划，但用于该项目的最大投资额不超过 20 万元。项目 III 需要在第二年年初投资，经过两年可收回本利 160%，但用于该项目的最大投资额不超过 15 万元。项目 IV 需要在第三年年初投资，年末可收回本利 140%，但用于该项目的最大投资额不超过 10 万元。在这个计划期内，该公司第一年可供投资的金额有 30 万元。问：怎样的投资方案，才能使该公司在这个计划期内获得最大利润？

7. 某饲养场饲养动物，每头动物每天需要 700 g 的蛋白质，30 g 的矿物质，100 g 的维生素。现有 5 种饲料可供选用，各种饲料每公斤营养成分含量及单价如表 2-19 所示。要求确定既满足动物生产的营养要求，又使费用最省的选择饲料的方案。

表 2-19 营养成分和单价

饲 料	蛋白质/g	矿物质/g	维生素/g	价格/(元/kg)
1	3	1	0.5	0.2
2	2	0.5	1.0	0.7
3	1	0.2	0.2	0.4
4	6	2	2	0.3
5	12	0.5	0.8	0.8

8. 某医院每天各时间段至少需要配备护理人员的数量如表 2-20 所示。假定每人上班后连续工作 8 小时，试建立使总人数最少的计划安排模型。用适当的工具软件求解最优解。

表 2-20　护理人员数

班　次	时　间	最少人数
1	6:00—10:00	80
2	10:00—14:00	90
3	14:00—18:00	80
4	18:00—22:00	70
5	22:00—2:00	40
6	2:00—6:00	30

9. 某工场Ⅰ、Ⅱ、Ⅲ 3 种产品在下一年各季度的合同预订数量如表 2-21 所示，该 3 种产品第一季度初无库存，要求在第四季度末每种产品的库存为 150 件。已知该厂每季度生产工时为 15 000 h，生产产品Ⅰ、Ⅱ、Ⅲ每件分别需要 3 h、4 h、3 h。因更换工艺设备，产品Ⅰ在第二季度无法生产。规定当产品不能按期交货时，产品Ⅰ、Ⅱ每件每迟交一个季度赔偿 20 元，产品Ⅲ赔偿 15 元。又知生产出来的产品不能在本季度交货，每件每季度的库存费用为 5 元。问：该如何安排生产，使总的赔偿和库存费用最少？

表 2-21　合同预订数量

产　品	季　度			
	1	2	3	4
Ⅰ	1500	1000	2000	1200
Ⅱ	1500	1500	1200	1500
Ⅲ	1500	2000	1500	2500

10. 某制衣厂生产两种服装，现有 100 名熟练工人。已知一名熟练工人每小时生产 10 件服装Ⅰ或 6 件服装Ⅱ。根据销售部门消息，本周开始这两种服装的需求量将持续上升，如表 2-22 所示。该厂决定到第八周末需要培训出 100 名新工人，两班生产。已知 1 名工人一周工作 40 h，1 名熟练工人每周最多可培训 5 名新工人，培训期间熟练工人和培训人员不参加生产。熟练工人每周工资 400 元，新工人在培训期间工资每周 80 元，培训合格后参加生产每周工资 260 元，生产效能同熟练工人。在培训期间，为了按期交货，工厂安排部分工人加班生产每周工作 50 h，工资每周 600 元。若所订的服装不能按期交货，每推迟交货 1 周的赔偿费为：服装Ⅰ每件 10 元，服装Ⅱ每件 20 元。问：工厂该如何安排生产，使各项费用总和最少？

表 2-22　服装需求量

服装 \ 周次	1	2	3	4	5	6	7	8
Ⅰ	20	20	24	25	33	34	40	42
Ⅱ	12	14	17	33	22	25	25	25

第三章　对偶理论与灵敏度分析

每一个线性规划问题都伴随有另一个线性规划问题，称为对偶问题。原来的线性规划问题则称为原始线性规划问题，简称原始问题。对偶问题有许多重要的特征，它的变量能提供关于原始问题最优解的许多重要信息，有助于原始问题的求解和分析。其中对偶单纯形法成为管理决策中进行灵敏度分析的重要工具。在最优化方法中经常利用灵敏度分析来研究原始数据不准确或发生变化时最优解的稳定性。通过灵敏度分析还可以决定哪些参数对系统或模型有较大的影响。

通过学习本章，应当了解对偶问题的性质、对偶单纯形法和灵敏度分析。本章的难点为对偶模型、影子价格和灵敏度分析。

第一节　单纯形法的矩阵描述

用矩阵来描述单纯形法将有助于加深对单纯形法的理解以及研究改进单纯形法和对偶理论等问题。

设线性规划问题的模型如下：

$$\max Z = \boldsymbol{CX}$$
$$\text{s.t.}\begin{cases}\boldsymbol{AX} \leqslant \boldsymbol{b} \\ \boldsymbol{X} \geqslant \boldsymbol{0}\end{cases}$$

给这个规划问题的约束条件中加入松弛变量 $\boldsymbol{X}_S = (x_{n+1}, x_{n+2}, \cdots, x_{n+m})^{\mathrm{T}}$ 以后，得到标准型

$$\max Z = \boldsymbol{CX} + \boldsymbol{0X}_S$$
$$\text{s.t.}\begin{cases}\boldsymbol{AX} + \boldsymbol{I}A_S = \boldsymbol{b} \\ \boldsymbol{X} \geqslant \boldsymbol{0}, \boldsymbol{X}_S \geqslant \boldsymbol{0}\end{cases} \tag{3-1}$$

这里 $\boldsymbol{I}$ 是 $m \times m$ 阶单位矩阵。

设 $\boldsymbol{B}$ 是一个可行基，也称为基矩阵。于是可将系数矩阵 $\boldsymbol{A}$ 分为两块

$$\boldsymbol{A}=(\boldsymbol{B}, \boldsymbol{N})$$

这里 $\boldsymbol{N}$ 是非基向量构成的矩阵 $(x_{m+1}, x_{m+2}, \cdots, x_n)^{\mathrm{T}}$ 。

对应于 $\boldsymbol{B}$ 的变量 $x_1, x_2, \cdots, x_m$ 是基变量，用向量 $\boldsymbol{X}_B=(x_1, x_2, \cdots, x_m)^{\mathrm{T}}$ 表示，其他的为非基变量。则有

$$\boldsymbol{x} = \begin{bmatrix}\boldsymbol{X}_B \\ \boldsymbol{X}_N\end{bmatrix}$$

这时 $\boldsymbol{C}$ 也分为两块 $(\boldsymbol{C}_B, \boldsymbol{C}_N)$。其中 $\boldsymbol{C}_B$ 是目标函数中基变量向量 $\boldsymbol{X}_B$ 的系数行向量，$\boldsymbol{C}_N$ 是目标函数中非基变量向量 $\boldsymbol{X}_N$ 的系数行向量。

可见

$$(\boldsymbol{A},\boldsymbol{I})\begin{pmatrix}\boldsymbol{X}\\ \boldsymbol{X}_S\end{pmatrix}=(\boldsymbol{B},\boldsymbol{N},\boldsymbol{I})\begin{bmatrix}\boldsymbol{X}_B\\ \boldsymbol{X}_N\\ \boldsymbol{X}_S\end{bmatrix}=\boldsymbol{B}\boldsymbol{X}_B+\boldsymbol{N}\boldsymbol{X}_N+\boldsymbol{I}\boldsymbol{X}_S$$

$$(\boldsymbol{C},\boldsymbol{0})\begin{pmatrix}\boldsymbol{X}\\ \boldsymbol{X}_S\end{pmatrix}=(\boldsymbol{C}_B,\boldsymbol{C}_N,\boldsymbol{0})\begin{bmatrix}\boldsymbol{X}_B\\ \boldsymbol{X}_N\\ \boldsymbol{X}_S\end{bmatrix}=\boldsymbol{C}_B\boldsymbol{X}_B+\boldsymbol{C}_N\boldsymbol{X}_N+\boldsymbol{0}\boldsymbol{X}_S$$

这时式(3-1)可改写为

$$\max Z=\boldsymbol{C}_B\boldsymbol{X}_B+\boldsymbol{C}_N\boldsymbol{X}_N+\boldsymbol{0}\boldsymbol{X}_S \tag{3-2}$$

$$\text{s.t.}\begin{cases}\boldsymbol{B}\boldsymbol{X}_B+\boldsymbol{N}\boldsymbol{X}_N+\boldsymbol{I}\boldsymbol{X}_S=\boldsymbol{b}\\ \boldsymbol{X}_B,\boldsymbol{X}_N,\boldsymbol{X}_S\geqslant\boldsymbol{0}\end{cases} \tag{3-3}$$

移项后得到

$$\boldsymbol{B}\boldsymbol{X}_B=\boldsymbol{b}-\boldsymbol{N}\boldsymbol{X}_N-\boldsymbol{I}\boldsymbol{X}_S \tag{3-4}$$

左乘 $\boldsymbol{B}^{-1}$ 后，得到 $\boldsymbol{X}_B$ 的表达式

$$\boldsymbol{X}_B=\boldsymbol{B}^{-1}\boldsymbol{b}-\boldsymbol{B}^{-1}\boldsymbol{N}\boldsymbol{X}_N-\boldsymbol{B}^{-1}\boldsymbol{X}_S \tag{3-5}$$

代入目标函数，得到

$$\boldsymbol{Z}=\boldsymbol{C}_B\boldsymbol{B}^{-1}\boldsymbol{b}+(\boldsymbol{C}_N-\boldsymbol{C}_B\boldsymbol{B}^{-1}\boldsymbol{N})\boldsymbol{X}_N-\boldsymbol{C}_B\boldsymbol{B}^{-1}\boldsymbol{X}_S \tag{3-6}$$

令非基变量 $\boldsymbol{X}_N=\boldsymbol{0}$, $\boldsymbol{X}_S=\boldsymbol{0}$，得到一个基本可行解为

$$\boldsymbol{X}^{(1)}=\begin{bmatrix}\boldsymbol{X}_B\\ \boldsymbol{X}_N\\ \boldsymbol{X}_S\end{bmatrix}=\begin{bmatrix}\boldsymbol{B}^{-1}\boldsymbol{b}\\ \boldsymbol{0}\\ \boldsymbol{0}\end{bmatrix}$$

目标函数取值为

$$\boldsymbol{Z}=\boldsymbol{C}_B\boldsymbol{B}^{-1}\boldsymbol{b}$$

从上述表达式中可以看到：

(1) 非基变量的系数 $\boldsymbol{C}_N-\boldsymbol{C}_B\boldsymbol{B}^{-1}\boldsymbol{N}$ 就是用符号 $\boldsymbol{C}_j-\boldsymbol{Z}_j$ (j =1,2,⋯,n)表示的检验数。

因为 $\boldsymbol{X}_B$ 的系数是 0，实质上是 $\boldsymbol{C}_B-\boldsymbol{C}_B\boldsymbol{B}^{-1}\boldsymbol{B}=\boldsymbol{0}$， $\boldsymbol{X}_S$ 的系数实质上是 $\boldsymbol{0}-\boldsymbol{C}_B\boldsymbol{B}^{-1}\boldsymbol{I}$，因此所有的检验数可用 $\boldsymbol{C}-\boldsymbol{C}_B\boldsymbol{B}^{-1}\boldsymbol{A}$ 与 $-\boldsymbol{C}_B\boldsymbol{B}^{-1}$ 表示。

(2) 用矩阵描述时，θ 规则的表达式是

$$\theta=\min\left\{\frac{(\boldsymbol{B}^{-1}\boldsymbol{b})_i}{(\boldsymbol{B}^{-1}\boldsymbol{P}_j)_i}\middle|(\boldsymbol{B}^{-1}\boldsymbol{P}_j)_i>0\right\}=\frac{(\boldsymbol{B}^{-1}\boldsymbol{b})_l}{(\boldsymbol{B}^{-1}\boldsymbol{P}_j)_l}$$

这里 $(\boldsymbol{B}^{-1}\boldsymbol{b})_i$ 是向量 $(\boldsymbol{B}^{-1}\boldsymbol{b})$ 中第 i 个元素。$(\boldsymbol{B}^{-1}\boldsymbol{P}_j)_i$ 是向量 $(\boldsymbol{B}^{-1}\boldsymbol{P}_j)$ 中第 i 个元素。

(3) 单纯形表。

将式(3-2)改写成

$$-\boldsymbol{Z}+\boldsymbol{C}_B\boldsymbol{X}_B+\boldsymbol{C}_N\boldsymbol{X}_N+\boldsymbol{0}\boldsymbol{X}_S=\boldsymbol{0}$$

它与式(3-3)一起，用矩阵关系式可表示为

$$\begin{pmatrix}\boldsymbol{0} & \boldsymbol{B} & \boldsymbol{N} & \boldsymbol{I}\\ \boldsymbol{I} & \boldsymbol{C}_B & \boldsymbol{C}_N & \boldsymbol{0}\end{pmatrix}\begin{bmatrix}-\boldsymbol{Z}\\ \boldsymbol{X}_B\\ \boldsymbol{X}_N\\ \boldsymbol{X}_S\end{bmatrix}=\begin{pmatrix}\boldsymbol{b}\\ \boldsymbol{0}\end{pmatrix}$$

将这个分块的系数矩阵用表格形式表示时，就得到初始单纯形表，如表 3-1 所示。

表 3-1　初始单纯形表

初始非基变量	初始基变量	
$\boldsymbol{X}=(\boldsymbol{X}_B,\boldsymbol{X}_N)^{\mathrm{T}}$	$\boldsymbol{X}_S$	
$(\boldsymbol{B},\boldsymbol{N})$	$\boldsymbol{I}$	$\boldsymbol{b}$
$(\boldsymbol{C}_B,\boldsymbol{C}_N)$	$\boldsymbol{0}$	$\boldsymbol{0}$

在分块的系数矩阵中，$\begin{pmatrix}\boldsymbol{0}\\ \boldsymbol{I}\end{pmatrix}$这一列不参加计算，所以在表中不填这些数字。

当确定基变量的向量为 $\boldsymbol{X}_B$ 时，经过基的变换，可得到

$$\boldsymbol{X}_B+\boldsymbol{B}^{-1}\boldsymbol{N}\boldsymbol{X}_N+\boldsymbol{B}^{-1}\boldsymbol{X}_S=\boldsymbol{B}^{-1}\boldsymbol{b}$$

$$-\boldsymbol{Z}+(\boldsymbol{C}_N-\boldsymbol{C}_B\boldsymbol{B}^{-1}\boldsymbol{N})\boldsymbol{X}_N-\boldsymbol{C}_B\boldsymbol{B}^{-1}\boldsymbol{X}_S=-\boldsymbol{C}_B\boldsymbol{B}^{-1}\boldsymbol{b}$$

上述两式用矩阵关系式可表示为

$$\begin{bmatrix}\boldsymbol{0} & \boldsymbol{I} & \boldsymbol{B}^{-1}\boldsymbol{N} & \boldsymbol{B}^{-1}\\ \boldsymbol{I} & \boldsymbol{0} & \boldsymbol{C}_N-\boldsymbol{C}_B\boldsymbol{B}^{-1}\boldsymbol{N} & -\boldsymbol{C}_B\boldsymbol{B}^{-1}\end{bmatrix}\begin{bmatrix}-\boldsymbol{Z}\\ \boldsymbol{X}_B\\ \boldsymbol{X}_N\\ \boldsymbol{X}_S\end{bmatrix}=\begin{pmatrix}\boldsymbol{B}^{-1}\boldsymbol{b}\\ -\boldsymbol{C}_B\boldsymbol{B}^{-1}\boldsymbol{b}\end{pmatrix}$$

这分块的系数矩阵可用表格形式表示，如表 3-2 所示。

表 3-2　分块系数矩阵单纯形表示

基变量 $\boldsymbol{X}_B$	非基变量		
	$\boldsymbol{X}_N$	$\boldsymbol{X}_S$	
$\boldsymbol{I}$	$\boldsymbol{B}^{-1}\boldsymbol{N}$	$\boldsymbol{B}^{-1}$	$\boldsymbol{B}^{-1}\boldsymbol{b}$
$\boldsymbol{0}$	$\boldsymbol{C}_N-\boldsymbol{C}_B\boldsymbol{B}^{-1}\boldsymbol{N}$	$-\boldsymbol{C}_B\boldsymbol{B}^{-1}$	$-\boldsymbol{C}_B\boldsymbol{B}^{-1}\boldsymbol{b}$

在分块的系数矩阵中，$\begin{pmatrix}\boldsymbol{0}\\ \boldsymbol{I}\end{pmatrix}$列的数字不参加运算，所以在表中不填入。上述表格即为迭代后的计算表。表中的各部分数字都可以用矩阵的运算求得。

第二节　线性规划的对偶问题

例 3-1　某工厂计划期内要安排生产 A、B 两种产品。已知生产单位产品的利润与所需的劳动力、设备台时及原材料的消耗如表 3-3 所示。问：如何安排生产方式可使得该厂获利最大？

表 3-3　设备台时和原材料消耗系数

产品	A	B	资源限额
劳动力消耗量/工时	9	4	360
设备消耗量/台时	4	5	200
原材料消耗量/千克	3	10	300
利润/(元/件)	70	120	

解： 设 x_1, x_2 分别表示在计划期内 A,B 产品的产量。

用 Z 表示利润，则目标函数为

$$\max Z = 70x_1 + 120x_2$$

由于资源的使用量必须受到限制，因此有

$$\text{s.t.}\begin{cases} 9x_1 + 4x_2 \leqslant 360 \\ 4x_1 + 5x_2 \leqslant 200 \\ 3x_1 + 10x_2 \leqslant 300 \end{cases}$$

此外，显然还应该有非负限制 $x_1 \geqslant 0$，$x_2 \geqslant 0$。

综合上述，该计划问题可归纳为

$$\max Z = 70x_1 + 120x_2$$

$$\text{s.t.}\begin{cases} 9x_1 + 4x_2 \leqslant 360 \\ 4x_1 + 5x_2 \leqslant 200 \\ 3x_1 + 10x_2 \leqslant 300 \\ x_1, x_2 \geqslant 0 \end{cases}$$

现从另一个角度来讨论这个问题。如果工厂的决策者不是考虑生产产品 A 和 B，而是将厂里现有资源用于接受外来的加工任务，工厂只收取加工费，试问该厂的决策者应该怎样给每个资源制定一个收费标准？决策者需要考虑两个因素，第一，每种资源所收回的费用应不低于自己生产时可能得到的收入；第二，定价不能太高，要使对方容易接受。总之，定价要合理，使双方都感觉到有利可图。

如果用 y_1, y_2, y_3 分别表示这三种资源的收费单价，则根据第一条原则应该有如下约束，将用于加工产品 A 和 B 的所有资源出租或外售，应该不低于可获得的原来收入，即

$$\text{s.t.}\begin{cases}9y_1+4y_2+3y_3\geqslant 70\\4y_1+5y_2+10y_3\geqslant 120\end{cases}$$

当然还有非负限制，即

$$y_1, y_2, y_3\geqslant 0$$

将该厂所有的资源都用于对外加工，其总收入是

$$f=360y_1+200y_2+300y_3$$

从工厂的决策者来看当然 f 越大越好。但是根据第二条原则，为了使对方容易接受，应该使该工厂能够得到这批订单，在保证约束条件的情况下，应该使总收入(即对方的总支出)尽可能少才比较合理。因为这样，工厂不会吃亏，对方才容易接受。于是这个数学模型可以归结为

$$\min f=360y_1+200y_2+300y_3$$

$$\text{s.t.}\begin{cases}9x_1+4x_2+3x_1\geqslant 70\\4y_1+5y_2+10y_3\geqslant 120\\y_1, y_2, y_3\geqslant 0\end{cases}$$

很显然，当 $\min f=\max Z$ 时，工厂决策者认为这两种考虑是具有相同的结果，都是最优的方案。将生产新产品 A、B 作为线性规划问题(1)将其模型列表，如表 3-4 所示。

表 3-4 线性规划问题(1)

x_1	x_2	
9	4	≤360
4	5	≤200
3	10	≤300
70	120	$=\max Z$

将外协加工作为线性规划问题(2)，将其模型列表，如表 3-5 所示。

表 3-5 线性规划问题(2)

y_1	y_2	y_3	
9	4	3	≥70
4	5	10	≥120
360	200	300	$=\min f$

从这两个表中可以看出，线性规划问题(1)与线性规划问题(2)有如下关系。

(1) 两个规划问题的数据表格互为转置。

(2) 问题(1)的约束条件右端常数为问题(2)的价值系数；问题(1)的价值系数是问题(2)的约束右端常数。

(3) 问题(1)中的每一列对应问题(2)中的一个行约束。

(4) 问题(1)中的每一个行约束对应问题(2)中的一个变量。

(5) 问题(1)是 max 型，约束是≤；问题(2)是 min 型，约束是≥。

通常把问题(1)称为线性规划问题的原问题，而把问题(2)称为线性规划的对偶问题，或者称问题(2)为原问题，则称问题(1)为对偶问题，它们构成了线性规划相互对偶对。

下面再从另一个角度讨论。由第一节得到单纯形法中检验数的表达式是

$$\boldsymbol{C}_N-\boldsymbol{C}_B\boldsymbol{B}^{-1}\boldsymbol{N} \text{ 与 } -\boldsymbol{C}_B\boldsymbol{B}^{-1}$$

当检验数满足

$$\boldsymbol{C}_N-\boldsymbol{C}_B\boldsymbol{B}^{-1}\boldsymbol{N}\leqslant \boldsymbol{0} \tag{3-7}$$

$$-\boldsymbol{C}_B\boldsymbol{B}^{-1}\leqslant \boldsymbol{0} \tag{3-8}$$

表示线性规划问题已得到最优解。可见式(3-7)与式(3-8)是得到最优解的条件。下面来讨论这两个条件。

(1) 在式(3-7)、式(3-8)中都有乘子$\boldsymbol{C}_B\boldsymbol{B}^{-1}$，称它为单纯形乘子，并用符号$\boldsymbol{Y}=\boldsymbol{C}_B\boldsymbol{B}^{-1}$表示，由于式(3-8)的条件，可得到$\boldsymbol{Y}\leqslant\boldsymbol{0}$。

(2) 基变量$\boldsymbol{X}_B$的检验数是 0，它是由$\boldsymbol{C}_B-\boldsymbol{C}_B\boldsymbol{B}^{-1}\boldsymbol{B}$计算得来的。当$\boldsymbol{C}=(\boldsymbol{C}_B,\boldsymbol{C}_N)$，$\boldsymbol{A}=(\boldsymbol{B},\boldsymbol{N})$时，可用$\boldsymbol{C}-\boldsymbol{C}_B\boldsymbol{B}^{-1}\boldsymbol{A}\leqslant\boldsymbol{0}$表示包括基变量在内的检验数。这时可以得到

$$\boldsymbol{C}-\boldsymbol{C}_B\boldsymbol{B}^{-1}\boldsymbol{A}=\boldsymbol{C}-\boldsymbol{YA}\leqslant\boldsymbol{0}$$

移项后，得到

$$\boldsymbol{YA}\geqslant\boldsymbol{C}$$

(3) 由条件(3-8)，得到

$$-\boldsymbol{Y}=-\boldsymbol{C}_B\boldsymbol{B}^{-1} \tag{3-9}$$

将式(3-9)两边右乘$\boldsymbol{b}$，可得到

$$-\boldsymbol{Yb}=-\boldsymbol{C}_B\boldsymbol{B}^{-1}\boldsymbol{b} \tag{3-10}$$

因为$\max Z=\boldsymbol{C}_B\boldsymbol{B}^{-1}\boldsymbol{b}$，又因$\max Z=-\min(-Z)=-\min(-\boldsymbol{C}_B\boldsymbol{B}^{-1}\boldsymbol{b})$，令$\boldsymbol{W}=\boldsymbol{Yb}$，可以得另一个规划问题$\max Z=\min W$，有

$$\min W=\boldsymbol{Yb}$$

$$\text{s.t.}\begin{cases}\boldsymbol{YA}\geqslant\boldsymbol{C}\\ \boldsymbol{Y}\geqslant\boldsymbol{0}\end{cases}$$

称线性规划问题$\min W=\boldsymbol{Yb}$，$\boldsymbol{YA}\geqslant\boldsymbol{C}$，$\boldsymbol{Y}\geqslant\boldsymbol{0}$是原线性规划问题$\max Z=\boldsymbol{CX}$，$\boldsymbol{AX}\leqslant\boldsymbol{b}$，$\boldsymbol{X}\geqslant\boldsymbol{0}$的对偶规划问题。

从以上两个问题的表达式可看出，根据原线性规划问题的矩阵$\boldsymbol{A},\boldsymbol{C},\boldsymbol{b}$，就可以写出它的

对偶问题。如例 3-1，原线性规划问题中各系数矩阵是

$$A=\begin{bmatrix}9 & 4\\4 & 5\\3 & 10\end{bmatrix};\ C=(70,120);\ b=\begin{bmatrix}360\\200\\300\end{bmatrix}$$

那么其对偶问题便是

$$\min f=Y(360,200,300)^{\mathrm{T}}$$

$$\text{s.t.}\begin{cases}Y\begin{bmatrix}9 & 4\\4 & 5\\3 & 10\end{bmatrix}\geqslant(70,120)\\ Y\geqslant 0\end{cases}$$

这里

$$Y=(y_1,y_2,y_3)$$

第三节 原问题与对偶问题的关系

原问题与对偶问题的关系可分两种情况讨论。

一、对称对偶线性规划

将具有以下特征的线性规划问题称为对称对偶线性规划。

(1) 目标函数求 max，约束条件是“≤”，或目标函数求极小，约束全部是“≥”。其展开形式如下。

原问题：

$$\max Z=c_1x_1+c_2x_2+\cdots+c_nx_n$$

$$\begin{bmatrix}a_{11} & a_{12} & \cdots & a_{1n}\\ \vdots & \vdots & & \vdots\\ a_{m1} & a_{m2} & \cdots & a_{mn}\end{bmatrix}\begin{bmatrix}x_1\\ \vdots\\ x_n\end{bmatrix}\leqslant\begin{bmatrix}b_1\\ \vdots\\ b_m\end{bmatrix}$$

$$x_1,x_2,\cdots,x_n\geqslant 0$$

对偶问题：

$$\min W=y_1b_1+y_2b_2+\cdots+y_mb_m$$

$$(y_1,y_2,\cdots,y_m)\begin{bmatrix}a_{11} & a_{12} & \cdots & a_{1n}\\ \vdots & \vdots & & \vdots\\ a_{m1} & a_{m2} & \cdots & a_{mn}\end{bmatrix}\geqslant(c_1,c_2,\cdots,c_n)$$

$$y_1,y_2,\cdots,y_m\geqslant 0$$

用矩阵表示时如下。

原问题： $\max Z=CX$， $AX\leqslant b$， $X\geqslant 0$

对偶问题： $\min W=Yb$， $YA\geqslant C$， $Y\geqslant 0$

(2) 全部变量非负。

例 3-2 写出下述线性规划问题的对偶问题。

$$\max Z = x_1 + 2x_2 - 3x_3 + 4x_4$$

$$\text{s.t.}\begin{cases} x_1 + 2x_2 + 2x_3 - 3x_4 \leqslant 25 \\ 2x_1 + x_2 - 3x_3 + 2x_4 \leqslant 15 \\ x_1, x_2, x_3, x_4 \geqslant 0 \end{cases}$$

解： 根据原问题与对偶问题的相互关系，写出其对偶问题为

$$\min W = 25y_1 + 15y_2$$

$$\text{s.t.}\begin{cases} y_1 + 2y_2 \geqslant 1 \\ 2y_1 + y_2 \geqslant 2 \\ 2y_1 - 3y_2 \geqslant -3 \\ -3y_1 + 2y_2 \geqslant 4 \\ y_1, y_2 \geqslant 0 \end{cases}$$

二、非对称对偶线性规划

线性规划经常不以对称形式出现，如目标函数求 max 时，约束条件中有“≤”或“≥”或“=”，变量还可能出现无约束等情况。这时如何由原问题写出对偶问题呢？应注意以下三点。

(1) 将非对称的原问题变为对称，即

目标函数为 max 时，约束为“≤”或“=”；

目标函数为 min 时，约束为“≥”或“=”。

(2) 原问题中若第 i 个约束条件为等式，则对应的对偶变量无约束。

证： 若在原问题的约束条件中包含有等式约束时，可将一个等式分解为两个不等式，然后按标准形式求其对偶问题的表达式。

设约束条件是等式的线性规划，即

$$\max Z = \sum_{j=1}^{n} c_j x_j$$

$$\text{s.t.}\begin{cases} \sum_{j=1}^{n} a_{ij} x_j = b_i, i = 1, 2, \cdots, m \\ x_j \geqslant 0, \quad j = 1, 2, \cdots, n \end{cases}$$

第一步：将等式分解为两个不等式，这时上述问题可表示为

$$\max Z = \sum_{j=1}^{n} c_j x_j$$

$$\text{s.t.}\begin{cases}\sum_{j=1}^{n}a_{ij}x_j \leqslant b_i(1,2,\cdots,m) & (3\text{-}11)\\ -\sum_{j=1}^{n}a_{ij}x_j \leqslant -b_i(i=1,2,\cdots,m) & (3\text{-}12)\\ x_j \geqslant 0\ \ (j=1,2,3,\cdots,n)\end{cases}$$

设 y_i' 是对应于式(3-11)的对偶变量； y_i'' 是对应于式(3-12)的对偶变量。

第二步：按对称形式写出它的对偶问题，有

$$\min W=\sum_{i=1}^{m}b_iy_i'+\sum_{i=1}^{m}(-b_iy_i'')$$

$$\sum_{i=1}^{m}a_{ij}y_i'+\sum_{i=1}^{m}(-a_{ij}y_i'')\geqslant c_j, j=1,2,\cdots,n$$

整理得

$$\min W=\sum_{i=1}^{m}b_i(y_i'-y_i'')$$

$$\sum_{i=1}^{m}a_{ij}(y_i'-y_i'')\geqslant c_j, j=1,2,\cdots,n$$

令 $y=y_i'-y_i''$，因 y_i'， $y_i''\geqslant 0$，由此可见 y_i 不受正负约束限制。将 y_i 代入上述式中，便得对偶规划问题为

$$\min W=\sum_{i=1}^{m}b_iy_i$$

$$\text{s.t.}\begin{cases}\sum_{i=1}^{m}a_{ij}y_i \geqslant c_j, j=1,2,\cdots,n\\ y_i\text{为自由变量}, i=1,2,\cdots,m\end{cases}$$

由以上变换可知，带等式的约束条件的原问题，它的对偶问题的变量无正负约束。证毕。

(3) 若原问题中第 j 个变量 x_j 无约束，则对偶问题中对应于该变量的约束条件应取等式。

综上所述，线性规划的原问题与对偶问题的关系可以归纳为表 3-6 所示的对应关系。

例 3-3　求下述规划问题的对偶问题。

$$\min Z=5x_1-6x_2+7x_3+x_4$$

$$\text{s.t.}\begin{cases}x_1+2x_2-x_3-x_4=7\\ 6x_1-3x_2+x_3-7x_4\geqslant 14\\ -28x_1-17x_2+4x_3+2x_4\leqslant -3\\ x_1,x_2\geqslant 0, x_3,x_4\text{为自由变量}\end{cases}$$

表 3-6　原问题与对偶问题的关系

原问题(或对偶问题)	对偶问题(或原问题)
目标函数　max Z	目标函数　min W
约束条件数　m 个	变量个数　m 个
约束条件　≤	变量　≥0
约束条件　≥	变量　≤0
约束条件　=	变量无符号限制
变量个数　n 个	约束条件数　n 个
变量　≥0	约束条件　≥
变量　≤0	约束条件　≤
变量无符号限制	约束条件　=

解：将上述问题变为对称形式，即目标函数求极小，约束条件应为“≥”或“=”。写出对偶问题为

$$\min W=-7y_1+14y_2+3y_3$$

$$\text{s.t.}\begin{cases}y_1+6y_2+28y_3\leqslant 5\\2y_1-3y_2+17y_3\leqslant -6\\-y_1+y_2-4y_3=7\\-y_1-7y_2-2y_3=1\\y_1\text{为自由变量},y_2,y_3\geqslant 0\end{cases}$$

注：原问题规定 $b_i\geqslant 0$，对偶问题无此规定。

第四节　对偶问题的基本性质

一、对称性

对偶问题的对偶是原问题。

证：设原问题是

$$\max Z=\boldsymbol{CX}$$

$$\text{s.t.}\begin{cases}\boldsymbol{AX}\leqslant \boldsymbol{b}\\\boldsymbol{X}\geqslant \boldsymbol{0}\end{cases}$$

根据对偶问题的对称性可以找到它的对偶问题是

$$\min W = \boldsymbol{Yb}$$

$$\text{s.t.}\begin{cases}\boldsymbol{YA} \geqslant \boldsymbol{C}\\ \boldsymbol{Y} \geqslant \boldsymbol{0}\end{cases}$$

为了证明该对偶问题的对偶是原问题，可将上述对偶问题写成原问题形式，即

$$\max W' = (-\boldsymbol{b}^{\mathrm{T}})\boldsymbol{Y}^{\mathrm{T}}$$

$$\text{s.t.}\begin{cases}(-\boldsymbol{A}^{\mathrm{T}})\boldsymbol{Y}^{\mathrm{T}} \leqslant -\boldsymbol{C}^{\mathrm{T}}\\ \boldsymbol{Y}^{\mathrm{T}} \geqslant \boldsymbol{0}\end{cases}$$

根据对称形式的对偶关系，可写出上述对偶问题的对偶为

$$\min Z' = \boldsymbol{X}^{\mathrm{T}}(-\boldsymbol{C}^{\mathrm{T}})$$

$$\text{s.t.}\begin{cases}\boldsymbol{X}^{\mathrm{T}}(-\boldsymbol{A}^{\mathrm{T}}) \geqslant (-\boldsymbol{b}^{\mathrm{T}})\\ \boldsymbol{X}^{\mathrm{T}} \geqslant \boldsymbol{0}\end{cases}$$

去掉转置得到

$$\max Z = \boldsymbol{CX}$$

$$\text{s.t.}\begin{cases}\boldsymbol{AX} \leqslant \boldsymbol{b}\\ \boldsymbol{X} \geqslant \boldsymbol{0}\end{cases}$$

可见，对偶问题的对偶就是原问题。证毕。

二、弱对偶性

若 $\bar{\boldsymbol{X}}$ 是原问题的可行解，$\bar{\boldsymbol{Y}}$ 是对偶问题的可行解，则存在

$$\boldsymbol{C}\bar{\boldsymbol{X}} \leqslant \bar{\boldsymbol{Y}}\boldsymbol{b}$$

证：因 $\bar{\boldsymbol{X}}$ 是原问题的可行解，所以满足约束条件，即

$$\boldsymbol{A}\bar{\boldsymbol{X}} \leqslant \boldsymbol{b}$$

将上不等式两边左乘 $\bar{\boldsymbol{Y}}$，得到 $\bar{\boldsymbol{Y}}\boldsymbol{A}\bar{\boldsymbol{X}} \leqslant \bar{\boldsymbol{Y}}\boldsymbol{b}$。

因为 $\bar{\boldsymbol{Y}}$ 是对偶问题的可行解，所以能满足

$$\bar{\boldsymbol{Y}}\boldsymbol{A} \geqslant \boldsymbol{C}$$

将 $\bar{\boldsymbol{X}}$ 右乘上式，得到 $\bar{\boldsymbol{Y}}\boldsymbol{A}\bar{\boldsymbol{X}} \geqslant \boldsymbol{C}\bar{\boldsymbol{X}}$，于是得到 $\boldsymbol{C}\bar{\boldsymbol{X}} \leqslant \bar{\boldsymbol{Y}}\boldsymbol{A}\bar{\boldsymbol{X}} \leqslant \bar{\boldsymbol{Y}}\boldsymbol{b}$。证毕。

三、最优准则定理

设 $\boldsymbol{X}^*$ 是原问题的可行解，$\boldsymbol{Y}^*$ 是对偶问题的可行解，当 $\boldsymbol{CX}^* = \boldsymbol{Y}^*\boldsymbol{b}$ 时，$\boldsymbol{X}^*, \boldsymbol{Y}^*$ 分别是原问题和对偶问题的最优解。

证：根据性质二，对于原题的一个可行解 $\boldsymbol{X}$，必有 $\boldsymbol{CX} \leqslant \boldsymbol{Y}^*\boldsymbol{b}$，但是 $\boldsymbol{CX}^* = \boldsymbol{Y}^*\boldsymbol{b}$，故对原问题的所有可行解有 $\boldsymbol{CX} \leqslant \boldsymbol{CX}^*$。由定义知 $\boldsymbol{X}^*$ 为原问题的最优解。同理可证 $\boldsymbol{Y}^*$ 是对偶问题的最优解。

四、对偶定理

若原问题有最优解，那么对偶问题也有最优解，且目标函数值相等。

证： 当原问题和对偶问题都有可行解 $\bar{X}$ 和 $\bar{Y}$ 时，则由性质二知，对于原问题的任意可行解 X，必有 $C\bar{X} \leqslant \bar{Y}b$，即对于求极大值问题，目标函数值有上界，故必有最优解。而对于对偶问题的任一可行解 Y，必有 $C\bar{X} \leqslant Yb$，即对于对偶问题，目标函数值有下界，故必有最优解。

设 X^* 是原问题的最优解，对应的最优基是 B，引入松弛变量 $X_S = (x_{n+1}, x_{n+2}, \cdots, x_{n+m})^{\mathrm{T}}$，将原问题化成标准形式

$$\max Z = CX + 0X_S$$

$$\text{s.t.}\begin{cases} AX + X_S = b \\ X, X_S \geqslant 0 \end{cases}$$

显然也有最优解，故必有检验数 $\sigma = (C,0) - C_B B^{-1}(A,I) \leqslant 0$，令 $Y^* = C_B B^{-1}$，则 $(C - Y^*A, -Y^*) \leqslant 0$。这表明 $Y^* = C_B B^{-1}$ 是对偶问题的可行解，它给出的对偶问题的目标函数为 $W^* = Y^*b = C_B B^{-1}b$。因为 X^* 是原问题的最优解，其目标函数的最优值为 $Z^* = CX^* = C_B B^{-1}b$，故 $CX^* = Y^*b$，即 $Y^* = C_B B^{-1}$ 是对偶问题的最优解，且两者目标函数的最优值相等。

推论 1 在原问题最优单纯形表中，松弛变量的检验数的相反数构成对偶问题的解。

推论 2 在对偶问题的最优单纯形表中，剩余变量所对应的检验数的相反数为原问题的解。

第五节 对偶问题的经济含义

前面讲到，在单纯形法的每步迭代中，目标函数 $Z = C_B B^{-1}b$、检验数 $C_N - C_B B^{-1}N$ 中都有乘子 $Y = C_B B^{-1}$，而原问题松弛变量的检验数的相反数 $C_B B^{-1}$ 也等于 Y。那么 Y 的经济含义是什么呢？由 $Z = C_B B^{-1}b$ 可看出，Y 的经济含义就是某一约束条件的右端常数 b_i 每增加一个单位时，在其他条件不变的情况下，引起目标函数值的增量，其数值就是 y_i。

例 3-4 某工厂在计划内要安排生产Ⅰ,Ⅱ两种产品，这些产品分别需要在 A,B,C,D 4 种不同的设备上加工。按工艺规定，产品Ⅰ和Ⅱ在各设备上所需要的加工台时数如表 3-7 所示，已知各设备在计划期内的有效台时数分别是 14、8、16 和 12。该工厂每生产一件产品Ⅰ可得利润 2 元，生产一件产品Ⅱ可得利润 3 元。问：应如何安排生产计划，才能使得到的利润最多？

表 3-7　台时和利润

产品＼设备	A	B	C	D	利润/元
Ⅰ	2	1	4	0	2
Ⅱ	2	2	0	4	3
有效台时	14	8	16	12	

解：设 x_1, x_2 分别表示在计划期内Ⅰ,Ⅱ产品的产量。

因为设备 A 的有效台时是 14，这是一个限制产量的条件，所以在确定产品Ⅰ和Ⅱ的产量时，要考虑不能超出设备 A 的有效台时数，即可用不等式表示为

$$2x_1 + 2x_2 \leqslant 14$$

类似地，对设备 B、C、D 得到以下不等式

$$\text{s.t.}\begin{cases} x_1 + 2x_2 \leqslant 8 \\ 4x_1 \leqslant 16 \\ 4x_2 \leqslant 12 \end{cases}$$

用 Z 表示利润，则目标函数为 $\max Z = 2x_1 + 3x_2$。

综上，该计划问题可归纳为

$$\max Z = 2x_1 + 3x_2$$

$$\text{s.t.}\begin{cases} 2x_1 + 2x_2 \leqslant 14 \\ x_1 + 2x_2 \leqslant 8 \\ 4x_1 \leqslant 16 \\ 4x_2 \leqslant 12 \\ x_1, x_2 \geqslant 0 \end{cases}$$

用单纯形法求解，在最优表中对应于设备 A,B,C,D 的 y_i 值是(0,1.5,0.125,0)。这些数的经济含义就是某台设备的台时 b_i 每增加一个单位时，引起目标函数值利润的增量。这个增量 y_i 就是该台设备的影子价格。定义影子价格为约束条件常数项增加一个单位而产生的目标函数最优值的变化。例如，A 设备增加一个台时，利润增量为 0，即 A 设备台时的影子价格 y_i 为 0。

当设备 A 或 D 每增加一个台时，它们对最优解都没有影响，因为可行域没有变化，最优解仍在 A 点，故目标函数值也不增大，从最终计算表中可以看出，对应设备 A 和 D 的 y_1 和 y_4 都是零。但当设备 B 增加一个台时，最优解从(4,2)变为(4,2.5)。目标函数取值 $Z = 2 \times 4 + 3 \times 2.5 = 15.5$，增加 1.5。当设备 C 增加一个台时，这时最优解从(4,2)变为(4.25,1.875)。目标函数取值 $Z = 2 \times 4.25 + 3 \times 1.875 = 14.125$，增加了 0.125。这两个数值恰好等于 B，C 两种设备的 y 值，即对 B，C 两种设备开工每台时的估价。因此，如果该企业

将其设备为外厂来料加工的话，那么设备 B 开工每台时的费用不低于 1.5 元，设备 C 不低于 0.125 元，这就是企业可以考虑接受的标准。当代加工费超过这些标准时，该企业就不会采取为外厂代加工的方案，而生产自己的产品。因此 y_i 的值就相当于对 i 种资源在实现最大利润时的一种价格估计，这种估计是针对具体企业具体产品而存在的一种特殊价格，称它为影子价格。当某种资源的市场价格低于影子价格时，就可买进该资源，否则就应卖出。

影子价格是一种非常有用的经济理论价格。在解线性规划时，影子价格可以很容易地从最终单纯形表中查到，即原问题松弛变量所对应的检验数的相反数 $\boldsymbol{C_B B^{-1}}$。求解线性规划问题时，不仅得到最优解，同时得到了约束条件的影子价格。要注意的是影子价格是与原问题的约束条件相联系，而不是与变量相联系。

下面用例子进一步说明。

例 3-5 某工厂经理对该厂生产的两种产品用线性规划确定最优的产量方案。根据产品的单位产值和生产这些产品的三种资源供应限量，建立了如下的线性规划模型：

$$\max Z = 5x_1 + 4x_2$$

$$\text{s.t.}\begin{cases} x_1 + 3x_2 \leqslant 90 \\ 2x_1 + x_2 \leqslant 80 \\ x_1 + x_2 \leqslant 45 \\ x_1, x_2 \geqslant 0 \end{cases}$$

对该模型用单纯形法求解，得初始和最终单纯形表如表 3-8 所示。

表 3-8 初始和最终单纯形表

	c_j			5	4	0	0	0
	C_B	X_B	b	x_1	x_2	x_3	x_4	x_5
初	0	x_3	90	1	3	1	0	0
始	0	x_4	80	2	1	0	1	0
表	0	x_5	45	1	1	0	0	1
	Z=0		σ_j	5	4	0	0	0
最	0	x_3	25	0	0	1	2	−5
终	5	x_1	35	1	0	0	1	−1
表	4	x_2	10	0	1	0	−1	2
	Z=−215		σ_j	0	0	0	−1	−3

由最终表可知最优生产方案为产品 I 生产 35 件，产品 II 生产 10 件，总产值 $Z = -215$。从前面的分析中知道松弛变量 x_3, x_4, x_5 的检验数的相反数对应着对偶问题的最优解，而这些数值就是这三种资源的影子价格，因此这三种资源的影子价格分别为 0,1,3。

资源 1 的影子价格为 0，说明增加这种资源不会增加总产值。这一点由下述计算可看出，例如把资源 1 的数量由 90 增至 91，这样算得最优表如表 3-9 所示。

表 3-9 最优单纯形表(1)

c_j			5	4	0	0	0
C_B	X_B	b	x_1	x_2	x_3	x_4	x_5
0	x_3	26	0	0	1	2	−5
5	x_1	35	1	0	0	1	−1
4	x_2	10	0	1	0	−1	2
Z=−215		σ_j	0	0	0	−1	−3

Z 仍为 215，说明增加资源 1 不改变产品方案，也不增加总产值。如果资源 2 增加一个单位，从 80 增至 81，最优表如表 3-10 所示。

表 3-10 最优单纯形表(2)

c_j			5	4	0	0	0
C_B	X_B	b	x_1	x_2	x_3	x_4	x_5
0	x_3	27.5	0	0	1	2	−5
5	x_1	36	1	0	0	1	−1
4	x_2	9	0	1	0	−1	−2
Z=−216		σ_j	0	0	0	−1	−3

这说明增加了一个单位的资源 2 以后，最优生产方案变化，总产值由 215 增至 216，增量为 1，等于 y_2。

同理，资源 3 增加一个单位后，从影子价格 $y_3 = 3$ 可知，总产值的增加量将为 3。

影子价格说明了不同资源对总的经济效益产生的影响。因此，一般说来影子价格对企业的经营管理能提供一些有价值的信息。仍以上例中的数字说明。

(1) 影子价格可以告诉管理人员，增加哪一种资源对增加经济效益最有利。如例 3-5 中的三种影子价格为(0,1,3)，所以首先应考虑增加第三种资源。因为相比之下它能给收益带来的增加最大。

(2) 影子价格可以告诉管理人员，花多大的代价来增加资源才是合算的。如第三种资源每增加一个单位能使收益增加 3，如果增加这种资源的代价大于 3 就不合算了。

(3) 影子价格可以告诉管理人员应如何考虑新产品的价格。如企业要生产一项新产品，如果每件产品耗用的这三种资源数量是(1,2,3)单位，则新产品的定价一定要大于

$$0 \times 1 + 1 \times 2 + 3 \times 3 = 11$$

才能增加公司的收益，如果售价低于11，生产则是不合算的。

(4) 影子价格让管理人员知道产品价格变动时哪些资源最为可贵，哪些资源无关紧要。如例3-5中产品的售价不是(5,4)而是(5,5)，则从单纯形表中可以算出影子价格将从(0,1,3)改变为

$$\boldsymbol{Y}=\boldsymbol{C}_B\boldsymbol{B}^{-1}=(0,5,5)\begin{bmatrix}1 & 2 & -5\\0 & 1 & -1\\0 & -1 & 2\end{bmatrix}=(0,0,5)$$

这说明第二种产品增加价格，资源将显得更宝贵。

(5) 影子价格可以帮助分析工艺改变后对资源节约的收益。如工艺过程改进后使第三种资源能节约2%，则带来的经济收益将是$3\times45\times2\%=2.7$。

以上分析是有前提的，即最优解的最优基没有发生变化，具体的分析还要结合灵敏度分析来进行。

影子价格是针对约束条件而言的，并非所有约束条件都代表了资源的约束。例如上述规划还可列入一个产量约束，两种产品的数量不超过市场上的需求量，这样的约束也有影子价格即销售量对利润的贡献。如果这个影子价格算出来比前面几种影子价格都要高，则管理人员从中可知，扩大销售量能比增加资源带来更大的经济收益。

第六节　对偶单纯形法

在讨论对偶单纯形法之前，先回顾一下讨论过的单纯形法。这种算法是建立在原问题可行解之间的调整迭代，也就是在调整迭代中始终保持解的可行性(即b列数字恒为正)。与此同时，使检验数逐步变为负数，直到所有检验数$\sigma_j\leqslant 0$时，则x就是所要求的最优解。根据对偶定理，对单纯形法可作这样的解释：原问题单纯形表上诸检验数实际上是对偶问题的一组解(但不一定是可行解)，所以上述检验数逐渐变为非正的过程，一直到y是可行解时，x就是原问题的最优解，此时，对偶问题也是最优解。

对偶单纯形法的计算步骤如下。

(1) 根据线性规划问题的标准型，列出初始单纯形表。检查b列的数字，若都为非负，检验数都为非正，已得最优解，停止计算。若b列中至少还有一个负分量，检验数保持为非正，那就进行以下计算。

(2) 确定换出变量。在b列中的所有$b_i<0$中，选一最小b_l，它对应的基变量x_l为换出变量。

(3) 确定换入变量。在单纯形表中检查x_l所在行的各系数a_{lj}，若所有$a_{lj}\geqslant 0$，则无可行解，停止计算。若存在$a_{lj}<0, j=1,2,\cdots,n$，则计算

$$\theta = \min\{\sigma_j / a_{lj} \mid a_{lj} < 0\} = \sigma_k / a_{lk}$$

则对应列的非基变量 x_k 为换入变量。

(4) 所以 a_{lk} 为主元素，按原单纯形法在表中进行迭代运算，得到新的计算表。重复(1)～(4)的步骤。

下面用例子来说明具体的算法。

例 3-6 利用对偶单纯形法求解例 3-1 的对偶问题，其模型如下：

$$\min f = 360y_1 + 200y_2 + 300y_3$$

$$\text{s.t.}\begin{cases} 9y_1 + 4y_2 + 3y_3 \geqslant 70 \\ 4y_1 + 5y_2 + 10y_3 \geqslant 120 \\ y_1, y_2, y_3 \geqslant 0 \end{cases}$$

解： 令 $f' = -f$，将上述线性规划问题化为最大化问题，引入松弛变量 y_4, y_5，则上述问题可以写成

$$\max f' = -360y_1 - 200y_2 - 300y_3$$

$$\text{s.t.}\begin{cases} -9y_1 - 4y_2 - 3y_3 + y_4 = -70 \\ -4y_1 - 5y_2 - 10y_3 + y_5 = -120 \\ y_1, y_2, y_3, y_4, y_5 \geqslant 0 \end{cases}$$

这里不要求右边系数大于 0，只要求计算出检验数 σ_j 均为非正。

因初始解是非可行解，检验数为负数，所以可按对偶单纯形法计算，如表 3-11 所示。

表 3-11　对偶单纯形表的迭代过程

	c_j		−360	−200	−300	0	0
C_B	Y_B	b	y_1	y_2	y_3	y_4	y_5
0	y_4	−70	−9	−4	−3	1	0
0	y_5	−120	−4	−5	[−10]	0	1
	σ_j		−360	−200	−300	0	0
	θ		−360/−4	−200/−5	−300/−10	—	—
0	y_4	−34	−39/5	[−5/2]	0	1	−3/10
−300	y_3	12	2/5	1/2	1	0	−1/10
	σ_j		−240	−50	0	0	−30
	θ		−240/(−39/5)	−50/(−5/2)	—	—	−30/(−3/10)
−8	y_2	13.6	78/25	1	0	−2/5	3/25
−12	y_3	5.2	−29/25	0	1	1/5	−4/25
	σ_j		−84	0	0	−20	−24

通过迭代，b 列数字变为非负，而且 $\sigma_j \leqslant 0$，故得最优解为

$$y=(0,13.6,5.2,0,0)^{\mathrm{T}}$$
$$f=-f'=4280$$

从以上求解过程可以看出，对偶单纯形法有以下优点。

(1) 初始解可以是非可行解，当检验数都为负数时，就可以进行基的变换，这时不需加入变量，因此可以简化计算。

(2) 当变量多于约束条件的线性规划问题时，用对偶单纯形法计算可以减少计算工作量，因此，对变量较少而约束条件很多的线性规划问题，可先将它变换成对偶问题，然后用对偶单纯形法求解，从而可简化计算。

第七节　灵敏度分析

在以前讨论的线性规划问题中，假定各系数 a_{ij},b_i,c_j 都是已知常数。但实际上这些系数往往是一些估计和预测的数字。如市场条件一变，价格系数 c_j 就会变化；a_{ij} 往往是随工艺技术条件的改变而改变；b_i 值是根据资源投入后的经济效果决定的一种决策选择。因此，很自然提出这些如下问题：当这些系数中的一个或几个发生变化时，已求得的规划问题的最优解会有什么变化；或者这些系数在一个什么范围内变化时，规划问题的最优解不变；若原最优解条件变化，如何用最简便的方法找到规划问题的最优解，这些就是灵敏度分析所要研究和回答的问题。

线性规划的灵敏度分析又称为优化后分析，它的特点是在得到一个线性规划最优解以后，再对数据资料可能的波动作进一步研究和分析，检验一下个别数据改变后，该线性规划的可行条件、最优条件是否受到破坏或者找到使得可行解、最优解不遭到破坏的某些数据的变化范围。所以灵敏度分析就是检验一下数据改变后，下面两个条件是否仍能维持。

(1) 最优性要求：$\boldsymbol{\sigma}=\boldsymbol{C}-\boldsymbol{C}_B\boldsymbol{B}^{-1}\boldsymbol{A}\leqslant\boldsymbol{0}$。

(2) 可行性要求：$\boldsymbol{X}_B=\boldsymbol{B}^{-1}\boldsymbol{b}\geqslant\boldsymbol{0}$。

下面讨论系数变化范围的确定。

一、目标函数中价值系数的灵敏度分析

设 c_j 是变量 x_j 在目标函数中的系数。若在其他参数不变的条件下，c_j 变化了，现就 c_j 是非基变量和基变量的系数这两种情况来讨论。

(1) 若 c_j 是非基变量 x_j 的系数，这时它在计算表中所对应的检验数是

$$\sigma_j=c_j-\boldsymbol{C}_B\boldsymbol{B}^{-1}\boldsymbol{P}_j$$

当c_j变化了以后，要保证在最终计算表中这个检验数仍然小于或等于零，即

$$\sigma_j' = c_j + \Delta c_j - \boldsymbol{C}_B \boldsymbol{B}^{-1} \boldsymbol{P}_j \leqslant 0$$

则

$$c_j \leqslant \boldsymbol{YP}_j - c_j \text{ 或 } c_j \leqslant -\sigma_j$$

即c_j增大c_j以后，其值仍小于或等于$\boldsymbol{YP}_j$，才可以满足原最优解的条件不变。

(2) 若c_r是基变量x_r的系数。c_r是属于$\boldsymbol{C}_B$中的一个数，所以当c_r变化了Δc_j时，就引起$\boldsymbol{C}_B$发生变化，这时单纯形乘子也变化，有

$$\begin{aligned} \boldsymbol{Y} + \Delta \boldsymbol{Y} = (\boldsymbol{C}_B + \Delta \boldsymbol{C}_B)\boldsymbol{B}^{-1} &= \boldsymbol{C}_B \boldsymbol{B}^{-1} + (0, \cdots, 0, \Delta c_r, \cdots, 0)\boldsymbol{B}^{-1} \\ &= \boldsymbol{C}_B \boldsymbol{B}^{-1} + \Delta c_r (\bar{a}_{r1}, \bar{a}_{r2}, \cdots, \bar{a}_{rm}) \end{aligned}$$

由此可见当发生变化Δc_r后，单纯形乘子变化，故引起所有检验数的变化。发生变化后的检验数是

$$\begin{aligned} \sigma_j' &= c_j - (\boldsymbol{C}_B + \Delta \boldsymbol{C}_B)\overline{\boldsymbol{P}}_j = c_j - \boldsymbol{C}_B \overline{\boldsymbol{P}}_j - \Delta \boldsymbol{C}_B \overline{\boldsymbol{P}}_j \\ &= c_j - \boldsymbol{C}_B \boldsymbol{B}^{-1} \boldsymbol{P}_j - \Delta c_r \bar{a}_{rj} \\ &= \sigma_j - \Delta c_r \bar{a}_{rj} \end{aligned}$$

若要求原最优解不变，必须满足$\sigma_j' \leqslant 0$，于是可得

$$\sigma_j - \Delta c_r \bar{a}_{rj} \leqslant 0$$

$$\Delta c_r \leqslant \sigma_j / \bar{a}_{rj}, a_{rj} < 0$$

$$\Delta c_r \geqslant \sigma_j / \bar{a}_{rj}, a_{rj} > 0$$

式中：$\bar{a}_{rj}$是基变量x_r在最终计算表中所在行的各系数数值；σ_j与非基变量对应。

Δc_r可以变化的范围为

$$\max_j \{\sigma_j / \bar{a}_{rj} \mid \bar{a}_{rj} > 0\} \leqslant \Delta c_r \leqslant \min_j \{\sigma_j / \bar{a}_{rj} \mid \bar{a}_{rj} < 0\}$$

例 3-7　已知线性规划问题的模型如下：

$$\max Z = x_1 + 5x_2 + 3x_3 + 4x_4$$

$$\text{s.t.} \begin{cases} 2x_1 + 3x_2 + x_3 + 2x_4 \leqslant 800 \\ 5x_1 + 4x_2 + 3x_3 + 4x_4 \leqslant 1200 \\ 3x_1 + 4x_2 + 5x_3 + 3x_4 \leqslant 1000 \\ x_i \geqslant 0, \ i = 1,2,3,4 \end{cases}$$

最优单纯形表如表 3-12 所示。

(1) 为保持现有最优解不变，分别求非基变量x_1, x_3的系数c_1, c_3。

(2) 当c_1变为 5 时，求新的最优解。

(3) 为了保持现有最优解不变，分别求基变量x_2, x_4的变化范围，并问：当C_B由(0,4,5)

改变为(0,6,2)时，原最优解是否仍然保持最优？如果不是，该怎么办？

表 3-12　最优单纯形表(3)

c_j			1	5	3	4	0	0	0
C_B	X_B	b	x_1	x_2	x_3	x_4	x_5	x_6	x_7
0	x_5	100	1/4	0	−13/4	0	1	1/4	−1
4	x_4	200	2	0	−2	1	0	1	−1
5	x_2	100	−3/4	1	11/4	0	0	−3/4	1
Z=−1300		σ_j	−13/4	0	−11/4	0	0	−1/4	−1

解：(1)　由表 3-12 可知$\sigma_1=-13/4$，$\sigma_3=-11/4$，由于$\Delta c_j\leqslant\sigma_j$，可知，要现有最优解不变，必须$\Delta c_1\leqslant 13/4$，$\Delta c_3\leqslant 11/4$，即当

$$c_1'=c_1+\Delta c_1\leqslant 1+13/4=17/4$$

$$c_3'=c_3+\Delta c_3\leqslant 3+11/4=23/4$$

时，原最优解不变。

(2)　当$c_1'=5>17/4$时，已超出了c_1的变化范围。新的最优解可用下面的方法求得。首先求出新的检验数

$$\sigma_1'=c_1'-\boldsymbol{C}_B\boldsymbol{B}^{-1}\boldsymbol{P}_1=5-(0,4,5)\begin{bmatrix}1/4\\2\\-3/4\end{bmatrix}=3/4>0$$

故x_1数应进基。用新的检验数 3/4 代替原来的检验数−13/4，其余数据不变，得到新的单纯形表，并继续迭代得到最优解$\boldsymbol{X}^*=(100,175,0,0,75,0,0)^{\mathrm{T}}$及新的目标函数最优值 $Z=1375$，如表 3-13 所示。

表 3-13　单纯形表的迭代过程(1)

c_j			5	5	3	4	0	0	0
C_B	X_B	b	x_1	x_2	x_3	x_4	x_5	x_6	x_7
0	x_5	100	1/4	0	−13/4	0	1	1/4	−1
4	x_4	200	[2]	0	−2	1	0	1	−1
5	x_2	100	−3/4	1	11/4	0	0	−3/4	1
Z=−1300		σ_j	3/4	0	−11/4	0	0	−1/4	−1
0	x_5	75	0	0	−3	−1/8	1	1/8	−7/8
5	x_1	100	1	0	−1	1/2	0	1/2	−1/2
5	x_2	175	0	1	2	3/8	0	−3/8	5/8
Z=−1375		σ_j	0	0	−2	−3/8	0	−5/8	−5/8

(3) 根据$\max\limits_j\{\sigma_j/\bar{a}_{rj}\mid\bar{a}_{rj}>0\}\leqslant\Delta c_r\leqslant\min\limits_j\{\sigma_j/\bar{a}_{rj}\mid\bar{a}_{rj}<0\}$，并利用表 3-12 中的数据，为使最优基变量$(x_2,x_4,x_5)$不变，$\Delta c_4$的允许范围是$\max\left\{\dfrac{-13/4}{2},\dfrac{-1/4}{1}\right\}\leqslant\Delta c_4\leqslant\min\left\{\dfrac{-11/4}{-2},\dfrac{-1}{-1}\right\}$，即$-1/4\leqslant\Delta c_4\leqslant 1$。

故当$15/4\leqslant\Delta c_4\leqslant 5$时，最优解不变。现在$c_4$变为 6，已超过了$\Delta c_4$的允许范围。同样，$\max\left\{\dfrac{-11/4}{11/4},\dfrac{-1}{1}\right\}\leqslant\Delta c_2\leqslant\min\left\{\dfrac{-13/4}{-3/4},\dfrac{-1/4}{-3/4}\right\}$，即$-1\leqslant\Delta c_2\leqslant 1/3$。

故当$4\leqslant c_2\leqslant 16/3$时，原最优解不变。现在$c_2$为 2，不在$\Delta c_2$的允许范围内。

当$\boldsymbol{C}_B$由(0,4,5)改变为(0,6,2)时，即c_4变为 6，c_2变为 2，都超过了它们的允许范围，需要求新的最优解，为此用变换后的c'_B代替$\boldsymbol{C}_B$，再继续迭代两次求得新的最优解，如表 3-14 所示。有$\boldsymbol{X}^*=(0,0,0,300,200,0,100)^{\mathrm{T}}$，$Z=1800$。

表 3-14 单纯形表的迭代过程(2)

	c_j		1	2	3	6	0	0	0
C_B	X_B	b	x_1	x_2	x_3	x_4	x_5	x_6	x_7
0	x_5	100	1/4	0	−13/4	0	1	1/4	−1
6	x_4	200	2	0	−2	1	0	1	−1
2	x_2	100	−3/4	1	[11/4]	0	0	−3/4	1
Z=−1400		σ_j	−19/2	0	19/2	0	0	−9/2	4
0	x_5	200	−1/2	1	−1/2	0	1	−1/2	0
6	x_4	300	5/4	1	3/4	1	0	1/4	0
0	x_7	100	−3/4	1	11/4	0	0	−3/4	1
Z=−1800		σ_j	−13/2	−4	−3/2	0	0	−3/2	0

二、在约束条件中资源系数的灵敏度分析

若第 r 个约束条件的c_r变化了Δc_r，并假设规划问题的其他参数都不变。

若在最终计算表中已得到了最优解，为

$$\boldsymbol{X}_B=\boldsymbol{b}^*=\boldsymbol{B}^{-1}\boldsymbol{b}$$

现在 b 列中有一个b_r，变化了Δb_r，这必然使已得到的最优解发生变化：

$$\boldsymbol{b}^{*\prime}=\boldsymbol{B}^{-1}\begin{bmatrix}b_1\\ \vdots\\ b_r+\Delta b_r\\ \vdots\\ b_m\end{bmatrix}=\boldsymbol{B}^{-1}\boldsymbol{b}+\boldsymbol{B}^{-1}\begin{bmatrix}0\\ \vdots\\ \Delta b_r\\ \vdots\\ 0\end{bmatrix}=\boldsymbol{b}^*+\boldsymbol{B}^{-1}\begin{bmatrix}0\\ \vdots\\ \Delta b_r\\ \vdots\\ 0\end{bmatrix}$$

这时如还保持$\boldsymbol{b}^{*\prime}\geqslant 0$，这就是说，当发生变化$\Delta b_r$后，得到的是基本可行解。因为$\Delta b_r$的变化不影响最终计算表的检验数，所以只要$\boldsymbol{b}^{*\prime}\geqslant 0$，它必然还是最优解。

$$\boldsymbol{B}^{-1}\begin{bmatrix}0\\ \vdots\\ \Delta b_r\\ \vdots\\ 0\end{bmatrix}=\begin{bmatrix}\bar{a}_{1r}\cdot\Delta b_r\\ \vdots\\ \bar{a}_{ir}\cdot\Delta b_r\\ \vdots\\ \bar{a}_{mr}\cdot\Delta b_r\end{bmatrix}=\Delta b_r\begin{bmatrix}\bar{a}_{1r}\\ \vdots\\ \bar{a}_{ir}\\ \vdots\\ \bar{a}_{mr}\end{bmatrix}$$

在最终计算表中要求b列所有元素满足

$$\bar{b}_i+\bar{a}_{ir}\cdot\Delta b_r\geqslant 0, i=1,2,\cdots,m$$

$$\bar{a}_{ir}\cdot\Delta b_r\geqslant -\bar{b}_i, i=1,2,\cdots,m$$

当$\bar{a}_{ir}>0$时，$\Delta b_r\geqslant -\bar{b}_i/\bar{a}_{ir}$；当$\bar{a}_{ir}<0$时，$\Delta b_r\leqslant -\bar{b}_i/\bar{a}_{ir}$。

于是得到Δb_r的变化范围为

$$\max\{-\bar{b}_i/\bar{a}_{ir}\mid\bar{a}_{ir}>0\}\leqslant\Delta b_r\leqslant\min\{-\bar{b}_i/\bar{a}_{ir}\mid\bar{a}_{ir}<0\}$$

例 3-8 (1) 例 3-7 中为了保持现有最优解不变，分别求b_1,b_2,b_3的允许变化范围。

(2) 如果b_3减少 150，验证原最优解是否可行。如果不可行，求出变化后的最优解及最优值。

解：(1) 可以从表 3-12 中查出

$$\boldsymbol{B}^{-1}=\begin{bmatrix}1 & 1/4 & -1\\ 0 & 1 & -1\\ 0 & -3/4 & 1\end{bmatrix}$$

由 $\max\{-\bar{b}_i/\bar{a}_{ir}\mid\bar{a}_{ir}>0\}\leqslant\Delta b_r\leqslant\min\{-\bar{b}_i/\bar{a}_{ir}\mid\bar{a}_{ir}<0\}$ 及表 3-12 中数据可得 $\max\left\{-\dfrac{100}{1}\right\}\leqslant\Delta b_1\leqslant+\infty$，即$-100\leqslant\Delta b_3\leqslant+\infty$。这是因为在$\boldsymbol{B}^{-1}$中的第一列只有一个非零元素 1，故$\Delta b_1$列无上界限制。同理，可得$\max\left\{-\dfrac{100}{1/4},-\dfrac{200}{1}\right\}\leqslant\Delta b_2\leqslant\left\{-\dfrac{100}{-3/4}\right\}$，即$-200\leqslant\Delta b_2\leqslant\dfrac{400}{3}$，$\max\left\{-\dfrac{100}{1}\right\}\leqslant\Delta b_3\leqslant\min\left\{-\dfrac{100}{-1},-\dfrac{200}{-1}\right\}$，即$-100\leqslant\Delta b_3\leqslant 100$。

(2) 当$\Delta b_3\leqslant -150$，已超过了Δb_3的变化范围[−100,100]，因而原最优解不可行。又有

$$X_B'=\begin{bmatrix}x_5\\ x_4\\ x_2\end{bmatrix}=\boldsymbol{B}^{-1}(\boldsymbol{b}+\Delta\boldsymbol{b})=\begin{bmatrix}1 & 1/4 & -1\\ 0 & 1 & -1\\ 0 & -3/4 & 1\end{bmatrix}\begin{bmatrix}800\\ 1200\\ 850\end{bmatrix}=\begin{bmatrix}250\\ 350\\ -50\end{bmatrix}$$

及

$$Z' = \boldsymbol{C}_B \boldsymbol{B}^{-1}(\boldsymbol{b} + \Delta \boldsymbol{b}) = [0,4,5]\begin{bmatrix} 300 \\ 350 \\ -50 \end{bmatrix} = 1150$$

用这些数据替换原表中的相应数据，其余数据不变，再用对偶单纯形法进行迭代。由表 3-15 可知，最优解和最优值为 $\boldsymbol{X}^* = (0,0,0,850/3,700/3,200/3,0)^{\mathrm{T}}$，$Z = 3400/3$。

表 3-15　单纯形表的迭代过程(3)

c_j			1	5	3	4	0	0	0
C_B	X_B	b	x_1	x_2	x_3	x_4	x_5	x_6	x_7
0	x_5	250	1/4	0	−13/4	0	1	1/4	−1
4	x_4	350	2	0	−2	1	0	1	−1
5	x_2	−50	−3/4	1	11/4	0	0	[−3/4]	1
Z=−1150		σ_j	−13/4	0	−11/4	0	0	−1/4	−1
0	x_5	700/3	1/4	1/3	−7/3	0	1	0	−2/3
4	x_4	850/3	1	1/3	5/3	1	0	0	1/3
0	x_6	200/3	1	−4/3	−11/3	0	0	1	−4/3
Z=−3400/3		σ_j	−3	−1/3	−11/3	0	0	0	−4/3

三、约束条件的系数矩阵的灵敏度分析

假设在约束条件的系数矩阵 $\boldsymbol{A}$ 中有一个元素 a_{ij} 变化了 Δa_{ij}。这里只考虑它处于非基变量 x_j 的系数列向量 $\boldsymbol{P}_j$ 中。

在最终单纯形计算表中，得到最优解的条件是

$$\sigma_j = c_j - \boldsymbol{C}_B \boldsymbol{B}^{-1} \boldsymbol{P}_j = c_j - \boldsymbol{Y}\boldsymbol{P}_j \leqslant 0$$

当 a_{ij} 变化 Δa_{ij} 后，必使非基变量 x_j 的检验数发生变化。变化后的检验数是

$$\sigma_j' = c_j - \boldsymbol{Y}\boldsymbol{P}_j = c_j - \boldsymbol{Y}\begin{bmatrix} a_{1j} \\ a_{2j} \\ \vdots \\ a_{ij} + \Delta a_{ij} \\ \vdots \\ a_{mj} \end{bmatrix} = c_j - \boldsymbol{Y}\boldsymbol{P}_j - \boldsymbol{Y}\begin{bmatrix} 0 \\ \vdots \\ \Delta a_{ij} \\ \vdots \\ 0 \end{bmatrix} \leqslant 0$$

设 σ_j 是在 a_{ij} 没有发生变化时的检验数：

$$\sigma_j = c_j - \boldsymbol{YP}_j$$

于是有

$$\sigma'_j = \sigma_j - \boldsymbol{Y}\begin{bmatrix} 0 \\ \vdots \\ \Delta a_{ij} \\ \vdots \\ 0 \end{bmatrix} = \sigma_j - y_i \Delta a_{ij} \leqslant 0$$

由此可以得到

$$\Delta a_{ij} \geqslant \sigma_j / y_i,\quad y_i > 0$$
$$\Delta a_{ij} \leqslant \sigma_j / y_i,\quad y_i < 0$$

即 Δa_{ij} 在上述范围内变化时最优解不变。如果 Δa_{ij} 不在上述范围内变化，则可能 $\sigma'_j > 0$，其余检验数不变，此时可重新确定换入、换出变量，继续迭代求出最优解。

如果变化了 a_{ij} 处于基变量 x_i 的系数列向量，则问题较为复杂，现行最优解的最优解可行性将会受到影响，此时应重新计算具体数据。

例 3-9 (1) 为保持例 3-7 中现有最优解不变，分别求非基变量 x_1 和 x_3 的系数变化范围。

(2) 若非基变量 x_3 的系数由 $(1,3,5)^{\mathrm{T}}$ 变为 $(1,4,1)^{\mathrm{T}}$，考察原最优解是否仍然保持最优？若不是，该怎么办？

(3) 若基变量 x_2 的技术系数列向量由 $(3,3,4)^{\mathrm{T}}$ 变为 $(4,5,6)^{\mathrm{T}}$，目标函数中的系数由 5 变为 6。试求变化后的最优解。

解：

(1) 由最优表 3-12 可以查得 $y_1 = 0$，$y_2 = 1/4$，$y_3 = 1$，且 $y_2 > 0$，$y_3 > 0$，故

$$\Delta a_{21} \geqslant \frac{\sigma_1}{y_2} = \frac{-13/4}{1/4} = -13,\quad \Delta a_{31} \geqslant \frac{\sigma_1}{y_3} = \frac{-13/4}{1} = -13/4$$

$$\Delta a_{23} \geqslant \frac{\sigma_3}{y_2} = \frac{-11/4}{1/4} = -11,\quad \Delta a_{33} \geqslant \frac{\sigma_3}{y_3} = \frac{-11/4}{1} = -11/4$$

(2) 当 x_3 的系数由 $(1,3,5)^{\mathrm{T}}$ 变为 $(1,4,1)^{\mathrm{T}}$ 时，显然有

$$\Delta a_{31} = 1 - 1 = 0,\quad \Delta a_{23} = 4 - 3 = 1,\quad \Delta a_{33} = 1 - 5 = -4$$

即

$$\Delta \boldsymbol{P}_3 = \begin{bmatrix} 1 \\ 4 \\ 1 \end{bmatrix} - \begin{bmatrix} 1 \\ 3 \\ 5 \end{bmatrix} = \begin{bmatrix} 0 \\ 1 \\ -4 \end{bmatrix}$$

$$Y\Delta P_3 = [0,1/4,1]\begin{bmatrix}0\\1\\-4\end{bmatrix} = -\frac{15}{4} < -\frac{11}{4} = \sigma_3$$

原最优解不再是最优解，应先求新的检验数

$$\sigma_3' = c_3 - C_B B^{-1} P_3' = 3 - [0,1/4,1]\begin{bmatrix}1\\4\\1\end{bmatrix} = 1 > 0$$

故取 x_3 为进基变量。再计算

$$B^{-1}P_3' = \begin{bmatrix}1 & 1/4 & -1\\0 & 1 & -1\\0 & -3/4 & 1\end{bmatrix}\begin{bmatrix}1\\4\\1\end{bmatrix} = \begin{bmatrix}1\\3\\-2\end{bmatrix}$$

用它替换表 3-12 中的第三列，得到如表 3-16 所示的形式，继续迭代计算。由该表可以看出，已求得最优解 $X^* = (0,700/3,200/3,0,100/3,0,0)^T$ 及新的目标函数最优值 Z=4100/3。

表 3-16　单纯形表的迭代过程(4)

c_j			1	5	3	4	0	0	0
C_B	X_B	b	x_1	x_2	x_3	x_4	x_5	x_6	x_7
0	x_5	100	1/4	0	1	0	1	1/4	−1
4	x_4	200	2	0	[3]	1	0	1	−1
5	x_2	100	−3/4	1	−2	0	0	−3/4	1
Z=−1300		σ_j	−13/4	0	1	0	0	−1/4	−1
0	x_5	100/3	−5/12	0	0	−1/3	1	−1/12	−2/3
3	x_3	200/3	2/3	0	1	1/3	0	1/3	−1/3
5	x_2	700/3	7/12	1	0	2/3	0	−1/12	1/3
Z=−4100/3		σ_j	−47/12	0	0	−1/3	0	−7/12	−2/3

(3)　首先计算最终表中 x_2 对应的列向量。

$$B^{-1}P_2' = \begin{bmatrix}1 & 1/4 & -1\\0 & 1 & -1\\0 & -3/4 & 1\end{bmatrix}\begin{bmatrix}4\\5\\6\end{bmatrix} = \begin{bmatrix}-3/4\\-1\\9/4\end{bmatrix}$$

同时计算 x_2 的检验数

$$\sigma_2' = c_2' - \boldsymbol{C}_B\boldsymbol{B}^{-1}\boldsymbol{P}_2' = 6 - [0,4,6]\begin{bmatrix}-3/4\\-1\\9/4\end{bmatrix} = -7/2$$

将上述计算结果填入最终表的 x_2 列向量位置，并化为单位列向量，得到如表 3-17 所示的形式。

表 3-17　单纯形表的迭代过程(5)

c_j			1	5	3	4	0	0	0
C_B	X_B	b	x_1	x_2	x_3	x_4	x_5	x_6	x_7
0	x_5	100	1/4	−3/4	−13/4	0	1	1/4	−1
4	x_4	200	2	−1	−2	1	0	1	−1
6	x_2	100	−3/4	[9/4]	11/4	0	0	−3/4	1
Z=−1400		σ_j	−5/2	−7/2	−11/2	0	0	1/2	−2
0	x_5	400/3	0	0	−7/3	0	1	0	−2/3
4	x_4	2200/9	5/3	0	−7/9	1	0	2/3	−5/9
6	x_2	400/9	−1/3	1	11/9	0	0	−1/3	4/9
Z=−11200/9		σ_j	−11/3	0	−11/9	0	0	−2/3	−4/9

求得最优解 $\boldsymbol{X}^* = (0,400/9,0,2200/9,400/3,0,0)^{\mathrm{T}}$ 及新的目标函数最优值 Z=11 200/9。

四、增加一个新变量的灵敏度分析

增加一个新变量时，可在最优表中增加一个 x_{n+1} 列，其系数列向量为 $\boldsymbol{B}^{-1}\boldsymbol{P}_{n+1}$，则原基本解不变，检验数不变，$x_{n+1}$ 的检验数为

$$s_{n+1} = C_{n+1} - \boldsymbol{C}_B\boldsymbol{B}^{-1}\boldsymbol{P}_{n+1}$$

若 $\sigma_{n+1} \leqslant 0$，原最优解仍是最优解。

若 $\sigma_{n+1} > 0$，原最优解发生变化，目标函数仍能增加，此时可以 x_{n+1} 为换入变量，找出换出变量，作旋转代换直到得到最优解。

例 3-10　新增一个决策变量 x_8 (即生产计划中增加一种新产品)，已知价值系数 $C_8 = 7$，技术系数 $(3,2,5)^{\mathrm{T}}$。问：该产品是否值得投产？如果值得投产，求新的最优解。

解：

$$\boldsymbol{P}_8' = \boldsymbol{B}^{-1}\boldsymbol{P}_8 = \begin{bmatrix}1 & 1/4 & -1\\0 & 1 & -1\\0 & -3/4 & 1\end{bmatrix}\begin{bmatrix}3\\2\\5\end{bmatrix} = \begin{bmatrix}-3/2\\-3\\7/2\end{bmatrix}$$

$$\sigma_8 = c_8 - \boldsymbol{C}_B \boldsymbol{P}_8' = 7 - [0,4,5]\begin{bmatrix} -3/2 \\ -3 \\ 7/2 \end{bmatrix} = 3/2 > 0$$

故可以进基，即新产品可以投产。为求新的最优解，在原单纯形表 3-12 的基础上再增加列，将 $\boldsymbol{P}_8'$ 及 σ_8 填在表 3-18 相应的位置。经过两次换基运算，得到最优解和最优值。求得最优解 $(3,2,5)^{\mathrm{T}}$ 及新的目标函数最优值 Z=1400。

表 3-18　单纯形表的迭代过程(6)

c_j			1	5	3	4	0	0	0	0
C_B	X_B	b	x_1	x_2	x_3	x_4	x_5	x_6	x_7	x_8
0	x_5	100	1/4	0	−13/4	0	1	1/4	−1	−3/2
4	x_4	200	2	0	−2	1	0	1	−1	−3
5	x_2	100	−3/4	1	11/4	0	0	−3/4	1	[7/2]
Z=−1300		σ_j	−13/4	0	−11/4	0	0	−1/4	−1	3/2
0	x_5	1000/7	−1/14	3/7	−29/14	0	1	−1/14	−4/7	0
4	x_4	2000/7	19/14	6/7	5/14	1	0	[5/14]	−1/7	0
7	x_8	200/7	−3/4	2/7	11/14	0	0	−3/14	2/7	1
Z=−9400/7		σ_j	−41/14	−3/7	−55/14	0	0	1/14	−10/7	0
0	x_5	200	1/5	3/5	−2	1/5	1	0	−3/5	0
0	x_6	800	19/5	12/5	1	14/5	0	1	−2/5	0
7	x_8	200	3/5	4/5	1	3/5	0	0	1/5	1
Z=−1400		σ_j	−16/5	−3/5	−4	−1/5	0	0	−7/5	0

五、增加约束条件的灵敏度分析

原线性规划问题若增加了一个约束条件后，可在原最终计算表增加一行，此时基变量可能发生变化，影响解的可行性，根据情况，可用对偶单纯形法求其最优解。

例 3-11　增加一个新的约束条件 $4x_1 + 2x_2 - 2x_3 + 4x_4 \leqslant 600$。问：原最优解是否仍然不变？若不能，则求新的最优解。

解：用表 3-19 迭代求解最优解。

求得最优解 $\boldsymbol{X}^* = (0,220,0,40,60,160,0,0)^{\mathrm{T}}$ 及新的目标函数最优值 $Z = 1260$。

表 3-19 单纯形表的迭代过程(7)

c_j			1	5	3	4	0	0	0	0
C_B	X_B	b	x_1	x_2	x_3	x_4	x_5	x_6	x_7	x_8
0	x_5	100	1/4	0	−13/4	0	1	1/4	−1	0
4	x_4	200	2	0	−2	1	0	1	−1	0
5	x_2	100	−3/4	1	11/4	0	0	−3/4	1	0
0	x_8	600	4	2	−2	4	0	0	0	1
Z=−1300		σ_j	−13/4	0	−11/4	0	0	−1/4	−1	0
0	x_5	100	1/4	0	−13/4	0	1	1/4	−1	0
4	x_4	200	2	0	−2	1	0	1	−1	0
5	x_2	100	−3/4	1	11/4	0	0	−3/4	1	0
0	x_8	−400	−5/2	0	1/2	0	0	[−5/2]	2	1
Z=−1300		σ_j	−13/4	0	−11/4	0	0	−1/4	−1	0
0	x_5	60	0	0	−16/5	0	1	0	−4/5	1/10
4	x_4	40	1	0	−9/5	1	0	0	−1/5	2/5
5	x_2	220	0	1	13/5	0	0	0	2/5	−3/10
0	x_6	160	1	0	−1/5	0	0	1	−4/5	−2/5
Z=−1260		σ_j	−3	0	−14/5	0	0	0	−6/5	−1/10

第八节 WinQSB 的灵敏度分析

例 3-12 有下列一个线性规划问题，要求

$$\max Z = 4x_1 + 2x_2 + 3x_3$$

$$\text{s.t.}\begin{cases} 2x_1 + 2x_2 + 4x_3 \leqslant 100 \\ 3x_1 + x_2 + 6x_3 \leqslant 100 \\ 3x_1 + x_2 + 2x_3 \leqslant 120 \\ x_i \geqslant 0,\ i = 1,2,3 \end{cases}$$

(1) 写出对偶线性规划问题。

(2) 求原问题的最优解并进行分析。

(3) 每次修改 1 个约束条件的资源系数，增加 50%，而保持目标函数和其余约束条件不变，在这 3 种情况下问题的最优解将分别如何变化？

(4) 将第三个约束条件改写为如下形式：$3x_1 + x_2 + 2x_3 \leqslant b_3$。如果保持目标函数和其余约束条件不变，问：$b_3$ 的取值范围内，问题的最优解会不会发生变化？

(5) 保持约束条件不变，问：价值系数 c_1, c_2 和 c_3 最大允许变化的范围内，问题的最优解会不会发生变化？

(6) 假设由于技术进步，技术系数向量 $\boldsymbol{P}_1'$ 变为 $(1.5, 2, 4)^{\mathrm{T}}$，产品的利润也发生了变化，目标函数变为 $\max Z = 4.5x_1 + 2x_2 + 3x_3$，问：最优解将会如何变化？

解：(1) 设对应于 3 个约束条件的对偶变量分别为 y_1, y_2, y_3。根据原问题与其对偶问题之间的关系，写出对偶规划问题的模型如下：

$$\min W = 100y_1 + 100y_2 + 120y_3$$

$$\text{s.t.}\begin{cases} 2y_1 + 3y_2 + 3y_3 \geqslant 4 \\ 2y_1 + y_2 + y_3 \geqslant 2 \\ 4y_1 + 6y_2 + 2y_3 \geqslant 3 \\ y_i \geqslant 0,\ i=1,2,3 \end{cases}$$

(2) 在 WinQSB 中选择 Results | Final Simplex Tableau 命令，求解原模型，得到最终单纯形表，如图 3-1 所示。

		X1	X2	X3	Slack_C1	Slack_C2	Slack_C3		
Basis	C(j)	4.0000	2.0000	3.0000	0	0	0	R. H. S.	Ratio
X2	2.0000	0	1.0000	0	0.7500	-0.5000	0	25.0000	
X1	4.0000	1.0000	0	2.0000	-0.2500	0.5000	0	25.0000	
Slack_C3	0	0	0	-4.0000	0	-1.0000	1.0000	20.0000	
	C(j)-Z(j)	0	0	-5.0000	-0.5000	-1.0000	0	150.0000	

图 3-1　数据输入

得到最优解 $\boldsymbol{X}^* = (25, 25, 0)^{\mathrm{T}}$ 及新的目标函数最优值 Z=150，如图 3-2 所示。

	19:44:58		2010-7-8 19:44:58 PM	2010-7-8 19:44:58 PM	2010-7-8 19:44:58 PM	2010-7-8 19:44:58 PM		
	Decision Variable	Solution Value	Unit Cost or Profit c(j)	Total Contribution	Reduced Cost	Basis Status	Allowable Min. c(j)	Allowable Max. c(j)
1	X1	25.0000	4.0000	100.0000	0	basic	2.0000	6.0000
2	X2	25.0000	2.0000	50.0000	0	basic	1.3333	4.0000
3	X3	0	3.0000	0	-5.0000	at bound	-M	8.0000
	Objective	Function	(Max.) =	150.0000				
	Constraint	Left Hand Side	Direction	Right Hand Side	Slack or Surplus	Shadow Price	Allowable Min. RHS	Allowable Max. RHS
1	C1	100.0000	<=	100.0000	0	0.5000	66.6667	200.0000
2	C2	100.0000	<=	100.0000	0	1.0000	50.0000	120.0000
3	C3	100.0000	<=	120.0000	20.0000	0	100.0000	M

图 3-2　求解结果(1)

第一种和第二种资源的影子价格大于零或高于市场价格，说明增加这两种资源有利可图，企业应购进这两种资源以扩大生产。第三种资源的影子价格为零，说明该资源在生产过程中存在剩余，如果再增加该资源则不能给企业带来利润和产值增加。

(3) 分别用 WinQSB 求解 3 种情况的线性规划模型如图 3-3～图 3-8 所示。

Variable -->	X1	X2	X3	Direction	R. H. S.
Maximize	4	2	3		
C1	2	2	4	<=	150
C2	3	1	6	<=	100
C3	3	1	2	<=	120
LowerBound	0	0	0		
UpperBound	M	M	M		
VariableType	Continuous	Continuous	Continuous		

图 3-3 修改第一种资源系数数据

	20:28:54		2010-7-8 20:28:53 PM	2010-7-8 20:28:53 PM	2010-7-8 20:28:53 PM	2010-7-8 20:28:53 PM		
	Decision Variable	Solution Value	Unit Cost or Profit c(j)	Total Contribution	Reduced Cost	Basis Status	Allowable Min. c(j)	Allowable Max. c(j)
1	X1	12.5000	4.0000	50.0000	0	basic	2.0000	6.0000
2	X2	62.5000	2.0000	125.0000	0	basic	1.3333	4.0000
3	X3	0	3.0000	0	-5.0000	at bound	-M	8.0000
	Objective	Function	(Max.) =	175.0000				
	Constraint	Left Hand Side	Direction	Right Hand Side	Slack or Surplus	Shadow Price	Allowable Min. RHS	Allowable Max. RHS
1	C1	150.0000	<=	150.0000	0	0.5000	66.6667	200.0000
2	C2	100.0000	<=	100.0000	0	1.0000	75.0000	120.0000
3	C3	100.0000	<=	120.0000	20.0000	0	100.0000	M

图 3-4 求解结果(2)

$\boldsymbol{X}^{*}=(12.5,62.5,0)^{\mathrm{T}}$ 及新的目标函数最优值 $Z=175$。3 种资源的利用量为 150,100,100。

Variable -->	X1	X2	X3	Direction	R. H. S.
Maximize	4	2	3		
C1	2	2	4	<=	100
C2	3	1	6	<=	150
C3	3	1	2	<=	120
LowerBound	0	0	0		
UpperBound	M	M	M		
VariableType	Continuous	Continuous	Continuous		

图 3-5 修改第二种资源系数数据

	20:40:25		2010-7-8 20:40:24 PM	2010-7-8 20:40:24 PM	2010-7-8 20:40:24 PM	2010-7-8 20:40:24 PM		
	Decision Variable	Solution Value	Unit Cost or Profit c(j)	Total Contribution	Reduced Cost	Basis Status	Allowable Min. c(j)	Allowable Max. c(j)
1	X1	35.0000	4.0000	140.0000	0	basic	2.0000	6.0000
2	X2	15.0000	2.0000	30.0000	0	basic	1.5000	4.0000
3	X3	0	3.0000	0	-1.0000	at bound	-M	4.0000
	Objective	Function	(Max.) =	170.0000				
	Constraint	Left Hand Side	Direction	Right Hand Side	Slack or Surplus	Shadow Price	Allowable Min. RHS	Allowable Max. RHS
1	C1	100.0000	<=	100.0000	0	0.5000	80.0000	240.0000
2	C2	120.0000	<=	150.0000	30.0000	0	120.0000	M
3	C3	120.0000	<=	120.0000	0	1.0000	50.0000	150.0000

图 3-6 求解结果(3)

$X^* = (35,15,0)^T$ 及新的目标函数最优值 $Z = 170$。3 种资源的利用量为 100,120,120。

Variable -->	X1	X2	X3	Direction	R. H. S.
Maximize	4	2	3		
C1	2	2	4	<=	100
C2	3	1	6	<=	100
C3	3	1	2	<=	180
LowerBound	0	0	0		
UpperBound	M	M	M		
VariableType	Continuous	Continuous	Continuous		

图 3-7 修改第三种资源系数数据

	09:23:10		Friday	July	09	2010		
	Decision Variable	Solution Value	Unit Cost or Profit c(j)	Total Contribution	Reduced Cost	Basis Status	Allowable Min. c(j)	Allowable Max. c(j)
1	X1	25.0000	4.0000	100.0000	0	basic	2.0000	6.0000
2	X2	25.0000	2.0000	50.0000	0	basic	1.3333	4.0000
3	X3	0	3.0000	0	-5.0000	at bound	-M	8.0000
	Objective	Function	(Max.) =	150.0000				
	Constraint	Left Hand Side	Direction	Right Hand Side	Slack or Surplus	Shadow Price	Allowable Min. RHS	Allowable Max. RHS
1	C1	100.0000	<=	100.0000	0	0.5000	66.6667	200.0000
2	C2	100.0000	<=	100.0000	0	1.0000	50.0000	150.0000
3	C3	100.0000	<=	180.0000	80.0000	0	100.0000	M

图 3-8 求解结果(4)

$X^* = (25,25,0)^T$ 及新的目标函数最优值 $Z = 150$。3 种资源的利用量为 100,100,100。

(4) 选择 Results | Sensitivity Analysis for RHS 命令，WinQSB 给出了灵敏度分析结果，可以看出第三个约束条件右端变化范围为[100, +∞]，如图 3-9 所示。

07-09-2010 09:37:04	Constraint	Direction	Shadow Price	Right Hand Side	Allowable Min. RHS	Allowable Max. RHS
1	C1	<=	0.5000	100.0000	66.6667	200.0000
2	C2	<=	1.0000	100.0000	50.0000	120.0000
3	C3	<=	0	120.0000	100.0000	M

图 3-9 修改第三个约束条件

(5) 求出结果后，选择 Results | Sensitivity Analysis for OBJ 命令，系统给出价值系数的灵敏度分析结果。价值系数 c_1、c_2 和 c_3 最大允许变化的范围分别为[2,6]，[1.3333,4]和[-∞,8]。如果价值系数在此范围内，问题的最优解不会发生改变，否则需要重新计算问题的最优解，如图 3-10 所示。

07-09-2010 10:22:17	Decision Variable	Solution Value	Reduced Cost	Unit Cost or Profit C(j)	Allowable Min. C(j)	Allowable Max. C(j)
1	X1	25.0000	0	4.0000	2.0000	6.0000
2	X2	25.0000	0	2.0000	1.3333	4.0000
3	X3	0	-5.0000	3.0000	-M	8.0000

图 3-10　价值系数范围

(6) 修改相应的参数，分析技术进步导致产品技术系数和单位利润变化对企业决策的综合影响，如图 3-11 和图 3-12 所示。

Variable -->	X1	X2	X3	Direction	R. H. S.
Maximize	4.5	2	3		
C1	1.5	2	4	<=	100
C2	3	1	6	<=	100
C3	3	1	2	<=	120
LowerBound	0	0	0		
UpperBound	M	M	M		
VariableType	Continuous	Continuous	Continuous		

图 3-11　修改技术系数

	10:41:47		Friday	July	09	2010		
	Decision Variable	Solution Value	Unit Cost or Profit c(j)	Total Contribution	Reduced Cost	Basis Status	Allowable Min. c(j)	Allowable Max. c(j)
1	X1	22.2222	4.5000	100.0000	0	basic	1.5000	6.0000
2	X2	33.3333	2.0000	66.6667	0	basic	1.5000	6.0000
3	X3	0	3.0000	0	-6.3333	at bound	-M	9.3333
	Objective	Function	(Max.) =	166.6667				
	Constraint	Left Hand Side	Direction	Right Hand Side	Slack or Surplus	Shadow Price	Allowable Min. RHS	Allowable Max. RHS
1	C1	100.0000	<=	100.0000	0	0.3333	50.0000	200.0000
2	C2	100.0000	<=	100.0000	0	1.3333	50.0000	120.0000
3	C3	100.0000	<=	120.0000	20.0000	0	100.0000	M

图 3-12　求解结果(5)

得到最优解 $X^* = (22.2222, 33.3333, 0)^T$ 及新的目标函数最优值 Z=166.6667。三种资源的利用量为 100,100,100。根据模型的求解结果，得知第一种资源和第二种资源供应不变的情况下，第三种资源的最低限量为 100，如果低于这一限量，企业利润将会下降。相反，如果实际供应量高于该值，并不会对提高利润有所帮助，这样就可以实现“资源最优配置”。

习 题

1. 写出下列线性规划模型的对偶形式。

(1)
$$\max Z = 3x_1 + 2x_2 + x_3$$
$$\text{s.t.}\begin{cases} x_1 + x_2 + 2x_3 \leqslant 5 \\ 4x_1 + 2x_2 - x_3 \leqslant 7 \\ 3x_1 + 2x_2 + x_3 \leqslant 9 \\ x_1, x_2, x_3 \geqslant 0 \end{cases}$$

(2)
$$\min Z = x_1 - 2x_2 - 3x_3$$
$$\text{s.t.}\begin{cases} 3x_1 - x_2 + 2x_3 \leqslant 5 \\ 2x_1 - 4x_2 - x_3 \geqslant 7 \\ -x_1 + 2x_2 + 4x_3 = 10 \\ x_1, x_2 \geqslant 0, x_3 \text{无约束} \end{cases}$$

(3)
$$\max Z = x_1 + 2x_2 - 3x_3 + 4x_4$$
$$\text{s.t.}\begin{cases} -x_1 + x_2 - x_3 - 3x_4 = 5 \\ 6x_1 + 7x_2 - x_3 + 5x_4 \geqslant 8 \\ 12x_1 - 9x_2 + 7x_3 + 6x_4 \leqslant 10 \\ x_1, x_3 \geqslant 0, x_2, x_4 \text{无符号限制} \end{cases}$$

(4)
$$\min Z = 5x_1 - 4x_2 + 3x_3$$
$$\text{s.t.}\begin{cases} 2x_2 + 7x_3 \geqslant 8 \\ 8x_1 + 5x_2 - 4x_3 \leqslant 15 \\ 4x_2 + 6x_3 = 30 \\ x_2, x_3 \geqslant 0, x_1 \text{无符号限制} \end{cases}$$

(5)
$$\min Z = 7x_1 - 4x_2 + 3x_3$$
$$\text{s.t.}\begin{cases} 4x_1 + 2x_2 - 6x_3 \leqslant 24 \\ 3x_1 - 6x_2 - 4x_3 \geqslant 15 \\ 5x_2 + 3x_3 = 30 \\ x_1 \geqslant 0, x_3 \leqslant 0, x_2 \text{无符号限制} \end{cases}$$

2. 用对偶理论讨论下列原问题与它们的对偶问题是否有最优解。

(1)
$$\max Z = 2x_1 + 2x_2$$
$$\text{s.t.}\begin{cases} -x_1 + x_2 + x_3 \leqslant 2 \\ -2x_1 + 2x_2 - x_3 \leqslant 1 \\ x_1, x_2, x_3 \geqslant 0 \end{cases}$$

(2)
$$\min Z = -x_1 + 2x_2 + x_3$$
$$\text{s.t.}\begin{cases} 2x_1 - x_2 + x_3 \geqslant -4 \\ x_1 + 2x_2 = 6 \\ x_1, x_2, x_3 \geqslant 0 \end{cases}$$

3. 考虑如下线性规划模型:

$$\max Z = x_1 + x_2 + x_3 + x_4$$
$$\text{s.t.}\begin{cases} x_1 + x_4 \geqslant 5 \\ x_1 + x_2 \geqslant 6 \\ x_2 + x_3 \geqslant 8 \\ x_3 + x_4 \geqslant 7 \\ x_1, x_2, x_3, x_4 \geqslant 0 \end{cases}$$

(1) 写出对偶规划模型。

(2) 用单纯法解对偶规划模型，并在最优表中给出原规划模型的最优解。

(3) 说明这样比直接求解原规划的好处。

4. 有两个线性规划模型如下:

(1)
$$\max Z = \boldsymbol{C}^{\mathrm{T}}\boldsymbol{X}$$
$$\text{s.t.}\begin{cases} \boldsymbol{AX} = \boldsymbol{b} \\ \boldsymbol{X} \geqslant \boldsymbol{0} \end{cases}$$

(2)
$$\max Z = \boldsymbol{C}^{\mathrm{T}}\boldsymbol{X}$$
$$\text{s.t.}\begin{cases} \boldsymbol{AX} = \boldsymbol{b}^{*} \\ \boldsymbol{X} \geqslant \boldsymbol{0} \end{cases}$$

已知线性规划模型(1)有最优解。

求证：如果线性规划模型(2)有可行解，则必有最优解。

5. 用对偶单纯形方法，求解下列问题，原问题的数字模型分别如下:

(1)
$$\min Z = 5x_1 + 2x_2 + 4x_3$$
$$\text{s.t.}\begin{cases} 3x_1 + x_2 + 2x_3 \geqslant 4 \\ 6x_1 + 3x_2 + 5x_3 \geqslant 10 \\ x_1, x_2, x_3 \geqslant 0 \end{cases}$$

(2) $$\max Z=-x_1-2x_2-3x_3$$

$$\text{s.t.}\begin{cases}2x_1-x_2+x_3\geqslant 4\\x_1+x_2+2x_3\leqslant 8\\x_2-x_3\leqslant 2\\x_1,x_2,x_3\geqslant 0\end{cases}$$

6. 考虑下列线性规划模型：

$$\max Z=2x_1+3x_2$$

$$\text{s.t.}\begin{cases}2x_1+2x_2+x_3=12\\x_1+2x_2+x_4=8\\4x_1+x_5=6\\4x_2+x_6=12\\x_1,x_2,x_3,x_4,x_5,x_6\geqslant 0\end{cases}$$

最优单纯形表如表 3-20 所示。

表 3-20　最优单纯形表(4)

c_j			2	3	0	0	0	0
C_B	X_B	b	x_1	x_2	x_3	x_4	x_5	x_6
0	x_3	0	0	0	1	−1	−1/4	0
2	x_1	4	1	0	0	0	1/4	0
0	x_6	4	0	0	0	−2	1/2	1
3	x_2	2	0	1	0	1/2	−1/8	0
Z=−14		σ_j	0	0	0	−3/2	−1/8	0

试分析如下问题。

(1) 分别对 c_1,c_2 进行灵敏度分析。

(2) 对 b_3 进行灵敏度分析。

(3) 当 $c_2=5$ 时，求新的最优解。

(4) 当 $b_3=4$ 时，求新的最优解。

(5) 增加一个约束 $5x_1+2.4x_2\leqslant 12$，问：对最优解有何影响?

(6) 确定保持当前最优解不变的 $\boldsymbol{P}_4$ 的范围。

7. 已知某工厂计划生产Ⅰ、Ⅱ、Ⅲ三种产品，各产品需要在甲、乙和丙设备上加工。有关数据如表 3-21 所示。

表 3-21　工时和利润

设备＼产品	Ⅰ	Ⅱ	Ⅲ	工时限制/月
甲	8	16	10	304
乙	10	5	8	400
丙	2	13	10	420
单位产品利润/元	3	2	2.9	

试分析如下问题。

(1) 如何充分发挥设备能力，使工厂获利最大？

(2) 若为了增加产量，可借用其他工厂的设备甲，每月可借用的台时是 60，租金 1.8 万元，问：是否合算？

(3) 若另有两种新产品Ⅳ、Ⅴ，其中每件产品Ⅳ需用设备甲 12 台时，设备乙 5 台时，设备丙 10 台时，每件获利 2100 元。每件产品Ⅴ需用设备甲 4 台时，设备乙 4 台时，设备丙 12 台时，每件获利 1870 元。如果Ⅰ、Ⅱ、Ⅲ设备台时不增加，分别回答这两种新产品投资是否合算。

(4) 增加设备乙的台时是否可使企业总利润进一步增加？

8. 某厂利用原料 A、B 生产甲、乙、丙三种产品，已知生产单位产品所需原料数、单件利润及有关数据如表 3-22 所示。

表 3-22　原料和利润

原料＼产品	甲	乙	丙	原　料
A	6	3	5	45
B	3	4	5	30
单件利润/元	4	1	5	

试分析如下问题。

(1) 建立线性规划模型，求该厂获利的最大生产计划。

(2) 若产品乙、丙的单件利润不变，产品甲的利润在什么范围变化，上述最优解不变？

(3) 若有一种新产品丁，其原料消耗为：A 为 3 个单位，B 为 2 个单位，单件利润为 2.5 个单位。问该种产品是否值得安排生产？求新的最优计划。

(4) 若原料 A 市场紧缺，除了已有量外无法补充，而原料 B 数量不足，可以到市场购买，单价为 0.5 元。问：该厂是否应该购买？购买多少为宜？

(5) 由于某种原因该厂决定暂停甲产品的生产，试确定该厂的最优生产计划。

第四章　整 数 规 划

整数规划是数学规划的一个重要分支。在一个规划问题中，如果它的某些变量或全部变量要求取整数时，这个规划问题就称为整数规划问题。特别是当这个问题的约束条件为线性等式或不等式，目标函数为线性函数时，就称此问题是整数线性规划问题。求解整数规划问题是相当困难的，到目前为止，整数规划问题还没有一个很有效的解法。但是，由于在应用及理论方面提出的许多问题都可以归结为整数规划问题，所以，对整数规划的研究在理论上和实践上都有着重大的意义。本章主要讨论整数线性规划问题的解法。

通过本章的学习，应当了解整数线性规划问题的数学模型及其结构，掌握分枝定界法和割平面法的原理，能够运用 0-1 规划的求解方法和匈牙利法解决实际生活中的整数线性规划问题，并且学会用 WinQSB 求解整数规划。

第一节　整数规划的例子

一、下料问题

例 4-1　设用某种型号的钢管下零件 $A_1,A_2,\cdots,A_m$ 的毛坯，在一根钢管上，下料的不同方式有 $B_1,B_2,\cdots,B_n$ 种，每种下料方式可以得到各种零件的毛坯数量以及每种零件的需要数量如表 4-1 所示，其中 c_{ij} 表示用 B_j 下料方式处理一根钢管的毛坯零件 A_i 的数量。问：应该怎样安排下料方式，既满足需要，又使所用钢管总数最小？

表 4-1　下料数据表

零件 \ 下料方式	B_1　B_2　…　B_n	需要量
A_1	c_{11}　c_{12}　…　c_{1n}	a_1
A_2	c_{21}　c_{22}　…　c_{2n}	a_2
⋮	⋮	⋮
A_m	c_{m1}　c_{m2}　…　c_{mn}	a_m

解： 设用 B_j 种下料方式处理的钢管数为 x_j，$j=1,2,\cdots,n$，求一组变量 x_j，$j=1,2,\cdots,n$ 的值，满足约束条件如下。

$$\text{s.t.}\begin{cases}\sum_{j=1}^{n}c_{ij}x_j \geqslant a_i\ ,i=1,2,\cdots,m\\ x_j \geqslant 0\text{且为整数，}j=1,2,\cdots,n\end{cases}$$

并且使目标函数$s_j=\sum_{j=1}^{n}x_j$的值最小。这里变量x_j表示钢管的数量，只能取整数。

二、背包问题

例 4-2 一个旅行者为了准备旅行的必需物品，要在背包里装一些最有用的东西，但他最多只能携带 b 千克的物品，每件物品都只能整件携带，于是他给每件物品规定了一定的“价值”，以表示其有用程度。如果共有 n 件物品，第 j 件物品重 a_j 公斤，其价值为 c_j。问题就变成：在携带不超过 b 千克的条件下，携带哪些物品，可使总价值最大？

解： 首先引入变量 x_j， $j=1,2,\cdots,n$，记

$$x_j=\begin{cases}1\text{，携带第 }j\text{ 件物品}\\ 0\text{，不携带第 }j\text{ 件物品}\end{cases}$$

问题的数学模型为

$$\max s=\sum_{j=1}^{n}x_j$$

$$\text{s.t.}\begin{cases}\sum_{j=1}^{m}a_jx_j \leqslant b\\ x_j=0\text{ 或 }1,\ j=1,2,\cdots,n\end{cases}$$

这是一个 0-1 规划问题。

第二节 分枝定界法

对于整数线性规划问题，如果它的可行解集是有限集，可以将它的所有的可行解依次代入目标函数中，比较所得目标函数值的大小，从而求得最优解。例如，背包问题中，若$X=(x_1,x_2,\cdots,x_n)$是它的一个可行解，其中

$$x_j=\begin{cases}1\text{，携带第 }j\text{ 件物品}\\ 0\text{，不携带第 }j\text{ 件物品}\end{cases}$$

则可能的解最多有2^n个，当 n 较小时，逐个地比较这些解的优劣，则可求得最优解。这样的方法称为完全枚举法。但是，当 n 较大时，利用完全枚举法几乎是不可能的。这时，可以利用部分枚举法来解决这一问题，这种方法称分枝定界法。

分枝定界法是在 20 世纪 60 年代初提出的，该方法在整数规划中有着广泛的应用，它可用于解纯整数规划问题，也可以求解混合整数规划问题。

分枝定界算法的基本思想是对有界的线性规划问题的可行域，以恰当的方式进行系统的搜索的算法。

设有最大化的整数规划问题(IP)，它的一般形式为

$$\text{IP}:\quad \max f = cx \qquad \text{s.t.}\begin{cases} \boldsymbol{AX}=\boldsymbol{b}，\quad \boldsymbol{X}=(x_1,x_2,\cdots,x_n)^{\mathrm{T}} \\ \boldsymbol{X}\geqslant \boldsymbol{0}，\ x_j\text{为整数} \end{cases}$$

如果把整数约束从约束条件中删去，而得到一个普通线性规划问题，上述过程称为松弛，松弛后的问题称为原问题的松弛问题(Relaxed Problem，RP)

$$\text{RP}:\quad \max f = cx \qquad \text{s.t.}\begin{cases} \boldsymbol{AX}=\boldsymbol{b} \\ \boldsymbol{X}\geqslant \boldsymbol{0} \end{cases}$$

求解原问题(IP)是从求解其相应的松弛问题(RP)开始的，所以先讨论 IP 与 RP 的关系。显然，RP 的可行域包含 IP 的可行域，由此可得到以下关系。

(1) 若 RP 无可行解，则 IP 也无可行解。

(2) IP 的目标函数值最大值不会大于 RP 的最大值。

(3) 若 RP 的最优解 $\boldsymbol{X}=(x_1,x_2,\cdots,x_n)^{\mathrm{T}}$ 为整数解，则 $\boldsymbol{X}$ 就是 IP 的最优解，且最优目标函数值相等。

(4) 若 RP 的最优解 $\boldsymbol{X}=(x_1,x_2,\cdots,x_n)^{\mathrm{T}}$ 不是整数解，或不全为整数，则要用分枝定界法求解。

下面通过例题来介绍分枝定界法的求解过程。

例 4-3　求解整数规划问题(L_0)。

$$\max f = x_1 + x_2 \qquad (1)$$

$$L_0:\quad \text{s.t.}\begin{cases} x_1+\dfrac{9}{14}x_2\leqslant\dfrac{51}{14} & (2) \\ -2x_1+x_2\leqslant\dfrac{1}{3} & (3) \\ x_1,x_2\geqslant 0 & (4) \\ x_1,x_2\text{为整数} & (5) \end{cases}$$

解： 把去掉整数约束(5)后的问题作为 L_0 的松弛问题。满足约束(2)，(3)，(4)的可行解区域记为 R (如图 4-1 中的四边形部分 $ABOC$)。而原问题 L_0 的可行解记为 R'(整数解，图 4-1 中标以黑点)，R' 是 R 的子集。

首先，找 L_0 的一个下界，显然 L_0 有一个可行解 $\boldsymbol{X}^0=(0,0)$，对应的目标值 $f_0=0$，是目前 L_0 的最优解的下界，如表 4-2 所示。

表 4-2　下界表

现有可行解	现有下界
(0,0)	0

把去掉整数约束(5)后的问题作为 L_0 的松弛问题。利用单纯形法，可以求出此松弛问题的最优解(过程略)：$\boldsymbol{X}^0=\left(\dfrac{3}{2},\dfrac{10}{3}\right)$(图 4-1 中 A 点)，$\max f=\dfrac{29}{6}$。但这个解不是原问题 L_0 的解。

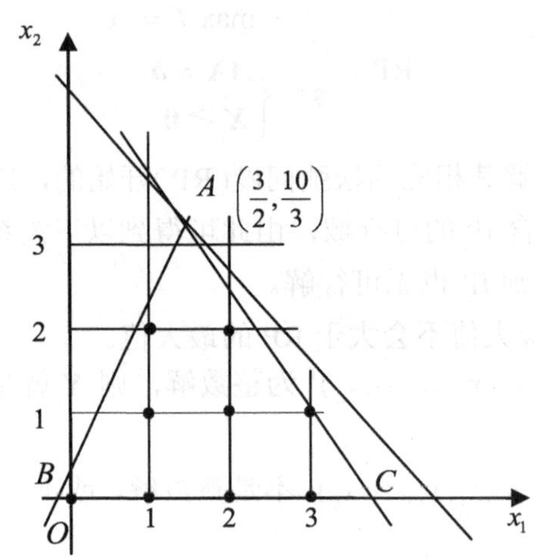

图 4-1　可行解域和整数解

由于 $\max f=\dfrac{29}{6}$ 优于目前的下界 0，并且 $\boldsymbol{X}^0=\left(\dfrac{3}{2},\dfrac{10}{3}\right)$ 的第一分量 $x_1^0=\dfrac{3}{2}$ 介于 1 与 2 之间，所以令 $x_1\leqslant 1$ 或者 $x_1\geqslant 2$，因此将原问题分枝为下面的两个子问题：L_1，L_2。

$$L_1:\quad \max f=x_1+x_2 \qquad \text{s.t.}\begin{cases} x_1+\dfrac{9}{14}x_2\leqslant\dfrac{51}{14} \\ -2x_1+x_2\leqslant\dfrac{1}{3} \\ x_1\geqslant 2,\ x_2\geqslant 0 \\ x_1,x_2\text{为整数} \end{cases}$$

$$L_2:\quad \max f=x_1+x_2 \qquad \text{s.t.}\begin{cases} x_1+\dfrac{9}{14}x_2\leqslant\dfrac{51}{14} \\ -2x_1+x_2\leqslant\dfrac{1}{3} \\ 0\leqslant x_1\leqslant 1,\ x_2\geqslant 0 \\ x_1,x_2\text{为整数} \end{cases}$$

再求解 L_1 的松弛问题(即去掉整数约束)，并记其相应的可行解集为 R_1(图 4-2 中阴影

区域)。

求得 L_1 的松弛问题的最优解为 $\boldsymbol{X}^1=\left(2,\dfrac{23}{9}\right)$。即图 4-2 中的 D 点，对应目标值 $f_1=\max f=\dfrac{41}{9}$。

由于最优值 $f_1=\dfrac{41}{9}$ 仍大于现有下界 $f_0=0$，需继续分枝。

由于 $\boldsymbol{X}^1=\left(2,\dfrac{23}{9}\right)$ 的第二分量 $x_2^1=\dfrac{23}{9}$，介于 2 与 3 之间，将问题 L_1 分枝为 L_3，L_4。

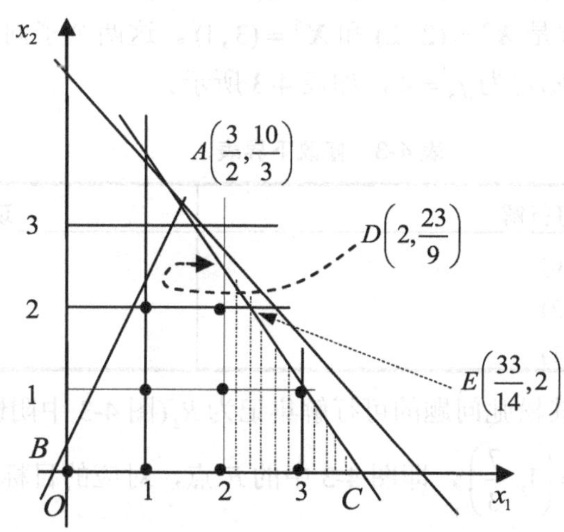

图 4-2　L_1 松弛问题的可行解域

$$
L_3:\quad \max f=x_1+x_2
$$
$$
\text{s.t.}\begin{cases} x_1+\dfrac{9}{14}x_2\leqslant\dfrac{51}{14}\\ -2x_1+x_2\leqslant\dfrac{1}{3}\\ x_1\geqslant 2,\ x_2\geqslant 3\\ x_1,x_2\text{为整数}\end{cases}
$$

$$
L_4:\quad \max f=x_1+x_2
$$
$$
\text{s.t.}\begin{cases} x_1+\dfrac{9}{14}x_2\leqslant\dfrac{51}{14}\\ -2x_1+x_2\leqslant\dfrac{1}{3}\\ x_1\geqslant 2,\ 0\leqslant x_2\leqslant 2\\ x_1,x_2\text{为整数}\end{cases}
$$

求解 L_3 的松弛问题，知其无解，于是 L_3 也无解。问题 L_3 已探明。

再解 L_4 的松弛问题，得最优解 $\boldsymbol{X}^4=\left(\dfrac{33}{14},2\right)$，即图 4-2 中的 E 点，仍不是整数解，但最优值 $\max f=\dfrac{61}{14}$ 大于现有下界。需继续分枝。因 $\dfrac{33}{14}$ 介于 2 与 3 之间，类似于前面，将 L_4 分枝为 L_5，L_6。

$$L_5:\quad \max f = x_1 + x_2 \quad \text{s.t.}\begin{cases} x_1 + \dfrac{9}{14}x_2 \leqslant \dfrac{51}{14} \\ -2x_1 + x_2 \leqslant \dfrac{1}{3} \\ 2 \geqslant x_1 \geqslant 2,\ x_2 \leqslant 2 \\ x_1, x_2\text{为整数} \end{cases}$$

$$L_6:\quad \max f = x_1 + x_2 \quad \text{s.t.}\begin{cases} x_1 + \dfrac{9}{14}x_2 \leqslant \dfrac{51}{14} \\ -2x_1 + x_2 \leqslant \dfrac{1}{3} \\ 3 \geqslant x_1 \geqslant 2,\ x_2 \leqslant 2 \\ x_1, x_2\text{为整数} \end{cases}$$

求解 L_5 的松弛问题，得最优解为 $\boldsymbol{X}^5 = (2, 2)$，$f_5 = \max f = 4$。

求解 L_6 的松弛问题，得最优解为 $\boldsymbol{X}^6 = (3, 1)$，$f_6 = \max f = 4$。

于是得 L_5 与 L_6 的最优解是 $\boldsymbol{X}^5 = (2, 2)$ 和 $\boldsymbol{X}^6 = (3, 1)$。这两个子问题也已探明。同时，原问题的下界 $f^0 = 0$ 可重新修定为 $f_5 = 4$，如表 4-3 所示。

表 4-3　修改下界表

现有可行解	现有下界
(0,0)	0
(2,2)	4
(3,1)	4

最后，对于子问题 L_2，其松弛问题的可行解集记为 R_2(图 4-3 中阴影区域)。容易求得 L_2 的松弛问题的最优解为 $\boldsymbol{X}^2 = \left(1,\ \dfrac{7}{3}\right)$，即图 4-3 中的 F 点，对应的目标值为 $f_2 = \dfrac{10}{3}$。

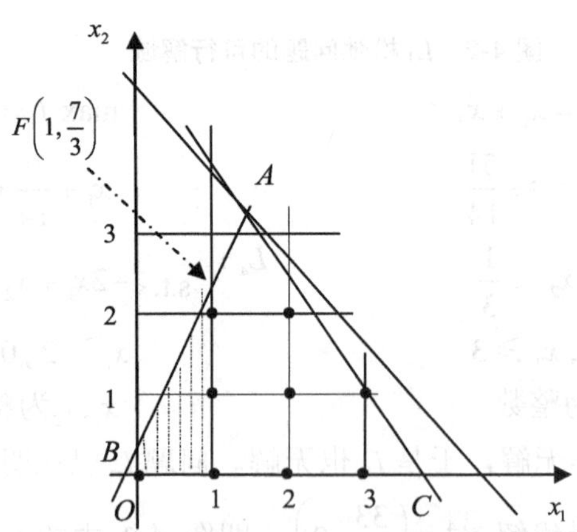

图 4-3　L_2 松弛问题的可行解域

由于 $f_2 = \dfrac{10}{3} < f_5 = 4$，所以可以剪枝，于是子问题 L_2 也已探明。

至此，全部子问题均已探明，所以 $\boldsymbol{x}^5=(2,2)$ 和 $\boldsymbol{x}^6=(3,1)$ 都是原问题 L_0 的解。其求解的全部过程可以用树形图 4-4 表示。

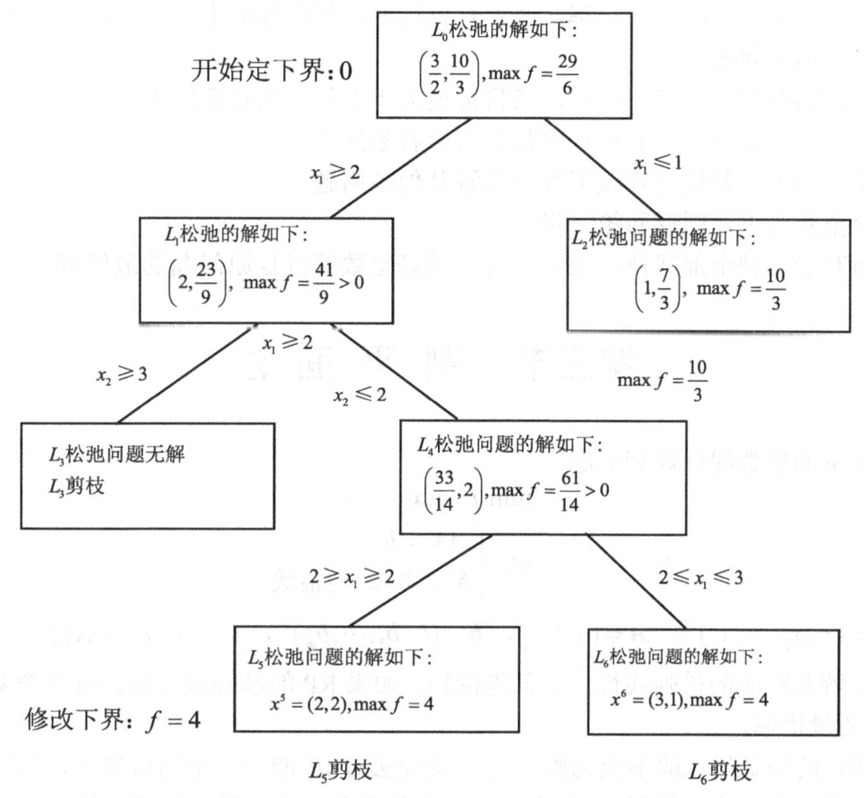

图 4-4　分枝定界过程

图中方框均表示求解对应的松弛问题对应的最优解和最优值。

分枝定界法是对有界的规划问题的可行域，以恰当的方式进行系统的搜索的算法。把原问题的可行解域逐步地分割为越来越小的子域，称为“分枝”，并为每个子域内的目标值计算一个界(若求 max 则是下界，求 min 则是上界)，称为“定界”，在每次分枝后，凡是它的松弛问题的目标值未超出界限的，就不再进一步分枝，把它删去，称为“剪枝”，否则，就继续进行分枝和搜索，直到找出可行的最优解为止。这就是分枝定界法的基本思想。

综合上述解题过程，分枝定界法求解整数规划的步骤如下。

第一步：定界，先简单试解出满足整数约束的一个解，其目标值作为目前的下界。

第二步：不考虑整数约束，求相应的松弛问题的解。若求得最优解，检查它是否符合整数约束，如符合约束条件，它就是原问题的最优解，结束；如不符合整数条件，则转下一步。

第三步：选择非整数的分量进行分枝，如取一个非整数的分量 $x_j=b_j$，用 $x_j\leqslant[b_j]$ 与

$x_j \geqslant [b_j]+1$(记号$[x]$表示不超过x的最大整数)把可行域R分为两个子域R_1与R_2，将原问题分解为两个子问题L_1与L_2，并求子问题的松弛问题的解。

若子问题的松弛问题无可行解，或者有可行解，其目标值小于下界，该子问题已查清，剪枝后求解其他子问题。

若子问题的松弛问题有可行解，其目标值大于下界。则转第四步。

第四步：检查松弛问题的可行解是否符合整数约束。

符合整数约束，剪枝并修改下界后求解其他子问题。

不符合整数约束，则返回第三步。

直到所有子问题全部剪枝，最后的现有最好整数解就是原问题的最优解。

第三节　割平面法

考虑如下的整数线性规划问题。

$$\text{IP:}\quad \begin{aligned}&\min f = cx\\ &\text{s.t.}\begin{cases}\boldsymbol{AX}=\boldsymbol{b}\\ \boldsymbol{X}\geqslant \boldsymbol{0},\ x_j\text{为整数}\end{cases}\end{aligned}$$

其中，$\boldsymbol{X}=(x_1,x_2,\cdots,x_n)^{\mathrm{T}}$，$\boldsymbol{A}=(a_{ij})_{m\times n}$，$\boldsymbol{b}=(b_1,b_2,\cdots,b_m)^{\mathrm{T}}$，$\boldsymbol{C}=(c_1,c_2,\cdots,c_n)$。

可以先解其对应的松弛线性规划问题(RP)。如果RP的基础最优解恰好是整数解，也就求得了IP的最优解。

如果RP的基础最优解不全为整数时，就设法对IP增加一个约束条件，将这个非整数的基础最优解“割”去，但又不“割”去原IP的任何一个整数可行解。这个新增加的约束条件就称为割平面。对于增添了割平面之后的IP，又可以用单纯形方法求解。如此进行下去，直至求得原问题的整数最优解为止。

例4-4　求解如下的整数规划问题。

$$\begin{aligned}&\max f = 7x_1+9x_2\\ &\text{s.t.}\begin{cases}-x_1+3x_2\leqslant 6\\ 7x_1+x_2\leqslant 35\\ x_1,x_2\text{为非负整数}\end{cases}\end{aligned}$$

解：用图解法。由图4-5所示可知，它的松弛问题的可行解域是四边形$OABC$，四边形$OABC$内部的整数点(黑点)是整数规划的可行解，点$B\left(\dfrac{9}{2},\dfrac{7}{2}\right)$是松弛问题的最优解。

将割平面(a)：$x_1\leqslant 3$和割平面(b)：$x_1+x_2\leqslant 7$加入约束条件后，将非整数最优解B点割掉，但又没有割掉任何一个整数解。添加割平面约束后，经过若干次换基迭代，最后可

以求得整数最优解(4,3)。

那么，割平面应如何选取，才能具有上述特点呢？

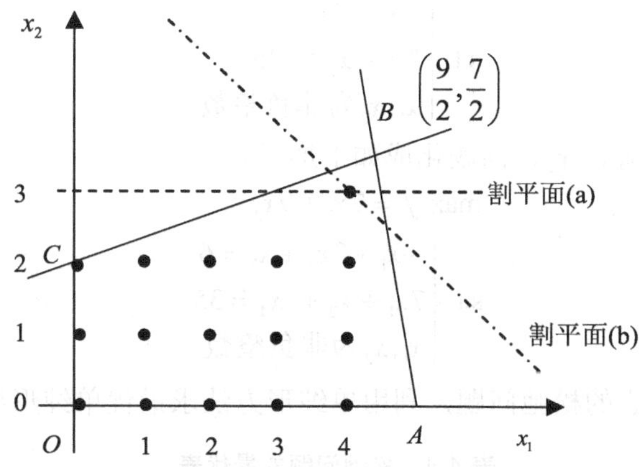

图 4-5 解域和割平面图

假设，对应的松弛线性规划问题(LP)已求得基本最优解。

这里为了表达方便，不妨设最优基为 $\boldsymbol{B}=(P_1,P_2,\cdots,P_m)$，其对应的单纯形表为

$$\boldsymbol{T}(\boldsymbol{B})=\begin{pmatrix}\boldsymbol{C}_B\boldsymbol{B}^{-1}\boldsymbol{b} & \boldsymbol{C}_B\boldsymbol{B}^{-1}\boldsymbol{A}-\boldsymbol{C}\\ \boldsymbol{B}^{-1}\boldsymbol{b} & \boldsymbol{B}^{-1}\boldsymbol{A}\end{pmatrix}$$

$$\boldsymbol{X}_B=\boldsymbol{B}^{-1}\boldsymbol{b}-\boldsymbol{B}^{-1}\boldsymbol{N}\,\boldsymbol{X}_N\text{，}\quad \boldsymbol{X}_B=(x_1,x_2,\cdots,x_m)^{\mathrm{T}}$$

令 $\boldsymbol{X}_N=\boldsymbol{0}$，若 $\boldsymbol{X}_B=\boldsymbol{B}^{-1}\boldsymbol{b}$ 的各分量全为整数，则显然原问题(IP)有最优解：$\boldsymbol{X}_B=\boldsymbol{B}^{-1}\boldsymbol{b}$，$\boldsymbol{X}_N=\boldsymbol{0}$。

如果 $\boldsymbol{X}_B=\boldsymbol{B}^{-1}\boldsymbol{b}$ 的各分量不全为整数，不妨设第 i 个分量 b_{i0} 不是整数，则对应于单纯形表 $T(B)$ 中第 i 行的方程为

$$x_i+\sum_{j=m+1}^{n}b_{ij}x_j=b_{i0}$$

令 $b_{ij}=[b_{ij}]+f_{ij}$，$0\leqslant f_{ij}<1$，其中，$j=0,m+1,\cdots,n$。这时上式写成，$x_i=[b_{i0}]+f_{i0}-\sum_{j=m+1}^{n}b_{ij}x_j-\sum_{j=m+1}^{n}f_{ij}x_j$，得

$$f_{i0}-\sum_{j=m+1}^{n}f_{ij}x_j\leqslant 0$$

其中，$f_{ij}\geqslant 0;f_{i0}>0,\quad j=m+1,\cdots,n$。

上式称为以第 i 行为源行的割平面。加入松弛变量 $s_i\geqslant 0$，割平面方程可以写成

$$s_i+f_{i0}-\sum_{j=m+1}^{n}f_{ij}x_j=0$$

例 4-5 用割平面求解例 4-4 的整数规划问题。

$$\max f = 7x_1 + 9x_2$$

$$\text{s.t.}\begin{cases} -x_1 + 3x_2 \leqslant 6 \\ 7x_1 + x_2 \leqslant 35 \\ x_1, x_2\text{为非负整数} \end{cases}$$

解： 添加松弛变量 x_3， x_4，问题化成如下形式。

$$\max f = 7x_1 + 9x_2$$

$$\text{s.t.}\begin{cases} -x_1 + 3x_2 + x_3 = 6 \\ 7x_1 + x_2 + x_4 = 35 \\ x_1, x_2\text{为非负整数} \end{cases}$$

去掉整数约束，对它的松弛问题，利用单纯形方法求最优单纯形如表 4-4 所示。

表 4-4 松弛问题的最优表

		x_1	x_2	x_3	x_4
f	63	0	0	28/11	15/11
x_2	7/2	0	1	7/22	1/22
x_1	9/2	1	0	−1/22	3/22

其最优解不是整数，一般地，选择分数值 f_{i0} 较大的行作为源行，写出割平面，本例中 $f_{10} = f_{20} = \dfrac{1}{2}$，故任选其一为源行。如 x_2，其对应割平面为

$$\frac{7}{22}x_3 + \frac{1}{22}x_4 \geqslant \frac{1}{2}$$

添加松弛变量 s_1，得 $s_1 - \dfrac{7}{22}x_3 - \dfrac{1}{22}x_4 = -\dfrac{1}{2}$。

将其添加到最优单纯形表 4-4 的最后一行，得表 4-5。

表 4-5 添加割平面表(1)

		x_1	x_2	x_3	x_4	s_1
f	63	0	0	28/11	15/11	0
x_2	7/2	0	1	7/22	1/22	0
x_1	9/2	1	0	−1/22	3/22	0
s_1	−1/2	0	0	[−7/22]	−1/22	1

由表知 $s_1 = -\dfrac{1}{2} < 0$，并且为了让 x_3 进入基变量，选择 $-\dfrac{7}{22}$ 为轴心，换基迭代，得表 4-6。

表 4-6　换基迭代表

		x_1	x_2	x_3	x_4	s_1
f	59	0	0	0	1	8
x_2	3	0	1	0	0	1
x_1	32/7	1	0	0	1/7	−1/7
x_3	11/7	0	0	1	1/7	22/7

$x_1=\dfrac{32}{7}$ 仍然不是整数，以它为源行，割平面为

$$\frac{1}{7}x_4+\frac{6}{7}s_1\geqslant\frac{4}{7}$$

添加松弛变量 s_2，得 $s_2-\dfrac{1}{7}x_4-\dfrac{6}{7}s_1=-\dfrac{4}{7}$。

将其添加到上述单纯形表 4-6 的最后一行，得表 4-7 所示。

表 4-7　添加割平面表(2)

		x_1	x_2	x_3	x_4	s_1	s_2
f	59	0	0	0	1	8	0
x_2	3	0	1	0	0	1	0
x_1	32/7	1	0	0	1/7	−1/7	0
x_3	11/7	0	0	1	1/7	22/7	0
s_2	−4/7	0	0	0	[−1/7]	−6	1

同上，选择 $-\dfrac{1}{7}$ 为轴心，换基迭代，得表 4-8。

表 4-8　最优表

		x_1	x_2	x_3	x_4	s_1	s_2
f	55	0	0	0	0	2	7
x_2	3	0	1	0	0	1	0
x_1	4	1	0	0	0	−1	1
x_3	1	0	0	1	0	−4	1
x_4	4	0	0	0	1	6	−7

从表 4-8 中得到原问题最优解为 x_1=4，x_2=3，最优值为 f=55。

注意：对割平面方程 $\dfrac{7}{22}x_3+\dfrac{1}{22}x_4\geqslant\dfrac{1}{2}$，利用约束条件

$$\begin{cases} -x_1 + 3x_2 + x_3 = 6 \\ 7x_1 + x_2 + x_4 = 35 \end{cases}$$

把 x_3，x_4 换掉，得割平面方程 $x_3 \leqslant 3$，这个就是图 4-5 中的割平面(a)。而割平面 $\frac{1}{7}x_4 + \frac{6}{7}s_1 \geqslant \frac{4}{7}$，把 x_3，x_4 换掉，得割平面方程 $x_1 + x_7 \leqslant 7$，就是图 4-5 中的割平面(b)。

第四节　0-1 整数规划

求解 0-1 整数规划问题的常见方法主要有两种，即完全枚举法和隐枚举法，现分述如下。

一、完全枚举法

完全枚举法的思想是，首先将全部变量取 0 或 1 的所有组合列出，也就是把全部解列出，然后再逐个检查这些解是否可行。为了加快求解速度，增加一个过滤条件，这个过滤条件也是一个界。下面通过例 4-6 来说明其方法步骤。

例 4-6　求解如下的 0-1 整数规划问题。

$$\max f = 17x_1 + 10x_2 + 16x_3$$

$$\text{s.t.} \begin{cases} 4x_2 + 2x_3 \leqslant 6 & (1) \\ 5x_1 + x_2 + 2x_3 \leqslant 6 & (2) \\ 4x_1 - 2x_2 + 3x_3 \leqslant 7 & (3) \\ 5x_1 + 2x_2 + 3x_3 \leqslant 7 & (4) \\ x_j = 0或1，j = 1,2,3 \end{cases}$$

解：先求出一个解和目标值，以定界。比如，$(x_1, x_2, x_3) = (0,0,1)$ 满足约束条件，对应的解是 $f = 16$。对于求最大值，定界越大，对以后计算越有利。所以，增加约束条件：$17x_1 + 10x_2 + 16x_3 \geqslant 16$，称为过滤条件。问题变为如下。

$$\max f = 17x_1 + 10x_2 + 16x_3$$

$$\text{s.t.} \begin{cases} 4x_2 + 2x_3 \leqslant 6 \\ 5x_1 + x_2 + 2x_3 \leqslant 6 \\ 4x_1 - 2x_2 + 3x_3 \leqslant 7 \\ 5x_1 + 2x_2 + 3x_3 \leqslant 7 \\ 17x_1 + 10x_2 + 16x_3 \geqslant 16 \\ x_j = 0或1，j = 1,2,3 \end{cases}$$

列出全部解，检查每一个解是否满足过滤条件和约束条件(1)、(2)、(3)、(4)，满足的打“√”，不满足的打“×”。全部满足 5 个条件时，修改过滤条件，即修改下界。修改两次下

界，得最优解 $(x_1,x_2,x_3)=(1,1,0)$，对应最优值 $f=27$，列于表 4-9。

表 4-9　完全枚举表

解	过滤条件 $17x_1+10x_2+16x_3 \geqslant 16$	约束条件 (1)	(2)	(3)	(4)	目标值 f
(0,0,0)	×					
(0,0,1)	√	√	√	√	√	16
(0,1,0)	×					
(0,1,1)	√	√	√	√	√	26，修改过滤条件
(1,0,0)	×					
(1,0,1)	√	√	×			
(1,1,0)	√	√	√	√	√	27，再修改过滤条件
(1,1,1)	√	√	×			

二、0-1 规划隐枚举法

0-1 规划隐枚举法是一种特殊的分枝定界方法，它适合任何 0-1 规划问题的求解。

首先，应将 0-1 规划问题通过如下 4 个步骤，化成下面的标准形。

$$\max f=\sum_{j=1}^{n}c_jx_j$$

$$\text{s.t.}\begin{cases}\sum_{i=1}^{n}a_{ij}x_j \leqslant b_i \quad, i=1,2,\cdots,m\\ x_j=0或1，j=1,2,\cdots,n\end{cases}$$

(1) 如果目标函数是求最小值，则对目标函数两边乘以(−1)，改求最大值。

(2) 如果目标函数中某变量 x_j 的系数 $c_j>0$，则令 $x_j=1-y_j$。

(3) 如果约束条件是“≥”形式，则两边乘以(−1)，改成“≤”的形式。

(4) 如果约束条件中含有等式，则可以将每个等式化成两个“≤”形式的不等式。

任何 0-1 规划都可以化为标准形式。隐枚举法的基本思想是：首先令全部变量取 0，如果此解可行，则得最优解，计算终止。否则，有选择地指定某个变量为 0 或 1，并把它们固定下来(称为固定变量)，将问题分枝成两个子问题。继续对它们进行检验，即对没有被固定下来的变量(称为自由变量)，令其全部为 0，检查是否可行，如果可行，则它们与固定变量所组成的解就是原问题目前的最好可行解，不再分枝，所对应的目标值就是原问题的一个新的下界；否则，在余下的自由变量中继续上述过程；或者修改下界，停止分枝，或者有选择地将某个自由变量取 0 或 1，将子问题分枝。如此下去，直到所有子问题停止分枝，或者没有自由变量为止，并以最大下界对应的可行解为最优解。

例 4-7 用隐枚举法求解如下的 0-1 规划问题。

$$\max f=17x_1+10x_2+16x_3$$

$$\text{s.t.}\begin{cases}4x_2+2x_3\leqslant 6 & (1)\\ 5x_1+x_2+2x_3\leqslant 6 & (2)\\ 4x_1-2x_2+3x_3\leqslant 7 & (3)\\ 5x_1+2x_2+3x_3\leqslant 7 & (4)\\ x_j=0\text{或}1,\ j=1,2,3\end{cases}$$

解：(1) 令 $x_1=1-y_1$，$x_2=1-y_2$，$x_3=1-y_3$，将问题化为标准形式。

$$\max f=43-17y_1-10y_2-16y_3$$

$$\text{s.t.}\begin{cases}-4y_2-2y_3\leqslant 0\\ -5y_1-y_2-2y_3\leqslant -2\\ -4y_1+2y_2-3y_3\leqslant 2\\ -5y_1-2y_2-3y_3\leqslant -3\\ y_j=0\text{或}1,\ j=1,2,3\end{cases}$$

为了方便，将 $\max f=43-17y_1-10y_2-16y_3$ 写成 $\max S=-17y_1-10y_2-16y_3$，问题化为

$$\max S=-17y_1-10y_2-16y_3$$

$$L_0:\quad \text{s.t.}\begin{cases}-4y_2-2y_3\leqslant 0 & (1)'\\ -5y_1-y_2-2y_3\leqslant -2 & (2)'\\ -4y_1+2y_2-3y_3\leqslant 2 & (3)'\\ -5y_1-2y_2-3y_3\leqslant -3 & (4)'\\ y_j=0\text{或}1,\ j=1,2,3\end{cases}$$

(2) 令自由变量 $y_1=y_2=y_3=0$，约束条件 $(2)',(4)'$ 不成立，不是可行解，其对应目标值 0 为上界，记为 $\overline{S}=0$。

在约束条件 $(2)',(4)'$ 中，若有变量取 1，可满足约束条件，可以求得可行解。为了加快求解速度，有选择地将某个自由变量变成固定变量。使所有约束条件到可行情况的总距离最小。所谓到可行情况的距离，指将约束条件变为可行情况，应在约束条件的左端所减小的数值。

令 $y_1=1$，其余变量为 0，此时约束到可行情况的总距离为 0，即

$$\begin{matrix}0\\0\\0\\0\end{matrix}\begin{cases}-4y_2-2y_3=0\leqslant 0 & (1)'\\ -5y_1-y_2-2y_3=-5\leqslant -2 & (2)'\\ -4y_1+2y_2-3y_3=-4\leqslant 2 & (3)'\\ -5y_1-2y_2-3y_3=-5\leqslant -3 & (4)'\end{cases}$$

令 $y_2=1$，其余变量为 0，此时约束到可行情况的总距离为 2，即

$$\begin{matrix}0\\1\\0\\1\end{matrix}\begin{cases}-4y_2-2y_3=-4\leqslant 0 & (1)'\\ -5y_1-y_2-2y_3=-1\geqslant -2 & (2)'\\ -4y_1+2y_2-3y_3=2\leqslant 2 & (3)'\\ -5y_1-2y_2-3y_3=-2\geqslant -3 & (4)'\end{cases}$$

令 $y_3=1$，其余变量为 0，此时约束到可行情况的总距离为 0，即

$$\begin{matrix}0\\0\\0\\0\end{matrix}\begin{cases}-4y_2-2y_3=-2\leqslant 0 & (1)'\\ -5y_1-y_2-2y_3=-2\leqslant -2 & (2)'\\ -4y_1+2y_2-3y_3=-3\leqslant 2 & (3)'\\ -5y_1-2y_2-3y_3=\ 3\leqslant -3 & (4)'\end{cases}$$

由于 $y_1=1$ 和 $y_3=1$ 均得到可行情况的总距离最小，但因为 $c_1=-17<c_3=-16$，所以先把变量 y_3 固定，令 $y_3=1$ 和 $y_3=0$，将问题分枝成两个子问题 $L_1(y_3=1)$，$L_2(y_3=0)$。

$$L_1: \quad \max S=-16-17y_1-10y_2 \quad \text{s.t.}\begin{cases}-4y_2\leqslant 2\\ -5y_1-y_2\leqslant 0\\ -4y_1+2y_2\leqslant 5\\ -5y_1-2y_2\leqslant 0\\ y_1,y_2=0\text{或}1\end{cases}$$

$$L_2: \quad \max S=-17y_1-10y_2 \quad \text{s.t.}\begin{cases}-4y_2\leqslant 0 & (1)'\\ -5y_1-y_2\leqslant -2 & (2)'\\ -4y_1+2y_2\leqslant 2 & (3)'\\ -5y_1-2y_2\leqslant -3 & (4)'\\ y_1,y_2=0\text{或}1\end{cases}$$

(3) 对于子问题 $L_1(y_3=1)$，令 $y_1=y_2=0$，满足全部约束，所以是可行解，连同 $y_3=1$，所以(0,0,1)是原问题目前的最好可行解，且 $S=-16$ 是目标函数的一个下界，记为 $\underline{S}=-16$，剪枝。

(4) 对于子问题 $L_2(y_3=0)$，令 $y_1=y_2=0$，不是可行解。但是否对它进行分枝，要看是否存在同时满足以下两个条件的自由变量。

① 在不满足的约束中，其系数为负。

② 在目标函数中，其系数 c_j 大于目前最大的下界值减去固定变量的取值与相应系数的乘积，即

$$c_j>\underline{S}-\sum_{i\in K}c_iy_i\text{，}K\text{ 为固定变量下标集}$$

因为只有满足①的自由变量，令其为 1 后才有可能使不可行的约束变成可行。而不满足②的自由变量，在令其为 1 后，即使得到新的可行解，也不可能使新的目标函数值超过目前的下界值，故无须继续枚举(这个分枝的解均已被隐枚举了)。

在本例中，对于子问题 L_2 的不可行约束 (2)′ 和 (4)′，y_1,y_2 的系数均为负，且

$$c_1=-17<-16-(-16\times 0)=-16$$

$$c_2 = -10 > -16 - (-16 \times 0) = -16$$

这就是说，只有自由变量 y_2 同时满足①和②，所以，令 y_2=0 和 y_2=1 成为固定变量，把子问题 L_2 继续分枝为两个子问题 L_3，L_4：

$$L_3: \quad \max S = -10 - 17y_1 \quad \text{s.t.} \begin{cases} -5y_1 \leqslant -1 \\ -4y_1 \leqslant 0 \\ -5y_1 \leqslant -1 \\ y_1 = 0\text{或}1 \end{cases} \qquad L_4: \quad \max S = -17y_1 \quad \text{s.t.} \begin{cases} -5y_1 \leqslant -2 \\ -4y_1 \leqslant 2 \\ -5y_1 \leqslant -3 \\ y_1 = 0\text{或}1 \end{cases}$$

(5) 检验问题 L_3，令自由变量 y_1=0 不可行。令 y_1=1，不满足条件②，所以对子问题 L_3 不分枝。

检验子问题 L_4，与子问题 L_3 同理，不分枝。

(6) 由于所有的子问题均已检验，并不再分枝，枚举结束，因此，对应最大下界值 $\underline{S} = -16$ 的可行解 (y_1, y_2, y_3)=(0,0,1)为最优解。

代入 $x_1 = 1 - y_1$，$x_2 = 1 - y_2$，$x_3 = 1 - y_3$，$\max f = 43 + \max S$，故原问题的最优解为 $(x_1, x_2, x_3) = (1,1,0)$，$\max f = 27$。

整个求解过程如图 4-6 所示。

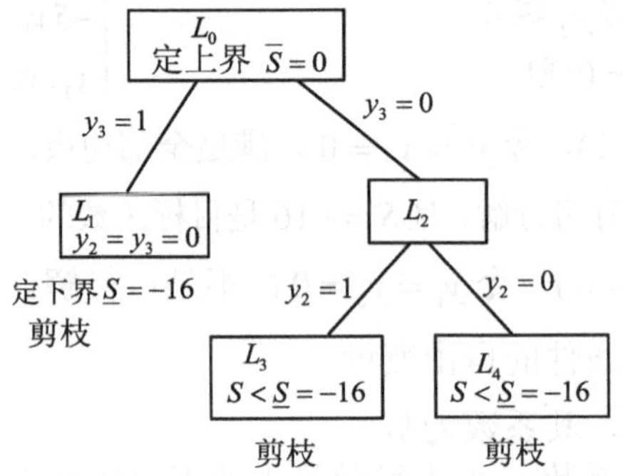

图 4-6 分枝定界过程

第五节 指派问题

一、指派问题的标准形式及其数学模型

在现实生活中，有各种性质的指派问题，例如，有若干项工作需要分配给若干人(或部门)来完成；有若干班级需要安排在各教室里上课，等等。此类问题的基本要求是在满足特定指派要求的条件下，使指派方案的总体效果最佳。由于指派问题的多样性，有必要定义

指派问题的标准形式。

指派问题的标准形式(以人和工作为例)是：有 n 个人和 n 件工作，已知第 i 人做第 j 件工作的费用为 c_{ij}，要求确定人和工作之间的一一对应的指派方案，使完成这 n 件工作的总费用最少。

一般称矩阵 $\boldsymbol{C}=(c_{ij})_{n\times n}$ 为指派问题的系数矩阵，在实际问题中，矩阵 $\boldsymbol{C}$ 可以有不同的含义，可以是费用、成本、时间等。系数矩阵 $\boldsymbol{C}$ 中，第 i 行中各元素表示第 i 人做各个工作的费用，第 j 列中各元素表示第 j 个工作由各个人做的费用。

为了建立标准指派问题的数学模型，引入 0-1 变量 x_{ij}：

$$x_{ij}=\begin{cases}1, & 第i个人做第j项工作\\ 0, & 第i个人不做第j项工作\end{cases}, \quad i,j=1,2,\cdots,n$$

这样，问题的数学模型可写成

$$\min s=\sum_{i=1}^{n}\sum_{j=1}^{n}c_{ij}x_{ij}$$

$$\text{s.t.}\begin{cases}\sum\limits_{i=1}^{n}x_{ij}=1, & j=1,2,\cdots,n\\ \sum\limits_{j=1}^{n}x_{ij}=1, & i=1,2,\cdots,n\\ x_{ij}=0或1, & i,j=1,2,\cdots,n\end{cases}$$

对于问题的每一个可行解，可用解矩阵 $\boldsymbol{X}=(x_{ij})_{n\times n}$ 来表示，当然，作为可行解，矩阵每列各元素中都有且只有一个 1，每行各元素中都有且只有一个 1，以满足约束条件。

例 4-8 某商业公司计划开办 5 家新商店，为了尽早建成营业，商业公司决定由 5 家建筑公司分别承建，已知建筑公司 A_1, A_2, A_3, A_4, A_5 对新商店 B_1, B_2, B_3, B_4, B_5 的建造费用的报价(万元)为 c_{ij}，如表 4-10 所示。商业公司应当对 5 家建筑公司怎样分配建造任务，才能使总的建造费用最少？

表 4-10　人员分派数据表

费用/万元　任务 人员	B_1	B_2	B_3	B_4	B_5
A_1	4	8	7	15	12
A_2	7	9	17	14	10
A_3	6	9	12	8	7
A_4	6	7	14	6	10
A_5	6	9	12	10	6

下面通过对例 4-8 的求解，说明匈牙利法。匈牙利法是求解指派问题的一种好算法，它由匈牙利数学家柯尼格提出，因此而得名。

二、匈牙利法

指派问题有如下性质：若从效率矩阵 $\boldsymbol{C}=(c_{ij})_{n\times n}$ 的任何一行(列)各元素中分别减去一个常数 K(K 可正，也可负)，得到新矩阵 $(b_{ij})_{n\times n}$。则以 $(b_{ij})_{n\times n}$ 为效率矩阵的指派问题与原问题有相同的解，但其最优值比原问题最优值小 K。

第一步：变换效率矩阵，变换后的效率矩阵记为 $\boldsymbol{B}=(b_{ij})_{n\times n}$，使其每行每列出现零元素。具体的方法是，对 $\boldsymbol{C}=(c_{ij})_{n\times n}$ 的每行或每列的各元素分别减去该行或该列的最小元素。

$$\boldsymbol{C}=\begin{pmatrix} 4 & 8 & 7 & 15 & 12 \\ 7 & 9 & 17 & 14 & 10 \\ 6 & 9 & 12 & 8 & 7 \\ 6 & 7 & 14 & 6 & 10 \\ 6 & 9 & 12 & 10 & 6 \end{pmatrix} \to \boldsymbol{B}=\begin{pmatrix} 0 & 3 & 0 & 11 & 8 \\ 0 & 1 & 7 & 7 & 3 \\ 0 & 2 & 3 & 2 & 1 \\ 0 & 0 & 5 & 0 & 4 \\ 0 & 2 & 3 & 4 & 0 \end{pmatrix}$$

第二步：求最优指派方案。具体的方法是，在矩阵 $(b_{ij})_{n\times n}$ 上，从零元素最少的行(列)开始，对一个零元素标记$\textcircled{0}$，表示一个指派，同时对同行(同列)的其他零元素标记$\not{0}$，以防止下一个指派落在此行(此列)上，如果该行(列)被考虑的零元素(已标记 $\not{0}$ 的零元素不再考虑)多于一个，则标记$\textcircled{0}$的零元素所在之列(行)应当是零元素最少的。反复进行，直到 $(b_{ij})_{n\times n}$ 上所有的零元素都有标记为止。

如果最后能得到与效率矩阵阶数相同的 n 个$\textcircled{0}$，则必然是分布在不同行不同列上，将这 n 个 0 改为 1，其他所有元素改为 0，就得到指派问题的一个最优解，即形成一个完整的指派方案如下：

$$\boldsymbol{B}=\begin{pmatrix} \not{0} & 3 & \textcircled{0} & 11 & 8 \\ 0 & 1 & 7 & 7 & 3 \\ \not{0} & 2 & 3 & 2 & 1 \\ \not{0} & \textcircled{0} & 5 & \not{0} & 4 \\ \not{0} & 2 & 3 & 4 & \textcircled{0} \end{pmatrix}$$

如果最后得到$\textcircled{0}$的个数小于 n，本例中得到$\textcircled{0}$的个数是 4，小于 5，则转入下一步。

第三步：作最少的直线覆盖所有的零元素。具体方法如下。

(1) 对没有$\textcircled{0}$的行打 √。

(2) 对打 √ 号行上的所有$\not{0}$元素所在的列打 √ 号。

(3) 对打 √ 号的列上有$\textcircled{0}$的行打 √ 号。

(4) 重复步骤(2)、(3)，直到得不出新的打 √ 号的行和列为止。

(5) 对没有打 √ 的行画横线，对所有打 √ 的列画竖线，这就得到能覆盖所有零元素最少的直线，直线的数目等于 $\textcircled{0}$ 的个数。

在本例中，首先对第 2，3 行打 √，其次对第 1 列打 √，然后对第 1，4，5 行画横线，最后对第 1 列画竖线，得到

$$B=\begin{pmatrix} \cancel{0} & 3 & \textcircled{0} & 11 & 8 \\ 0 & 1 & 7 & 7 & 3 \\ \cancel{0} & 2 & 3 & 2 & 1 \\ \cancel{0} & \textcircled{0} & 5 & \cancel{0} & 4 \\ \cancel{0} & 2 & 3 & 4 & \textcircled{0} \end{pmatrix}\begin{matrix} \\ \surd \\ \surd \\ \\ \\ \end{matrix}$$
$$\begin{matrix}\surd\end{matrix}$$

第四步：变换矩阵，使之增加新的零元素。具体方法是：在没有被直线覆盖的零元素中找出最小元素，并对没有画直线的行的各元素都减去这个最小元素，得新矩阵 $\boldsymbol{D}$，返回第二步。

$$\boldsymbol{D}=\begin{pmatrix} 1 & 3 & \textcircled{0} & 11 & 8 \\ \cancel{0} & \textcircled{0} & 6 & 6 & 2 \\ \textcircled{0} & 2 & 2 & 1 & \cancel{0} \\ 1 & \cancel{0} & 5 & \textcircled{0} & 4 \\ 1 & 2 & 3 & 4 & \textcircled{0} \end{pmatrix}$$

在矩阵 $\boldsymbol{D}$ 上，用第二步的方法对 $\boldsymbol{D}$ 中的零元素加圈，这时 $\boldsymbol{D}$ 中已有 5 个独立零元素，故可以确定指派问题的最优指派方案。

本例的最优方案是：A_1 承建 B_3，A_2 承建 B_2，A_3 承建 B_1，A_4 承建 B_4，A_5 承建 B_5。

$$\text{即最优解是 } \boldsymbol{X}^*=\begin{pmatrix} 0 & 0 & 1 & 0 & 0 \\ 0 & 1 & 0 & 0 & 0 \\ 1 & 0 & 0 & 0 & 0 \\ 0 & 0 & 0 & 1 & 0 \\ 0 & 0 & 0 & 0 & 1 \end{pmatrix}$$

建造总费用是 7+9+6+6+6=34。

第六节　整数规划的 WinQSB 求解

利用 WinQSB 软件求解线性整数规划以及混合整数规划问题时，仍是调用子程序 Liear and Integer Proramming，操作时改变一些变量类型。

例 4-9　开元公司计划制造(1)、(2)两种电器。各制造一件时设备 A，B 分别消耗的油料(千克)、A，B 设备每天消耗的油料限制，以及各售出一件电器时的获利情况如表 4-11 所示。问：公司每天应制造(1)、(2)两种电器各多少件，才能获取最大利润？

表 4-11　生产数据表

	电器(1)	电器(2)	每天油料限制/千克
设备 A	1	5	6
设备 B	1	9	45
利润/万元	5	8	

解：建立问题的数学模型如下：

$$\max Z = 5x_1 + 8x_2$$

$$\text{s.t.}\begin{cases} x_1 + x_2 \leqslant 6 \\ 5x_1 + 9x_2 \leqslant 45 \\ x_1, x_2 \geqslant 0，\text{且为整数} \end{cases}$$

用 WinQSB 求解整数规划。

(1)　调用子程序 Liear and Integer Proramming，建立新问题，如图 4-7 所示进行设置。本例中变量数 2 个，约束条件 2 个，变量类型选非负连续。单击 OK 按钮。

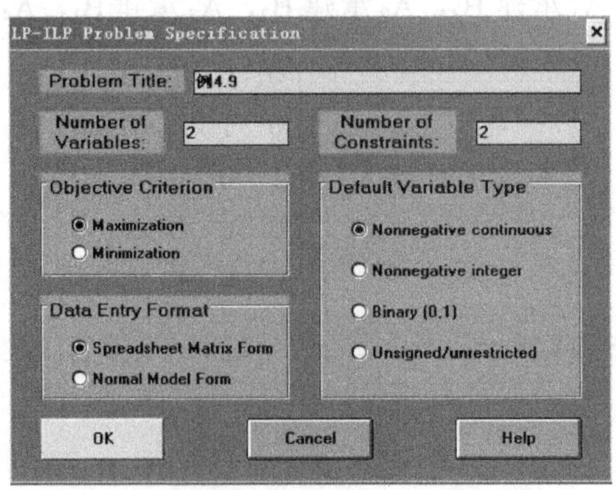

图 4-7　调用子程序界面

(2) 如图 4-8 所示，输入目标函数及约束方程的系数和常数项，x_1, x_2 选为 Integer。

Variable -->	X1	X2	Direction	R. H. S.
Maximize	5	8		
C1	1	1	<=	6
C2	5	9	<=	45
LowerBound	0	0		
UpperBound	M	M		
VariableType	Integer	Integer		

图 4-8　输入数据界面

(3) 求解。选择 Solve and Analyze | Solve the Problem 命令进行求解，得到如图 4-9 所示的最优表。则最优解为 $X=(x_1,x_2)=(0,5)$，最优值为 $\max Z=40$。

	12:34:19		Thursday	September	16	2010
	Decision Variable	Solution Value	Unit Cost or Profit c(j)	Total Contribution	Reduced Cost	Basis Status
1	X1	0	5.0000	0	0	basic
2	X2	5.0000	8.0000	40.0000	-1.0000	at bound
	Objective	Function	(Max.) =	40.0000		
	Constraint	Left Hand Side	Direction	Right Hand Side	Slack or Surplus	Shadow Price
1	C1	5.0000	<=	6.0000	1.0000	0
2	C2	45.0000	<=	45.0000	0	1.0000

图 4-9　最优解界面

习　题

1. 用分枝定界法求解下列整数规划问题。

(1)
$$\max Z = x_1 + x_2$$
$$\text{s.t.}\begin{cases}4x_1 - 2x_2 \geqslant 1\\ 4x_1 + 2x_2 \leqslant 11\\ -2x_2 \leqslant -1\\ x_1, x_2 \geqslant 0\text{，且为整数}\end{cases}$$

(2)
$$\max Z = 4x_1 + 3x_2$$
$$\text{s.t.}\begin{cases}1.2x_1 + 0.8x_2 \leqslant 10\\ 2x_1 + 2.5x_2 \leqslant 25\\ x_1, x_2 \geqslant 0\text{，且为整数}\end{cases}$$

2. 用割平面法求解下列整数规划问题。

(1)
$$\max Z = 2x_1 + x_2$$
$$\text{s.t.}\begin{cases}x_1 + x_2 \leqslant 6\\ x_1 - 4x_2 \leqslant 2\\ x_1, x_2 \geqslant 0\text{，且为整数}\end{cases}$$

(2)
$$\max Z = 4x_1 + 5x_2$$
$$\text{s.t.}\begin{cases}3x_1 + 2x_2 \leqslant 10\\ x_1 + 4x_2 \leqslant 11\\ x_1, x_2 \geqslant 0\text{，且为整数}\end{cases}$$

3. 用隐枚举法求解下列 0-1 规划问题。

$$\max Z = 6x_1 + 2x_2 + 3x_3 + 5x_4$$

$$\text{s.t.}\begin{cases} 4x_1 + 2x_2 + x_3 + 3x_4 \leqslant 10 \\ 3x_1 - 5x_2 + x_3 + 6x_4 \geqslant 4 \\ 2x_1 + x_2 + x_3 - x_4 \leqslant 3 \\ x_1 + 2x_2 + 4x_3 + 5x_4 \leqslant 10 \\ x_j = 0\text{或}1,\ j = 1,2,3,4 \end{cases}$$

4. 已知分配问题的效率矩阵如下，试用匈牙利法分别求出最优解。

$$\begin{bmatrix} 15 & 18 & 21 & 24 \\ 19 & 23 & 22 & 18 \\ 26 & 17 & 26 & 19 \\ 19 & 21 & 23 & 17 \end{bmatrix}$$

5. 现在要从 5 个工人中确定 4 人去完成 A，B，C，D 四项任务，由于技术特长不同，5 个人完成 4 项任务的时间如表 4-12 所示。试分别确定最优分配方案，使完成任务的总时间为最少。

表 4-12 人员分派数据表　　单位：小时

任务 工人	A	B	C	D
1	9	4	3	7
2	4	6	5	6
3	5	4	7	5
4	7	5	2	2
5	10	6	7	4

6. 已知 5 名运动员各种姿势的游泳成绩(各为 50m)如表 4-13 所示。试问如何从中选拔一个 4×50m 混合泳的接力队，使预期的比赛成绩为最好。

表 4-13 游泳成绩表　　单位：秒

	赵	钱	张	王	周
仰泳	37.7	32.9	38.8	37.0	35.4
蛙泳	43.4	33.1	42.2	34.7	41.8
蝶泳	33.3	28.5	38.9	30.4	33.6
自由泳	29.2	26.4	29.6	28.5	31.1

7. 分配甲、乙、丙、丁四人去完成 5 项任务。每人完成各项任务的时间如表 4-14 所示。由于任务数多于人数，故规定其中有一个人可兼完成两项任务，其余三人每人完成一项。试确定总花费时间为最少的指派方案。

表 4-14　任务分派表

人＼任务	A	B	C	D	E
甲	25	29	31	42	37
乙	39	38	26	20	33
丙	34	27	28	40	32
丁	24	42	36	23	45

第五章　目 标 规 划

企业管理中经常碰到多目标决策的问题。企业拟订生产计划时，不仅要考虑总产值，而且要考虑利润、产品质量和设备利用率等。有些目标之间往往互相矛盾。例如，企业利润可能同环境保护目标相矛盾。如何统筹兼顾多种目标，选择合理方案，是十分复杂的问题。应用目标规划能较好地解决这类问题。目标规划的应用范围很广，包括生产计划、投资计划、市场战略、人事管理、环境保护、土地利用等。

通过学习本章，应当了解目标规划的数学模型，目标规划的图解法、单纯形法。本章的难点为目标规划的图解法、目标规划的单纯形法。

第一节　问题的提出

例 5-1　某工厂计划在生产周期内生产 A，B 两种产品。已知单位产品所需资源数、现有资源可用量及每件产品可获得的利润如表 5-1 所示，试制订出利润最大的生产计划。

表 5-1　利润表

单位产品所需资源数量 \ 产品 \ 资源	A	B	资源可用量
原料 P_1	2	3	24
设备台时 P_2	3	2	26
单位产品的利润	4	3	

其数学模型为

$$\max Z = 4x_1 + 3x_2$$

$$\text{s.t.}\begin{cases} 2x_1 + 3x_2 \leqslant 24 \\ 3x_1 + 2x_2 \leqslant 26 \\ x_1, x_2 \geqslant 0 \end{cases}$$

实际上，生产决策者可能需要根据市场等一系列因素，认为：

(1)　根据市场预测，产品 A 的销路不是太好，应尽可能少生产。

(2) 产品 B 的销路较好，应尽可能多生产。

这样建立的数学模型为

$$\max Z_1 = 4x_1 + 3x_2$$
$$\min Z_2 = x_1$$
$$\max Z_3 = x_2$$
$$\text{s.t.}\begin{cases} 2x_1 + 3x_2 \leqslant 24 \\ 3x_1 + 2x_2 \leqslant 26 \\ x_1, x_2 \geqslant 0 \end{cases}$$

这是一个多目标规划问题，用线性规划方法很难找到最优解。生产决策者还可能需要根据市场考虑再提出以下因素。

(1) 应尽可能充分利用设备台时，但不希望加班。

(2) 应尽可能达到并超过计划利润 30。

下面介绍如何用目标规划的方法来解决这一类问题，首先介绍目标规划的有关概念。

一、目标规划的基本概念

(一)目标值和正、负偏差变量

目标规划通过引入目标值和正、负偏差变量，可将目标函数转化为目标约束。

所谓目标值是预先给定的某个目标的一个期望值；实现值或决策值是当决策变量 x_j，$j=1,2,\cdots,n$ 选定以后，该目标函数的对应值。对应不同的决策方案，实现值和目标值之间会有不同的差异，这种差异可用偏差变量来表示。正偏差变量表示实现值超过目标值的部分，记为 d^+，$d^+ \geqslant 0$；负偏差变量表示实现值未达到目标值的部分，记为 d^-，$d^- \geqslant 0$。因为实现值不可能既超过目标值，同时又未达到目标值，所以恒有 $d^+ \times d^- = 0$。

在例 5-1 中，如果计划实现的利润指标是 30，引入偏差变量 d^+ 和 d^-，由于实现值和目标值之间可能会有差异，因此实际中可能出现以下三种情况之一。

(1) 超额完成规定的利润指标 30，可表示为

$$d^+ > 0, d^- = 0$$

(2) 未完成规定的利润指标，可表示为

$$d^+ = 0, d^- > 0$$

(3) 恰好完成利润指标，可表示为

$$d^+ = 0, d^- = 0$$

以上三种情况只能出现其中一种，且恒有 $d^+ \times d^- = 0$。

(二)绝对约束和目标约束

绝对约束又称系统约束，是指必须严格满足的等式和不等式约束。如线性规划问题的所有约束都是绝对约束，不满足这些约束条件的解称为非可行解，所以它们是硬约束。如在例 5-1 中，如果原有的两个约束条件不作任何处理而予以保留，则它们是绝对约束。

目标约束是目标规划所特有的。

对于绝对约束，把约束左端表达式看作一个目标函数，把约束右端项看作要求的目标值。在引入正、负偏差变量后，可以将目标函数加上负偏差变量 d^-，减去正偏差变量 d^+，使其等于目标值，这样形成一个新的函数方程。把它作为一个新的约束条件，加入原问题中去，称这种新的约束条件为目标约束。

对于原目标函数，在给定目标值后，将目标函数加上负偏差变量 d^-，减去正偏差变量 d^+，使其等于目标值，可以得到目标约束。

在例 5-1 中，目标函数 $z_1 = 4x_1 + 3x_2$，如果计划实现的利润指标是 30，引入偏差变量 d^+ 和 d^-，可转换为目标约束 $4x_1 + 3x_2 + d^- - d^+ = 30$。对于绝对约束 $2x_1 + 3x_2 \leqslant 24$，引入偏差变量 d_1^+ 和 d_1^-，可转换为目标约束 $2x_1 + 3x_2 + d_1^- - d_1^+ = 24$。

(三)优先因子与权系数

在一个多目标决策问题中，要找出使所有目标都达到最优的解是很不容易的；在有些情况下，这样的解根本不存在(当这些目标是互相矛盾时)。实际做法是：决策者将这些目标分出主次，或根据这些目标的轻重缓急不同，区别对待。也就是说，将这些目标按其重要程度排序，并用优先因子 P_k，$k = 1, 2, \cdots, K$ 来标记，即要求第一位达到的目标赋予优先因子 P_1，要求第二位达到的目标赋予优先因子 P_2……要求第 K 位达到的目标赋予优先因子 P_K。规定

$$P_1 >> P_2 >> \cdots >> P_K$$

符号“>>”表示“远大于”；$P_K >> P_{K+1}$ 表示 P_K 与 P_{K+1} 不是同一级别的量，即 P_K 比 P_{K+1} 有更大的优先权。这些目标优先等级因子也可以理解为一种特殊的系数，可以量化，但必须满足

$$P_k > MP_{K+1},\ k = 1, 2, \cdots, K-1$$

其中 $M > 0$ 是一个充分大的数。

决策者可以根据各自目标对本部门经营管理的不同重要程度，给每个目标赋予相应的优先因子 P_k，$k = 1, 2, \cdots, K$。各目标应赋予何级优先因子，可采用民主评议或专家评定等方法来确定。同一目标在不同的情况下可能赋予不同的优先因子；不同的目标，若它们的重要程度彼此不相上下，也可以赋予同一优先因子。决策时，首先要保证 P_1 级目标的实现，这时可以不考虑 P_2 级目标；而 P_2 级目标是在实现 P_1 级目标的基础上考虑的，或者说是在不

破坏 P_1 级目标的基础上再考虑 P_2 级目标……以此类推。总之是在不破坏上一级目标的前提下，再考虑下一级目标的实现。

在同一优先级别中，可能包含有两个或多个目标，它们的正负偏差变量的重要程度还可以有差别，这时还可以给处于同一优先级别的目标赋予不同的权系数 w_j，这些都由决策者按具体情况而定。

(四)目标规划的目标函数

目标规划的目标函数是根据各目标约束的正负偏差变量和赋予它们的优先因子及权系数来构造的。决策者的要求是希望得到的结果与规定的目标值之间的偏差愈小愈好，由此可根据要求构造一个使总偏差量为最小的目标函数，这种函数称为达成函数，记为

$$\min Z = f(d^-, d^+)$$

即达成函数是正、负偏差变量的函数。

一般来说，可能提出的要求只能是以下三种情况之一，对应每种要求，可分别构造达成函数。

(1) 要求恰好达到规定的目标值，即正、负偏差变量都要尽可能地小，这时目标函数 $\min Z = f(d^- + d^+)$。

(2) 要求不超过目标值，即允许达不到目标值，就是正偏差变量要尽可能地小，这时目标函数 $\min Z = f(d^+)$。

(3) 要求超过目标值，超过量不限，但负偏差变量要尽可能地小，这时目标函数 $\min Z = f(d^-)$。

(五)满意解

目标规划问题的求解是分级进行的，首先要求满足 P_1 级目标的解；然后在保证 P_1 级目标不被破坏的前提下，再要求满足 P_2 级目标的解……以此类推。总之，是在不破坏上一级目标的前提下，实现下一级目标的最优。因此，这样最后求出的解就不是通常意义下的最优解，称为“满意解”。

以上介绍的几个基本概念，实际上就是建立目标规划模型时必须分析的几个要素，把这些要素分析清楚了，目标规划的模型也就建立起来了。看下面的例子。

例 5-2　在例 5-1 中，若提出下列要求，

(1) 第 1 级目标：产品 B 产量不低于产品 A 的产量。

(2) 第 2 级目标：充分利用设备台时，但不加班。

(3) 第 3 级目标：利润不小于 30。

试建立目标规划模型。

解：正偏差变量 d_1^+ 表示产品 A 的产量 x_1 超过产品 B 的产量 x_2 时的超过部分，负偏差

量d_1^-表示x_1低于x_2时的不足部分，因此第1级目标函数$\min Z = d_1^+$。

正偏差变量d_2^+表示设备台时实际使用量$3x_1 + 2x_2$超过26时的超过部分，负偏差量d_2^-表示实际使用量低于26时的不足部分，因此第2级目标函数$\min Z = d_2^+ + d_2^-$。

正偏差变量d_3^+表示利润实现值$4x_1 + 3x_2$超过30时的超过部分，负偏差量d_3^-表示利润实现值低于30时的不足部分，因此第3级目标函数$\min Z = d_3^-$。

分别赋予三个目标优先因子P_1，P_2，P_3，问题的数学模型为

$$\min Z = P_1 d_1^+ + P_2(d_2^+ + d_2^-) + P_3 d_3^-$$

$$\text{s.t.}\begin{cases} 2x_1 + 3x_2 \leqslant 24 \\ x_1 - x_2 + d_1^- - d_1^+ = 0 \\ 3x_1 + 2x_2 + d_2^- - d_2^+ = 26 \\ 4x_1 + 3x_2 + d_3^- - d_3^+ = 30 \\ x_1, x_2, d_j^-, d_j^+ \geqslant 0,\ j = 1,2,3 \end{cases}$$

在该模型的约束条件中，第一个不等式约束为绝对约束，其后三个约束条件为目标约束。达成函数中各级目标之间均用加号连接。

二、目标规划的数学模型

对于L个目标、K个优先等级($K \leqslant L$)的一般目标规划问题，对于同一个优先级别的不同目标，它们的正负偏差变量的重要程度还可以有差别。如对于第k，$k = 1,2,\cdots,K$级目标的正负偏差变量分别赋予不同的权系数w_{kl}^+和w_{kl}^-，$l = 1,2,\cdots,L$，则目标规划问题的一般数学模型可表述为

$$\min Z = \sum_{k=1}^{K} P_k \sum_{l=1}^{L} (w_{kl}^- d_l^- + w_{kl}^+ d_l^+)$$

$$\text{s.t.}\begin{cases} \sum\limits_{j=1}^{n} c_{ij} x_j + d_l^- - d_l^+ = q_l,\ l = 1,2,\cdots,L \\ \sum\limits_{j=1}^{n} a_{ij} x_j = b_i,\ i = 1,2,\cdots,m \\ x_j \geqslant 0,\ j = 1,2,\cdots,n \\ d_l^-, d_l^+ \geqslant 0,\ l = 1,2,\cdots,L \end{cases}$$

目标规划问题建立模型的步骤如下。

(1) 根据问题所提出的各个目标与条件，确定目标值，列出目标约束与绝对约束。

(2) 根据决策者的需要将某些或全部绝对约束转化为目标约束，这时只需要给绝对约束加上负偏差变量和减去正偏差变量。

(3) 给各个目标赋予相应的优先因子 P_k，$k=1,2,\cdots,K$。

(4) 对同一优先等级中的各偏差变量，根据需要可按其重要程度不同，赋予相应的权系数 w_{kl}^{+} 和 w_{kl}^{-}，$l=1,2,\cdots,L$。

(5) 根据决策者需求，按下列三种情况：构造一个由优先因子和权系数相对应的偏差变量组成的、要求实现极小化的目标函数。

① 正好达到目标值，取 $d_l^{-}+d_l^{+}$。

② 允许超过目标值，取 d_l^{-}。

③ 不允许超过目标值，取 d_l^{+}。

第二节　目标规划的图解法

和线性规划问题一样，对于只有两个决策变量的目标规划问题可以用图解法求解。图解法操作简便，原理一目了然，有助于理解一般目标规划问题的求解原理和过程。

图解法解题的步骤如下。

(1) 在平面上画出所有约束条件：绝对约束条件的作图与线性规划相同；对于目标约束，先令正负偏差变量为 0，画出目标约束所代表的边界线，然后在该直线上，用箭头标出正、负偏差变量值增大的方向。

(2) 求出第一优先等级目标的解。

(3) 转到下一个优先等级的目标，在不破坏所有较高优先等级目标的前提下，求出该优先等级目标的解。

(4) 重复步骤(3)，直到所有优先等级的目标都已审查完毕为止。

下面通过例子来说明目标规划图解法的原理和步骤。

例 5-3　某厂装配线装配黑白与彩色两种电视机，每装配一台电视机，需占用装配线 1 小时，装配线每周开动 40 小时，预计市场每周彩电销量为 24 台，每台可获利 80 元，黑白电视机销量为 30 台，每台可获利 40 元。该厂的目标是以下几种。

(1) 第 1 级目标：充分利用装配线每周开动 40 小时。

(2) 第 2 级目标：允许装配线加班，但每周加班时间不超过 10 小时。

(3) 第 3 级目标：装配电视机数量尽量满足市场需要，但因彩电利润高，彩电的权因子取 2。

试建立目标规划模型，并用图解法求解。

解： 设 x_1, x_2 分别为彩电及黑白电视机产量。引入偏差变量，并给各个目标赋予相应的优先因子 $P_k(k=1,2,3)$，建立目标规划模型如下。

$$\min Z = P_1 d_1^- + P_2 d_2^+ + P_3(2d_3^- + d_4^-)$$

$$\text{s.t.}\begin{cases} x_1 + x_2 + d_1^- - d_1^+ = 40 \\ x_1 + x_2 + d_2^- - d_2^+ = 50 \\ x_1 + d_3^- - d_3^+ = 24 \\ x_2 + d_4^- - d_4^+ = 30 \\ x_1, x_2, d_j^-, d_j^+ \geqslant 0，\ j = 1,2,3,4 \end{cases}$$

第一优先级中，考虑装配线要充分利用，因此 d_1^- 应取极小。对第二优先级，加班时间不超过 10 小时，因此 d_2^+ 应该取极小。对第三优先级，电视机数量尽量满足需要，故 d_3^-，d_4^- 应取极小。

用图解法，做出四个目标约束式及非负约束的直线，再用两个箭头分别表示上述目标约束中的正、负偏差变量如图 5-1 所示。

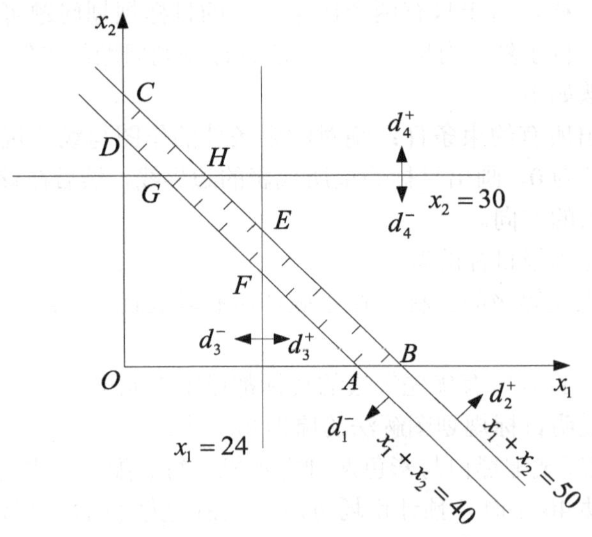

图 5-1　目标规划图解法

首先，考虑第一优先级，可行域缩小为第Ⅰ象限去掉三角形△OAD。

然后，考虑第二优先级，可行进一步缩小为四边形 $ABCD$。

最后，考虑第三优先级，因为 d_3^- 前权因子为 2 大于 d_4^- 前因子数 1，因此先考虑 d_3^- 极小化。首先由于满足 d_3^-=0 的点应在直线 x_1=24 的右侧，所以可行域此时从四边形 $ABCD$ 缩小为 $ABEF$。再考虑极小化 d_4^-。满足 d_4^-=0 的点应在直线 x_2=30 的上方，此时与 $ABEF$ 的交集为空集，即 d_4^-=0 无法得到满足。从图 5-1 中可以看出，对可行域 $ABEF$ 中所有点来讲，d_4^- 能达到最小点为 E 点(24,26)，本题满意解为 E 点，此时 d_1^-=0，d_2^+=0，d_3^-=0，d_4^-=4。相

应的第一优先级：充分利用装配线；第二优先级：加班不超过 10 小时；第三优先级：彩电数量满足市场需求(均已达到)。但是，第三优先级中，黑白电视机生产数量没有满足市场销售预测值，差额为 4 台。

在上述例子中，求得的结果对于线性规划问题而言是非可行解，而这正是目标规划模型与线性规划模型在求解思想上的差别，即

(1) 目标规划对各个目标分级加权与逐级优化，立足于求满意解。这种思想更符合人们处理问题要分别轻重缓急保证重点的思考方式。

(2) 任何目标规划问题都可以找到满意解。

(3) 目标规划模型的满意解虽然可能是非可行解，但它有助于了解问题的薄弱环节，以便有的放矢地改进工作。

第三节　目标规划的序贯式法

序贯式法是求解目标规划问题的核心思想，是序贯地求解一系列单目标规划模型。也就是根据优先级别，把目标规划模型分解成单目标模型，然后依次求解。

下面以例 5-3 建立目标规划问题为例，说明序贯式法求解目标规划问题的步骤。

$$\min Z = P_1 d_1^+ + P_2 d_2^- + P_3 d_3^-$$

$$\text{s.t.}\begin{cases} 10x_1 + 15x_2 + d_1^- - d_1^+ = 40 \\ x_1 + x_2 + d_2^- - d_2^+ = 10 \\ x_2 + d_3^- - d_3^+ = 7 \\ x_1, x_2, d_j^-, d_j^+ \geqslant 0,\ j = 1,2,3 \end{cases}$$

第一步：令 k=1(k 表示当前考虑的优先级别，K 表示总的优先级别数，K=3)。

第二步：建立对应于第 k(=1)优先级的线性规划问题，即

$$\min Z_1 = d_1^+$$

$$\text{s.t.}\begin{cases} 10x_1 + 15x_2 + d_1^- - d_1^+ = 40 \\ x_1, x_2, d_1^-, d_1^+ \geqslant 0 \end{cases}$$

其中目标函数 $\min Z_1 = d_1^+$，取第一优先级的达成函数，约束条件中可以不考虑目标函数 $\min Z_1 = d_1^+$ 中未出现的偏差变量(如 d_2^-，d_2^+，d_3^-，d_3^+)所对应的目标约束。

第三步：选用适当的解法或计算机软件求解对应于优先级别为 k 的线性规划问题，其最优解为 $d_1^+ = 0$，最优值为 $Z_1^* = 0$。

第四步：对应于第 k+1(=2)优先等级，将 $d_1^+ = 0$ 作为约束条件，建立线性规划问题，即

$$\min Z = d_2^-$$

$$\text{s.t.}\begin{cases} 10x_1 + 15x_2 + d_1^- - d_1^+ = 40 \\ x_1 + x_2 + d_2^- - d_2^+ = 10 \\ d_1^+ = 0 \\ x_1, x_2, d_j^-, d_j^+ \geqslant 0,\ j = 1,2 \end{cases}$$

第五步：转第三步。即求解得最优解 $d_1^+ = d_1^- = 0$，$d_2^- = 6$，最优值为 6。

继续第四步。即对应于第 k+1(=3)优先等级，将 $d_1^+ = d_1^- = 0$ 作为约束条件，建立线性规划问题，即

$$\min Z = d_3^-$$

$$\text{s.t.}\begin{cases} 10x_1 + 15x_2 + d_1^- - d_1^+ = 40 \\ x_1 + x_2 + d_2^- - d_2^+ = 10 \\ x_2 + d_3^- - d_3^+ = 7 \\ d_1^+ = 0, d_2^- = 6 \\ x_1, x_2, d_j^-, d_j^+ \geqslant 0,\ j = 1,2,3 \end{cases}$$

继续第三步。即求解得最优解 $x_1 = 4$，$x_2 = 0$，$d_1^+ = d_1^- = 0$，$d_2^- = 6$，$d_3^- = 7$，最优值为 7，即已得最终的满意解：$x_1 = 4$，$x_2 = 0$。此时 $d_1^+ = 0$，$d_2^- = 6$，$d_3^- = 7$，这表明最高优先等级的目标已经完全达到，而第二优先等级和第三优先等级目标都没有达到。

第四节　目标规划的单纯形法

目标规划的数学模型结构与线性规划模型结构没有本质的区别。从目标规划的图解法可以看出，求解目标规划相当于求解多级线性规划。因此可对单纯形法进行适当修改后求解目标规划。在组织、构造具体算法时，考虑目标规划的数学模型的一些特点，作以下规定。

(1) 因为目标规划问题的目标函数都是求最小化，所以检验数的最优准则是 $c_j - z_j \geqslant 0,\ j = 1,2,\cdots,n$。

(2) 因为非基变量的检验数中含有不同等级的优先因子，即

$$c_j - z_j = \sum_{k=1}^{K} \alpha_{kj} P_k,\ j = 1,2,\cdots,n$$

而且 $P_1 >> P_2 >> \cdots >> P_K$，于是从每个检验数的整体来看：第 j，$j = 1,2,\cdots,n$ 个检验数 $c_j - z_j$ 的正、负首先取决于 P_1 的系数 α_{1j} 的正、负。若 α_{1j} 为 0，则此检验数的正、负取决于 P_2 的系数 α_{2j} 的正、负，以此类推。

解目标规划问题的单纯形法的计算步骤如下。

(1) 建立初始单纯形表。在表中将检验数行按优先因子个数分别列成 K 行。初始的检验数需根据初始可行解计算出来，方法同基本单纯形法。当不含绝对约束时，d_l^-，$l=1,2,\cdots,L$ 构成了一组初始基变量，这样很容易得到初始单纯形表。置 $k=1$。

(2) 检查当前检验数行中是否存在负数，且对应的前 $k-1$ 行的系数为零。若有，取其中最小者对应的变量为换入变量，转步骤(3)。若无这样的检验数，则转步骤(5)。

(3) 按单纯形法中的最小比值规则确定换出变量，当存在两个和两个以上相同的最小比值时，选取具有较高优先级别的变量为换出变量。

(4) 按单纯形法进行基变换运算，建立新的单纯形表，返回步骤(2)。

(5) 当 $k=K$ 时，计算结束。表中的解就是满意解。否则置 $k=k+1$，返回步骤(2)。

例 5-4 用单纯形法求解如下的目标规划问题。

$$\min Z = P_1 d_1^+ + P_2 d_2^- + P_3 d_3^-$$

$$\text{s.t.}\begin{cases} 10x_1 + 15x_2 + d_1^- - d_1^+ = 40 \\ x_1 + x_2 + d_2^- - d_2^+ = 10 \\ x_2 + d_3^- - d_3^+ = 7 \\ x_1, x_2, d_j^-, d_j^+ \geqslant 0,\ j=1,2,3 \end{cases}$$

解：(1) 因不含绝对约束，d_1^-，d_2^-，d_3^- 就是一组基变量，列出初始单纯形表，如表 5-2 所示。

表 5-2　初始目标规划单纯形表

c_j						P_1	P_2		P_3		θ
C_B	X_B	b	x_1	x_2	d_1^-	d_1^+	d_2^-	d_2^+	d_3^-	d_3^+	
	d_1^-	40	[10]	15	1	−1					40/10
P_2	d_2^-	10	1	1			1	−1			10/1
P_3	d_3^-	7		1					1	−1	—
$c_j - z_j$	P_1					1					
	P_2		−1	−1				1			
	P_3			−1						1	

(2) $k=1$，检查检验数的 P_1 行，因该行无负检验数，转步骤(5)。

(3) 因 $k(=1)<K(=3)$，置 $k=k+1=2$，返回步骤(2)。

(4) 检验数 P_2 行有两个−1，取第一个−1 对应的变量 x_1 为换入变量，转步骤(3)。

(5) 在表 5-2 中计算最小比值，有

$$\theta = \min(40/10, 10/1) = 40/10$$

它对应的 d_1^- 为换出变量，转入步骤(4)。

(6) 按单纯形法进行基变换运算，得到新的单纯形表，如表 5-3 所示，返回步骤(2)。

表 5-3 最优目标规划单纯形表

c_j						P_1	P_2		P_3		θ
C_B	X_B	b	x_1	x_2	d_1^-	d_1^+	d_2^-	d_2^+	d_3^-	d_3^+	
	x_1	4	1	15/10	1/10	−1/10					
P_2	d_2^-	6	0	−1/2	−1/10	1/10	1	−1			
P_3	d_3^-	7		1					1	−1	
$c_j - z_j$	P_1					1					
	P_2			1/2	1/10	−1/10		1			
	P_3			−1						1	

(7) 检查表 5-3 可见，检验数 P_2 行和 P_3 行各有一个负检验数，但对应的前一行的系数均不为零，因此已经得到最终表。

如表 5-3 所示的满意解为 x_1=4， x_2=0， d_1^-=d_1^+=0， d_2^-=6， d_3^-=7 。

第五节　目标规划问题的应用

例 5-5 王小姐是一个公司职员，有存款 50 000 元，她打算把这笔钱全部用去投资。她的目标是在满足某些限制的条件下进行投资，使这些投资的年息最大。

王小姐的目标优先等级是：第一，她希望至少投资 20 000 元去购买年息为 6%的政府公债；第二，她打算最少用 5000 元，最多用 15 000 元购买利息为 5%的信用卡；第三，她打算最多用 10 000 元购买随时可兑换现款的股票，这些股票的平均利息为 8%；第四，她希望给亲戚的新企业至少投资 30 000 元，她的亲戚允诺给她 7%的利息。

解： 设 x_1=购买公债的投资额(元)，x_2=购买信用卡的投资额(元)，x_3 =购买可兑换股票的投资额(元)， x_4 =对亲戚企业的投资额(元)。

这个问题的线性规划模型如下。

$$\max Z = 0.06x_1 + 0.05x_2 + 0.08x_3 + 0.07x_4$$

$$\text{s.t.}\begin{cases} x_1 + x_2 + x_3 + x_4 \leqslant 50\,000 \\ x_1 \geqslant 200\,00 \\ x_2 \geqslant 5000 \\ x_2 \leqslant 15\,000 \\ x_3 \leqslant 10\,000 \\ x_4 \geqslant 30\,000 \\ x_1, x_2, x_3, x_4 \geqslant 0 \end{cases}$$

如果用线性规划的单纯形法求解这个问题，就会发现这个问题无可行解，或者说这个问题“不可行”。只要检查一下第 1、第 2、第 3 和第 6 个约束，问题的不可行性是一目了然的。简而言之，王小姐没有足够的钱来实现她全部的愿望。

然而，对于王小姐来说，用线性规划得出这样一个答案是不能使她满意的。而能够使她满意的是，她希望知道——即使不可能绝对地满足她的全部愿望，怎样才能尽可能地接近于满足她的愿望？在这样一个更为实际的许可条件下，假定她的目标优先等级如下。

P_1：她的全部投资额不允许超过 50 000 元，这是一个绝对约束。

P_2：尽可能地满足用 20 000 元购买公债，用 5000～15 000 元购买信用卡。她认为购买信用卡比购买公债重要 2 倍。

P_3：尽可能资助她亲戚 30 000 元。

P_4：①尽可能用 10 000 元购买兑换股票；②每年利息的总收入尽可能达到 4000 元。

那么，可以建立这个问题的目标规划模型如下。

$$\min Z = P_1 d_1^+ + P_2(d_2^- + 2d_3^- + 2d_4^+) + P_3 d_6^- + P_4(d_5^+ + d_7^+)$$

$$\text{s.t.}\begin{cases} x_1 + x_2 + x_3 + x_4 + d_1^- - d_1^+ = 50\,000 \\ x_1 + d_2^- - d_2^+ = 20\,000 \\ x_2 + d_3^- - d_3^+ = 5000 \\ x_2 + d_4^- - d_4^+ = 15\,000 \\ x_3 + d_5^- - d_5^+ = 10\,000 \\ x_4 + d_6^- - d_6^+ = 30\,000 \\ 0.06x_1 + 0.05x_2 + 0.08x_3 + 0.07x_4 + d_7^- - d_7^+ = 4000 \\ x_j,\ j = 1,2,3,4, d_k^-, d_k^+,\ k = 1,2,\cdots,6 \geqslant 0 \end{cases}$$

求解这个目标规划问题，得到的满意解是：x_1 ＝20 000 元，x_2 =5000 元，x_3 =0，x_4 =25 000 元。

因此，得到了一个有意义的解，这个解能够最好地满足(即使不能绝对地满足)王小姐的全部目标。事实上，在实际的决策中，决策者的某些目标不可能完全达到。

例 5-6 一个公司需要从两个仓库调拨同一种零部件给下属的三个工厂。每个仓库的供应能力、每个工厂的需求数量以及从每个仓库到每个工厂之间的单位运费如表 5-4 所示(表中方格内的数字为单位运费)。

表 5-4 单位运费表

仓库	工厂			供应量
	1	2	3	
1	10	4	12	3000
2	8	10	3	4000
需求量	2000	1500	4000	7000 / 7500

公司提出的目标要求如下。

P_1：尽量满足工厂 3 的全部需求。

P_2：其他两个工厂的需求分别至少满足 75%。

P_3：总运费要求最少。

P_4：仓库 2 给工厂 1 的供应量至少为 1000 单位。

P_5：工厂 1 和工厂 2 的需求量满足程度尽可能平衡。

试建立这个问题的目标规划模型。

解： 设 x_{ij}，$i=1,2$；$j=1,2,3$ 表示仓库 i 调运到工厂 j 的零部件数量。约束条件与目标函数的建立过程如下。

(1) 供应与需求约束如下。

$$x_{11}+x_{12}+x_{13}+d_1^- - d_1^+ = 3000$$
$$x_{21}+x_{22}+x_{23}+d_2^- - d_2^+ = 4000$$
$$x_{11}+x_{21}+d_3^- - d_3^+ = 2000$$
$$x_{12}+x_{22}+d_4^- - d_4^+ = 1500$$
$$x_{13}+x_{23}+d_5^- - d_5^+ = 4000$$

(2) 满足工厂 3 的全部需求的目标可以通过将上面的偏差变量 d_5^- 的最小化列入第一级目标来反映。

(3) 满足工厂 1,2 的 75%的需求，可建立如下约束。

$$x_{11}+x_{21}+d_6^- - d_6^+ = 1500$$

$$x_{12}+x_{22}+d_7^- - d_7^+ = 1125$$

(4)　总运费要求最少，可建立如下约束。

$$10x_{11}+4x_{12}+12x_{13}+8x_{21}+10x_{22}+3x_{23}-d_8^+=0$$

(5)　对工厂 1 特殊供应量的要求，可建立如下约束。

$$x_{21}+d_9^- - d_9^+ = 1000$$

(6)　对工厂 1，2 的需求满足程度的平衡的要求，可表示为

$$\frac{x_{11}+x_{21}}{2000}=\frac{x_{12}+x_{22}}{1500}$$

得到如下约束。

$$3x_{11}-4x_{12}+3x_{21}-4x_{22}+d_{10}^- - d_{10}^+ = 0$$

(7)　达成函数为

$$\min Z = P_1d_5^- + P_2(d_6^- + d_7^-) + P_3d_8^+ + P_4d_9^- + P_5(d_{10}^- + d_{10}^+)$$

综合以上分析，可得这个问题的目标规划模型为

$$\min Z = P_1d_5^- + P_2(d_6^- + d_7^-) + P_3d_8^+ + P_4d_9^- + P_5(d_{10}^- + d_{10}^+)$$

$$\text{s.t.}\begin{cases} x_{11}+x_{12}+x_{13}+d_1^- - d_1^+ = 3000 & ① \\ x_{21}+x_{22}+x_{23}+d_2^- - d_2^+ = 4000 & ② \\ x_{11}+x_{21}+d_3^- - d_3^+ = 2000 & ③ \\ x_{12}+x_{22}+d_4^- - d_4^+ = 1500 & ④ \\ x_{13}+x_{23}+d_5^- - d_5^+ = 4000 & ⑤ \\ x_{11}+x_{21}+d_6^- - d_6^+ = 1500 & ⑥ \\ x_{12}+x_{22}+d_7^- - d_7^+ = 1125 & ⑦ \\ 10x_{11}+4x_{12}+12x_{13}+8x_{21}+10x_{22}+3x_{23}-d_8^+ = 0 & ⑧ \\ x_{21}+d_9^- - d_9^+ = 1000 & ⑨ \\ 3x_{11}-4x_{12}+3x_{21}-4x_{22}+d_{10}^- - d_{10}^+ = 0 & ⑩ \\ x_{ij}\geqslant 0,\ i=1,2,\ j=1,2,3 \\ d_l^-, d_l^+ \geqslant 0,\ l=1,2,\cdots,10 \end{cases}$$

事实上，由于有了⑥，⑦两个约束条件，可以取消③，④两个约束条件。

第六节　目标规划的 WinQSB 求解

例 5-7　某公司准备对产品进行更新换代，但是由于资金有限，管理层不得不在三种新产品的投资上做出取舍。另外，还需要考虑的是，这些决策是否会影响公司维持职工的相

对稳定等。经过开会讨论，确立如下目标。

目标 1：新产品生产的总利润不得少于 1.25 亿元。

目标 2：保持现有职工 4000 人的人员水平。

目标 3：将投资额限制在 5500 万元。

并且，他们对以上目标明确优先解决的顺序。

优先级 1：三种新产品生产的总利润不得少于 1.25 亿元。

优先级 2：避免员工水平低于 4000 人。

优先级 3：将投资额限制在 5500 万元。

优先级 4：避免员工水平高于 4000 人。

总利润、员工人数和资金规模都依赖于三种产品的产量，每一产品对各个目标的贡献与产量成正比，如表 5-5 所示。问：应该如何制定满意的方案？

表 5-5　目标管理相关数据

因　素	产品贡献/万个			目　标
	1	2	3	
总利润/百万元	12	9	15	≥125
员工水平/以百人为单位	5	3	4	=40
投资金额/百万元	5	7	8	≥55

解： 设 x_1,x_2,x_3 分别表示三种产品的产量，根据表 5-5 可以得到以下约束。

$$\text{s.t.}\begin{cases}12x_1+9x_2+15x_3\geqslant 125\\5x_1+3x_2+4x_3=40\\5x_1+7x_2+8x_3\leqslant 55\\x_1,x_2,x_3\geqslant 0\end{cases}$$

该目标规划问题的数学模型可以表示如下。

$$\min Z=P_1d_1^-+P_2d_2^-+P_3d_3^-+P_4d_4^+$$

$$\text{s.t.}\begin{cases}12x_1+9x_2+15x_3+d_1^--d_1^+=125\\5x_1+3x_2+4x_3+d_2^--d_2^+=40\\5x_1+7x_2+8x_3+d_3^--d_3^+=55\\5x_1+3x_2+4x_3+d_4^--d_4^+=40\\x_1,x_2,x_3,d_1^-,d_1^+,d_2^-,d_2^+,d_3^-,d_3^+,d_4^-,d_4^+\geqslant 0\end{cases}$$

选择 WinQSB 中 Goal Programming 模块，弹出相应的对话框，输入标题，目标数 4，变量数 11，约束条件 4，如图 5-2 所示。

GP-IGP Problem Specification

Problem Title: multi

Number of Goals: 4

Number of Variables: 11

Number of Constraints: 4

Default Goal Criteria: Maximization / Minimization (selected)

Data Entry Format: Spreadsheet Matrix Form (selected) / Normal Model Form

Default Variable Type: Nonnegative continuous (selected) / Binary (0,1) / Nonegative integer / Unsigned/unrestricted

OK　Cancel　Help

图 5-2　定义问题

为了便于观察，选择 Edit | Variable Names 命令，对变量重新命名，并输入数据，如图 5-3 所示。

Variable -->	X1	X2	X3	d1-	d1+	d2-	d2+	d3-	d3+	d4-	d4+	Direction	R. H. S.
Min:G1				1									
Min:G2						1							
Min:G3									1				
Min:G4											1		
C1	12	9	15	1	-1							=	125
C2	5	3	4			1	-1					=	40
C3	5	7	8					1	-1			=	55
C4	5	3	4							1	-1	=	40
LowerBound	0	0	0	0	0	0	0	0	0	0	0		
UpperBound	M	M	M	M	M	M	M	M	M	M	M		
VariableType	Continuous	Continuous	Continuous	Continuous	Continuous	Continuous	Continuous	Continuous	Continuous	Continuous	Continuous		

图 5-3　数据输入

可以得到满意解，如图 5-4 所示，$\boldsymbol{X}^*=(8.33,0,1.67)^{\mathrm{T}}$ 及 $d_2^+=8.33$，$d_4^+=8.33$，第四个目标函数最优值 G4=8.33。生产第一种产品 8.33 万个，不生产第二种产品，生产第三种产品 1.67 万个。可以看出模型对优先级 4 目标在最小化后不满足相应的目标约束条件，但是模型已经完全实现了最主要的三个目标，是一个令人满意的结果。选择 Results | Obtain Alternate Optimal 命令可以得到其他的满意解，决策者可以根据实际情况从多个方案中进行选择。

	16:13:36		2010-7-9 16:13:35 PM	2010-7-9 16:13:35 PM	2010-7-9 16:13:35 PM	2010-7-9 16:13:35 PM		
	Goal Level	Decision Variable	Solution Value	Unit Cost or Profit c(j)	Total Contribution	Reduced Cost	Allowable Min. c(j)	Allowable Max. c(j)
1	G1	X1	8.33	0	0	0	0	0
2	G1	X2	0	0	0	0	0	M
3	G1	X3	1.67	0	0	0	0	0
4	G1	d1-	0	1.00	0	1.00	0	M
5	G1	d1+	0	0	0	0	0	M
6	G1	d2-	0	0	0	0	0	M
7	G1	d2+	8.33	0	0	0	0	0
8	G1	d3-	0	0	0	0	0	M
9	G1	d3+	0	0	0	0	0	M
10	G1	d4-	0	0	0	0	0	M
11	G1	d4+	8.33	0	0	0	0	0
12	G2	X1	8.33	0	0	0	0	0
13	G2	X2	0	0	0	0	0	M
14	G2	X3	1.67	0	0	0	0	0
15	G2	d1-	0	0	0	0	-M	M
16	G2	d1+	0	0	0	0	0	M
17	G2	d2-	0	1.00	0	1.00	0	M
18	G2	d2+	8.33	0	0	0	0	0
19	G2	d3-	0	0	0	0	0	M
20	G2	d3+	0	0	0	0	0	M
21	G2	d4-	0	0	0	0	0	M
22	G2	d4+	8.33	0	0	0	0	0
23	G3	X1	8.33	0	0	0	0.00	0
24	G3	X2	0	0	0	0.00	0.00	M
25	G3	X3	1.67	0	0	0	0	0.00
26	G3	d1-	0	0	0	0.00	-M	M
27	G3	d1+	0	0	0	0.00	0.00	M
28	G3	d2-	0	0	0	0	-M	M

图 5-4　求解结果

习　　题

1. 用图解法求出下列目标规划的满意解。

(1)

$$\min f = p_1 d_1^+ + p_2(d_2^+ + d_3^-) + p_3 d_1^-$$

$$\text{s.t.}\begin{cases} 2x_1 + 3x_2 + d_1^- - d_1^+ = 10 \\ x_1 - 2x_2 \ + d_2^- - d_2^+ = 5 \\ 3x_1 + x_2 \ + d_3^- - d_3^+ = 12 \\ x_1, x_2, d_i^-, d_i^+ \geqslant 0, \ i = 1,2,3 \end{cases}$$

(2)

$$\min f = p_1(d_3^+ + d_4^+) + p_2 d_1^+ + p_3 d_2^- + p_4(d_3^- + 1.5 d_4^-)$$

$$\text{s.t.}\begin{cases} x_1 + x_2 + d_1^- - d_1^+ = 4 \\ 2x_1 + x_2 + d_2^- - d_2^+ = 10 \\ x_1 \ + d_3^- - d_3^+ = 3 \\ x_2 \ + d_4^- - d_4^+ = 2 \\ x_1, x_2, d_i^-, d_i^+ \geqslant 0, \ i = 1,2,3,4 \end{cases}$$

2. 用单纯形法求解下列目标规划。

(1)
$$\min f = p_1 d_1^- + p_2 d_2^+ + p_3(d_3^- + d_2^+)$$
$$\text{s.t.}\begin{cases} 3x_1 + x_2 + x_3 + d_1^- - d_1^+ = 60 \\ x_1 - x_2 + 2x_3 + d_2^- - d_2^+ = 10 \\ x_1 + x_2 - x_3 + d_3^- - d_3^+ = 20 \\ x_1, x_2, x_3, d_i^-, d_i^+ \geqslant 0,\ i = 1,2,3 \end{cases}$$

(2)
$$\min f = p_1(d_2^- + d_2^+) + p_2 d_1^-$$
$$\text{s.t.}\begin{cases} x_1 + 2x_2 + d_1^- - d_1^+ = 10 \\ 10x_1 + 12x_2 + d_2^- - d_2^+ = 62.4 \\ 2x_1 + x_2 \leqslant 8 \\ x_1, x_2, d_i^-, d_i^+ \geqslant 0,\ i = 1,2 \end{cases}$$

3. 给定目标规划问题如下。
$$\min Z = p_1 d_1^- + p_2 d_2^+ + p_3 d_3^-$$
$$\text{s.t.}\begin{cases} -5x_1 + 5x_2 + 4x_3 + d_1^- - d_1^+ = 100 \\ -x_1 + x_2 + 3x_3 + d_2^- - d_2^+ = 20 \\ 12x_1 + 4x_2 + 10x_3 + d_3^- - d_3^+ = 90 \\ x_i, d_i^-, d_i^+ \geqslant 0,\ i = 1,2,3 \end{cases}$$

(1) 求该目标规划问题的满意解。

(2) 若约束右端变为 $\Delta b = (0,0,5)^{\mathrm{T}}$，满意解如何变化？

(3) 若目标函数变为 $\min Z = p_1(d_1^- + d_2^-) + p_3 d_3^-$，满意解如何变化？

(4) 若第二个约束右端改为 45，满意解如何变化？

4. 已知某问题的线性规划模型为
$$\max Z = 100x_1 + 50x_2$$
$$\text{s.t.}\begin{cases} 10x_1 + 16x_2 \leqslant 120 \\ 11x_1 + 3x_2 \geqslant 25 \\ x_i \geqslant 0,\ i = 1,2 \end{cases}$$

假定重新确定这个问题的目标如下。

第一，Z 的值不低于 1900。

第二，资源 1 必须全部用完。

试将此问题转化为目标规划问题，列出数学模型。

5. 某纺织厂生产两种布料，一种用来做服装，另一种用来做窗帘。该厂实行两班生产，每周生产时间定为 80 小时。这两种布料每小时都生产 1000 米。假定每周窗帘布可销售 70 000

米，每米的利润为 2.5 元；衣料布可销售 45 000 米，每米的利润为 1.5 元。该厂在制订生产计划时有以下各级目标。

P_1：每周必须用足 80 小时的生产时间。

P_2：每周加班时数不超过 10 小时。

P_3：每周销售窗帘布 70 000 米，衣料布 45 000 米。

P_4：加班时间尽可能减少。

试建立这个问题的目标规划模型，用适当的工具软件进行求解。

6. 某公司生产并销售三种产品 A,B,C，在组装时要经过同一条组装线，三种产品装配时间分别为 30h、40h、50h。组装线每月工作 600h。这三种产品的销售利润为：A 每台 25 000 元，B 每台 32 500 元，C 每台 40 000 元。每月的销售计划为：A 8 台，B 6 台，C 4 台。该公司决策者有如下考虑。

第一，争取利润达到每月 490 000 元。

第二，要充分发挥生产能力，不使组装线空闲。

第三，如果加班，加班时间不得超过 30h。

第四，努力按销售计划来完成生产量。

试建立生产计划的数学模型。

7. 某工厂生产两种产品 A，B，其中产品 A 完全由本工厂生产，产品 B 要用其他工厂的部件组装而成。生产这两种产品所需的各种数据如表 5-6 所示。

表 5-6 目标管理相关数据

产 品	工 序			销售价格/(元/件)
	生 产	组 装	检 验	
A/(h/件)	20	5	3	650
B/(h/件)	0	8	6	725
每周最大生产能力/h	160	90	40	
每小时生产成本/元	12	8	10	

厂经营目标的期望值和优先等级如下。

第一，每周的总利润至少为 3000 元。

第二，每周产品 A 至少生产 7 件。

第三，尽量减少各道工序的空余时间、三道工序的权系数和它们每小时的成本比例，但不允许加班。

试建立此问题的目标规划模型。

第六章　运 输 问 题

运输问题(transportation problem，TP)是一类常见而且极其特殊的线性规划问题。它最早是从物资调运工作中提出来的，是物流优化管理的重要内容之一。1939 年苏联经济学家康托洛维奇提出这一问题，1941 年美国数学家黑奇考克(F. L. Hitchcock)提出运输问题的数学模型，1951 年丹齐格(Dantzig)将此类问题的解法系统化、完善化，改为用表上作业法求解。从理论上讲，运输问题也可用单纯形法来求解。但是由于运输问题模型具有特殊的结构，存在一种比单纯形法更为简便的计算方法——表上作业法。用表上作业法来求解运输问题比用单纯形法可节约计算时间与计算费用。表上作业法的实质仍是单纯形法。

通过对本章内容的学习，应当了解运输问题的数学模型及其特点，掌握求解运输问题的表上作业法，掌握运输问题的应用，学会应用 WinQSB 来求解运输问题。

第一节　运输问题的数学模型

一、问题描述

在国民经济的各个领域都存在运输问题，例如煤炭、钢铁、木材、粮食等大宗物资的调拨工作，企业如何把生产的物品运送到各个销售点等，都离不开运输的调度安排。这类问题在优化时一般会受到交通网络、物品种类、运输工具和运输时间等多种条件的限制，要制定一个合理的调拨方案，将这些物品运送到各消费地点，而使总运费最小。为简单起见，一般的运输问题仅考虑单一物品、单一运输工具在现有网络条件下的运输优化，而不再考虑多物品种类、多运输工具、运输时间等条件的约束。

二、数学模型

例 6-1　某公司从两个产地 A_1、A_2 将某物品运往三个销地 B_1、B_2、B_3，各产地的产量(件)、各销地的销量(件)和各产地运往各销地的每件产品的运费(元/件)如表 6-1 所示，问：如何调运使总运费最小？(只建模，不求解)

表 6-1　产量、销量及单位运费(1)

销地 产地	B_1	B_2	B_3	产量/件
A_1	6	4	6	200
A_2	6	5	5	300
销量/件	150	150	200	

解：由于 A_1、A_2 两个产地的总产量为 $200+300=500$ 件；B_1、B_2、B_3 三个销地的总销量为 $150+150+200=500$ 件，总产量等于总销量。因此，把 A_1、A_2 的产量全部分配给 B_1、B_2、B_3，正好满足这三个销地的需要。

设 X_{ij} 为产地 A_i 运往销地 B_j 的运输量，建立线性规划模型为

$$\min Z = 6X_{11}+4X_{12}+6X_{13}+6X_{21}+5X_{22}+5X_{23}$$

$$\text{s.t.}\begin{cases} X_{11}+X_{12}+X_{13}=200 \\ X_{21}+X_{22}+X_{23}=300 \\ X_{11}+X_{21}=150 \\ X_{12}+X_{22}=150 \\ X_{13}+X_{23}=200 \\ X_{ij}\geqslant 0(i=1,2;\ j=1,2,3) \end{cases}$$

为了建立一般运输问题的线性规划模型，可将例 6-1 推广到一般化。假设某公司有 m 个生产基地(以后称为产地)，用 A_i 表示，j=1,2,…,m；有 n 个销售公司(以后称为销地)，用 B_j 表示，j=1,2,…,n；产地的产量和销地的销量分别为 a_i (i=1,2,…,m)和 b_j (j=1,2,…,n)，从 A_i 到 B_j 运输单位物品的运价为 C_{ij}，这些数据可汇总于表 6-2。问：如何调运才能使总运费最小？

表 6-2　产量、销量及单位运费(2)

销地 产地	B_1	B_2	…	B_n	产　量
A_1	C_{11}	C_{12}	…	C_{1n}	a_1
A_2	C_{21}	C_{22}	…	C_{2n}	a_2
⋮	⋮	⋮		⋮	⋮
A_m	C_{m1}	C_{m2}	…	C_{mn}	a_m
销量	b_1	b_2	…	b_n	

如果运输问题的总产量等于其总销量，即有

$$\sum_{i=1}^{m} a_i = \sum_{j=1}^{n} b_j \tag{6-1}$$

则称该运输问题为产销平衡的运输问题；反之，称为产销不平衡的运输问题。

假设 X_{ij} 表示从 A_i 到 B_j 的运量，则产销平衡运输问题的数学模型为

$$\min Z = \sum_{j=1}^{n}\sum_{i=1}^{m} c_{ij}x_{ij}$$

$$\text{s.t.}\begin{cases} \sum_{j=1}^{n} x_{ij} = a_i，\ i=1,2,\cdots,m \\ \sum_{i=1}^{m} x_{ij} = b_j，\ j=1,2,\cdots,n \\ x_{ij} \geqslant 0，\ i=1,2,\cdots,m; j=1,2,\cdots,n \end{cases} \tag{6-2}$$

其中，约束条件右侧常数 a_i 和 b_j 满足式(6-1)。

有时，上述运输问题的数学模型(6-2)会发生如下一些变化。

(1) 求目标函数的最大值而不是最小值。有些运输问题中，它的目标是要找出利润最大或营业额最大的调运方案，这时就要求目标函数的最大值了。

(2) 当某些运输线路的运输能力有一定的限制时，要在线性规划模型的约束条件中增加运输能力限制的约束条件。例如，从产地 A_2 运往销地 B_3 的物品数量受到运输能力的限制，最多运送 100 件，这时只要在原来的模型上增加约束条件 $X_{23} \leqslant 100$ 即可。

(3) 当产量不等于销量时，这时将增加一个假想产地或假想销地来化成产销平衡的运输问题。

(4) 当在产地与销地之间增加一些中转站时，变直达的运输问题为转运问题。这时可根据中转的情况将产地和中转站都看成产地，将销地和中转站都看成销地；或将产地、中转站和销地都看成产地，也可都看成销地，转化为一个扩大的运输问题进行处理。

上述运输问题模型的变化及其具体做法将在后面详细阐述。

三、模型特点

将式(6-2)用矩阵的形式来表示可写为

$$\min Z = \boldsymbol{CX}$$

$$\text{s.t.}\begin{cases} \boldsymbol{AX} = \boldsymbol{b} \\ \boldsymbol{X} \geqslant \boldsymbol{0} \end{cases} \tag{6-3}$$

其中，$\boldsymbol{C} = (C_{11}，C_{12},\cdots，C_{1n}；C_{21}，C_{22},\cdots，C_{2n};\cdots;C_{m1}, C_{m2},\cdots, C_{mn})$，

$$A=\begin{pmatrix}1&\cdots&1&0&\cdots&0&\cdots&0&\cdots&0\\ \vdots&&\vdots&\vdots&&\vdots&&\vdots&&\vdots\\ 0&\cdots&0&0&\cdots&0&\cdots&1&\cdots&1\\ 1&\cdots&0&1&\cdots&0&\cdots&1&\cdots&0\\ \vdots&&\vdots&\vdots&&\vdots&&\vdots&&\vdots\\ 0&\cdots&1&0&\cdots&1&\cdots&0&\cdots&1\end{pmatrix}$$

$$\boldsymbol{b}=(a_1,\ a_2,\ \cdots,\ a_m;\ b_1,\ b_2,\ \cdots,\ b_n)^{\mathrm{T}},\ \boldsymbol{X}=(x_{11},\ x_{12},\ \cdots,\ x_{1n};\ x_{21},\ \cdots,\ x_{mn})^{\mathrm{T}}$$

这个数学模型包含了$m\times n$个决策变量、$m+n$个约束方程。显然，前面m个约束方程之和等于后n个约束方程之和，因此，$m+n$个约束方程是线性相关的。系数矩阵$\boldsymbol{A}$中任意$m+n$阶子式等于零，易知矩阵$\boldsymbol{A}$的秩$r(A)=m+n-1$，所以运输问题有$m+n-1$个基变量。对于运输问题的数学模型，如果用单纯形法来求解，需要加入很多人工变量，而且迭代时经常出现退化解，使求解过程非常复杂。根据运输问题系数矩阵的特点，在求解时可采用比较简便的方法，习惯上称为表上作业法。

第二节　表上作业法

表上作业法是单纯形法在求解运输问题时的一种简化方法，其实质是单纯形法。它是一种迭代法，整个迭代过程均可在运输表上进行。迭代步骤归纳如下。

(1) 找出初始基可行解。即在$m\times n$产销平衡表上给出$m+n-1$个有数字的格，这些有数字的格不能构成闭回路，且行和等于产量，列和等于销量。

(2) 求各非基变量的检验数。即在表上计算空格的检验数，判别是否达到最优解。如果达到最优解，则停止计算，否则转到下一步。

(3) 确定换入变量和换出变量，找出新的基可行解，在表上用闭回路法进行调整。

(4) 重复(2)、(3)，直到求得最优解为止。

以下具体给出求解运输问题表上作业法的计算步骤。

一、确定初始基可行解

确定初始基可行解的方法很多，一般来说，要求这个方法简便易行，并且尽可能接近最优解，以减少迭代的次数。

(一)最小元素法

人们容易直观想到，为了减少运费，应优先考虑单位运价最小(或运距最短)的供销业务。因此，最小元素法的基本思想是就近供应，优先考虑单位运价最小的路径，最大限度地满

足其需求量，然后在剩下的单位运价中再取最小运价，如此下去，直至得到一个初始基可行解。下面以例 6-2 来说明如何用最小元素法来确定初始基可行解。

例 6-2 喜庆食品公司有 A_1,A_2,A_3 三个面包生产厂，每月产量分别为 7 t,4 t,9 t；有 B_1,B_2,B_3,B_4 4 个销售公司，每月销量分别为 3 t,6 t,5 t,6 t。已知从第 i 个面包生产厂到第 j 个销售公司的单位运价(百元/t)见表 6-3，问：该公司应如何调运，在满足各销售点需求量的前提下，使总运费最少？

表 6-3 产量、销量及单位运费(3)

产地＼销地	B_1	B_2	B_3	B_4	产量/t
A_1	3	11	3	10	7
A_2	1	9	2	8	4
A_3	7	4	10	5	9
销量/t	3	6	5	6	

解：(1) 从单位运价表中找出最小的单位运价为 1，这表示先将 A_2 的产品供应给 B_1。由于 A_2 每月生产 4 t，而 B_1 每月只需要 3 t，即 A_2 每月除满足 B_1 的需要外还剩余 1 t。因此，在产销平衡表(A_2, B_1)交叉处填上 3(即 $X_{21}=\min\{a_2,b_1\}=\min\{4,3\}=3$)，表示 A_2 调运 3 t 给 B_1，再在单位运价表中将 B_1 这一列划去，表示 B_1 的需求已经满足，不需要继续调运，如表 6-4 所示。

表 6-4 最小元素法的计算过程(1)

产地＼销地	B_1	B_2	B_3	B_4	产量/t
A_1	3	11	3	10	7
A_2	1 ③	9	2	8	4
A_3	7	4	10	5	9
销量/t	3	6	5	6	

(2) 从表 6-4 中再找出最小的单位运价 2，即 A_2 把剩余的产品供应给 B_3； B_3 每月需要 5 t， A_2 只剩余 1 t，因此在上述产销平衡表的(A_2, B_3)交叉处填上 1，同时划去 A_2 这一行，表示 A_2 的产品已分配完毕，如表 6-5 所示。

表 6-5　最小元素法的计算过程(2)

产地 \ 销地	B_1	B_2	B_3	B_4	产量/t
A_1	3	11	3	10	7
A_2	1 ③	9	2 ①	8	4
A_3	7	4	10	5	9
销量/t	3	6	5	6	

(3) 从表 6-5 中找出最小单位运价为 3，这表示将 A_1 的产品供应 B_3，A_1 每月生产 7 t，B_3 尚缺 4 t，因此在产销平衡表的(A_1,B_3)交叉处填上 4，划去 B_3 这一列的单位运价，如表 6-6 所示。

表 6-6　最小元素法的计算过程(3)

产地 \ 销地	B_1	B_2	B_3	B_4	产量/t
A_1	3	11	3 ④	10	7
A_2	1 ③	9	2 ①	8	4
A_3	7	4	10	5	9
销量/t	3	6	5	6	

(4) 从表 6-6 中找出最小单位运价为 4，在产销平衡表的(A_3,B_4)交叉处填上 6，划去 B_2 这一列的单位运价，如表 6-7 所示。

表 6-7 最小元素法的计算过程(4)

产地＼销地	B_1	B_2	B_3	B_4	产量/t
A_1	3	11	3 ④	10	7
A_2	1 ③	9	2 ①	8	4
A_3	7	4 ⑥	10	5	9
销量/t	3	6	5	6	

(5) 从表 6-7 中找出最小单位运价为 5，在产销平衡表的(A_3, B_4)交叉处填上 3，划去 A_3 这一行的单位运价，如表 6-8 所示。

表 6-8 最小元素法的计算过程(5)

产地＼销地	B_1	B_2	B_3	B_4	产量/t
A_1	3	11	3 ④	10	7
A_2	1 ③	9	2 ①	8	4
A_3	7	4 ⑥	10	5 ③	9
销量/t	3	6	5	6	

(6) 表 6-8 中未划去的元素只剩下 10，在产销平衡表的(A_1, B_4)交叉处填上 3，此时 A_1 的产品分配和 B_4 的需求同时满足，划去 A_1 或 B_4 列，如表 6-9 所示。

这样，单位运价表中所有元素都已划去，最终在产销平衡表上就可以得到一个初始基可行解，如表 6-10 所示。该初始基可行解共有 6 个基变量，其中，$X_{13}=4$，$X_{14}=3$，$X_{21}=3$，$X_{23}=1$，$X_{32}=6$，$X_{34}=3$，由此可计算出总运费，总运费为 $3\times4+10\times3+1\times3+2\times1+4\times6+5\times3=86$(百元)。

表 6-9　最小元素法的计算过程(6)

产地 \ 销地	B_1	B_2	B_3	B_4	产量/t
A_1	3	11	3 ④	10 ③	7
A_2	1 ③	9	2 ①	8	4
A_3	7	4 ⑥	10	5 ③	9
销量/t	3	6	5	6	

表 6-10　用最小元素法求得的初始解

产地 \ 销地	B_1	B_2	B_3	B_4	产量/t
A_1			④	③	7
A_2	③		①		4
A_3		⑥		③	9
销量/t	3	6	5	6	

应当注意的是，在用最小元素法确定初始基可行解时，有可能出现以下两种特殊情况。

(1) 在迭代过程中寻找最小元素时，如有多个元素同时达到最小，这时任选一个最小元素作为基变量进行迭代即可。

(2) 在迭代过程中寻找最小元素时，如发现最小元素所在行的产量等于该元素所在列的剩余销量，这时，在产销平衡表相应的位置填上调运量，而在单位运价表中就要同时划去一行和一列。为了使调运方案中有数字的格仍为$m+n-1$个，需要在同时划去的行或列的任一空格位置填上一个 0，这个 0 表示该变量是基变量，只不过它取值为 0，即此时的调运方案是一个退化的基可行解。

(二)伏格尔法

初看起来，最小元素法十分合理。但是，为了节省一处的费用，有时会造成在其他几处要多花几倍的运费，从而使整个运输费用增加。伏格尔法考虑到，某产地的产品假如不能按最小运费就近供应，就考虑次小运费，这时就有一个差额。差额越大，说明不能按最小运费调运时，运费增加越多。因而对差额最大处，就应当采用最小运费调运。基于此，

伏格尔法的步骤如下。

(1) 在表 6-3 中分别计算出各行和各列的最小运费和次小运费的差额，并填入该表的最右列和最下行，如表 6-11 所示。

表 6-11　伏格尔法的计算过程(1)

销地 产地	B_1	B_2	B_3	B_4	产量/t	行差额
A_1	3	11	3	10	7	0
A_3	1	9	2	8	4	1
A_3	7	4	10	5	9	1
销量/t	3	6	5	6		
列差额	2	5	1	3		

(2) 从行或列差额中选出最大者，选择它作为所在行或列中的最小元素。在表 6-11 中，B_2 列是最大差额所在列，B_2 列中最小运费为 4，可确定 A_3 先供应 B_2 的需要，同时将 B_2 列数字划去，如表 6-12 所示。

表 6-12　伏格尔法的计算过程(2)

销地 产地	B_1	B_2	B_3	B_4	产量/t	行差额
A_1	3	11	3	10	7	0
A_2	1	9	2	8	4	1
A_3	7	4 ⑥	10	5	9	1
销量/t	3	6	5	6		
列差额	2	5	1	3		

(3) 对表 6-12 中未划去的元素再分别计算出各行、各列的最小运费和次小运费的差额，并填入该表的最右列和最下行。显然，B_4 列是最大的差额所在列，B_4 列中最小运费为 5，B_4 的销量为 6，A_3 剩余的产量为 3，在产销平衡表的(A_3, B_4)交叉处填上 3，同时划去 A_3 所在行，如表 6-13 所示。

表 6-13　伏格尔法的计算过程(3)

产地＼销地	B_1	B_2	B_3	B_4	产量/t	行差额
A_1	3	11	3	10	7	0
A_2	1	9	2	8	4	1
A_3	7	4 ⑥	10	5 ③	9	2
销量/t	3	6	5	6		
列差额	2	5	1	3		

(4) 对表 6-13 中未划去的元素再分别计算出各行、各列的最小运费和次小运费的差额。B_1 列和 B_4 列都是最大的差额所在列，比较两列中的最小运费，选择 B_1 列。B_1 列中最小运费为 1，在产销平衡表的(A_2, B_1)交叉处填上 3，同时划去 B_1 所在列，如表 6-14 所示。

表 6-14　伏格尔法的计算过程(4)

产地＼销地	B_1	B_2	B_3	B_4	产量/t	行差额
A_1	3	11	3	10	7	0
A_2	1 ③	9	2	8	4	1
A_3	7	4 ⑥	10	5 ③	9	2
销量/t	3	6	5	6		
列差额	2	5	1	2		

(5) 对表 6-14 中未划去的元素再分别计算出最小运费和次小运费的差额。A_1 行是最大的差额所在行，在产销平衡表的(A_1, B_3)交叉处填上 5，划去 B_3 所在列，如表 6-15 所示。

表 6-15 伏格尔法的计算过程(5)

产地＼销地	B_1	B_2	B_3	B_4	产量/t	行差额
A_1	3	11	3 ⑤	10	7	7
A_2	1 ③	9	2	8	4	6
A_3	7	4 ⑥	10	5 ③	9	2
销量/t	3	6	5	6		
列差额	2	5	1	2		

(6) 表 6-15 中剩下 B_4 列的两个元素未被划去，在(A_2, B_4)处填上 1，划去 A_2 所在行；在(A_1, B_4)处填上 2，划去 A_1 所在行，如表 6-16 所示。最后得出初始基可行解如表 6-17 所示。

表 6-16 伏格尔法的计算过程(6)

产地＼销地	B_1	B_2	B_3	B_4	产量/t	行差额
A_1	3	11	3 ⑤	10 ②	7	7
A_2	1 ③	9	2	8 ①	4	6
A_3	7	4 ⑥	10	5 ③	9	2
销量/t	3	6	5	6		
列差额	2	5	1	2		

由以上可见：伏格尔法同最小元素法除在确定供求关系的原则上不同外，其余步骤相同，因而给出的初始调运方案也是基可行解。一般来说，用伏格尔法所求出的初始解比用最小元素法求出的初始解更接近于最优解。本例用伏格尔法给出的初始解总运费为 $3\times5+10\times2+1\times3+8\times1+4\times6+5\times3=85$ (百元)。

表 6-17　用伏格尔法求得的初始解

产地＼销地	B_1	B_2	B_3	B_4	产量/t
A_1			⑤	②	7
A_2	③			①	4
A_3		⑥		③	9
销量/t	3	6	5	6	

二、最优解的判别

得到运输问题的初始基可行解后就要判别这个解是否最优解，判别的方法是计算非基变量即空格的检验数。因一般运输问题的目标函数是要求实现最小化，所以当所有的非基变量检验数都大于等于 0 时为最优解。下面介绍两种求空格检验数的方法。

(一)闭回路法

在给出调运方案的计算表上，如表 6-10 或表 6-17 所示，数字格代表基变量，空格代表非基变量。以某个空格为起点，沿水平或垂直方向前进，在适当的数字格处转向，最后回到原来的空格起点，称为一个闭回路。可以证明，如果不考虑闭回路的方向，每一个空格的闭回路是唯一的。由起点开始，闭回路的顶点上交替标上符号+、-，用这些符号分别乘以相应的运价，其代数和就是这个空格的检验数。

闭回路法计算检验数的经济解释为：在已给出初始解的表 6-10 中，每个数字格代表一个基变量，每个空格代表一个非基变量。可从任一空格出发，例如(A_1,B_1)，若让产地 A_1 调运 1 个单位货物给 B_1，为了保持产销平衡，就要依次作出调整：在(A_1,B_3)处减少一个单位运量，在(A_2,B_3)处增加一个单位运量，在(A_2,B_1)处减少一个单位运量，由此构成了一个以(A_1,B_1)空格为起点，(A_1,B_3)、(A_2,B_3)和(A_2,B_1)数字格为顶点的闭回路，如表 6-18 中的虚线所示。

表 6-18　闭回路法的计算过程

产地＼销地	B_1	B_2	B_3	B_4	产量/t
A_1	(+1)		④(−1)	③	7
A_2	③(−1)		①(+1)		4
A_3		⑥		③	9
销量/t	3	6	5	6	

可见这调运方案使总运费的增加额为$(+1)\times 3+(-1)\times 3+(+1)\times 2+(-1)\times 1=1$ 百元。这表明若(A_1,B_1)格增加一个单位的运量，总运费会增加 1。将 1 这个数填入(A_1,B_1)格，这就是检验数。按如上所述，可找出所有空格的检验数，如表 6-19 所示。

这时检验数还存在负数，因为(A_2,B_4)空格的检验数为-1，这说明表 6-18 给出的调运方案还不是最优解。同理，可用闭回路法对表 6-17 进行检验。

表 6-19　用闭回路法求得的检验数

空　格	闭回路	检验数
(A_1,B_1)	(1,1)—(1,3)—(2,3)—(2,1)—(1,1)	1
(A_1,B_2)	(1,2)—(1,4)—(3,4)—(3,2)—(1,2)	2
(A_2,B_2)	(2,2)—(2,3)—(1,3)—(1,4)—(3,4)—(3,2)—(2,2)	1
(A_2,B_4)	(2,4)—(2,3)—(1,3)—(1,4)—(2,4)	-1
(A_3,B_1)	(3,1)—(3,4)—(1,4)—(1,3)—(2,3)—(2,1)—(3,1)	10
(A_3,B_3)	(3,3)—(3,4)—(1,4)—(1,3)—(3,3)	12

(二)位势法

用闭回路法求检验数时，需要给每一个空格找出一条闭回路。当产销点很多时，空格的数量很大，计算检验数将十分费时。位势法求检验数是根据线性规划问题的对偶理论推导出来的一种比闭回路法更简便的方法。

根据运输问题的数学模型(6-2)，设前 m 个约束对应的对偶变量为u_i，$i=1,2,\cdots,m$，后 n 个约束对应的对偶变量为v_j，$j=1,2,\cdots,m$，则运输问题的对偶问题是

$$\max W=\sum_{i=1}^{m}a_iu_i+\sum_{j=1}^{n}b_jv_j$$
$$\text{s.t.}\begin{cases}u_i+v_j\leqslant c_{ij},\ i=1,2,\cdots,m;j=1,2,\cdots,n\\ u_i,v_j\text{无约束},\ i=1,2,\cdots,m;j=1,2,\cdots,n\end{cases}\tag{6-4}$$

由对偶理论可知，原问题(6-2)中决策变量 x_{ij} 的检验数 σ_{ij} 等于对偶问题中松弛变量的取值，即

$$\sigma_{ij}=c_{ij}-(u_i+v_j)\tag{6-5}$$

在运输问题中称 u_i 和 v_j 分别为第 i 行的行位势和第 j 列的列位势。由于基变量的检验数为零，故对基变量来说可得方程 $u_i+v_j=c_{ij}$，$m+n-1$ 个基变量共可得 $m+n-1$ 个方程，其中有未知量 u_i 和 v_j 共 $m+n$ 个，于是产生一个自由变量，一般令 $u_1=0$ 就可得到 u_i 和 v_j 的一

组解。所以，可运用式(6-5)求出所有非基变量的检验数。

仍以例 6-2 所给出的初始基可行解表 6-10 进行说明，所需步骤如下。

(1) 在对应表 6-10 的数字格处填入单位运价，如表 6-20 所示。

表 6-20 初始解对应的单位运费

销地 产地	B_1	B_2	B_3	B_4	产量/t
A_1			3	10	7
A_2	1		2		4
A_3		4		5	9
销量/t	3	6	5	6	

(2) 在表 6-20 上增加一行和一列。其中，列中填入行位势 u_i，行中填入列位势 v_j。先令 $u_1 = 0$ (一般令行和列中数字格多的行位势或列位势为 0)，然后按 $u_i + v_j = c_{ij}$ 相继确定 u_i 和 v_j，见表 6-21。当 $u_1 = 0$ 时，由 $u_1 + v_3 = c_{13} = 3$，得 $v_3 = 3$；由 $u_1 + v_4 = c_{14} = 10$，得 $v_4 = 10$。当 $v_4 = 10$ 时，由 $u_3 + v_4 = c_{34} = 5$，得 $u_3 = -5$。同理可确定所有 u_i 和 v_j 的值。

表 6-21 位势法的计算过程

销地 产地	B_1	B_2	B_3	B_4	产量/t	行位势 u_i
A_1			3	10	7	$u_1 = 0$
A_2	1		2		4	$u_2 = -1$
A_3		4		5	9	$u_3 = -5$
销量/t	3	6	5	6		
列位势 v_j	$v_1 = 2$	$v_2 = 9$	$v_3 = 3$	$v_4 = 10$		

(3) 按 $\sigma_{ij} = c_{ij} - (u_i + v_j)$，计算所有空格的检验数，如表 6-22 所示。

比较表 6-19 和表 6-22，可见用位势法求得的检验数和用闭回路法求得的检验数相同，但相比闭回路法对于每一个空格都需要寻找一个闭回路来说，用位势法计算更简便些。

表 6-22　用位势法求得的检验数

空　格	检验数
(A_1, B_1)	$\sigma_{11} = c_{11} - (u_1 + v_1) = 3 - (0 + 2) = 1$
(A_1, B_2)	$\sigma_{12} = c_{12} - (u_1 + v_2) = 11 - (0 + 9) = 2$
(A_2, B_2)	$\sigma_{22} = C_{22} - (u_2 + v_2) = 9 - (-1 + 9) = 1$
(A_2, B_4)	$\sigma_{24} = c_{24} - (u_2 + v_4) = 8 - (-1 + 10) = -1$
(A_3, B_1)	$\sigma_{31} = c_{31} - (u_3 + v_1) = 7 - (-5 + 2) = 10$
(A_3, B_3)	$\sigma_{33} = c_{33} - (u_3 + v_3) = 10 - (-5 + 3) = 12$

三、基可行解的改进

当计算完所有空格的检验数时，如果检验数还有小于 0 的，这表明还未达到最优解。若有两个或两个以上的检验数小于 0 时，一般选择其中最小的小于 0 的检验数，以它对应的空格为调入格。即以它对应的非基变量为换入变量。由表 6-19 和表 6-22 可知，(A_2, B_4) 为调入格(即以它对应的变量 x_{24} 为换入变量)。以 x_{24} 为出发点，在给出的基可行解表 6-10 作一闭回路，如表 6-23 所示。

表 6-23　闭回路调整法的计算过程

产地 \ 销地	B_1	B_2	B_3	B_4	产量/t
A_1			④	③	7
A_2	③		①		4
A_3		⑥		③	9
销量/t	3	6	5	6	

在闭回路上作出运量调整，称空格点 x_{24} 为第 1 顶点，x_{14}, x_{13}, x_{23} 分别为第 2,3,4 顶点，(A_2, B_4)的调入量 θ 是选择闭回路上偶数格中运量的最小者，即 $\theta = \min\{1,3\} = 1$ (其原理与单纯形法中按 θ 规则来确定的换出变量是相同的)，然后在闭回路的奇顶点加入调整量，偶顶点减去该调整量，得到调整方案如表 6-24 所示。

表 6-24 最优解

产地＼销地	B_1	B_2	B_3	B_4	产量/t
A_1			⑤	②	7
A_2	③			①	4
A_3		⑥		③	9
销量/t	3	6	5	6	

对表 6-24 给出的解，再用闭回路法或位势法求各空格的检验数，如表 6-25 所示。这时表中所有的检验数全部大于等于 0，所以表 6-24 所给出的解为最优解，这时得到的总运费为$3\times5+10\times2+1\times3+8\times1+4\times6+5\times3=85$(百元)。

表 6-25 最优解的判别

空 格	检验数
(A_1, B_1)	0
(A_1, B_2)	2
(A_2, B_2)	2
(A_2, B_4)	1
(A_3, B_1)	9
(A_3, B_3)	12

应当指出的是，产销平衡的运输问题必定存在最优解。那么有唯一解还是有无穷多个解？判断的依据仍然是看非基变量(即空格)的检验数是否有为 0 的。若有空格的检验数为 0，则存在无穷多个最优解；否则，只有唯一最优解。由表 6-25 可知，空格(A_1, B_1)的检验数为 0，表明例 6-2 有无穷多个最优解。可在表 6-24 中以(A_1, B_1)为调入格，作闭回路(1,1)—(1,4)—(2,4)—(2,1)—(1,1)。确定$\theta=\min\{2,3\}=2$，经调整后得到另一个最优解，如表 6-26 所示。

当然，调入量θ可以是(0,2)中的任一实数时，这时的解仍为最优解，但不是基可行解(因为线性规划问题可以在顶点取得最优解，也可以在非顶点即是边界上取得最优解)，本例所得到的所有最优解如表 6-27 所示。

表 6-26　另一最优解

产地＼销地	B_1	B_2	B_3	B_4	产量/t
A_1	②		⑤		7
A_2	①			③	4
A_3		⑥		③	9
销量/t	3	6	5	6	

表 6-27　所有最优解

产地＼销地	B_1	B_2	B_3	B_4	产量/t
A_1	θ		5	$2-\theta$	7
A_2	$3-\theta$			$1+\theta$	4
A_3		6		3	9
销量/t	3	6	5	6	

第三节　产销不平衡的运输问题

前面讲的表上作业法，都是以产销平衡为前提的，但实际问题产销往往是不平衡的，因此，必须先转化为产销平衡的运输问题，再进行求解。

当产大于销时，即 $\sum_{i=1}^{m} a_i > \sum_{j=1}^{n} b_j$ 时，运输问题的数学模型可以写成

$$\min Z = \sum_{j=1}^{n}\sum_{i=1}^{m} c_{ij}x_{ij}$$

$$\text{s.t.}\begin{cases} \sum_{j=1}^{n} x_{ij} \leqslant a_i,\ \ i=1,2,\cdots,m \\ \sum_{i=1}^{m} x_{ij} = b_j,\ \ j=1,2,\cdots,n \\ x_{ij} \geqslant 0,\ \ i=1,2,\cdots,m; j=1,2,\cdots,n \end{cases} \tag{6-6}$$

由于总的产量大于销量，部分产地的产量不能全部运送完，只能就地储存，通过增加一个虚拟销地$n+1$来表示这一部分的库存量，它的总需求量为

$$b_{n+1}=\sum_{i=1}^{m}a_i-\sum_{j=1}^{n}b_j$$

由于是就地储存不需要运费，所以有$c_{i,n+1}=0$，$i=1,2,\cdots,m$。

这样，把产大于销的运输问题转换成了一个产销平衡的运输问题：

$$\min Z=\sum_{j=1}^{n}\sum_{i=1}^{m}c_{ij}x_{ij}$$

$$\text{s.t.}\begin{cases}\sum_{j=1}^{n+1}x_{ij}=a_i,\ i=1,2,\cdots,m\\ \sum_{i=1}^{m}x_{ij}=b_j,\ j=1,2,\cdots,n+1\\ x_{ij}\geqslant 0,\ i=1,2,\cdots,m;j=1,2,\cdots,n+1\end{cases}\tag{6-7}$$

具体计算时，在表上增加一列B_{n+1}，单位运价为0，销量为b_{n+1}即可。

当销大于产时，即$\sum_{i=1}^{m}a_i<\sum_{j=1}^{n}b_j$时，运输问题的数学模型可以写成

$$\min Z=\sum_{j=1}^{n}\sum_{i=1}^{m}c_{ij}x_{ij}$$

$$\text{s.t.}\begin{cases}\sum_{j=1}^{n}x_{ij}=a_i,\ i=1,2,\cdots,m\\ \sum_{i=1}^{m}x_{ij}\leqslant b_j,\ j=1,2,\cdots,n\\ x_{ij}\geqslant 0,\ i=1,2,\cdots,m;j=1,2,\cdots,n\end{cases}\tag{6-8}$$

由于总的产量小于销量，必定有部分销地的需求不能全部满足，可以通过增加一个虚拟产地$m+1$来表示这一部分没有被满足的需求量。它的总产量为

$$a_{m+1}=\sum_{j=1}^{n}b_j-\sum_{i=1}^{m}a_i$$

同样，由于没有运输，不需要运费，所以

$$c_{m+1,j}=0\ ,\ j=1,2,\cdots,n$$

这样，把销大于产的运输问题转换成了一个产销平衡的运输问题。

具体计算时，在表上增加一行A_{m+1}，单位运价为0，产量为a_{n+1}即可。

$$\min Z=\sum_{j=1}^{n}\sum_{i=1}^{m}c_{ij}x_{ij}$$

$$\text{s.t.}\begin{cases}\sum_{j=1}^{n}x_{ij}=a_i,\ i=1,2,\cdots,m+1\\ \sum_{i=1}^{m+1}x_{ij}=b_j,\ j=1,2,\cdots,n\\ x_{ij}\geqslant 0,\ i=1,2,\cdots,m+1;j=1,2,\cdots,n\end{cases}\tag{6-9}$$

例 6-3　某公司从两个产地 A_1,A_2 将物品运往三个销地 B_1,B_2,B_3，各产地的产量(件)、各销地的销量(件)和各产地运往各销地每件物品的运费(元/件)如表 6-28 所示，试将这个产销不平衡的运输问题化为一个产销平衡的运输问题。

表 6-28　产量、销量及单位运费(4)

销地 产地	B_1	B_2	B_3	产量/件
A_1	6	4	6	300
A_2	6	5	5	300
销量/件	150	150	200	

解：例 6-3 与例 6-1 比较，只是 A_1 的产量提高了，而总销量保持不变。这是一个产大于销的运输问题，总产量是 600 件，总销量是 500 件。产大于销，增加一个销量为 100 件的虚拟销地 B_4，其单位运费为 0，将问题化为一个产销平衡的运输问题，如表 6-29 所示。

表 6-29　产销平衡及单位运费(1)

销地 产地	B_1	B_2	B_3	B_4(虚拟销地)	产量/件
A_1	6	4	6	0	300
A_2	6	5	5	0	300
销量/件	150	150	200	100	

例 6-4　某公司从两个产地 A_1,A_2 将物品运往三个销地 B_1,B_2,B_3，各产地的产量(件)、各销地的销量(件)和各产地运往各销地每件物品的运费(元/件)如表 6-30 所示，试将这个产销不平衡的运输问题化为一个产销平衡的运输问题。

表 6-30　产量、销量及单位运费(5)

产地＼销地	B_1	B_2	B_3	产量/件
A_1	6	4	6	200
A_2	6	5	5	300
销量/件	250	200	200	

解：例 6-4 与例 6-1 比较，只是 B_1, B_2 的销量提高了，而总产量保持不变。这是一个销大于产的运输问题，总产量是 500 件，总销量是 650 件。销大于产，增加一个产量为 150 件的虚拟产地 A_3，其单位运费为 0，将问题化为一个产销平衡的运输问题，如表 6-31 所示。

表 6-31　产销平衡及单位运费(2)

产地＼销地	B_1	B_2	B_3	产量/件
A_1	6	4	6	200
A_2	6	5	5	300
A_3(虚拟产地)	0	0	0	150
销量/件	250	200	200	

第四节　运输问题的应用

如前所述，运输问题的数学模型在某些情况下会发生一些变化。并且，由于在变量个数相等的情况下，表上作业法的计算要比单纯形法简单得多，所以在解决实际问题时，人们常常尽可能把某些线性规划问题化为运输问题的数学模型。为加深我们对运输问题数学模型的理解，本节主要介绍运输问题在实际中的具体应用。当然，为简单起见，本节主要强调实际问题的建模过程，对于其运算过程及其结果不再给出，读者可采用表上作业法或下一节介绍的计算软件 WinQSB 进行计算。

例 6-5　某公司从两个产地 A_1，A_2 将某物品运往三个销地 B_1,B_2,B_3，各产地的产量(件)、各销地的销量(件)和各产地与各销地的距离(公里)如表 6-32 所示，问：如何调运使总运费最小？

表 6-32　产量、销量及运距

产地＼销地	B_1	B_2	B_3	产量/件
A_1	240	160	240	200
A_2	240	200	200	300
销量/件	150	150	200	

解：例 6-5 与例 6-1 比较，只是将原来各产地与各销地的运输单价换为各产地与各销地的距离，其他条件保持不变。这实际上也是运输模型的变化之一。本题的建模与一般运输问题的数学模型并无差别，只是目标函数的单位发生了变化，由总运费最小变化为吨公里最小。事实上，有时无须计算单位运价而直接以产地与销地间的吨公里总和最小进行调运，这在实际当中更为普遍。

例 6-6　某百货公司去外地采购 A,B,C,D 四种规格的服装，数量分别为：A−1500 套，B−2000 套，C−3000 套，D−3500 套。三个城市可供应上述规格服装，各城市供应数量分别为：Ⅰ-2500 套，Ⅱ-2500 套，Ⅲ-5000 套。由于这些城市的服装质量、运价和销售情况不同，预计售出后的利润(元/套)也不同，具体如表 6-33 所示。帮助该公司确定一个预期赢利最大的采购方案。

表 6-33　售后的单位利润

	A	B	C	D
Ⅰ	10	5	6	7
Ⅱ	8	2	7	6
Ⅲ	9	3	4	8

解：例 6-6 是运输模型在采购问题中的应用。与一般运输问题相比较，例 6-6 是将原来的运费表换成了利润表。因为利润表中的最大利润为 10，可令 $M=10$，用 M 减去利润表上的数字，则此时原问题转化为一个运输问题，读者可根据运输模型 6-2 推导证明。此时，产销平衡及费用如表 6-34 所示。

表 6-34　产量、销量及费用

产地＼销地	A	B	C	D	产量/件
Ⅰ	0	5	4	3	2500
Ⅱ	2	8	3	4	2500
Ⅲ	1	7	6	2	5000
销量/件	1500	2000	3000	3500	

例 6-7 石家庄北方研究院有三个区，即一区、二区、三区，每年分别需要生活用煤和取暖用煤 3000 吨、1000 吨和 2000 吨，由河北临城、山西盂县两处煤矿供应。假设这两处煤矿的价格相同，煤的质量也基本相同。两处煤矿能供应北方研究院的煤的数量，山西盂县为 4000 吨，河北临城为 1500 吨，由煤矿至北方研究院的单位运价(百元/吨)如表 6-35 所示。由于需大于供，经研究院平衡决定一区供应量可减少 0～300 吨，二区需要量应全部满足，三区供应量不少于 1500 吨。问：如何调运才能最大可能满足研究院需求，并使得总运输费用最小？

表 6-35　单位运费(1)

产地 \ 销地	一区	二区	三区
山西盂县	1.80	1.70	1.55
河北临城	1.60	1.50	1.75

解：根据题意，作出产销平衡与运价表，如表 6-36 所示。在表中为了化成产销平衡的运输问题，增加了假想生产地这一行，产量为 500 吨。为了区别必须满足的调运量与可以不满足的调运量，把一区分成二列，一列为一区Ⅰ，它的销量是必须满足的 2700 吨；另一列为一区Ⅱ，它的销量是可以不满足的 300 吨。为了必须满足 2700 吨，要求 $x_{11}+x_{21}=2700$ 吨，即假想生产点调运到一区Ⅰ的煤炭量 x_{31} 为 0，为此把假想生产点到一区Ⅰ的运价 c_{31} 定为 M (是一个足够大的正数)。如果 $x_{31}>0$，则需要付出的运费将为 $M\times x_{31}$，是个很大的正数，这显然不符合总运费最小的目标，这样就保证了 $x_{31}=0$。但对于不一定满足的一区Ⅱ而言，由于假想生产点并没有煤炭运出，运价 c_{32} 当然为 0，又因为 $x_{12}+x_{22}\leqslant 300$ 吨，即 $x_{32}\geqslant 0$，这样保证 300 吨煤炭可以不满足。另外，$c_{12}=c_{11}=1.80$，$c_{22}=c_{21}=1.60$。类似地，对二区的煤炭都必须满足，则将 c_{33} 定为 M；将三区化分为三区Ⅰ和三区Ⅱ，对三区Ⅰ中的 1500 吨煤炭必须满足，则将 c_{34} 定为 M，对三区Ⅱ中的 500 吨煤炭可以不满足，其运价 c_{35} 为 0。

表 6-36　产销平衡及单位运费(3)

产地 \ 销地	一区Ⅰ	一区Ⅱ	二区	三区Ⅰ	三区Ⅱ	供应量/吨
山西盂县	1.80	1.80	1.70	1.55	1.55	4000
河北临城	1.60	1.60	1.50	1.75	1.75	1500
假想生产地	M	0	M	M	0	500
需求量/吨	2700	300	1000	1500	500	

例 6-8 设有 3 个化肥厂供应 4 个地区的农用化肥。假定等量的化肥在这些地区适用效

果相同。各化肥厂年产量(吨)、各地区年需求量(吨)及从各化肥厂到各地区运送单位化肥的运价(元/吨)如表 6-37 所示。问：如何调运才能最大满足农用化肥需求，并使得总运输费用最小？

表 6-37　产量、销量及单位运费(6)

销地 产地	Ⅰ	Ⅱ	Ⅲ	Ⅳ	产量/吨
A	16	13	22	17	50
B	14	13	19	15	60
C	19	20	23	—	50
最低需求/吨	30	70	0	10	
最高需求/吨	50	70	30	不限	

解：例 6-8 与例 6-7 有些类似，但由于表中未给出地区Ⅳ的最高需求量，可根据题意予以首先确定。因总产量为 $50+60+50=160$，三个地区Ⅰ，Ⅱ，Ⅲ的最低需求量为 $30+70+0=100$，则Ⅳ的最高需求量为 $160-100=60$。由此，总的最高需求量为 210，为了求得平衡，在产销平衡表上增加一个假想的化肥厂 D，其年产量为 50。将各地区的需要量分为两个部分，地区Ⅰ中 30 是最低需求，必须满足，令其运价 c_{41} 为 M，而另一部分 20 则可以不满足，其运价 c_{42} 为 0；地区Ⅱ中 70 必须满足，令其运价 c_{43} 为 M；地区Ⅲ中 30 可以不满足，其运价 c_{44} 为 0；地区Ⅳ中 10 必须满足，令其运价 c_{45} 为 M，而另一部分 50 可以不满足，其运价 c_{46} 为 0。这样就得到了如表 6-38 所示的产销平衡表。

表 6-38　产销平衡表

销地 产地	Ⅰ′	Ⅰ″	Ⅱ	Ⅲ	Ⅳ′	Ⅳ″	产量/吨
A	16	16	13	22	17	17	50
B	14	14	13	19	15	15	60
C	19	19	20	23	M	M	50
D	M	0	M	0	M	0	50
需求量/吨	30	20	70	30	10	50	

例 6-9　某厂有 A,B,C 仓库供应①,②,…,⑧个零售商。已知 A,B,C 仓库内现储存物资数分别为 200,170,160 单位，①,②,…,⑧各零售点所需物资数以及 A,B,C 仓库到各零售点的单位物资运输费用(元)分别见表 6-39 和表 6-40。由于需求大于供应，规定对某零售点供应短缺一单位时的罚款(元)如表 6-39 所示。应如何确定各仓库对各零售点的分配量，使总的运输费用与罚款之和为最小？

表 6-39　需求及罚款

销　地	需　求	罚款/元
①	75	10
②	60	8
③	35	5
④	70	10
⑤	100	10
⑥	40	8
⑦	90	5
⑧	80	8

表 6-40　单位物资运输费用

产地＼销地	①	②	③	④	⑤	⑥	⑦	⑧
A	4	8	8	19	11	6	22	20
B	14	7	7	16	12	16	23	17
C	20	19	11	14	6	15	5	10

解：根据题意，总供给量为 530，总需求量为 550，这是一个销大于产的运输问题。设 D 为假想供应点，D 点供应量实际为短缺量，可按罚款数列入。由此可建立如表 6-41 所示的产销平衡及单位运价表。

表 6-41　产销平衡及单位运价

产地＼销地	①	②	③	④	⑤	⑥	⑦	⑧	产　地
A	4	8	8	19	11	6	22	20	200
B	14	7	7	16	12	16	23	17	170
C	20	19	11	14	6	15	5	10	160
D	10	8	5	10	10	8	5	8	20
销量	75	60	35	70	100	40	90	80	

例 6-10　某厂按合同规定须于当年每个季度末分别提供 10 台、15 台、25 台、20 台同一规格的柴油机。已知该厂各季度的生产能力及生产每台柴油机的成本如表 6-42 所示。又知生产出来的柴油机当季不交货，每台每季度需存储费、维护费等共 0.15 万元。用运输问

题进行分析，要求在完成合同的情况下，做出使该厂全年生产(包括储存、维护等)费用最小的决策。

表 6-42 生产能力与单位成本(1)

季 度	生产能力/台	单位成本/万元
Ⅰ	25	10.8
Ⅱ	35	11.1
Ⅲ	30	11.0
Ⅳ	10	11.3

解： 用运输问题分析的关键是确定费用表。由于每个季度生产出来的柴油机不一定当季交货，可设 X_{ij} 为第 i 季度生产的第 j 季度交货的柴油机的数目，设 C_{ij} 为第 i 季度生产的第 j 季度交货的每台柴油机的实际成本。显然，C_{ij} 应该是该季度单位成本加上储存、维护等费用，如 C_{11} 为 10.8 万元，表示Ⅰ季度生产Ⅰ季度交货；$C_{12}=10.8+0.15=10.95$ (万元)，表示Ⅰ季度生产Ⅱ季度交货，增加储存、维护费用 0.15 万元；$C_{13}=10.8+2\times0.15=11.10$ (万元)，其他类推。由于总产量为 100 台，总合同数为 70 台，可假想一个需求 V。由于Ⅰ季度的 10 台柴油机必须满足需求，所以 C_{21},C_{31},C_{41} 均为 M。同理，C_{32},C_{42},C_{43} 也为 M。而假想需求 V 可以不满足，其费用为 0。则可建立如表 6-43 所示的产销平衡表。

表 6-43 产销平衡及单位费用(1)

生产季度 \ 销售季度	Ⅰ	Ⅱ	Ⅲ	Ⅳ	V	产量/台
Ⅰ	10.8	10.95	11.10	11.25	0	25
Ⅱ	M	11.1	11.25	11.40	0	35
Ⅲ	M	M	11.00	11.15	0	30
Ⅳ	M	M	M	11.30	0	10
销量/台	10	15	25	20	30	

例 6-11 光明仪器厂生产电脑绣花机是以销定产的。1～6 月份各月的生产能力、合同销量和单台电脑绣花机平均生产费用如表 6-44 所示。又已知上年末存储 103 台绣花机。如果当月生产出来的机器当月不交货，则需要运到分厂库房，每台增加运输成本 0.1 万元，每台机器每月的平均仓储费、维护费为 0.2 万元。在 7～8 月份销售淡季，全厂停产 1 个月，因此在 6 月份完成销售合同后还要留有库存 80 台。加班生产及其每台增加成本 1 万元。用运输问题安排 1～6 月份的生产，使总的生产(包括运输、仓储和维护)费用最少。

表 6-44 产量、销量及单台费用

	正常生产能力/台	加班生产能力/台	销量/台	单台费用/万元
1	60	10	104	15
2	50	10	75	14
3	90	20	115	13.5
4	100	40	160	13
5	100	40	103	13
6	80	40	70	13.5

解：根据题意可列出产销平衡和运价表，如表 6-45 所示。制定此表主要考虑如下条件。

(1) 1～6 月份合计生产能力(包括上年末储存量)为 743 台，销量为 707 台，产大于销 36 台。因此在销地列中增设一个假想销地，其销量为不安排生产的剩余生产能力 36 台。

(2) 用序号 0 行表示上年末，上年末的库存显然只需计算仓储费和运输费。

(3) 6 月份的需求除了 70 台销量外还应有 80 台库存，其需求应为 80 + 70 = 150 台。

(4) 在产销平衡与运价表中，生产时间中的序号 1～6 表示 1～6 月份正常生产情况，①～⑥表示①～⑥月份加班生产情况。

(5) 对于必须满足的销量，运价为 M；对于假想销地的销量，可以不一定满足，其费用为 0。

表 6-45 产销平衡及单位费用(2)

生产月 \ 销售月	1 月	2 月	3 月	4 月	5 月	6 月	假想销地	正常生产/台	加班生产/台
0	0.3	0.5	0.7	0.9	1.1	1.3	0	103	
1	15	15.3	15.5	15.7	15.9	16.1	0	60	
①	16	16.3	16.5	16.7	16.9	17.1	0		10
2	M	14	14.3	14.5	14.7	14.9	0	50	
②	M	15	15.3	15.5	15.7	15.9	0		10
3	M	M	13.5	13.8	14.0	14.2	0	90	
③	M	M	14.5	14.8	15.0	15.2	0		20
4	M	M	M	13	13.3	13.5	0	100	
④	M	M	M	14	14.3	14.5	0		40
5	M	M	M	M	13	13.3	0	100	
⑤	M	M	M	M	14	14.3	0		40
6	M	M	M	M	M	13.5	0	80	
⑥	M	M	M	M	M	14.5	0		40
销量/台	104	75	115	160	103	150	36		

例 6-12 腾飞电子仪器公司在大连和广州有两个分厂，大连分厂每月生产 400 台某种仪器，广州分厂每月生产 600 台某种仪器。该公司在上海与天津有两个销售公司，负责对南京、济南、南昌与青岛 4 个城市的仪器供应，运输网络如图 6-1 所示。这些城市间的每台仪器的运费标在两个城市间的弧上，单位为百元。

(1) 应该如何调运仪器，使得总的运输费用最低？

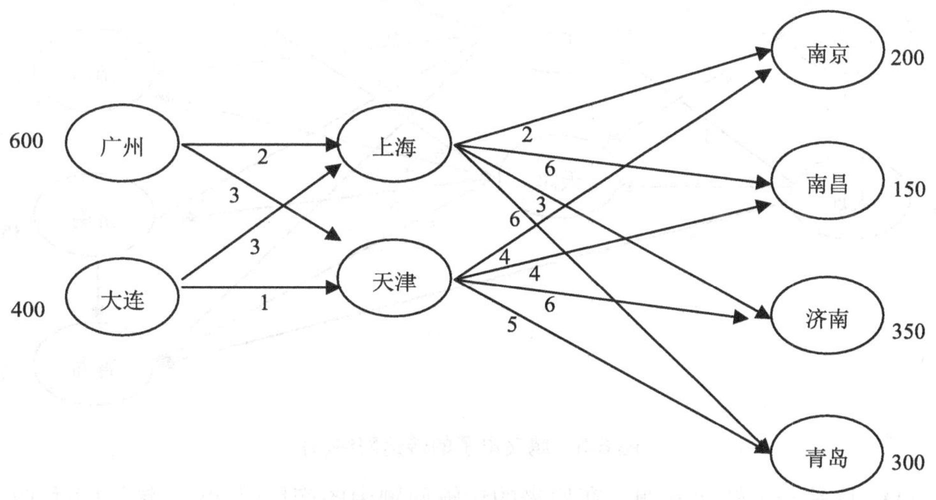

图 6-1 腾飞电子的转运网络(1)

(2) 如果腾飞电子认为大连到青岛的距离较近，可以直接从大连分厂向青岛供货如图 6-2 所示，应该如何调运仪器，使得总的运输费用最低？

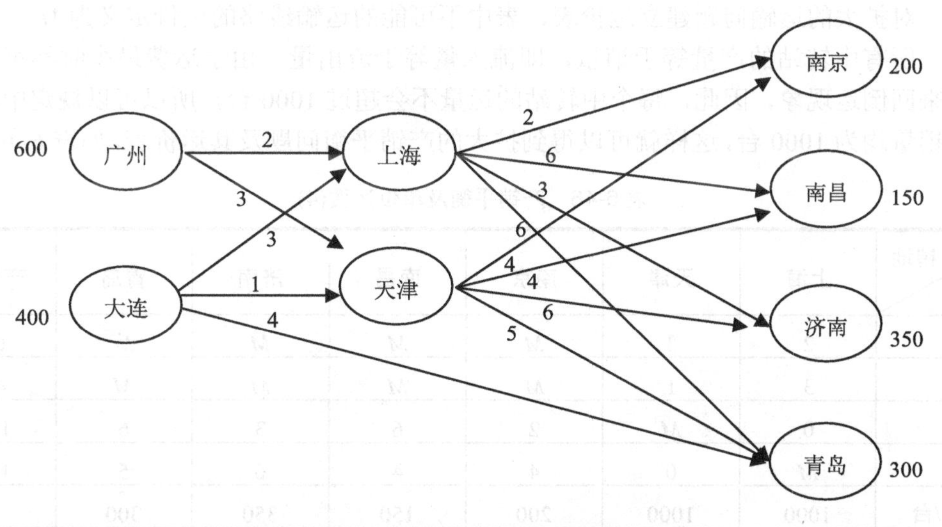

图 6-2 腾飞电子的转运网络(2)

(3) 如果腾飞电子认为既可由大连分厂向青岛直接供货，也可由济南向青岛供货(见图 6-3)，应该如何调运仪器，使得总的运输费用最低？

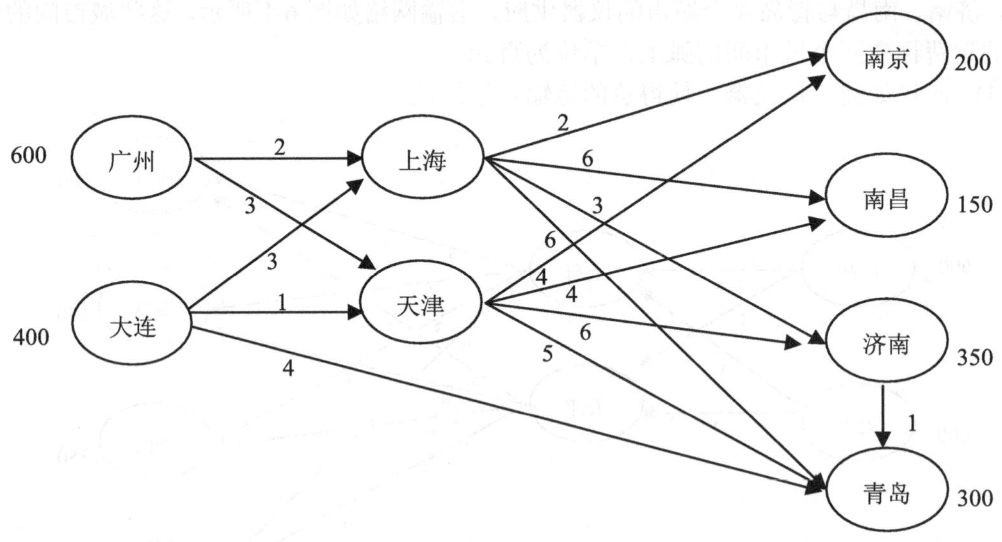

图 6-3 腾飞电子的转运网络(3)

解：(1) 这是一个转运问题，在原来的运输问题中的产地(发点)、销地(也称收点)之间还增加了中转点，可作如下处理。

① 将所有的产地、中转站都看成产地，将所有的中转站、销地都看成销地，则整个问题可转换为一个由 4 个产地和 6 个销地组成的运输问题。

② 对扩大的运输问题建立运价表，表中不可能的运输线路的运价定义为 M 。

③ 所有中转站的产量等于销量，即流入量等于流出量。由于运费最少时不可能出现物资的来回倒运现象，因此，每个中转站的运量不会超过 1000 台，所以可以规定中转站的产量和销量均为 1000 台，这样就可以得到扩大的产销平衡问题及其运价表，如表 6-46 所示。

表 6-46 产销平衡及单位运费(4)

销地 产地	上海	天津	南京	南昌	济南	青岛	产量/台
广州	2	3	M	M	M	M	600
大连	3	1	M	M	M	M	400
上海	0	M	2	6	3	6	1000
天津	M	0	4	4	6	5	1000
销量/台	1000	1000	200	150	350	300	

(2)　由于大连到青岛可以直接运达，单位运费为 4 百元。因此，将表 6-46 中大连到青岛的单位运费由 M 改为 4 即可，如表 6-47 所示。

表 6-47　产销平衡及单位运费(5)

产地 \ 销地	上海	天津	南京	南昌	济南	青岛	产量/台
广州	2	3	M	M	M	M	600
大连	3	1	M	M	M	4	400
上海	0	M	2	6	3	6	1000
天津	M	0	4	4	6	5	1000
销量/台	1000	1000	200	150	350	300	

(3)　由于问题中所有的产地、销地和中转站都可以看成产地，也可以看成销地，因此整个问题将变为一个由 8 个产地和 8 个销地组成的运输问题，不可能的运输方案其运费仍用 M 表示，中转站的产量与销量仍为 1000 台。但由于原来的产地与销地也具有中转作用，所以同样在原来的产量与销量的数字上都加上 1000 台，即广州厂的产量改为 1600 台，大连厂的产量改为 1400 台，销量均为 1000 台；4 个销地的销量改为 1200 台、1150 台、1350 台和 1300 台，产量均为 1000 台。表 6-48 为此问题的产销平衡表和运价表。

表 6-48　产销平衡及单位运费(6)

产地 \ 销地	广州	大连	上海	天津	南京	南昌	济南	青岛	产量/台
广州	0	M	2	3	M	M	M	M	1600
大连	M	0	3	1	M	M	M	4	1400
上海	M	M	0	M	2	6	3	6	1000
天津	M	M	M	0	4	4	6	5	1000
南京	M	M	M	M	0	M	M	M	1000
南昌	M	M	M	M	M	0	M	M	1000
济南	M	M	M	M	M	M	0	1	1000
青岛	M	M	M	M	M	M	M	0	1000
销量/台	1000	1000	1000	1000	1200	1150	1350	1300	

例 6-13　某航运公司承担 6 个港口城市 A,B,C,D,E,F 的 4 条固定航线的物资运输任务。已知各条航线的起点、终点城市以及每天航班数如表 6-49 所示。假定各条航线使用相同型号的船只，各城市间的航程天数如表 6-50 所示。又已知每条船只每次装卸货物的时间各需要 1 天，问：该航运公司至少应配备多少条船，才能满足所有航线的运货需求？

表 6-49　每天的航班数

航　线	起点城市	终点城市	每天航班数
1	E	D	3
2	B	C	2
3	A	F	1
4	D	B	1

表 6-50　各城市间的航程天数

始点＼终点	A	B	C	D	E	F
A	0	1	2	14	7	7
B	1	0	3	13	8	8
C	2	3	0	15	5	5
D	14	13	15	0	17	20
E	7	8	5	17	0	3
F	7	8	5	3	3	0

解：该公司所需配备的船只可分为两个部分。

(1) 载货航程需要的周转船只数。例如航线 1，在港口 E 装货 1 天，E—D 航程 17 天，在 D 卸货 1 天，总计 19 天。每天 3 航班，故该航线周转船只需 57 条。各条航线周转所需船只如表 6-51 所示。以上累计共需要周转船只数 91 条。

表 6-51　周转船只的计算

航　线	装货天数	航程天数	卸货天数	小　计	航班数	需周转船只数
1	1	17	1	19	3	57
2	1	3	1	5	2	10
3	1	7	1	9	1	9
4	1	13	1	15	1	15

(2) 各港口间调度所需船只数。有些港口每天到达船只数多于需要船只数。例如港口 D，每天到达 3 条，需求 1 条；而有些港口到达数少于需求数，例如港口 B。各港口每天余缺船只的计算如表 6-52 所示。

表 6-52　调度所需船只的计算

港口城市	每天到达	每天需求	余缺数
A	0	1	−1
B	1	2	−1
C	2	0	2
D	3	1	2
E	0	3	−3
F	1	0	1

为使配备船只数最少，应做到周转的空船数为最少。因此建立以下运输问题，单位运价为相应各港口之间的船只航程天数，其产销平衡表如表 6-53 所示。最后该公司所需船只数为(1)与(2)之和。

表 6-53　产销平衡及航程天数

始点＼终点	A	B	E	每天多余船只数
C	2	3	5	2
D	14	13	17	2
F	7	8	3	1
每天缺少船只数	1	1	3	

第五节　运输问题的 WinQSB 求解

用 WinQSB 求解运输问题，用的是 Network Modeling 子程序中的 Transportation Problem 选项，使用十分方便，而且可以给出计算的中间结果。

例 6-14　以例 6-2 为例来说明 WinQSB 求解运输问题的使用方法。

解：例 6-2 是一个产销平衡的运输问题。用 WinQSB 求解步骤如下。

(1)　启动程序。

选择“开始”|“程序”| WinQSB | Network Modeling 命令，得到如图 6-4 所示的界面。

图 6-4　Network Modeling 的界面

(2) 建立新问题。

选择 File | New Problem 命令或直接单击工具栏中的按钮建立新问题，屏幕上出现如图 6-5 所示的问题选项输入界面。

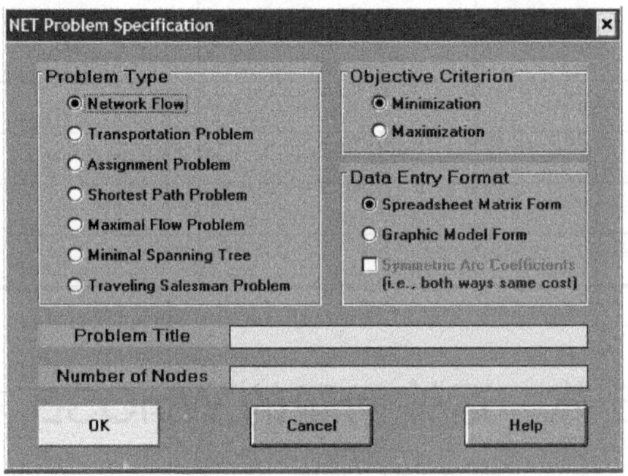

图 6-5　问题选项输入界面

此处问题类型(Problem Type)共有 7 种。

- Network Flow：网络流问题。
- Transportation Problem：运输问题。
- Assignment Problem：指派问题。
- Shortest Path Problem：最短路问题。
- Maximal Flow Problem：最大流问题。

- Minimal Spanning Tree：最小支撑树问题。
- Traveling Salesman Problem：旅行商问题。

输入问题在此处应当选择 Transportation Problem。本例中有两个产地(Number of Sources)和三个销地(Number of Destinations)，也在此输入。本例中为求最小运费，所以在目标函数准则(Objective Criterion)中选择最小化(Minimization)。此外，数据输入格式(Data Entry Format)可以选择电子表格格式(Spreadsheet Matrix Form)与图形模式(Graphic Model Form)。

(3) 输入数据。

在选择数据输入格式时，选中 Spreadsheet Matrix Form 单选按钮则以电子表格矩阵形式输入单位运价和各地产量与销量，如图 6-6 所示。

From \ To	Destination 1	Destination 2	Destination 3	Destination 4	Supply
Source 1	3	11	3	10	7
Source 2	1	9	2	8	4
Source 3	7	4	10	5	9
Demand	3	6	5	6	

图 6-6　输入数据

(4) 求解模型。

选择 Solve and Analyze，下拉菜单中有直接求解(Solve the Problem)、用网络图形式求解并显示求解步骤(Solve and Display Steps-Network)、用表上作业法求解并显示求解步骤(Solve and Display Steps-Tableau)和选择求解初始解的方法(Select Initial Solution Method) 4 个选项。一般求解运输问题，只要求出最优解即可。因此，选择 Solve the Problem，直接求其最优解。单击 Result，选择 Solution Table—All，可得如图 6-7 所示的最优解。

由图 6-7 可知，在 Shipment 一列中可得到调运量。本例中 $x_{13}=5$，$x_{14}=2$，$x_{21}=3$，$x_{24}=1$，$x_{32}=6$，$x_{34}=3$，其余调运量为 0。至此，例 6-2 运用 WinQSB 软件求解完毕，最小运费为 85。与表 6-26 相比较而言，所求的调运量不同，但最小运费都是 85；与表 6-27 相比较，显然有 $\theta=0$，最小运费为 85。

07-25-2010	From	To	Shipment	Unit Cost	Total Cost	Reduced Cost
1	Source 1	Destination 1	0	3	0	0
2	Source 1	Destination 2	0	11	0	2
3	Source 1	Destination 3	5	3	15	0
4	Source 1	Destination 4	2	10	20	0
5	Source 2	Destination 1	3	1	3	0
6	Source 2	Destination 2	0	9	0	2
7	Source 2	Destination 3	0	2	0	1
8	Source 2	Destination 4	1	8	8	0
9	Source 3	Destination 1	0	7	0	9
10	Source 3	Destination 2	6	4	24	0
11	Source 3	Destination 3	0	10	0	12
12	Source 3	Destination 4	3	5	15	0
	Total	Objective	Function	Value =	85	

图 6-7　直接得出最优解

习　题

1. 某公司在3个地方有3个分厂生产同一种产品，其产量分别为300、400和500，需要供应4个地方的销售，这4地的产品需求分别为400、250、350和200。3个分厂到4个销售地的单位运价(元/箱)如表6-54所示。

表6-54　单位运费(2)

产地＼销地	甲	乙	丙	丁
一分厂	21	17	23	25
二分厂	10	15	30	19
三分厂	23	21	20	22

(1) 应如何安排运输方案，使得总运费为最小？

(2) 如果二分厂的产量从400箱提高到了600箱，那么应如何安排运输方案，使得总运费为最小？

(3) 如果销地甲的需求从400箱提高到了550箱，其他情况都同(1)，那么又该如何安排运输方案，使得总运费为最小？

2. 已知某运输问题的产量(件)、销量(件)及运输单价(元/件)如表6-55所示。

表6-55　产量、销量及单位运费(7)

产地＼销地	甲	乙	丙	产量/件
一分厂	8	7	4	15
二分厂	3	5	9	25
销量/件	20	10	20	

(1) 用最小元素法求出此运输问题的初始解。

(2) 用表上作业法求出此运输问题的最优解。

(3) 此运输方案只有一个最优解，还是具有无穷多最优解？为什么？

(4) 如果销地甲的销量从20增加为30，其他数据不变，用表上作业法求出其最优运输方案。

3. 某玩具公司分别生产 3 种新型玩具，每月可供量分别为 1000、2000、2000 件，它们分别被送到甲、乙和丙 3 个百货商店销售。已知每月百货商店各类玩具预期销售量均为 1500 件，由于经营方面原因，各商店销售不同玩具的赢利额(元/件)不同，如表 6-56 所示。又已知丙百货商店要求至少供应 C 玩具 1000 件，而拒绝进 A 种玩具。求满足上述条件下使总赢利额为最大的供销分配方案。

表 6-56　产量及单位利润

销地 产地	甲	乙	丙	产量/件
A	5	4	—	1000
B	16	8	9	2000
C	12	10	11	2000

4. 某造船厂根据合同要在当年算起的连续三年年末各提供三条规格相同的大型货轮。已知该厂今后三年的生产能力及生产成本如表 6-57 所示，加班生产情况下每条货轮成本比正常生产时高出 70 万元。又知造出的货轮如当年不交货，每条货轮每积压一年增加维护保养等损失为 40 万元。在签订合同时该厂已有两条积压未交货的货轮，该厂希望在第三年末在交完合同任务后能储存一条备用，问：该厂应如何安排计划，使在满足上述要求的条件下，使总的费用支出为最少？(列出运输问题的产销平衡表和单位运价表，不具体求解)

表 6-57　生产能力与单位成本(2)

年　度	正常生产时可完成的货轮数	加班生产时可完成的货轮数	正常生产时每条货轮的成本/万元
第一年	2	3	500
第二年	4	2	600
第三年	1	3	550

5. 甲、乙、丙三个城市每年需要煤炭分别为 320 万吨、250 万吨、350 万吨，由 A，B 两处煤矿负责供应。已知煤炭年供应量分别为：A−400 万吨，B−450 万吨。由煤矿至各城市的单位运价(万元/万吨)见表 6-58。由于需大于供，经研究平衡决定，甲城市供应量可减少 0～30 万吨，乙城市需要量应全部满足，丙城市供应量不少于 270 万吨。试求将供应量分配完又使总费用为最低的调运方案(只建立运输费用表，不具体求解)。

表 6-58 单位运费(3)

产地＼销地	甲	乙	丙
A	15	18	22
B	21	25	16

6. 某肉食品加工厂按合同要在今后两个月内为某肉蛋禽联营商店加工某种熟肉制品 14 500 千克。其中第一个月需交货 800 千克，若未交够，不足的部分可由第二个月补交，但补交的数量须回扣给商店 0.10 元/千克。全部加工任务必须在第二个月末前完成，否则将重金赔偿商店损失。另若加工好的肉制品当月不交货，则每存储一个月需花费冷藏费 0.05 元/千克。该厂的加工能力及加工费如表 6-59 所示。试为该项合同拟定一个总费用最少的生产调度方案。

表 6-59 加工能力及单位加工费

生产方式＼月份	加工能力/千克		加工费/(元/千克)	
	1	2	1	2
正常生产	5500	6000	0.60	0.60
加班生产	2000	2500	0.75	0.70
外协生产	2000	2000	0.85	0.80

第七章　图论与网络分析

运用图论中的分析技术可以解决现实世界的许多问题，如交通网、管道网、通信网的优化以及工程进度安排等问题。除此之外，还有很多问题，从表面上看似乎与网络毫无关系，但实质上也可以用网络模型来描写，例如设备更新的优化问题，就可以表述为网络分析中的最短路径问题。

通过学习本章，应当了解图与网络的基本概念；掌握最短路径问题、最大流问题和最小费用最大流问题的图论解法，并会对管理中的实际问题进行分析判别其是哪一类图论问题；学会运用 WinQSB 来求解经济管理中的图与网络问题。

第一节　图的基本概念及图的模型

一、图的基本概念及图的模型概述

瑞士数学家欧拉(E. Euler)在 1736 年发表了一篇题为“依据几何位置的解题方法”的论文，有效地解决了哥尼斯堡七桥难题，这是有记载的第一篇图论论文，欧拉被公认为图论的创始人。18 世纪的哥尼斯堡城中流过一条河(普列格河)。河上有七座桥连接着河的两岸和河中的两个小岛，如图 7-1(a)所示。当时那里的人们热衷于讨论这样一个话题：一个旅游者怎样才能连续走过这七座桥而每座桥只走一次，回到原出发点，这就是著名的“哥尼斯堡七桥”难题。欧拉将此问题归结为图 7-1(b)，由点和连线构成的图形，对于能否一笔画的问题，并证明了这是不可能实现的。这是一个用图的模型来描述和解决实际问题的第一个著名例子。

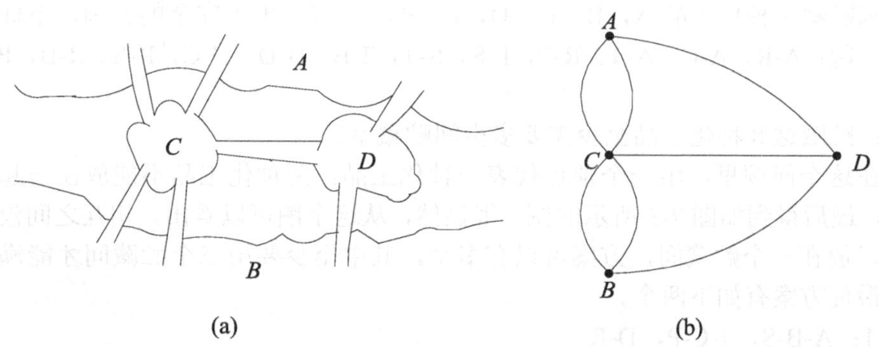

图 7-1　哥尼斯堡七桥问题

1857 年英国数学家哈密顿(Hamilton)发明了一种游戏，他用一个实心正 12 面体象征地球，正 12 面体的 20 个顶点分别表示世界上 20 座城市，要求游戏者从任一城市出发，寻找一条可经由每个城市一次且仅一次再回到原出发点的路，这就是“环球旅行”问题。它与七桥问题不同，前者要在图中找一条经过每边一次且仅一次的路，通称欧拉回路，而后者是要在图中找一条经过每个点一次且仅一次的路，通称为哈密顿回路。哈密顿根据这个问题的特点，给出了一种解法，如图 7-2 粗箭线所示。

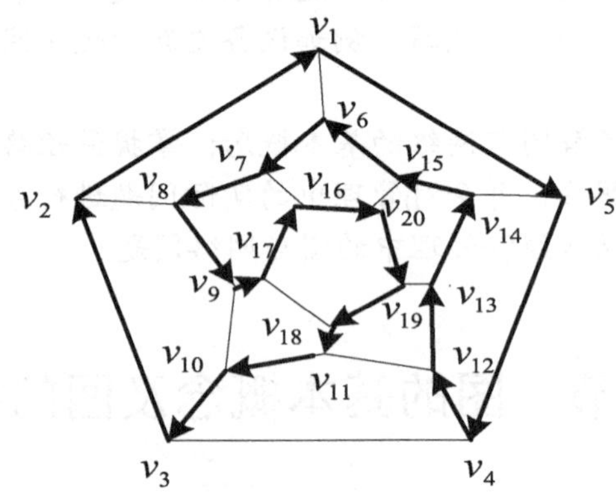

图 7-2　哈密顿问题

从上面两个著名的例子可以看出，图的模型是由有限个代表孤立事物的点和表示事物间联系的线所组成。

在图论中还有很多趣味的问题，诸如“中国邮路问题”“货郎担问题”“迷宫问题”“博弈问题”等都可以用图来表示。

二、图模型举例

下面举几个例子来说明。

例 7-1　化工品的贮存问题。

现要求贮藏 8 种化工品 A，B，C，D，P，R，S，T。出于安全的原因，下面各组产品不能放在一起：A-R，A-C，A-T，R-P，P-S，S-T，T-B，B-D，D-C，R-S，R-B，P-D，S-C，S-D。

问题：贮藏这 8 种化工品至少需要多少间贮藏室？

解：在这个问题里，用一个顶点代表一种化工品；两种化工品不能放在一起则用一条连线表示，最后得到如图 7-3 所示的图。很显然，从这个图可以看出，相互之间没有连线的化工品可以放在一个贮藏间，方案可以有多个，其中至少要用三个贮藏间才能满足安全要求。这种最优方案有如下两个。

方案 1：A-B-S，T-C-P，D-R

方案 2：D-R-T，A-B-S，C-P

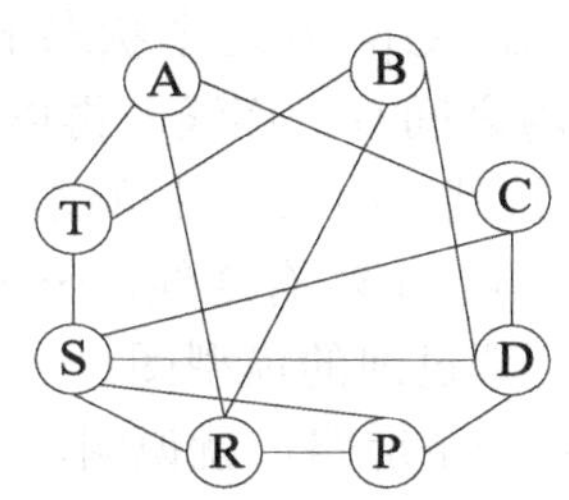

图 7-3 化工品贮存问题图模型

例 7-2 农夫、狼、羊、草过河问题。

有位农夫，携带一匹狼、一只羊和一挑草要过一条小河，河中只有一条小船，一次摆渡农夫只能携带一样东西。当农夫不在场时，狼要吃羊，羊要吃草。试问：农夫怎样才能将这三样东西摆渡到对岸？至少要摆渡几次？

解：设 M，W，S，G 分别代表人、狼、羊、草。在这个问题里，首先要考虑这 4 个对象可能形成的组合情况，每种组合称为一种状态，人、狼、羊、草在一起，记为[M、W、S、G]，是一种可能的状态。现将这样的全部组合表示如下：

(1) [M、W、S、G] [∅]

(2) [M、W] [S、G]

(3) [M、S] [W、G]

(4) [M、G] [W、S]

(5) [M、W、S] [G]

(6) [M、W、G] [S]

(7) [W、S、G] [M]

(8) [M、S、G] [W]

很显然，组合(2)、(4)、(7)是不允许的。去掉这 3 个组合中的 6 个状态，那么可能的状态有 10 个，现用一个顶点代表一种状态，按照状态中是否有人存在，把它们分成两组列在图 7-4 中。

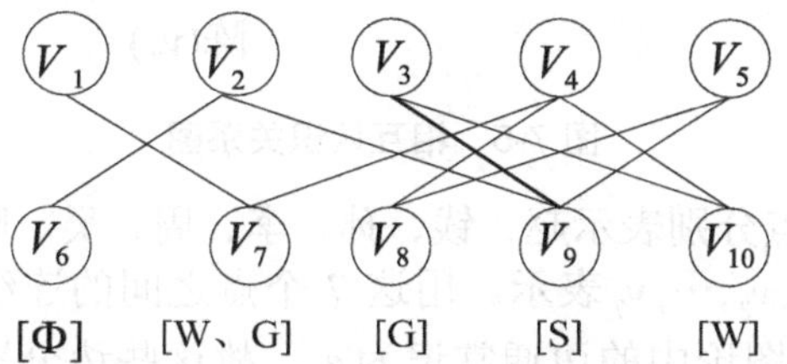

图 7-4 过河问题的图模型

下面研究各状态之间的关系，如果两个状态之间可以相互转化，就在这两个状态之间

画一条连线。例如状态 V_1[M、W、S、G]，在这个状态下，农夫只能带羊过河，这时剩下狼草在一起的状态 V_7，因此 V_1 与 V_7 之间有一连线。再以状态 V_4[M、W、G]为例，如农夫带狼过河，则剩下草，即 V_4 与 V_8 有连线；如农夫带草过河，则剩下狼，即 V_4 与 V_{10} 有连线；如农夫自己过河，则剩下狼和草，即 V_4 与 V_7 有连线。……按照这种增加连线的方法可以得到如图 7-4 所示的农夫摆渡狼、羊、草过河的模型图。

很显然，如果能从 V_1 到 V_6 找到一条道路，就说明，农夫可以将狼、羊、草摆渡过河，经过的边数即是摆渡的次数。其中边数最少的路线，即是摆渡的最优方案。用观察法不难发现这样的路线有两条：V_1—V_7—V_4—V_{10}—V_3—V_9—V_2—V_6 和 V_1—V_7—V_4—V_8—V_5—V_9—V_2—V_6。

第二节　图论中的基本概念

在图论中图是由有限个代表孤立事物的点和表示事物之间联系的线所构成，其中这些点称为顶点的集合，用 $V=\{v_1,\ v_2,\cdots\}$ 表示；顶点之间的连线称为边的集合，用 $E=\{e_1,\ e_2,\cdots\}$ 表示。在图论中，与一个顶点相连的边的次数称为该顶点的次。具有奇次的顶点称为奇次点，具有偶次的顶点称为偶次点。很显然，任何图中全部顶点次数的总和是偶数。图中如出现奇次点，则它们肯定是成对出现的。

例如，在一群人中，相互认识这个关系可以用图来表示，图 7-5 就是一个表示这种关系的图。

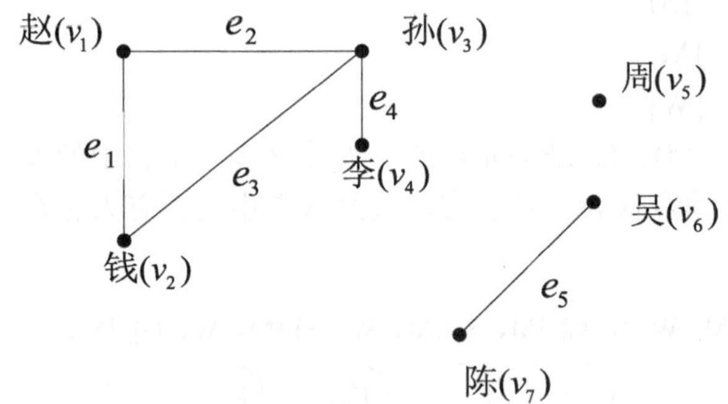

图 7-5　相互认识关系图

在图 7-5 中，用 7 个点分别表示赵、钱、孙、李、周、吴、陈七人，图论中的点通常记为 v_i，故这 7 人分别用 $v_1,v_2,\cdots,v_7$ 表示。用这 7 个点之间的连线来反映他们之间相互认识的关系，这连线称为边，图论中的边通常记为 e_i，故这些边分别用 $e_1,e_2,\cdots,e_7$ 表示，例如图 7-5 中赵与钱有连线而赵与周没有连线，说明了赵与钱相互认识，而赵与周相互不认识。从上面的例子可以看出图可以很好地描述和刻画反映对象之间的特定关系。在一般情况下

图中点的相对位置如何和点与点之间连线的长短曲直，对于反映对象之间的关系并不重要。因此图论中的图与几何图、工程图是不一样的。

如果把上面的例子中“相互认识”的关系改为“认识”的关系，那么只用两点间的连线就很难刻画它们之间的关系了。例如，周认识赵，而赵却不认识周。这时可以引入带箭头的连线，称为弧，通常记为a_i，对于周认识赵可以用一条箭头对着赵的弧来表示。图 7-6 就是一个反映这 7 人“认识”关系的图。在图 7-6 中“相互认识”用两条反向的弧来表示。

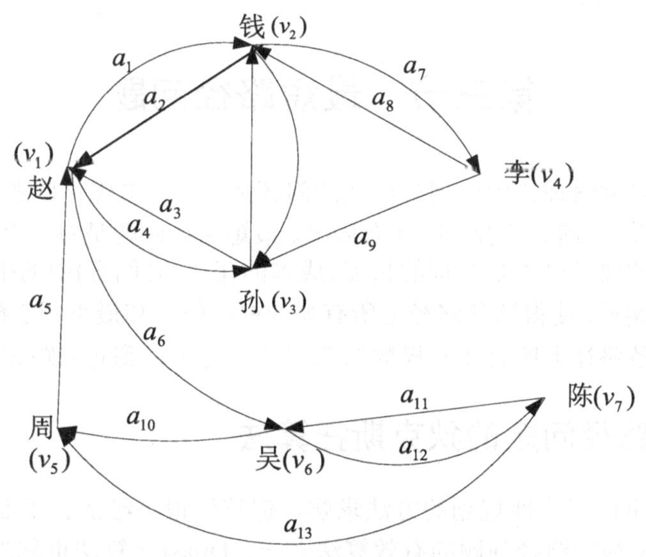

图 7-6　认识关系图

把像图 7-5 那样由点和边构成的图叫无向图(简称图)，记为 $G=(V, E)$，其中 V 是图 G 的点的集合，E 是图 G 的边的集合；像图 7-6 那样由点和弧构成的图叫有向图，记为 $D=(V, A)$，其中 V 为图 D 的点的集合，A 为图 D 的弧的集合。无向图是一种特殊的有向图，无向图的边实际上等价于两条反向的弧。

在无向图 G 中，如果存在一个点、边的交错序列$(v_{i_1}, e_{i_1}, v_{i_2}, e_{i_2}, \cdots, v_{i_{k-1}}, e_{i_{k-1}}, v_{i_k})$，则称这条点、边的交错序列为联结$v_{i_1}$和$v_{i_k}$的链，记为$(v_{i_1}, v_{i_2}, \cdots, v_{i_k})$。若$v_{i_1}=v_{i_k}$，则称为圈。例如在图 7-5 中，$(v_1, v_2, v_3)$就是一条链，而$(v_1, v_2, v_3, v_1)$就是一个圈。对一个无向图 G，若任何两个不同的点之间，至少存在一条链，则称 G 是连通图。

在有向图 D 中，如果存在一个点弧的交错序列$(v_{i_1}, a_{i_1}, v_{i_2}, a_{i_2}, \cdots, v_{i_{k-1}}, a_{i_{k-1}}, v_{i_k})$，则称这条点弧的交错序列为从$v_{i_1}$到$v_{i_k}$的一条路，记为$(v_{i_1}, v_{i_2}, \cdots, v_{i_k})$。若路的第一个点和最后一个点相同，则称为回路。例如在图 7-6 中，$(v_2, v_3, v_1, v_6, v_7, v_5)$就是从$v_2$到$v_5$的一条路，而$(v_1, v_6, v_7, v_5, v_1)$就是一个回路。

对于一个无向图 G 的每一条边(v_i, v_j)，如果相应地有一个数w_{ij}，则称这样的图 G 为赋权图，w_{ij} 称为边$(v_i，v_j)$上的权。

同样地对于有向图 D 的每一条弧$(v_i，v_j)$，如果相应地有一个数 c_{ij}，也称这样的图 D 为赋权图，c_{ij} 称为弧$(v_i，v_j)$上的权。

我们在赋权的有向图 D 中指定了一点，称为发点(记为 v_s)，指定另一点为收点(记为 v_t)，其余的点称为中间点，并把 D 中的每一条弧的赋权数 c_{ij} 称为弧$(v_i，v_j)$的容量，这样的赋权有向图 D 就称为网络。

第三节　最短路径问题

最短路径问题是网络理论中应用最广泛的问题之一。许多优化问题可以使用这个模型，如设备更新、管道铺设、线路安排、厂区布局等。最短路径问题是对一个赋权的有向图 D(其赋权根据具体问题的要求可以是路程的长度、成本的花费、时间等)中的指定两个点 v_s 和 v_t 找到一条从 v_s 到 v_t 的路径，使得这条路径上所有弧的权数的总和最小，这条路径被称为从 v_s 到 v_t 的最短路径，这条路径上所有弧的权数的总和被称为从 v_s 到 v_t 的距离。

一、求解最短路径问题的狄克斯托算法

最短路径问题可以用线性规划的方法求解，但算法很不经济。下面介绍的迪杰斯特拉(Dijkstra)算法是求解最短路径问题的有效算法之一。Dijkstra 算法也称为双标号法，适用于每条弧的赋权数 $c_{ij} \geqslant 0$ 的情况。所谓双标号法，也就是对图中的点 v_j 赋予两个标号(l_j, k_j)，第一个标号 l_j 表示从起点 v_s 到 v_j 的最短路径的长度，第二个标号 k_j 表示在 v_s 到 v_j 的最短路径上 v_j 前面一个邻点的下标，从而找到 v_s 到 v_t 的最短路径及 v_s 到 v_t 的距离。下面给出 Dijkstra 算法的基本步骤。

(1)　给起点 v_s 标号为$(0, s)$，表示从 v_s 到 v_s 的距离为 0，v_s 为起点。

(2)　找出已标号的点的集合 I、没标号的点的集合 J 以及弧的集合$\{(v_i, v_j) | v_i \in I, v_j \in J\}$，这里这个弧的集合是指所有从已标号的点到未标号的点的弧的集合。

(3)　如果上述弧的集合是空集，则计算结束。如果 v_t 已标号(l_t, k_t)，则 v_s 到 v_t 的距离即为 l_t，而从 v_s 到 v_t 的最短路径，则可以从 v_t 反向追踪到起点 v_s 而得到。如果 v_t 未标号，则可以断言不存在从 v_s 到 v_t 的有向路径。

如果上述弧的集合不是空集，转下一步。

(4)　对上述弧的集合中的每一条弧，计算

$$s_{ij} = l_i + c_{ij}$$

在所有的 s_{ij} 中，找到其值为最小的弧，不妨设此弧为(v_c, v_d)，则给此弧的终点以双标号(s_{cd}, c)，返回步骤(2)。

若在步骤(4)中，使得 s_{ij} 值为最小的弧有多条，则这些弧的终点既可以任选一个标定，也可以都予以标定，若这些弧中的有些弧的终点为同一点，则此点应有多个双标号，以便最后可找到多条最短路径。

例 7-3　求图 7-7 中 v_1 到 v_6 的最短路径。

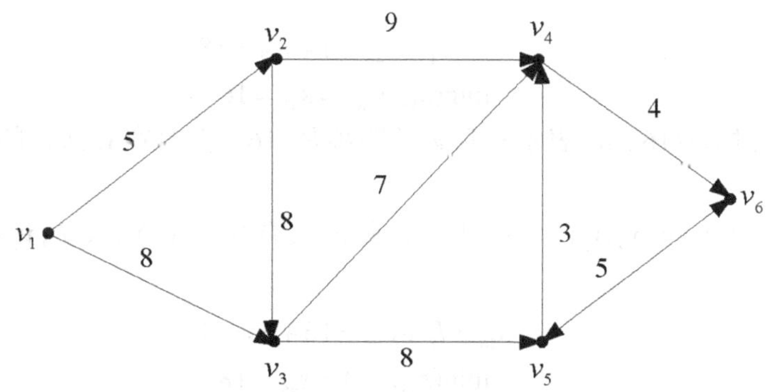

图 7-7　最短路径问题网络图

解：(1)　给起点 v_1 标以(0,s)，表示从 v_1 到 v_1 的距离为 0，v_1 为起始点。

(2)　这时已标定的点的集合 $I=\{v_1\}$，未标定的点的集合 $J=\{v_2,v_3,v_4,v_5,v_6\}$，弧的集合$\{(v_i,v_j)|v_i\in I, v_j\in J\}$=$\{(v_1,v_2)$，$(v_1,v_3)\}$，并有

$$s_{12}=l_1+c_{12}=0+5=5$$
$$s_{13}=l_1+c_{13}=0+8=8$$
$$\min(s_{12},s_{13})=s_{12}=5$$

这样，给弧(v_1,v_2)的终点 v_2 标以(5,1)，表示从 v_1 到 v_2 的距离为 5，并且在 v_1 到 v_2 的最短路径中 v_2 的前面一个点是 v_1。

(3)　这时 $I=\{v_1,v_2\}$，$J=\{v_3,v_4,v_5,v_6\}$，弧的集合$\{(v_i,v_j)|v_i\in I, v_j\in J\}$=$\{(v_1,v_3)$，$(v_2,v_3)$，$(v_2,v_4)\}$，并且有

$$s_{23}=l_2+c_{23}=5+8=13$$
$$s_{24}=l_2+c_{24}=5+9=14$$
$$\min(s_{13},\ s_{23},\ s_{24})=s_{13}=8$$

这样，给弧(v_1,v_3)的终点 v_3 标以(8,1)，表示 v_1 到 v_3 的距离为 8，并且在 v_1 到 v_3 的最短路径中 v_3 前面一个点是 v_1。

(4)　这时 $I=\{v_1,v_2,v_3\}$，$J=\{v_4,v_5,v_6\}$，弧的集合$\{(v_i,v_j)|v_i\in I, v_j\in J\}$=$\{(v_2,v_4)$，$(v_3,v_4)$，$(v_3,v_5)\}$，并有

$$s_{34} = l_3 + c_{34} = 8 + 7 = 15$$
$$s_{35} = l_3 + c_{35} = 8 + 8 = 16$$
$$\min(s_{24}, s_{34}, s_{35}) = s_{24} = 14$$

这样，给点 v_4 标以(14,2)，表示从 v_1 到 v_4 的距离是 14，并且在 v_1 到 v_4 的最短路径中 v_4 的前面一个点是 v_2。

(5) 这时 $I = \{v_1, v_2, v_3, v_4\}$，$J = \{v_5, v_6\}$，弧的集合 $\{(v_i, v_j) | v_i \in I, v_j \in J\}$=$\{(v_3, v_5), (v_4, v_6)\}$，并有

$$s_{46} = l_4 + c_{46} = 14 + 4 = 18$$
$$\min(s_{35}, s_{46}) = s_{35} = 16$$

这样，给点 v_5 标以(16,3)，表示 v_1 到 v_5 的距离是 16，并且在 v_1 到 v_5 的最短路径中 v_5 的前面一个点是 v_3。

(6) 这时 $I = \{v_1, v_2, v_3, v_4, v_5\}$，$J = \{v_6\}$，弧的集合 $\{(v_i, v_j) | v_i \in I, v_j \in J\}$=$\{(v_4, v_6), (v_5, v_6)\}$，并有

$$s_{56} = l_5 + c_{56} = 16 + 5 = 21$$
$$\min(s_{46}, s_{56}) = s_{46} = 18$$

这样，给点 v_6 标以(18，4)，表示从 v_1 到 v_6 的距离是 18，并且在 v_1 到 v_6 的最短路径中 v_6 的前面一个点是 v_4。

(7) 这时 $I = \{v_1, v_2, v_3, v_4, v_5\}$，$J = \varnothing$，弧的集合 $\{(v_i, v_j) | v_i \in I, v_j \in J\}=\varnothing$，计算结束。

(8) 根据终点 v_6 的标号(18,4)可知从 v_1 到 v_6 的最短距离是 18，其最短路径中 v_6 前面一点是 v_4，从 v_4 的标号(14,2)可知，v_4 的前面一点是 v_2，从 v_2 的标号(5,1)可知 v_2 的前面一点是 v_1，即此最短路径为 $v_1 \to v_2 \to v_4 \to v_6$。

同样，可以从各点 v_i 的标号得到 v_1 到 v_i 的最短路径。如果计算结束，某个点没有标号，则说明不存在从 v_1 到该点的有向路。例 7-3 中各点的标号如图 7-8 所示。

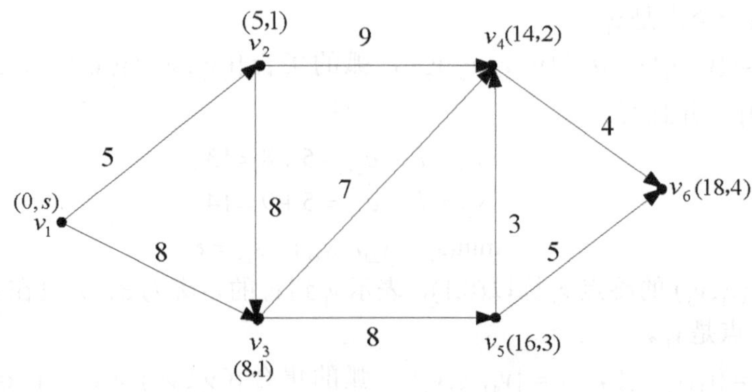

图 7-8 最短路径问题的双标号图

二、最短路径问题的应用

例 7-4 电信公司准备在甲、乙两地沿路架设一条光缆线，问：如何架设使其光缆线最短？图 7-9 给出了甲、乙两地间的交通图，图中的点 $v_1, v_2, \cdots, v_7$ 表示 7 个地名，其中 v_1 表示甲地，v_7 表示乙地，点之间的连线(边)表示两地之间的公路，边所赋的权数表示两地间公路的长度(单位为 km)。

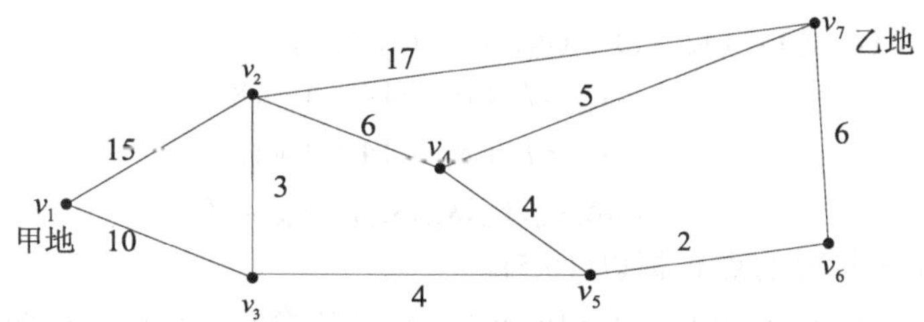

图 7-9 甲乙两地间交通图

解：因为公路的长度与行走的方向无关，所以这是一个求无向图的最短路径的问题。如果把无向图的每一边 (v_i, v_j) 都用方向相反的两条弧 (v_i, v_j) 和 (v_j, v_i) 代替，就把无向图化成有向图，即可用 Dijkstra 算法来求解。其实可以在无向图上用 Dijkstra 算法来求解。只要在算法中把从已标号的点到未标号的点的弧的集合改成已标号的点到未标号的点的边的集合即可，注意弧是有方向的，而边是无方向的。

(1) 给起始点 v_1 标号为(0，s)。

(2) $I=\{v_1\}$，$J=\{v_2,v_3,v_4,v_5,v_6,v_7\}$，边的集合$\{(v_i,v_j)\,|\,v_i,v_j$ 两点中一点属于 I，而另一点属于 $J\}=\{(v_1,v_2)$，$(v_1,v_3)\}$,并有

$$s_{12}=l_1+c_{12}=0+15=15$$

$$s_{13}=l_1+c_{13}=0+10=10$$

$$\min(s_{12},\ s_{13})=s_{13}=10$$

给边 (v_1,v_3) 中未标号的点 v_3 标以(10,1)，表示从 v_1 到 v_3 的距离为 10，并且在 v_1 到 v_3 的最短路径上 v_3 前面的点为 v_1。

(3) 这时 $I=\{v_1,v_3\}$，$J=\{v_2,v_4,v_5,v_6,v_7\}$，边的集合$\{(v_i,v_j)\,|\,v_i,v_j$ 两点中一点属于 I，而另一点属于 $J\}=\{(v_1,v_2)$，(v_3,v_2)，$(v_3,v_5)\}$，并有

$$s_{32}=l_3+c_{32}=10+3=13$$

$$s_{35}=l_3+c_{35}=10+4=14$$

$$\min(s_{12},\ s_{32},\ s_{35})=s_{32}=13$$

给边(v_3,v_2)中未标号的点 v_2 标以(13,3)。

(4) 这时 $I=\{v_1,v_3,v_2\}$， $J=\{v_4,v_5,v_6,v_7\}$，边的集合$\{(v_i,v_j)|v_i,v_j$两点中一点属于I，而另一点属于$J\}$=$\{(v_3,v_5)$，(v_2,v_4)，$(v_2,v_7)\}$，并有

$$s_{24}=l_2+c_{24}=13+6=19$$
$$s_{27}=l_2+c_{27}=13+17=30$$
$$\min(s_{35},\ s_{24},\ s_{27})=s_{35}=14$$

给边(v_3,v_5)中未标号的点v_5标以(14,3)。

(5) 这时 $I=\{v_1,v_3,v_2,v_5\}$， $J=\{v_4,v_6,v_7\}$，边的集合$\{(v_i,v_j)|v_i,v_j$两点中一点属于I，而另一点属于$J\}$=$\{(v_2,v_4)$，(v_5,v_4)，(v_2,v_7)，$(v_5,v_6)\}$，并有

$$s_{54}=l_5+c_{54}=14+4=18$$
$$s_{56}=l_5+c_{56}=14+2=16$$
$$\min(s_{24},s_{54},s_{27},s_{56})=s_{56}=16$$

给边(v_5,v_6)中未标号的点v_6标以(16,5)。

(6) 这时 $I=\{v_1,v_3,v_2,v_5,v_6\}$， $J=\{v_4,v_7\}$，边的集合$\{(v_i,v_j)|v_i,v_j$两点中一点属于I，而另一点属于$J\}$=$\{(v_2,v_4)$，(v_2,v_7)，(v_5,v_4)，$(v_6,v_7)\}$，并有

$$s_{67}=l_6+c_{67}=16+6=22$$
$$\min(s_{24},s_{27},s_{54},s_{67})=s_{54}=18$$

给边(v_5,v_4)中未标号的点v_4标以(18,5)。

(7) 这时 $I=\{v_1,v_3,v_2,v_4,v_5,v_6\}$， $J=\{v_7\}$，边的集合$\{(v_i,v_j)|v_i,v_j$两点中一点属于I，而另一点属于$J\}$=$\{(v_2,v_7)$，(v_4,v_7)，$(v_6,v_7)\}$，并有

$$s_{47}=l_4+c_{47}=18+5=23$$
$$\min(s_{27},s_{47},s_{67})=s_{67}=22$$

给边$(v_6,\ v_7)$中未标号的点v_7标以(22,6)。

(8) 这时 $I=\{v_1,v_3,v_2,v_4,v_5,v_6,v_7\}$， $J=\varnothing$，边的集合$\{(v_i,v_j)|v_i,v_j$两点中一点属于I，而另一点属于$J\}$=$\varnothing$，计算结束。

(9) 根据各点的第二个标号反向追踪，得到最短路径为$v_1\to v_3\to v_5\to v_6\to v_7$，最短距离为22km。此例题的各点的标号见图7-10。

实际中还可以从各点的标号找到v_1到各点的距离，以及从v_1到各点的最短路径。例如，从v_4的标号(18，5)可知v_1到v_4的最短距离为18，并可找到v_1到v_4的最短路径为$v_1\to v_3\to v_5\to v_4$。

例 7-5 设备更新问题。某工厂使用一台设备，每年年初工厂都要作出决定是购买一台新的还是继续使用旧设备。如果继续使用旧的，要付维修费；若购买一台新的，要付购买费。试制定一个5年的更新计划，使总支出最少。

已知设备在隔年年初的购买费及不同机器役龄时的残值与维修费如表7-1所示。

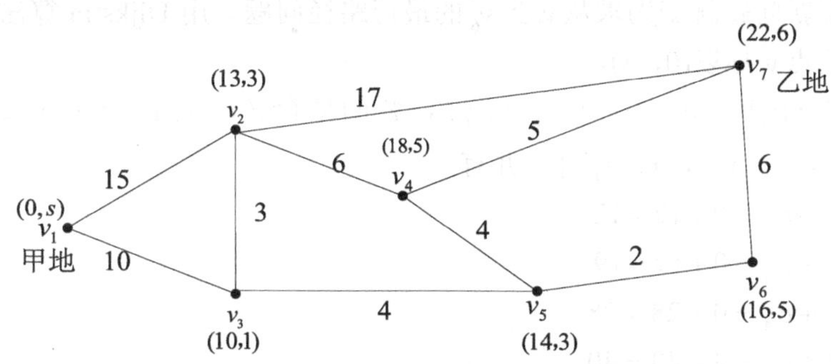

图 7-10　甲乙两地间最短路径双标号图

表 7-1　购买费、残值与维修费表

项　目	第一年	第二年	第三年	第四年	第五年
购买费	11	12	13	14	14
机器役龄	0～1	1～2	2～3	3～4	4～5
维修费	5	6	8	11	18
残值	4	3	2	1	0

解：把这个问题化为最短路径问题。

用点 v_i 表示第 i 年年初购进一台新设备，虚设一个点 v_6 表示第五年年底。从 v_i 到 $v_{i+1},\cdots,v_6$ 各画一条弧，弧 (v_i,v_j) 表示在第 i 年年初购进的设备一直使用到第 j 年年初(即第 $j-1$ 年年底)。

弧 (v_i,v_j) 上的数字表示第 i 年年初购进设备一直使用到第 j 年年初所需支付的购买、维修的全部费用(可由表 7-1 计算得到)。例如 (v_1,v_4) 弧上的 28 是第一年年初购买费 11 加上三年的维修费 5,6,8，减去 3 年役龄机器的残值 2；弧 (v_2,v_4) 上的 20 是第二年年初购买费 12 减去机器残值 3 与使用二年维修费 5,6 之和，如图 7-11 所示。

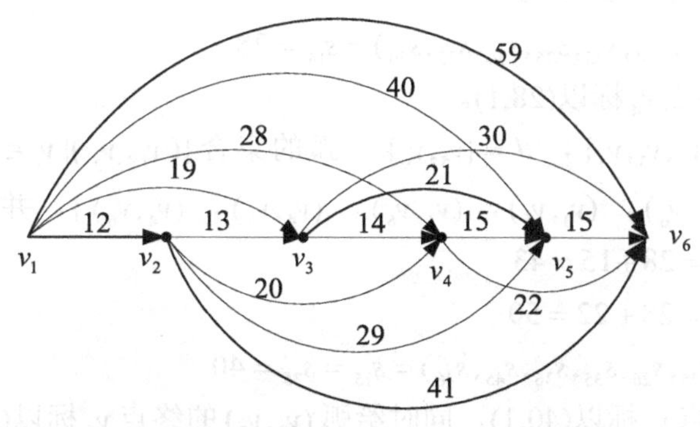

图 7-11　将设备更新问题转化为最短路径问题

这样设备更新问题就变为求从 v_1 到 v_6 的最短路径问题。用 Dijkstra 算法来求最短路径。

(1) 给起始点 v_1 标以(0，s)。

(2) 这时 $I=\{v_1\}$， $J=\{v_2,v_3,v_4,v_5,v_6\}$，弧的集合 $\{(v_i,v_j)|v_i\in I,v_j\in J\}=\{(v_1,v_2)$，$(v_1,v_3)$，$(v_1,v_4)$，$(v_1,v_5)$，$(v_1,v_6)\}$，并有

$$s_{12}=l_1+c_{12}=0+12=12$$
$$s_{13}=l_1+c_{13}=0+19=19$$
$$s_{14}=l_1+c_{14}=0+28=28$$
$$s_{15}=l_1+c_{15}=0+40=40$$
$$s_{16}=l_1+c_{16}=0+59=59$$
$$\min(s_{12},s_{13},s_{14},s_{15},s_{16})=s_{12}=12$$

给弧 (v_1,v_2) 的终点 v_2 标以(12，1)。

(3) 这时 $I=\{v_1,v_2\}$， $J=\{v_3,v_4,v_5,v_6\}$，弧的集合 $\{(v_i,v_j)|v_i\in I,v_j\in J\}=\{(v_1,v_3)$，$(v_1,v_4)$，$(v_1,v_5)$，$(v_1,v_6)$，$(v_2,v_3)$，$(v_2,v_4)$，$(v_2,v_5)$，$(v_2,v_6)\}$，并有

$$s_{23}=l_2+c_{23}=12+13=25$$
$$s_{24}=l_2+c_{24}=12+20=32$$
$$s_{25}=l_2+c_{25}=12+29=41$$
$$s_{26}=l_2+c_{26}=12+41=53$$
$$\min(s_{13},s_{14},s_{15},s_{16},s_{23},s_{24},s_{25},s_{26})=s_{13}=19$$

给弧 (v_1,v_3) 的终点 v_3 标以(19，1)。

(4) 这时 $I=\{v_1,v_2,v_3\}$， $J=\{v_4,v_5,v_6\}$，弧的集合 $\{(v_i,v_j)|v_i\in I,v_j\in J\}=\{(v_1,v_4)$，$(v_1,v_5)$，$(v_1,v_6)$，$(v_2,v_4)$，$(v_2,v_5)$，$(v_2,v_6)$，$(v_3,v_4)$，$(v_3,v_5)$，$(v_3,v_6)\}$，并有

$$s_{34}=l_3+c_{34}=19+14=33$$
$$s_{35}=l_3+c_{35}=19+21=40$$
$$s_{36}=l_3+c_{36}=19+30=49$$
$$\min(s_{14},s_{15},s_{16},s_{24},s_{25},s_{26},s_{34},s_{35},s_{36})=s_{14}=28$$

给弧 (v_1,v_4) 的终点 v_4 标以(28,1)。

(5) 这时 $I=\{v_1,v_2,v_3,v_4\}$， $J=\{v_5,v_6\}$，弧的集合 $\{(v_i,v_j)|v_i\in I,v_j\in J\}=\{(v_1,v_5)$，$(v_1,v_6)$，$(v_2,v_5)$，$(v_2,v_6)$，$(v_3,v_5)$，$(v_3,v_6)$，$(v_4,v_5)$，$(v_4,v_6)\}$，并有

$$s_{45}=l_4+c_{45}=28+15=43$$
$$s_{46}=l_4+c_{46}=28+22=50$$
$$\min(s_{15},s_{16},s_{25},s_{26},s_{35},s_{36},s_{45},s_{46})=s_{15}=s_{35}=40$$

给弧 (v_1,v_5) 的终点 v_5 标以(40,1)，同时给弧 (v_3,v_5) 的终点 v_5 标以(40,3)。

(6) 这时 $I=\{v_1,v_2,v_3,v_4,v_5\}$， $J=\{v_6\}$，弧的集合 $\{(v_i,v_j)|v_i\in I,v_j\in J\}=\{(v_1,v_6)$，$(v_2,v_6)$，$(v_3,v_6)$，$(v_4,v_6)$，$(v_5,v_6)\}$，并有

$$s_{56}=l_5+c_{56}=40+15=55$$

$$\min(s_{16},s_{26},s_{36},s_{46},s_{56})=s_{36}=49$$

给弧 (v_3,v_6) 的终点 v_6 标以(49,3)。

计算结果如图 7-12 所示，从图 7-12 可知从 v_1 到 v_6 的最短距离为 49，其最短路径为 $v_1\to v_3\to v_6$。即设备更新方案为第一年年初购置新设备使用到第二年底(第三年初)，第三年初再购置新设备使用到第五年底(第六年初)，这样使得总的支付 49 为最小。

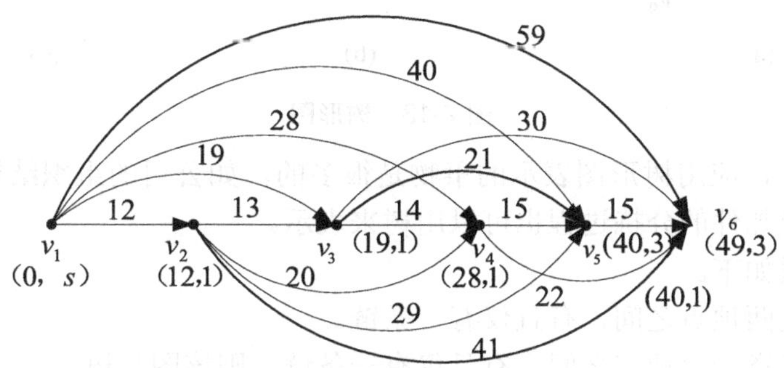

图 7-12 设备更新问题双标号图

第四节 最小生成树问题

树是图论中结构最简单但又十分重要的图，在自然科学和社会科学的许多领域都有广泛的应用。例如，在架设电话线、铺设自来水管道或暖气管道的工程设计中会遇到如下的优化问题：如何使通话点或者取水取暖点相互连通，但总的线路长度最短。这类问题在网络分析中称为最小生成树问题。

一、求解最小生成树问题的破圈算法和避圈算法

(一)树的概念和性质

所谓树就是一个无圈的连通图，如图 7-13 中的(a)就是一个树，而图(b)因为图中有圈所以不是树，图(c)因为不连通所以不是树。

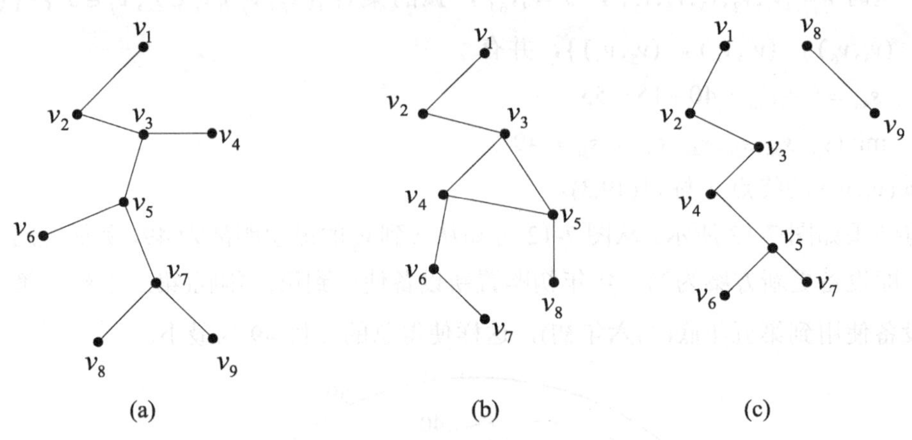

图 7-13　树形图

在实际生活中，应用树形图表示的事物是很多的，如公司的组织结构、家谱都是用树形图表示，图书或邮件的分拣过程也可以用树来表示。

树的基本性质如下。

(1) 在树中任两顶点之间，有且仅有一条链。

(2) 若图的任意一对顶点之间，有且仅有一条链，则该图是树。

(3) 一棵具有 p 个顶点的树，共有 $q=p-1$ 条边。

(4) 任何一个具有 p 个顶点，$p-1$ 条边的连通图是一棵树。

(二)生成树和最小生成树

给了一个无向图 $G=(V,E)$，我们保留 G 的所有点，而删掉部分 G 的边或者说保留一部分 G 的边，所获得的图 G'，称为 G 的生成子图。在图 7-14 中(b)和(c)都是(a)的生成子图。

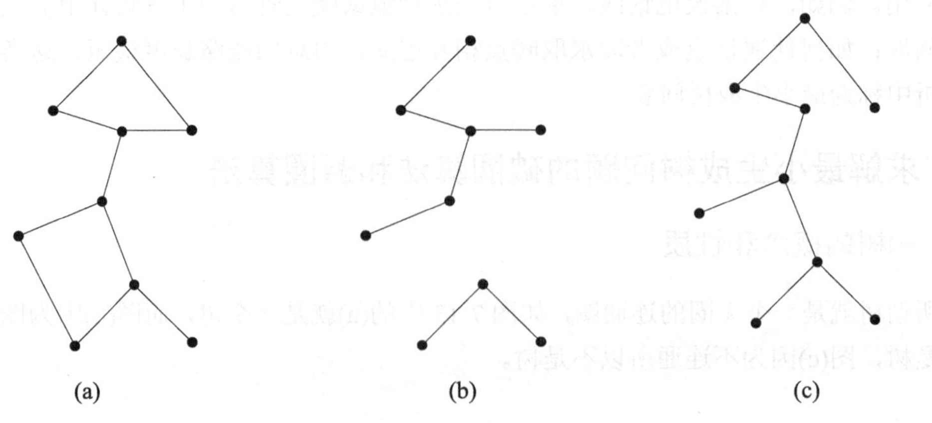

图 7-14　图及生成子图

如果图 G 中的生成子图还是一个树，则称这个生成子图为生成树。在图 7-14 中(c)就是(a)的生成树。

所谓最小生成树就是在一个赋权的连通的无向图 G 中找出一个生成树，并使得这个生成树的所有边的权数之和为最小。

(三)求解最小生成树的破圈算法和避圈算法

1．破圈法

具体步骤如下。

(1)　在给定的赋权的连通图上任找一个圈。

(2)　在所找的圈中去掉一条权数最大的边(如果有两条或两条以上的边都是权数最大的边，则任意去掉其中一条)。

(3)　如果所余下的图已不含圈，则计算结束，所余下的图即为最小生成树。否则返回步骤(1)。

例 7-6　用破圈算法在图 7-15 中求一个最小生成树。

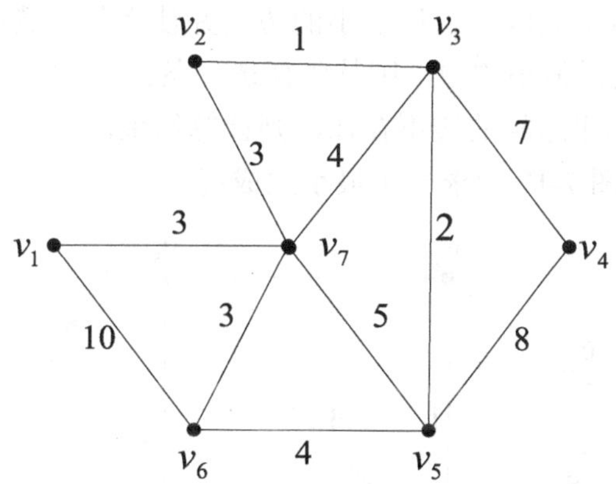

图 7-15　求解最小生成树问题网络图(1)

解：在图 7-15 中任找一个圈 (v_1,v_7,v_6,v_1)，并知在此圈上边 (v_1,v_6) 权数 10 为最大，去掉权数最大的边 (v_1,v_6)；在余下的图中再找一个圈 (v_3,v_4,v_5,v_7,v_3)，去掉该圈中权数最大的边 (v_4,v_5)，以此类推，直到所余下的图中没有圈为止，计算结束。得到的最小生成树如图 7-16 所示。这个最小生成树所有边的总权数为 3+3+3+1+2+7=19。

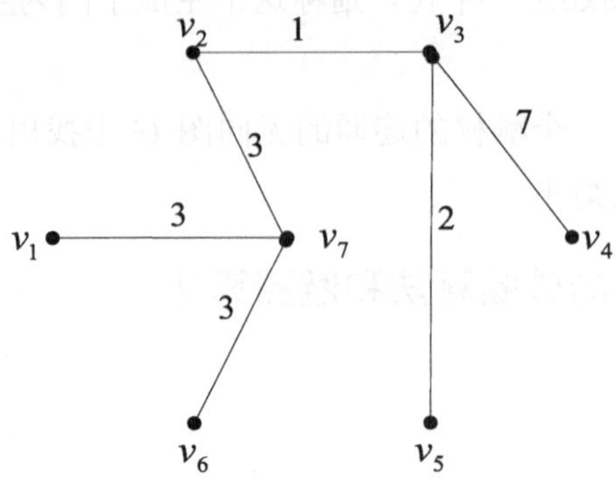

图 7-16　破圈法得到的最小生成树

2．避圈法

初始选一条最小权的边，以后每一步中总从未被选取的边中选一条权最小的边，并使之与已选取的边不构成圈(每一步中，如果有两条或两条以上的边都是权最小的边，则从中任选一条)。具体步骤如下。

(1) 在给定的赋权的连通图上选取一条最小权的边。

(2) 从未被选取的边中选取一条权最小的边，并使之与已选取的边不构成圈。如果有两条或两条以上的边都是权最小的边，则从中任选一条。

(3) 重复步骤(2)。如果这样的边不存在，则计算结束。

例 7-7　用避圈法在图 7-17 中求一个最小生成树。

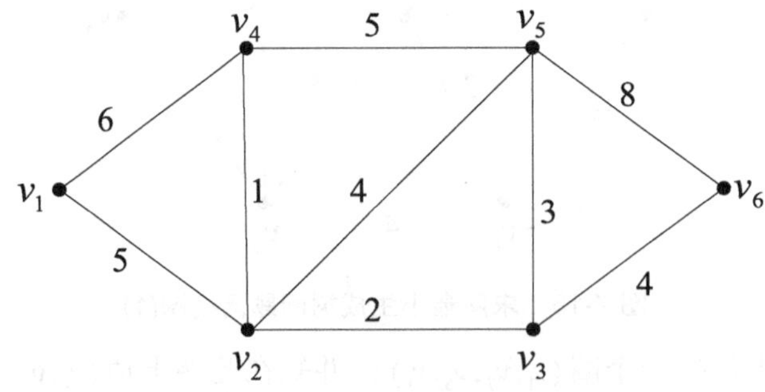

图 7-17　求解最小生成树问题网络图(2)

解：(1) 选取一条权最小的边 (v_2,v_4) 入树。

(2) 从未被选取的边中选取权最小的边 (v_2,v_3)，并且与已选取的边不构成圈，因此边 (v_2,v_3) 入树。

(3) 从未被选取的边中找出权最小的边 (v_3,v_5)，并且与已入树的边不构成圈，所以边

(v_3,v_5) 入树。

(4) 从未被选取的边中找出权最小的边 (v_2,v_5) 和 (v_3,v_6)，它们的权都是 4，但由于边 (v_2,v_5) 与已入树的边 (v_2,v_3) 和 (v_3,v_5) 构成圈，因此只能选取边 (v_3,v_6) 入树。

(5) 从未被选取的边中找出权最小的边 (v_1,v_2) 和 (v_4,v_5)，其权均为 5，但边 (v_4,v_5) 与已入树的边构成圈，因此选取边 (v_1,v_2) 入树。

(6) 此时已找不到符合条件的边，计算结束。其最小生成树如图 7-18 粗线所示。

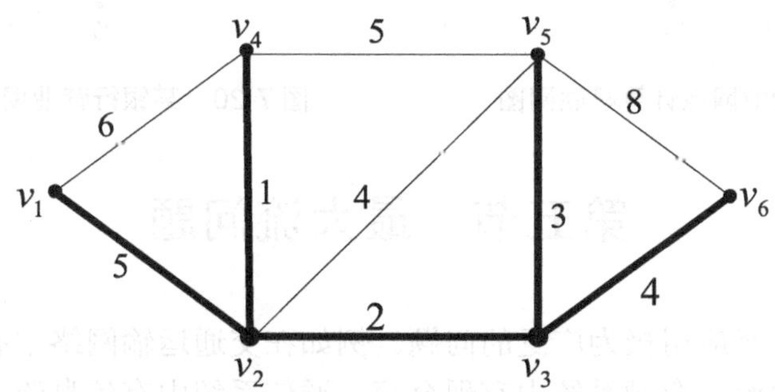

图 7-18　避圈法得到的最小生成树

二、最小生成树问题的应用

例 7-8　某银行准备对其所属的 7 个营业网点计算机联网，这个网络可能的连通途径如图 7-19 所示，图中 $v_1,v_2\cdots,v_7$ 表示 7 个营业网点，图中的边为可能联网的途径，边上所赋的权数为这条路线的长度，单位为百米。设计一个网络能连通 7 个营业网点，并使总的线路长度为最短。

解：此问题实际上是求图 7-19 的最小生成树。用破圈法求解，这在例 7-6 中已经求得，也即按照图 7-16 来设计，可使此网络的总的线路长度为最短，为 19 百米。下面用避圈法来求解。

(1) 选取一条权数最小的边 (v_2,v_3) 入树。

(2) 从余下的边中选取权数最小的边 (v_3,v_5)，并且与已经入树的边不构成圈，所以边 (v_3,v_5) 入树。

(3) 从余下的边中选取权数最小的边 (v_1,v_7)、(v_7,v_2) 和 (v_7,v_6)，其权均为 3，且不与已经入树的边构成圈，同时它们彼此也不构成圈，所以这三个边均可入树。

(4) 从余下的边中选取权数最小的边 (v_3,v_4)，且不与已经入树的边构成圈，所以边 (v_3,v_4) 入树。至此找不到符合条件的边，计算结束。其最小生成树如图 7-20 粗线所示。也即按照图 7-20 粗线来设计网络，可使总的线路最短，为 3+3+3+1+2+7=19(百米)。

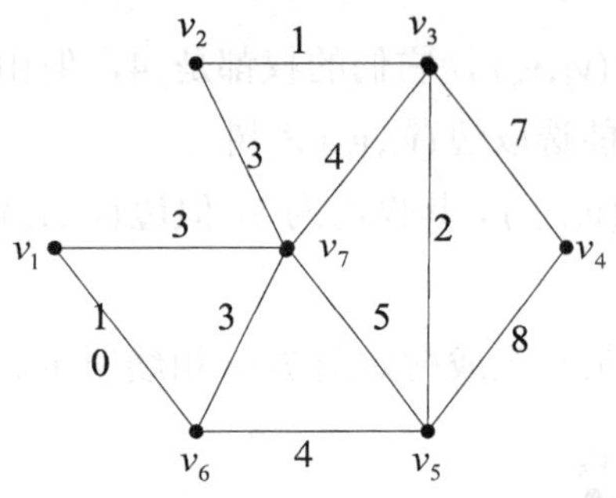

图 7-19 某银行营业网点计算机联网图

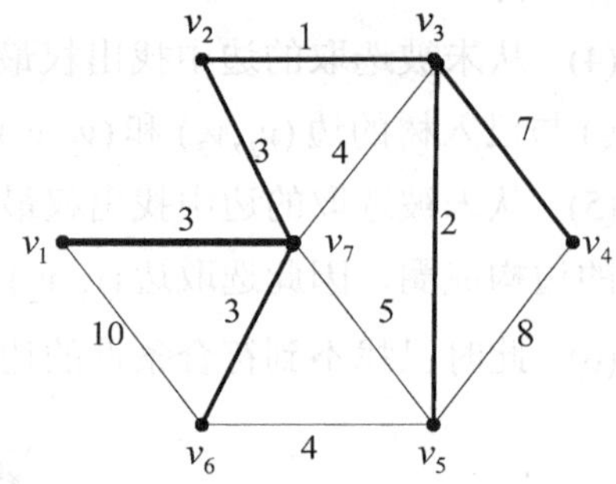

图 7-20 某银行营业网点联网最短路径图

第五节 最大流问题

最大流问题是一类应用极为广泛的问题。例如在交通运输网络中有人流、车流、货物流，供水网络中有水流，金融系统中有现金流，通信系统中有信息流，等等。对于这些包含了流量问题的系统，往往要求求出其系统的最大流量。例如，某公路系统容许通过的最多车辆数、某供水系统的最大水流量等，以便我们加深对某个系统的认识并加以改造。

所谓最大流问题就是：给了一个带收发点的网络，其每条弧的赋权称为容量，在不超过每条弧容量的前提下，求出从发点到收点的最大流量。

一、最大流的数学模型

例 7-9 某石油公司拥有一个管道网络，使用这个网络可以把石油从采地运送到一些销售点，这个网络的一部分如图 7-21 所示。由于管道直径的变化，它的各段管道 (v_i, v_j) 的流量(容量) c_{ij} 也是不一样的，这在图 7-21 中已标出。c_{ij} 的单位为万加仑/小时。如果使用这个网络系统从采地 v_1 向销地 v_7 运送石油，问：每小时最多能运送多少加仑石油？

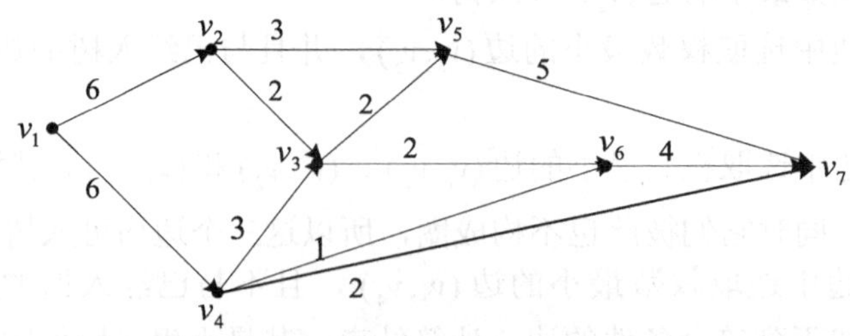

图 7-21 石油公司管道网

解：这就是一个网络上的最大流问题。而网络上的最大流问题也是一个线性规划问题，可以为此例题建立数学模型。

设弧$(v_i,\ v_j)$上的流量为f_{ij}，网络上的总流量为F，则有

$$\max F = f_{12} + f_{14}$$

约束条件：

$$f_{12} = f_{23} + f_{25}$$

$$f_{14} = f_{43} + f_{46} + f_{47}$$

$$f_{23} + f_{43} = f_{35} + f_{36}$$

$$f_{25} + f_{35} = f_{57}$$

$$f_{36} + f_{46} = f_{67}$$

$$f_{57} + f_{67} + f_{47} = f_{12} + f_{14}$$

$$f_{ij} \leqslant c_{ij},\quad i=1,2,\cdots,6,\ j=2,\cdots,7$$

$$f_{ij} \geqslant 0,\quad i=1,2,\cdots,6,\ j=2,\cdots,7$$

在这个线性规划模型中，其约束条件中的前 6 个方程表示了网络中的流量必须满足守恒条件：发点的总流出量等于收点的总流入量；其余的点称为中间点，它的总流入量必须等于总流出量。其后面几个约束条件表示对每一条弧的流量要满足流量的可行条件：对每一条弧(v_i,v_j)的流量f_{ij}应小于等于该弧的容量c_{ij}，并大于等于零，即$0\leqslant f_{ij} \leqslant c_{ij}$。把满足守恒条件及流量可行条件的一组网络流$\{f_{ij}\}$称为可行流(即线性规划模型的可行解)，可行流中一组流量最大(即发点总流出量最大)的称为最大流(即线性规划的最优解)。

把例 7-9 的数据代入以上线性规划模型，用 WinQSB 求解，马上得到以下结果：$f_{12}=5$，$f_{14}=5$，$f_{23}=2$，$f_{25}=3$，$f_{43}=2$，$f_{46}=1$，$f_{47}=2$，$f_{35}=2$，$f_{36}=2$，$f_{57}=5$，$f_{67}=3$。最优值(最大流量)为 10。

二、最大流问题的网络图论解法

上面已经介绍了用线性规划的方法来求解最大流问题，现在介绍用网络图论的解法，这种解法更为直观。

(一)对网络上弧的容量的表示作改进

对一条弧(v_i,v_j)的容量用一对数c_{ij}，0 标在弧(v_i,v_j)上，c_{ij}靠近v_i点，0 靠近v_j点，表示从v_i到v_j容许通过的容量为c_{ij}，而从v_j到v_i容许通过的容量为 0，这样可以省去弧的方向了，如图 7-22(b)所示。图 7-22(b)与图 7-22(a)表示的意思是相同的。

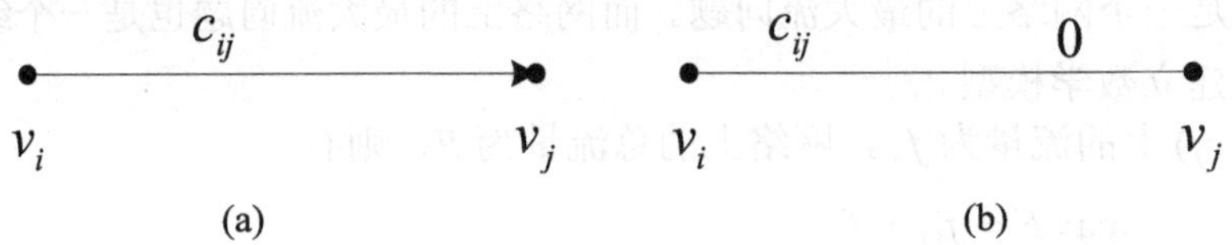

图 7-22　一条弧容量表示的改进

对于存在两条相反的弧(v_i,v_j)和(v_j,v_i)也可以用一条边和一对数组c_{ij}，c_{ji}来表示它们的容量，如图 7-23(b)所示。图 7-23(b)与图 7-23(a)表示的意思是相同的。

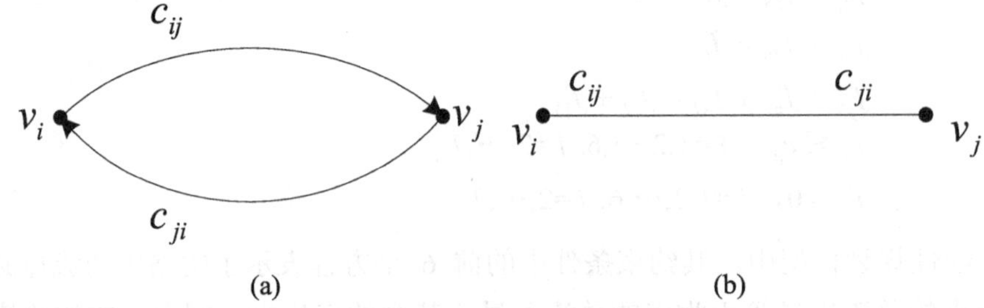

图 7-23　两条反向弧容量表示的改进

下面用网络图论的方法来解例 7-9，按上述方法对例 7-9 的图 7-21 的容量标号作改进，得到图 7-24 所示。

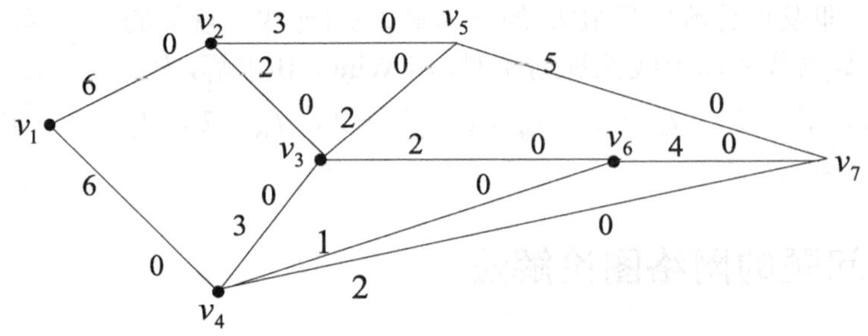

图 7-24　对石油管道网弧的容量表示的改进图

(二)求最大流的基本算法

在对弧的容量的表示作了改进的网络图上，求最大流的步骤如下。

(1)　找出一条从发点到收点的路，在这条路上的每一条弧顺流方向的容量都大于零。如果不存在这样的路，则已求得最大流。

(2)　找出这条路上各条弧的最小的顺流容量p_f，通过这条路增加网络的流量p_f。

(3)　在这条路上，减少每条弧的顺流容量 p_f，同时增加这些弧的逆流容量 p_f，返回步骤(1)。

当然，由于在步骤(1)中所选择的路不一样，计算的过程也不一样，但最终所求得的最大流量应该是一样的。为了使算法更快捷有效，一般在步骤(1)中尽量选择包含弧数最少的路。

用此方法对例 7-9 求解如下。

第一次迭代：

选择路为 $v_1 \to v_4 \to v_7$。弧 (v_4, v_7) 的顺流容量为 2，决定了 p_f=2，改进的网络流量图如图 7-25 所示。

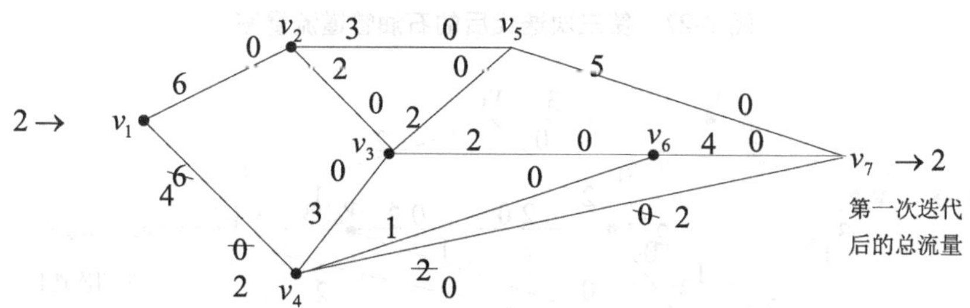

图 7-25　第一次迭代后石油管道流量图

第二次迭代：

选择路为 $v_1 \to v_2 \to v_5 \to v_7$。弧 (v_2, v_5) 的顺流容量最小为 3，所以 $p_f = 3$，改进的网络流量图如图 7-26 所示。

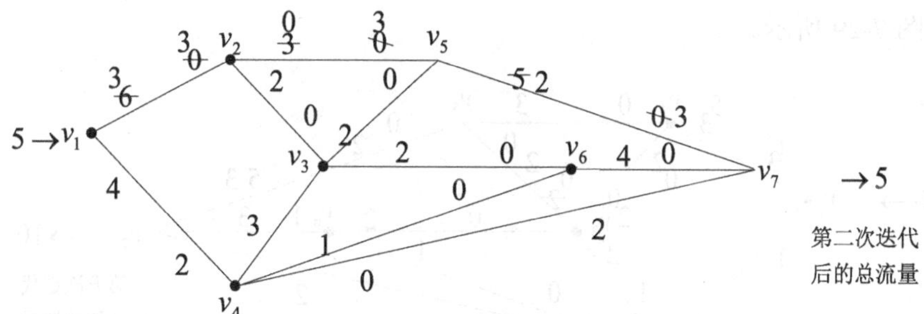

图 7-26　第二次迭代后的石油管道流量图

第三次迭代：

选择路为 $v_1 \to v_4 \to v_6 \to v_7$。弧 (v_4, v_6) 的顺流容量为 1，所以 p_f=1，改进的网络流量图如图 7-27 所示。

第四次迭代：

选择路为 $v_1 \to v_4 \to v_3 \to v_6 \to v_7$。弧 (v_3, v_6) 的顺流容量为 2，决定了 p_f=2，改进的网络

流量图如图 7-28 所示。

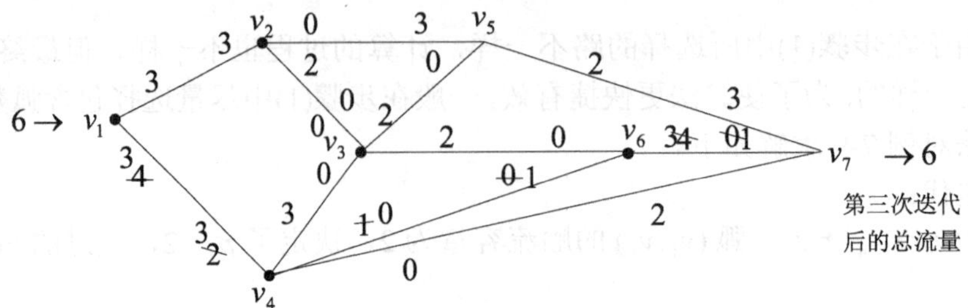

图 7-27　第三次迭代后的石油管道流量图

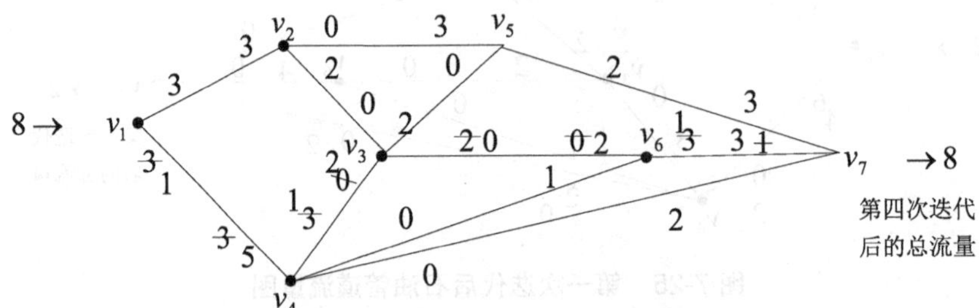

图 7-28　第四次迭代后的石油管道流量图

第五次迭代：

选择路为 $v_1 \to v_2 \to v_3 \to v_5 \to v_7$。弧 (v_2, v_3) 的顺流容量为 2，决定了 $p_f = 2$，改进的网络流量图如图 7-29 所示。

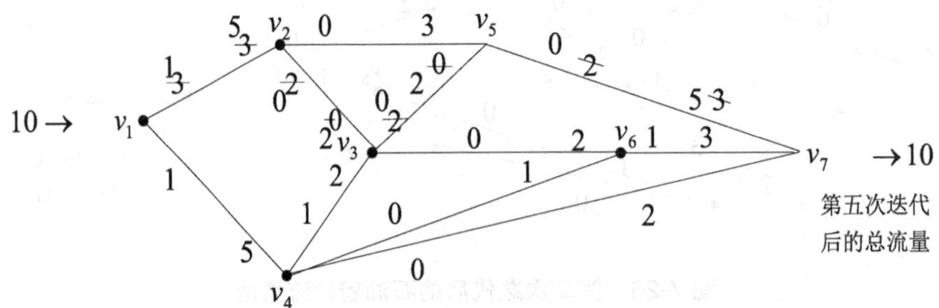

图 7-29　第五次迭代后的石油管道流量图

通过第五次迭代后，在图 7-29 中已找不到从发点到收点每条弧的顺流容量都大于零的路，计算结束。已得到此网络的从 v_1 到 v_7 的最大流量，最大流量为 10，也就是从采地 v_1 向销地 v_7 每小时可运送 10 万加仑石油。具体的运送方案可以通过比较图 7-24 和图 7-29 得到。例如从 v_1 到 v_2 的顺流容量经过 5 次迭代后从 6 降为 1，也就是说从 v_1 流向 v_2 的流量为 6−1=5，

依次类推。这样就得到了例 7-9 最大流量图如图 7-30 所示。

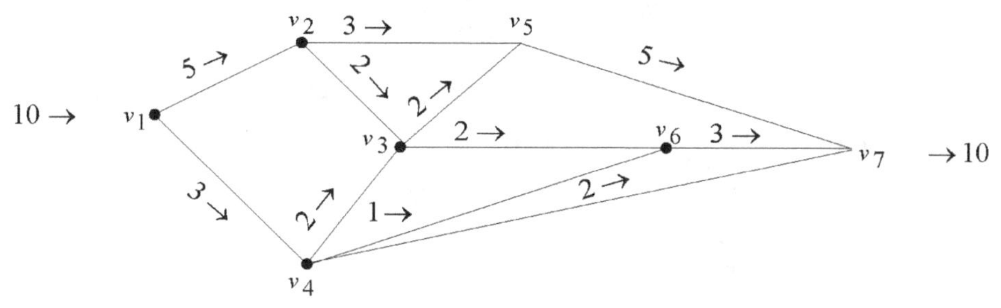

图 7-30 石油管道最大流量图

第六节 最小费用最大流问题

在前面讨论的最大流问题中没有涉及费用问题。但在实际生活中，各种物质的流都是与费用有关的。如一辆载货汽车经过不同的路线，可能要交不同的过路费、过桥费等，这样对于司机来说就有一个到达某一目的地走哪条路线最省钱的问题。最小费用最大流就是这样的问题。

所谓最小费用最大流问题就是：给了一个带收发点的网络，对于每条弧(v_i,v_j)，除了给出了容量c_{ij}外，还给出了这条弧的单位流量的费用b_{ij}，要求一个最大流 F，并使得总运送费用最小。

一、最小费用最大流的数学模型

最小费用最大流也是一个线性规划问题，为了说明问题，首先对例 7-9 的每一条弧(v_i,v_j)给出一个单位流量的费用b_{ij}，然后对它建立线性规划的模型。

例 7-10 由于输油管道的长短不一，所以在例 7-9 中每段管道(v_i,v_j)除了有不同的流量c_{ij}限制之外，还有不同的单位流量的费用b_{ij}，c_{ij}的单位为万加仑/小时，b_{ij}的单位为百元/万加仑，对每段管道(v_i,v_j)都用(c_{ij},b_{ij})标出，如图 7-31 所示。如果使用这个网络系统从采地v_1向销地v_7运送石油，怎样运送才能运送最多的石油并使得总运送费用最小？并求出其每小时的最大的流量及每小时的最大流量的最小费用。

解： 用线性规划来求解此题，可以分两步走。

第一步：求出此网络图中的最大流量F，这已在例 7-9 中建立了线性规划模型，并求得其结果。

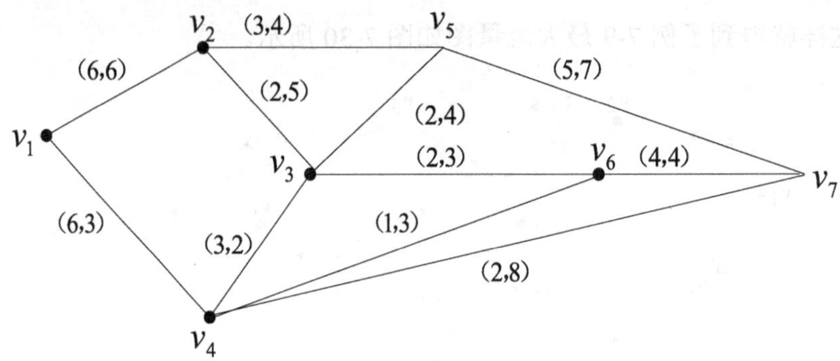

图 7-31 增加了单位流量费用的石油管道网

第二步：在最大流量 F 的所有解中，找出一个最小费用的解。我们来建立第二步中线性规划的模型。

仍然设弧 (v_i,v_j) 上的流量为 f_{ij}，这时已知网络上最大流量为 F，只要在例 7-9 的约束条件上，再加上总流量必须等于 F 的约束条件：$f_{12}+f_{14}=F$，即得此线性规划的约束条件，此线性规划的目标显然是求其流量的最小费用 $\sum_{(v_i,\ v_j)\in A} f_{ij}\cdot b_{ij}$。得到线性规划模型如下。

$$\min Z=\sum_{(v_i,\ v_j)\in A} f_{ij}\cdot b_{ij}=6f_{12}+3f_{14}+4f_{25}+5f_{23}+2f_{43}+4f_{35}+7f_{57}+3f_{36}+3f_{46}$$
$$+8f_{47}+4f_{67}$$

约束条件为

$$f_{12}+f_{14}=F=10$$
$$f_{12}=f_{23}+f_{25}$$
$$f_{14}=f_{43}+f_{46}+f_{47}$$
$$f_{23}+f_{43}=f_{35}+f_{36}$$
$$f_{25}+f_{35}=f_{57}$$
$$f_{36}+f_{46}=f_{67}$$
$$f_{57}+f_{67}+f_{47}=f_{12}+f_{14}$$
$$f_{ij}\leqslant c_{ij},\ i=1,2,\cdots,6;\ j=2,\cdots,7$$
$$f_{ij}\geqslant 0,\ i=1,2,\cdots,6;\ j=2,\cdots,7$$

如果把例 7-10 的问题改为：每小时运送 6 万加仑的石油从采地 v_1 到销地 v_7 最小的费用是多少？应怎样运送？这就变成了一个最小费用流的问题。一般来说所谓最小费用流就是：在给定了收点及发点并对每条弧 (v_i,v_j) 赋权以容量 c_{ij} 及单位费用 b_{ij} 的网络中，求一个给定值 f 的流量的最小费用，这个给定值 f 的流量应小于等于最大流量 F，否则无解。求最小费用流问题的线性规划模型只要把最小费用最大流模型中的约束条件中的发点流量 F 改为

f 即可。在例 7-10 中只要把 $f_{12}+f_{14}=F$ 改为 $f_{12}+f_{14}=f=6$ 就得到了最小费用流的线性规划模型了。

二、最小费用最大流的网络图论解法

我们所介绍的网络图论的解法类似于最大流的网络图论解法。

(一)对网络上弧的容量和单位流量费用的表示作改进

在图 7-32 中用(b)来表示(a)，用(d)来表示(c)。图(b)中靠近 v_i 点的双标号 (c_{ij},b_{ij}) 表示从 v_i 到 v_j 的容量为 c_{ij}，单位流量的费用为 b_{ij}；图(b)中靠近 v_j 点的双标号 $(0,-b_{ij})$ 表示从 v_j 到 v_i 的容量为 0，单位流量的费用为 $-b_{ij}$，在图(d)中用两条边来表示图(c)中的两条逆向的弧。

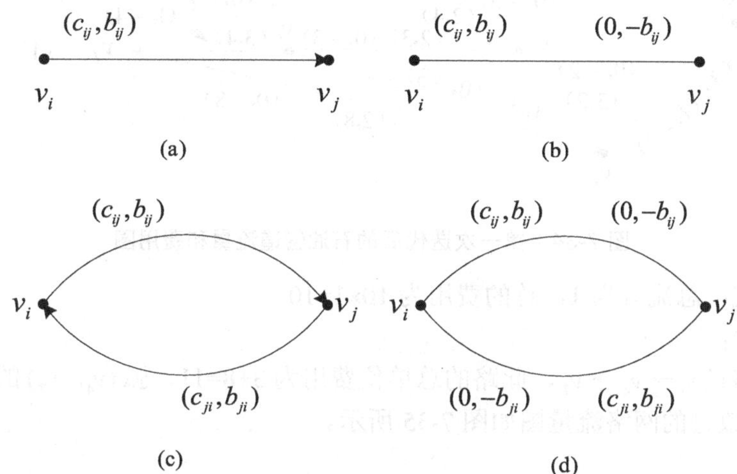

图 7-32　对弧的容量和单位流量费用的表示的改进图

用上述方法对图 7-31 的弧的标号作改进得图 7-33。

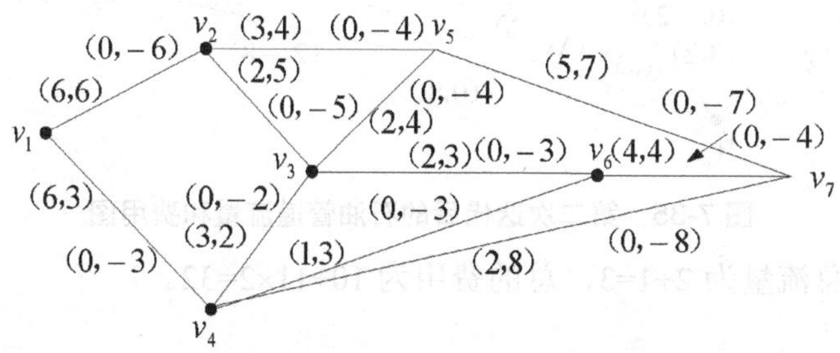

图 7-33　增加了单位流量费用的改进图

(二)求最小费用最大流的基本算法

在对弧的标号作了改进的网络图上求最小费用最大流的基本算法与求最大流的基本算法基本一样，不同的只是在步骤(1)中要选择一条总的单位费用最小的路，而不是包含边数最少的路。如果把每条弧的单位费用看成弧的长度，也就是要选择一条从发点到收点的最短路径。

用此法对例 7-10 求解如下。

找到最短路径 $v_1 \to v_4 \to v_6 \to v_7$(找最短路径过程省略)，此路的总单位费用为 3+3+4=10，弧(v_4,v_6)的顺流容量为 1，决定了 p_f=1。改进的网络流量图如图 7-34 所示。

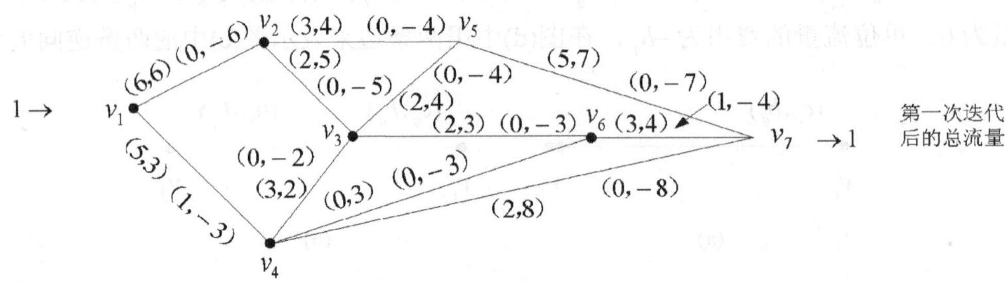

图 7-34　第一次迭代后的石油管道流量和费用图

第一次迭代：总流量为 1，总的费用为 10×1=10。

第二次迭代：

找到最短路径 $v_1 \to v_4 \to v_7$，此路的总单位费用为 3+8=11，弧$(v_4,\ v_7)$的顺流容量为 2，决定了 p_f=2。改进的网络流量图如图 7-35 所示。

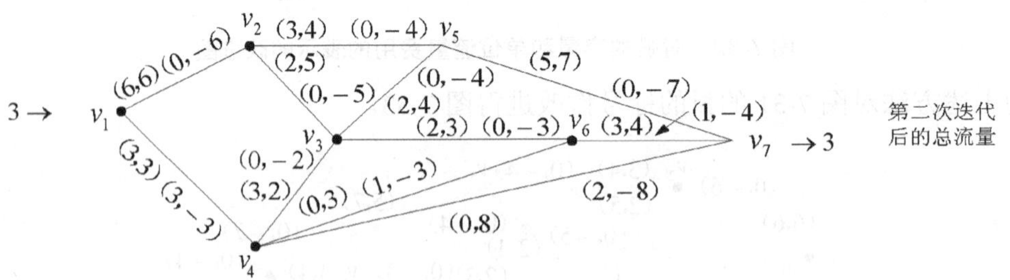

图 7-35　第二次迭代后的石油管道流量和费用图

第二次迭代后总流量为 2+1=3，总的费用为 10+11×2=32。

第三次迭代：

找到最短路径 $v_1 \to v_4 \to v_3 \to v_6 \to v_7$，此路的总单位费用为 3+2+3+4=12，弧$(v_3,\ v_6)$的顺流容量为 2，决定了 p_f=2。改进的网络流量图如图 7-36 所示。

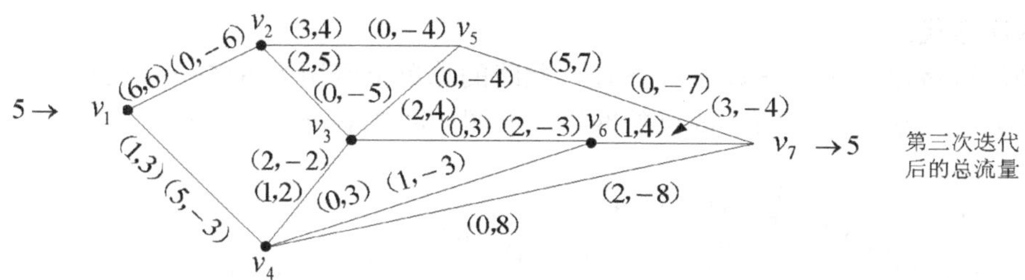

图 7-36　第三次迭代后的石油管道流量和费用图

第三次迭代后总流量为 3+2=5，总费用为 32+12×2=56。

第四次迭代：

找到最短路径 $v_1 \to v_4 \to v_3 \to v_5 \to v_7$，此路的总单位费用为 3+2+4+7=16，弧 (v_1, v_4) 的顺流容量为 1，决定了 $p_f=1$。改进的网络流量图如图 7-37 所示。

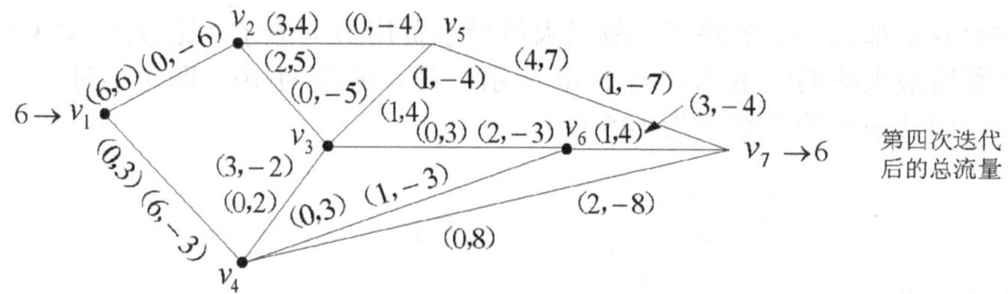

图 7-37　第四次迭代后的石油管道流量和费用图

第四次迭代后总流量为 5+1=6，总的费用为 56+16×1=72。

第五次迭代：

找到最短路径 $v_1 \to v_2 \to v_5 \to v_7$，此路的总单位费用为 6+4+7=17，弧 (v_2, v_5) 的顺流容量为 3，决定了 $p_f=3$。改进的网络流量图如图 7-38 所示。

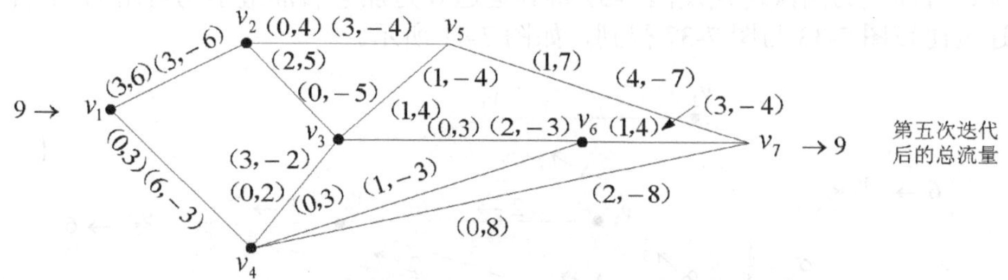

图 7-38　第五次迭代后的石油管道流量和费用图

第五次迭代后的总流量为 6+3=9，总费用为 72+3×17=123。

第六次迭代：

找到最短路径 $v_1 \to v_2 \to v_3 \to v_5 \to v_7$，此路的总单位费用为 6+5+4+7=22，弧 (v_3, v_5) 的顺流容量为 1，决定了 p_f=1。改进的网络流量图如图 7-39 所示。

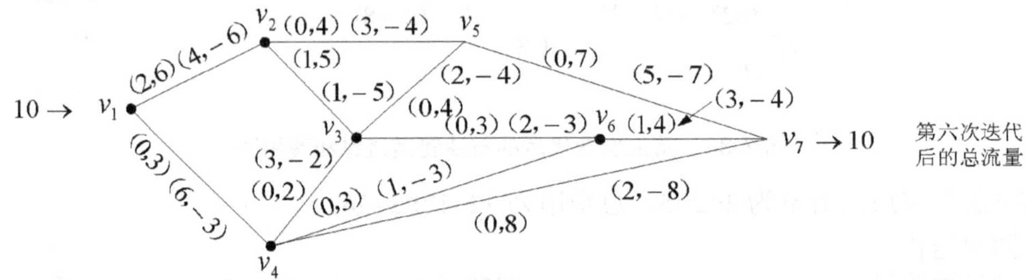

图 7-39　第六次迭代后的石油管道流量和费用图

第六次迭代后的总流量为 9+1=10，总费用为 123+22×1=145。因已经找不到从 v_1 到 v_7 的每条弧的顺流容量都大于零的路了，故已求得最小费用最大流了。比较图 7-33 与图 7-39 即得到其最小费用最大流的流量图如图 7-40 所示。其总流量为 10，即每小时最多运送 10 万加仑的石油，而其最小的总费用为 145 百元。

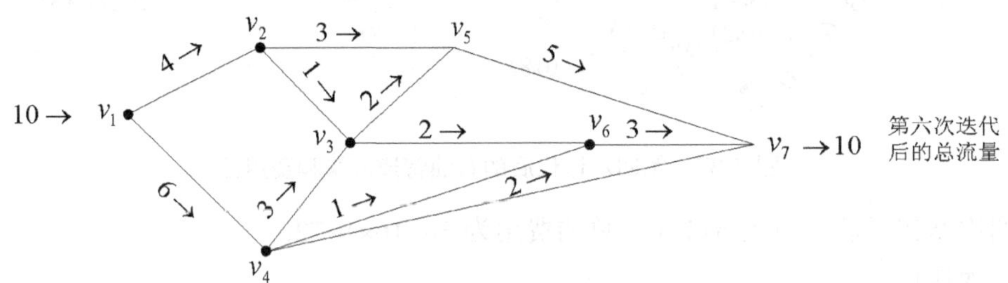

图 7-40　石油管道的最小费用最大流量图

如果对例 7-10 求一个最小费用流的问题：每小时运送 6 万加仑石油从 v_1 到 v_7 的最小费用是多少？可以从第四次迭代及图 7-37 得到运送 6 万加仑石油最小的费用为 72 百元，其运送方式通过比较图 7-33 与图 7-37 得到，如图 7-41 所示。

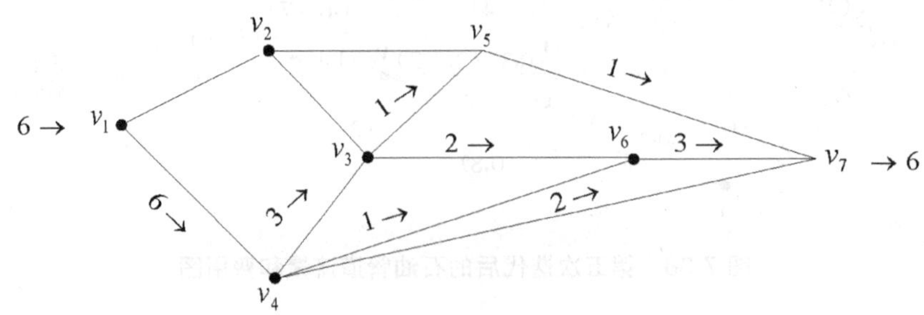

图 7-41　石油管道的最小费用流量图

第七节　中国邮递员问题的由来与求解

一、哥尼斯堡七桥问题与欧拉图

本章第一节讲述了哥尼斯堡七桥问题，及数学家欧拉把七桥问题用图的模型描述，并转化为该图的一笔画问题。

1736 年欧拉发表了解决哥尼斯堡七桥问题的论文，在这篇论文中他证明了下面的定理。

定义　连通图 G 中，若存在一条道路，经过每边一次且仅一次，则称这条路为欧拉道路。若存在一条回路，经过每边一次且仅一次，则称这条回路为欧拉回路。

具有欧拉回路的图称为欧拉图，在前面提到的哥尼斯堡七桥问题就是要在图中寻找一条欧拉回路。

定理 1　无向连通图 G 是欧拉图，当且仅当 G 中无奇点。(证明从略)

定理 2　连通有向图 D 是欧拉图，当且仅当它每个顶点的出次等于入次。

与七桥问题类似的还有一笔画的问题。给出一个图形，要求判定是否可以一笔画出。一种是经过每边一次且仅一次到另一点停止，另一种是经过每边一次且仅一次回到原出发点。这两种情况可分别用欧拉道路和欧拉回路的判定条件加以解决。

二、中国邮递员问题

中国邮递员问题是欧拉回路问题的扩展，它是由中国数学家管梅谷先生在 1962 年提出的，因此国际上通称为中国邮递员问题。

一个邮递员，负责某一地区的信件投递。他每天要从邮局出发，走遍该地区所有街道再返回邮局，问：应如何安排送信的路线使所走的总路程最短？用图论的语言来描述：给定一个连通图 G，每边有非负权，要求一条回路过每边至少一次，且满足总权最小。

很显然，如果邮递员管辖地区的图是欧拉图，那么图中的任何欧拉回路都是问题的解。下面要讨论的是，如果区域图不是欧拉图，也即区域图中含有奇次点怎么办？解决这个问题的方法是，在某些街道上重复走一次，这就相当于有重复边，其路长与原来的路长相同。这种增加了重复边的图，就变成了一个欧拉图，如图 7-42 所示。邮递员选择不同的路线、重复的路线也不同，总路长也不同，其差值就是各条路线中多出

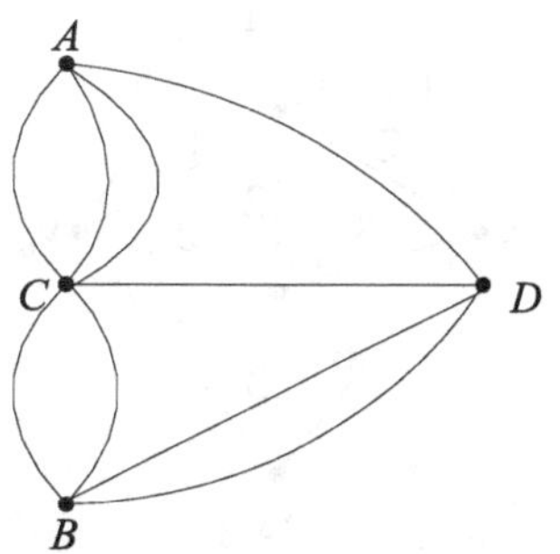

图 7-42　增加了重复边的哥尼斯堡七桥问题

重复边的路之差。因此中国邮递员问题就可以这样描述：在一个有奇点的图中，增加一些重复边使其成为欧拉图，并且要求重复边的总路长为最小。

三、求解中国邮递员问题的奇偶点图作业法及其改进

(一)求解中国邮递员问题的奇偶点图作业法

奇偶点图作业法的思路是这样的：首先把一个有奇点的图增加重复边后成为不含奇点的欧拉图，这样的重复边方案称为可行方案。然后寻找是否存在使重复边路长减少的改进的可行方案。最后找到的使总路长最小的可行方案就是问题的解。

(1) 如何构造第一个可行方案。可以证明，在任何一个图中，奇点个数必是偶数。所以图中若有奇点，则它们一定成对出现。又因为图是连通的，所以每一对奇点之间必存在一条链，在这条链上的各边都加上重复边而成为新图，必定是无奇点的欧拉图，这样就构造了第一个可行方案，如图 7-43 所示。图 7-43(a)是一个有两个奇点的图。增加(v_2, v_6)和(v_6, v_5)两条重复边后就成为如图 7-43(b)所示的欧拉图，重复边的长度为 5+2=7。

(2) 寻找改进的可行方案。对第一个可行方案中的每一条重复边检查连接该重复边两端点的所有链。若某链长度小于该重复边的路长，则去掉此重复边，而在该链上的各边加重复边，形成一个新的重复边集合，即为改进的可行方案。对改进的可行方案再进行以上步骤，直到不再存在改进方案为止。最后得到的改进方案即是最优方案。

在图 7-43 的例子中，检查以v_2，v_6为端点的全部链，以$v_2 \to v_1 \to v_3 \to v_6$的路长为最短，且比边$(v_2, v_6)$的路长少，故去掉边$(v_2, v_6)$的重复边，而在 (v_2, v_1)、(v_1, v_3)和(v_3, v_6)三条边上增加重复边。对于(v_5, v_6)而言，没有一条以v_5，v_6为端点的链长比 2 小，故保留重复边(v_5, v_6)。

该问题的最优解表示在图 7-43(c)上。

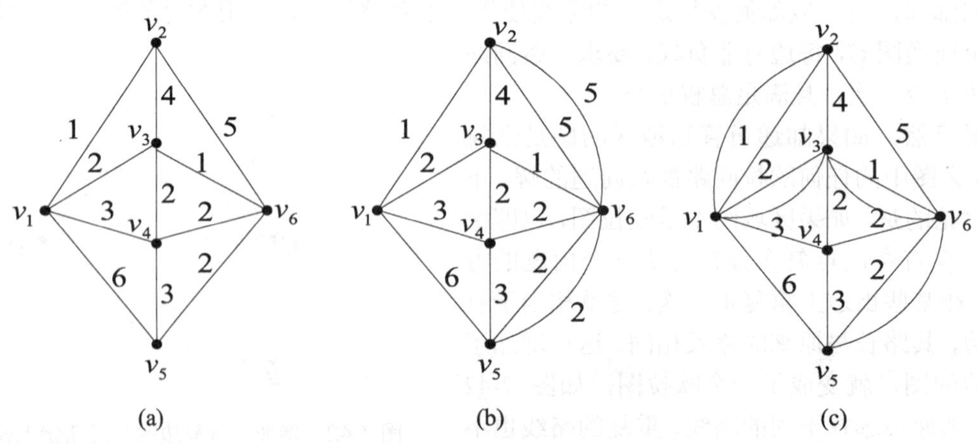

图 7-43 奇偶点图作业法

(二)奇偶点图作业法的改进方法

上面奇偶点图作业法的主要问题是：对于较复杂的图，检查的链太多，计算十分复杂，不易使用。从上面的求解过程可以看出，对于一个只有两个奇点的图，实际上是求这两个奇点之间的最短路径，然后在此最短路径上的每一条边加上重复边就得到中国邮递员问题的最优解。如图 7-43 的例题，不难找到奇点 v_2 和 v_5 之间的最短路径是 $v_2 \to v_1 \to v_3 \to v_6 \to v_5$，因此马上就能找到与图 7-43(c)所示的相同的最优解。

对于有多个奇次节点对的一般情况，要先求解各奇次节点对之间的最短路径，然后列举全部可能的奇次节点对组合方案，计算各组合方案的路长，以路长最小的组合方案为最优解。

例如图 7-44 所示的图中有 4 个奇次点 v_1，v_3，v_4，v_6。用 Floyd 算法(注：该算法可以求出任意两点之间的最短路径，具体算法可以参见其他参考书)可以求出图中任意两点之间的最短路径及其路径。4 个奇点之间的配对组合方案有三个：①(v_1, v_3)，(v_4, v_6)，路长为 4+3=7；②(v_1, v_4)，(v_3, v_6)，路长为 2+4=6；③(v_1, v_6)，(v_3, v_4)，路长为 3+2=5。故最优的奇点对组合方案是③，即应在 (v_1, v_6) 和 (v_3, v_4) 边上增加重复边。值得注意的是：找到最优的奇点对组合方案后，重复边应当加在各奇点对之间的最短路径上。

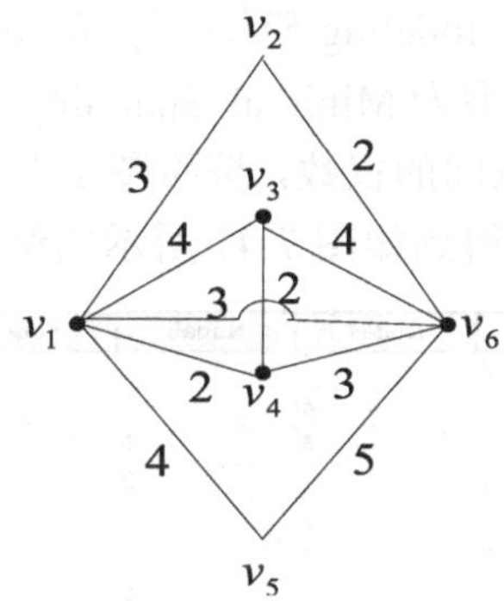

图 7-44　有 4 个奇点图的中国邮递员问题

第八节　图论问题的 WinQSB 求解

下面通过例子来说明用 WinQSB 软件来求解图论的问题。

一、最小生成树问题

例 7-11　自来水公司的供水点位于点 v_1 处，如图 7-45 所示，该供水点要为其他 8 处地点供水，v_i与v_j之间的边表示在这两点间可以铺设管道，边上的权数表示铺设管道的费用(万元)。为自来水公司确定一套铺设方案，既能确保每家单位都能获得自来水供应，又能使得铺设管道的总费用最小。

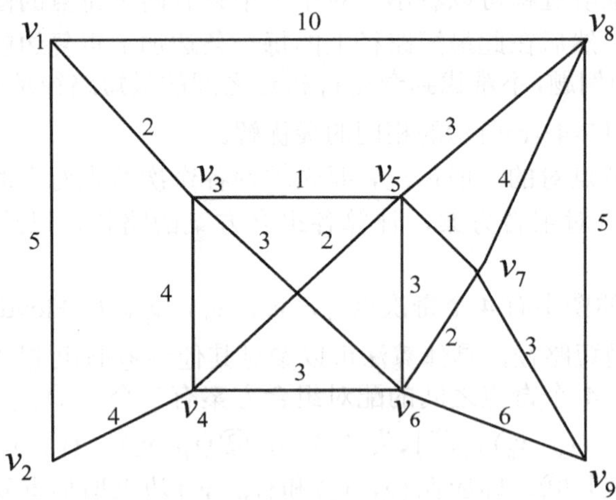

图 7-45　自来水公司供水图

解：调用 WinQSB 的 Network Modeling 模块，选择 File | New Problem 命令，创建一个新问题。在对话框中，选择问题类型为 Minimal Spanning Tree，输入问题名 9－1，节点数为 9，然后单击 OK 按钮。根据节点间的权数，按照图 7-46 输入数据。然后，选择 Solve and Analyze | Solve the Problem 命令，得到如图 7-47 所示的结果。最小生成树的长度为 18。

From \ To	Node1	Node2	Node3	Node4	Node5	Node6	Node7	Node8	Node9
Node1		5	2					8	
Node2	5			4					8
Node3	2			4	1	3			
Node4		4	4		2	3			
Node5			1	2		3	1	3	
Node6			3	3	3		2		6
Node7					1	2		4	3
Node8	8				3		4		5
Node9		8				6	3	5	

图 7-46　节点间的权数输入界面

09-13-2010	From Node	Connect To	Distance/Cost		From Node	Connect To	Distance/Cost
1	Node4	Node2	4	5	Node7	Node6	2
2	Node1	Node3	2	6	Node5	Node7	1
3	Node5	Node4	2	7	Node5	Node8	3
4	Node3	Node5	1	8	Node7	Node9	3
	Total	Minimal	Connected	Distance	or Cost	=	18

图 7-47　最小生成树问题结果

二、设备更新问题

例 7-12 某公司使用一台设备进行生产，每年年初公司需要决定是购入新设备还是继续使用旧设备。如果购入新设备，需要支付购置费用，但新设备的维护费用较低。如果选择继续使用旧设备，可以节省购置费，但维护费高。该设备每年年初的购入价格如表 7-2 所示，设备在使用过程中每年需要支付一定的维护费用，设备的使用年份越久维护费就越高，设备在不同年份的维护如表 7-3 所示。现在公司要制定一个设备更新的 5 年计划，目标是使得 5 年内设备的购置费和维护费总和最少。

表 7-2 设备购置费用表

年份	第一年	第二年	第三年	第四年	第五年
购入价格/万元	6	7	8	9	10

表 7-3 设备各年的维护费用表

年份	第一年	第二年	第三年	第四年	第五年
每年维护费用/万元	3	4	6	8	11

解：将原问题转化为一个标准的最短路径问题模型如图 7-48 所示。用点 1 表示“在第 i 年年初购进一台新设备”这种状态，将第五年年底的状态记为点 6。每条弧的权数等于这段时间内设备购置费与维修费总和。

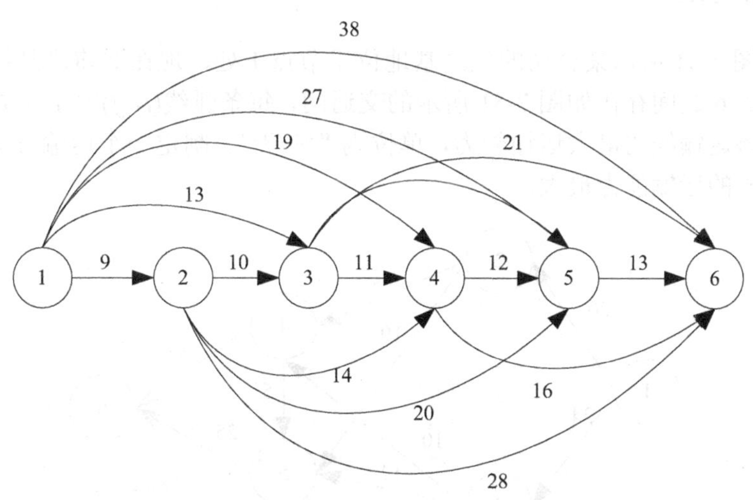

图 7-48 将设备更新问题转化为最短路径问题

调用 WinQSB 的 Network Modeling 模块，选择 File | New Problem 命令，创建一个新问

题。选择问题类型为 Shortest Path Problem，输入问题名称，输入节点数目 6。单击 OK 按钮。

按照图 7-49 输入完数据后，选择 Solve and Analyze | Solve the Problem 命令，弹出如图 7-50 所示的对话框，选择节点 1 为起点，节点 6 为终点。在对话框中选择 Solve，得到最优结果，如图 7-50 所示。最优解是第一年和第三年各购入一台设备。

From \ To	Node1	Node2	Node3	Node4	Node5	Node6
Node1		9	13	19	27	38
Node2			10	14	20	28
Node3				11	15	21
Node4					12	16
Node5						13
Node6						

图 7-49　节点间权数输入界面

09-13-2010	From	To	Distance/Cost	Cumulative Distance/Cost
1	Node1	Node3	13	13
2	Node3	Node6	21	34
	From Node1	To Node6	=	34
	From Node1	To Node2	=	9
	From Node1	To Node3	=	13
	From Node1	To Node4	=	19
	From Node1	To Node5	=	27

图 7-50　设备更新问题结果

三、最大流问题

例 7-13　图 7-51 所示某公司的生产基地位于节点 1 处，现在要将产品销往节点 6 处。在节点 1 和节点 6 之间存在如图 7-51 所示的交通网，每条弧线(i, j)表示从 i 到 j 的运输线，它的权数表示该运输线的最大运输能力，单位为“吨/天”。制定一个运输方案，使得从生产基地 1 到销地 6 的运输能力最大。

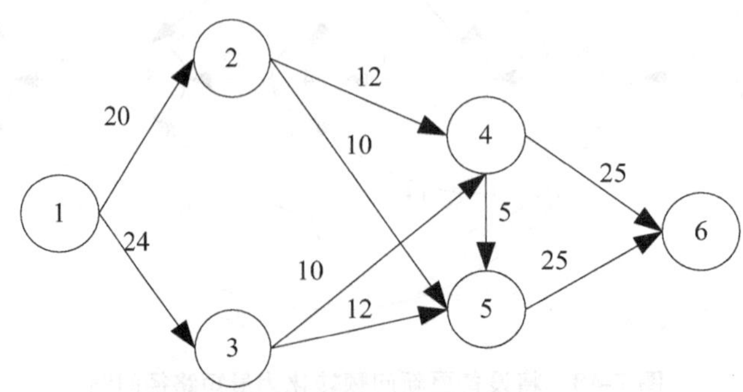

图 7-51　产地和销地之间的交通网

解：调用 WinQSB 的 Network Modeling 模块，选择 File | New Problem 命令，创建一个新问题。选择问题类型为 Maximal Flow Problems，输入问题名称，输入节点数目 6。单击 OK 按钮。

按照图 7-52 输入完数据后，选择 Solve and Analyze | Solve the Problem 命令，弹出对话框，选择节点 1 为起点，节点 6 为终点。在对话框中选择 Solve，得到网络最大流为 42，如图 7-53 所示。

From \ To	Node1	Node2	Node3	Node4	Node5	Node6
Node1		20	24			
Node2				12	10	
Node3				10	12	
Node4					5	25
Node5						25
Node6						

图 7-52　节点间权数输入界面

09-13-2010	From	To	Net Flow		From	To	Net Flow
1	Node1	Node2	20	5	Node3	Node4	10
2	Node1	Node3	22	6	Node3	Node5	12
3	Node2	Node4	12	7	Node4	Node6	22
4	Node2	Node5	8	8	Node5	Node6	20
Total	Net Flow	From	Node1	To	Node6	=	42

图 7-53　最大流问题结果

四、最小费用最大流问题

例 7-14　设弧(i,j)的单位流量费用为$b_{ij}>0$，弧的容量为$c_{ij}>0$。图 7-54 是一个运输网络，弧上的数字为(c_{ij},b_{ij})。制定一个使得运量最大并且总运费最小的运输方案。

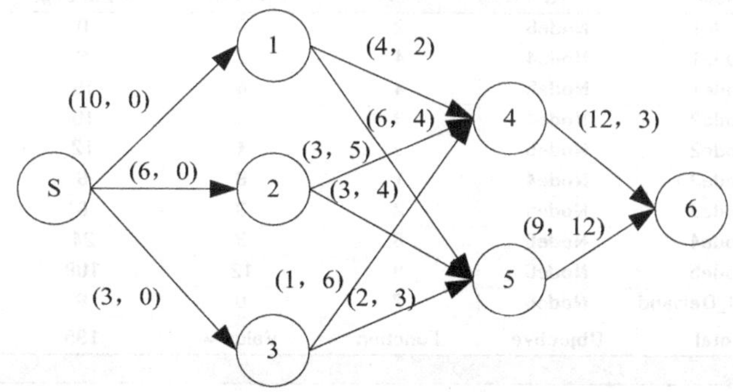

图 7-54　运输网络图

解：打开 Network Modeling 模块，选择 Format | Switch to Graphic Model，选择 Edit | Node 命令，在 Location 的对话框中输入节点位置。如将第一节点放在第一行第一列，则输入 1，1。在 Capacity 对话框中输入节点容量，起点输入以该点为起点所有弧的容量之和，中间节点容量为 0，终点输入所有到该点容量之和的相反数。选择 Edit | Arc | Connection/Link 命令，编辑节点与节点之间的连接关系。系统开始默认所有节点之间都没有弧连接。如果节点 i 和节点 j 有一条弧，则在 Link Coefficient 的对话框中输入单位流量费用 b_{ij}，在 Flow Upper Bound 对话框中输入容量 c_{ij}，单击 OK 按钮，完成一条弧的编辑。所有弧编辑完后如图 7-55 所示，弧边上的是单位费用，括号中的数据是流量的下界和上界。选择 Solve and Analyze | Solve the Problem 命令，得到图 7-56 所示的计算结果。

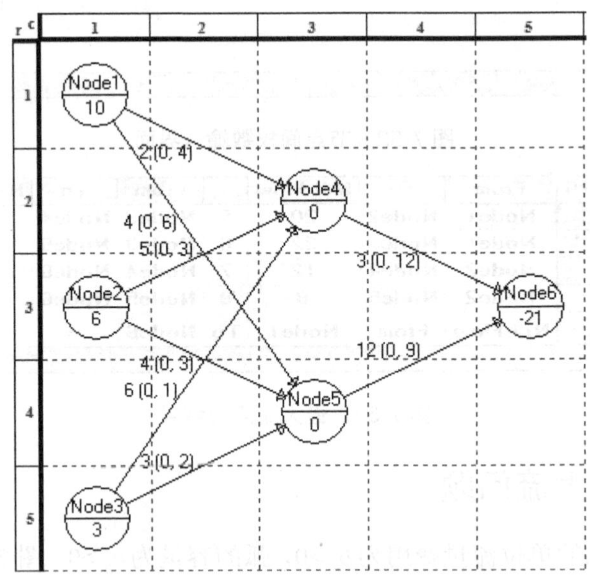

图 7-55　弧的容量费用编辑完成图

09-13-2010	From	To	Flow	Unit Cost	Total Cost	Reduced Cost
1	Node1	Node6	2	0	0	0
2	Node1	Node4	4	2	8	5-1M
3	Node1	Node5	4	4	16	0
4	Node2	Node4	3	5	15	8-1M
5	Node2	Node5	3	4	12	0
6	Node3	Node4	1	6	6	10-1M
7	Node3	Node5	2	3	6	0
8	Node4	Node6	8	3	24	0
9	Node5	Node6	9	12	108	16-1M
10	Unfilled_Demand	Node6	2	0	0	0
	Total	Objective	Function	Value =	195	

图 7-56　最小费用最大流结果

习　题

1. 某配送中心要给一家大型超市送货，应按什么路线送货才能使所走路程最短？图 7-57 给出了配送中心到超市的交通图，图中 $v_1,v_2,\cdots,v_7$ 表示 7 个地名，其中 v_1 表示配送中心，v_7 表示超市，点之间的连线(边)表示两地之间的道路，边所赋的权数表示两地之间的距离(单位：km)。

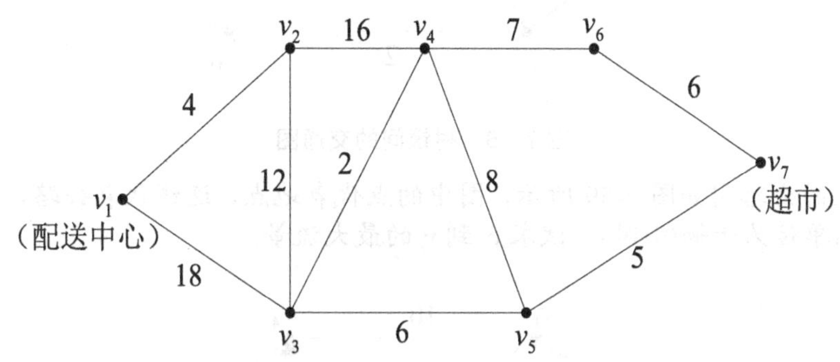

图 7-57　配送中心到超市的交通图

2. 某台机器可连续工作 4 年，也可于每年年末卖掉，换一台新的。已知于各年初购置一台新机器的价格及不同役龄机器年末的处理价如表 7-4 所示。新机器第一年运行及维修费用为 0.3 万元，使用 1～3 年后机器每年的运行及维修费用分别为 0.8 万、1.5 万、2.0 万元。试确定该机器的最优更新策略，使 4 年内用于更换、购买及运行维修的总费用为最省。

表 7-4　机器购置价和处理价

j	第一年	第二年	第三年	第四年
年初购置价	2.5	2.6	2.8	3.1
使用了 j 年的机器处理价	2.0	1.6	1.3	1.1

3. 某地 7 个村镇之间现有交通道路如图 7-58 所示，边旁数字为各村镇之间道路的长度(km)。现要沿交通道路架设电话线，使各村之间均能通话，如何架设使费用最省？

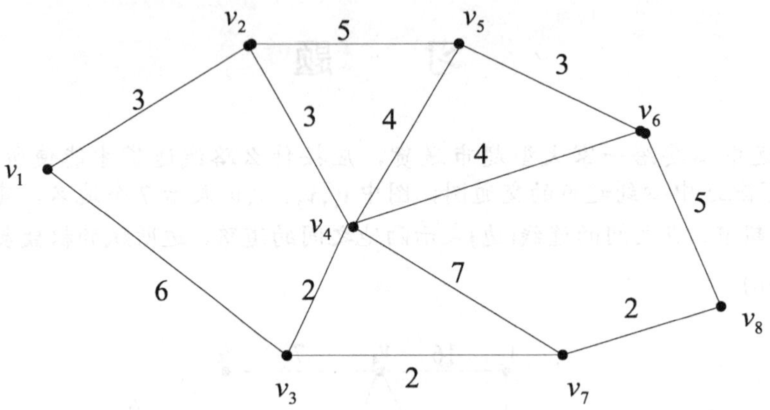

图 7-58 村镇间的交通图

4. 某地区的公路网如图 7-59 所示，图中的点代表地点，连线代表公路，弧上所赋的权为公路的流量(单位为千辆/小时)，试求 v_s 到 v_t 的最大流量。

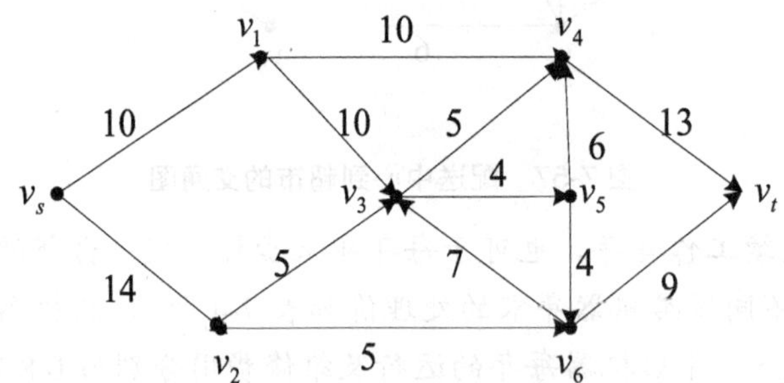

图 7-59 某地区的公路网

5. 求解图 7-60 中从 v_s 到 v_t 的最小费用最大流量。图中弧旁数字为(c_{ij}, b_{ij})。

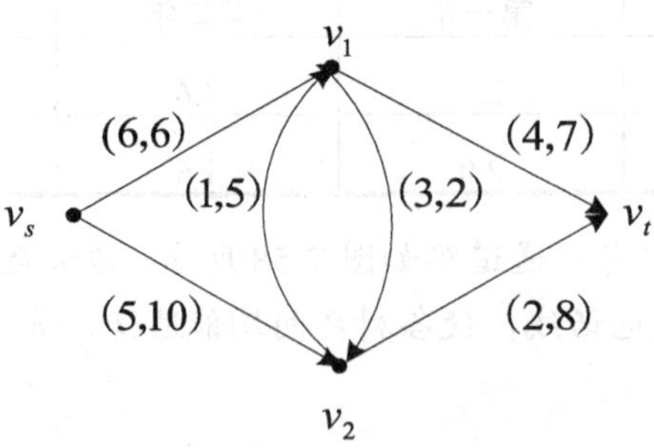

图 7-60 求解最小费用最大流量网络图

第八章　动态规划

动态规划是解决多阶段决策过程最优化问题的一种方法。这种方法针对多阶段决策问题的特点，提出了解决这类问题的最优化原理，把困难的多阶段决策问题转化成一系列互相联系的单阶段问题。动态规划是现代企业管理中的一种重要决策方法，可用于解决管理中的最短路径问题、装载问题、资源分配问题、生产计划与库存问题、投资问题以及生产过程的最优化问题。根据时间参数是离散的还是连续的以及决策过程的演变是确定的还是随机的，动态规划模型可分为离散确定型、离散随机型、连续确定型和连续随机型 4 种。本章主要介绍离散确定型的决策过程。

通过学习本章，应当了解动态规划的基本概念与最优化原理，掌握动态规划的解题方法，学会应用动态规划的解题方法来解决经济管理中的最优化问题。

第一节　多阶段决策过程最优化举例

多阶段决策过程，本意是指这样一类特殊的活动过程，它们可以按时间顺序分解成若干相互联系的阶段，称为“时段”，在每一个时段都要做出决策，全部过程的决策是一个决策序列，所以多阶段决策问题是一个序贯决策问题。

多阶段决策过程最优化的目标是要达到整个活动过程的总体效果最优，所以决策者在每一阶段决策时不应仅考虑本阶段最优，还应考虑对最终目标的影响，从而做出对全局来讲最优的决策。动态规划就是符合这一要求的一种决策方法。

由上述可知，动态规划方法与“时间”关系很密切，随着时间的发展而确定各时段的决策，产生一个决策序列，这就是“动态”的意思。然而它也可以处理与时间无关的静态的问题，只要在问题中人为地引入“时段”因素将问题看成多阶段决策过程即可。

下面通过最短路径问题来说明多阶段决策过程的最优化问题。

例 8-1　位于 A 城市的某公司要把一批货物送到位于 E 城市的销售门市部。途中可能经过的城市有 B_1,B_2,B_3；C_1,C_2,C_3；D_1,D_2，如图 8-1 所示。图中箭线上方的数字表示两城市之间的距离。试求一条从 A 到 E 的运输线路，使总距离为最短。

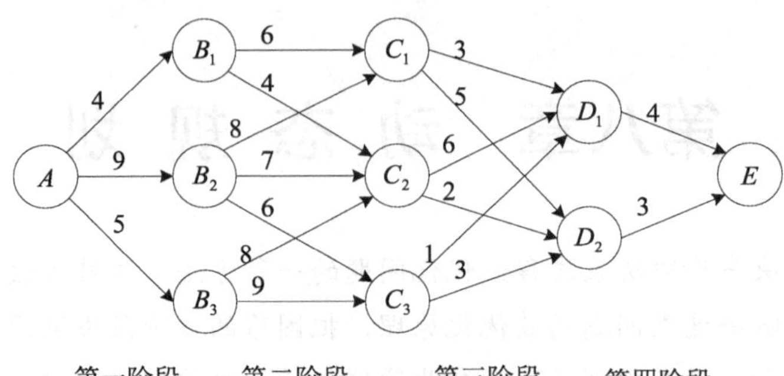

图 8-1　城市间交通图

解：为了解决这个问题，首先来定义一下阶段。第一阶段是以 A 点为始点，而以距离 A 点正好一个弧远的点(B_1,B_2,B_3)为终点；第二阶段是以与 A 点距离一弧远的点(B_1,B_2,B_3)为始点，以与 A 点距离两弧远的点(C_1,C_2,C_3)为终点；第三阶段以与 A 距离两个弧远的点(C_1,C_2,C_3)为始点，以与 A 距离三个弧远的点(D_1,D_2)为终点；第四阶段以与 A 距离三个弧远的点(D_1,D_2)为始点，以与 A 距离四个弧远的点(E)为终点。显然这是一个四阶段决策过程的最优化问题。

在用动态规划的方法决策过程中，将用到最优化原理，这个最优化原理在最短路径问题上的应用可阐述如下：从最短路径上的每一点到终点的部分道路，也一定是从该点到终点的最短路径。

下面来求解例 8-1。从最后一个阶段开始，从终点向始点方向逐阶段逆推，找出各点到终点的最短路径，当逆推到始点时，也即找到了从始点到终点的全过程的最短路径，这种从后向前逆推的方法叫逆序解法。

从第四阶段开始，在第四阶段中有两个始点 D_1 和 D_2，终点只有一个点为 E 点，这样不管始点是 D_1 还是 D_2，最佳终点都将选择 E 点，并知道从 D_1 到 E 的距离为 4，从 D_2 到 E 的距离为 3，这样尽管不知道全过程的最短路径是否经过 D_1(或 D_2)，但如果此最短路径经过 D_1(或 D_2)，那么此最短路径的下一步必是从 D_1(或 D_2)到 E。第四阶段的结果用表 8-1 表示。

表 8-1　第四阶段的计算表

阶段四			
本阶段始点(状态)	本阶段各终点(决策)	到 E 的最短距离	本阶段最优终点(最优决策)
	E		
D_1	4*	4	E
D_2	3	3	E

* 此栏中填上从本阶段始点出发经此终点到全过程终点 E 的最短距离。

第三阶段：

在第三阶段中有三个始点 C_1，C_2，C_3，终点有 D_1，D_2，以 C_1 为始点，如果 C_1 经 D_1 到 E，则从 C_1 到 E 的距离为 3+4=7；如果 C_1 经 D_2 到 E，则从 C_1 到 E 的距离为 5+3=8。显然以 C_1 为始点，本阶段的终点必选择 D_1。

虽然不知道全过程的最短路径是否经过 C_1，但如果经过 C_1 点，则此最短路径必选 $C_1 \to D_1 \to E$ 的路线。同样可以对 C_2，C_3 进行类似的分析，结果见表 8-2 所示。

表 8-2　第三阶段的计算表

阶段三				
本阶段始点(状态)	本阶段各终点(决策)		到 E 的最短距离	本阶段最优终点(最优决策)
	D_1	D_2		
C_1	3+4=7	5+3=8	7	D_1
C_2	6+4=10	2+3=5	5	D_2
C_3	1+4=5	3+3=6	5	D_1

从表 8-2 知，如果全过程的最短路径经过 C_1，则此最短路径必走 $C_1 \to D_1 \to E$ 的路线；如果全过程的最短路径经过 C_2，则此最短路径必走 $C_2 \to D_2 \to E$ 的路线；如果全过程的最短路径经过 C_3，则此最短路径必走 $C_3 \to D_1 \to E$ 的路线。

第二阶段：

在第二阶段中有 3 个始点 B_1, B_2, B_3，终点有 C_1, C_2, C_3，可知以 B_1 为始点经 C_1 到 E，则从 B_1 到 E 的距离为 $6+7=13$；如果 B_1 经 C_2 到 E，则从 B_1 到 E 的距离为 $4+5=9$。显然以 B_1 为始点，必选择 C_2 为终点，显然不知道全过程的最短路径是否经过 B_1，但如果经过 B_1，则此最短路径必走 $B_1 \to C_2 \to D_2 \to E$。同样可以对 B_2, B_3 进行类似的讨论，结果见表 8-3。

表 8-3　第二阶段的计算表

阶段二					
本阶段始点(状态)	本阶段各终点(决策)			到 E 的最短距离	本阶段最优终点(最优决策)
	C_1	C_2	C_3		
B_1	6+7=13	4+5=9	—	9	C_2
B_2	8+7=15	7+5=12	6+5=11	11	C_3
B_3	—	8+5=13	9+5=14	13	C_2

从表 8-3 可知，如果全过程的最短路径经过 B_1，则此最短路径必走 $B_1 \to C_2 \to D_2 \to E$；如果全过程的最短路径经过 B_2，则此最短路径必走 $B_2 \to C_3 \to D_1 \to E$；如果全过程的最短路径经过 B_3，则此最短路径必走 $B_3 \to C_2 \to D_2 \to E$。

第一阶段：

在第一阶段中只有一个始点A，终点有B_1，B_2，B_3。可知以A为始点，如果经过B_1到E，则从A到E的距离为 $4+9=13$；以A为始点，如果经过B_2到E，则从A到E的距离为$9+11=20$；以A为始点，如果经过B_3到E，则从A到E的距离为$5+13=18$，如表 8-4 所示。

表 8-4　第一阶段的计算表

阶段一					
本阶段始点(状态)	本阶段终点(决策)			到 E 的最短距离	本阶段最优终点(最优决策)
	B_1	B_2	B_3		
A	4+9=13	9+11=20	5+13=18	13	B_1

这样就得到了此问题的最短路径：$A \to B_1 \to C_2 \to D_2 \to E$。这最短路径的长度为 13。

利用动态规划的方法，不仅求出了全过程的最短路径，还求出了图上的任一点到E的最短路径。例如要求B_2到E的最短路径，就可以从表 8-3 可知B_2到E的最短距离为 11，最短路径为$B_2 \to C_3 \to D_1 \to E$。把每一点到$E$的最短距离标在每一点上，如图 8-2 所示。

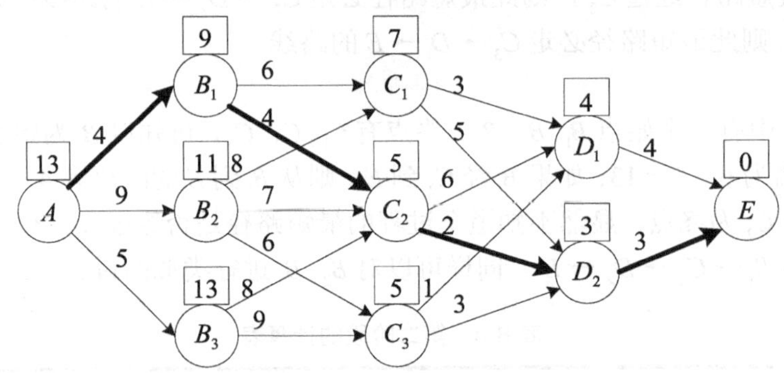

图 8-2　城市间最短路径结果图

第二节　动态规划的基本概念、最优化原理和基本方法

一、基本概念

(一)阶段

用动态规划的方法求解问题时，需要将问题的全过程按时间或空间上的顺序划分成序贯相连的几个阶段，以便能按一定的次序去求解。如例 8-1 就是按照与A点的距离来划分 4

个阶段。

(二)状态

状态是指每个阶段开始时所处的自然状况或客观条件。在例 8-1 中某个阶段的状态就是某个阶段的始点，它既是这个阶段的始点，又是前一个阶段的终点。描述这个阶段状态的变量称为状态变量，常用 s_n 来表示。在例 8-1 中第二阶段有 3 个状态(始点)，即状态变量 s_2 可取 3 个值 B_1, B_2, B_3，记为 $s_2 = \{B_1, B_2, B_3\}$。

(三)决策

决策是某一阶段内的抉择，第 n 阶段的决策与第 n 阶段的状态有关，通常用 $x_n(s_n)$ 表示第 n 阶段处于 s_n 状态时的决策变量，而这个决策又决定了第 $n+1$ 阶段的状态。以例 8-1 为例，$x_2(B_1)=C_2$ 表示第二阶段处于 B_1 为始点的状态下选择了由 B_1 到 C_2 的决策(即选择 C_2 为第二阶段的终点)。当然在第 n 阶段在某种状态下可以有不同的决策，也可以 $x_2(B_1)=C_1$，也可以 $x_2(B_1)=C_3$。

(四)策略

由所有各阶段的决策组成的决策序列称为全过程策略，简称策略，记为 $p_{1,n}(s_1)$。能够达到总体最优的策略叫作最优策略。从第 k 个阶段到最后阶段的决策组成的决策序列称为 k 子过程策略，简称 k 子策略，记为 $p_{k,n}(s_k)$。

(五)指标函数

评价动态规划决策结果的数量指标称为指标函数。例如评价例 8-1 的运输方案优劣的数量指标就是运输路线的长度，即在各段运输路线中，以距离最短为最佳。在不同的动态规划模型中，指标函数各不相同，它可以是时间、效率、利润、成本、产量等。

指标函数是衡量全过程策略或 k 子过程策略优劣的数量指标，指标函数的最优值称为最优指标函数。全过程的最优指标函数记作 $f_1(s_1)$，k 子过程上的最优指标函数记作 $f_k(s_k)$。在例 8-1 中，指标是指从某点到终点的距离，其最优指标是指从某点到终点的最短距离。从图 8-2 可知 $f_1(s_1)=f_1(A)=13$，$f_2(B_2)=11$，$f_3(C_3)=5$，即从 A 到终点 E 的最短距离为 13，从 B_2 到终点 E 的最短距离为 11，从 C_3 到终点 E 的最短距离为 5。

把第 k 阶段的阶段指标记为 $r_k(s_k, x_k)$，它表示在第 k 阶段的 s_k 状态下做出 x_k 决策的指标值。在例 8-1 中 $r_2(B_3, C_2)=8$，它表示在第二阶段以 B_3 为始点，选择 C_2 为终点，则从 B_3 到 C_2 的距离为 8。

(六)状态转移方程

已知第 $k+1$ 阶段的状态是由第 k 阶段的状态和第 k 阶段的决策所决定的，用方程的形式表示这种关系为

$$s_{k+1}=T_k(s_k,x_k)$$

称为状态转移方程，其中函数关系 T_n 因问题的不同而不同。例如在例 8-1 中，

$$s_3=C_1=T_2(B_2,C_1)$$

表示当第二阶段的状态(始点)为 B_2，决策终点为 C_1 时，则第三阶段的状态(始点)为 C_1。

(七)基本方程

对于 n 阶段的动态规划方程，在求子过程上的最优指标函数时，k 子过程与 $k+1$ 子过程有如下递推关系：

$$\begin{cases} f_k(s_k)=\min\limits_{x_k}\{r_k(s_k,\ x_k)+f_{k+1}(s_{k+1})\},\ \ k=n,\ n-1,\cdots,2,1 \\ \text{终点条件：}f_{n+1}(s_{n+1})=0 \end{cases}$$

这种递推关系称为动态规划的基本方程。其中第一式子里的求最小值是指在 s_k 的状态下，在所有做出的各种决策 x_k 中，取一个第 k 阶段的指标值 $r_k(s_k,\ x_k)$ 与以 x_k 为第 $k+1$ 阶段状态的 $k+1$ 子过程的最优指标函数值之和中的最小值。在例 8-1 中从图 8-2 可知如下最小值。

$$\begin{aligned} f_2(B_1)&=\min\{r_2(B_1,x_2)+f_3(s_3)\} \\ &=\min\begin{Bmatrix} r_2(B_1,C_1)+f_3(C_1) \\ r_2(B_1,C_2)+f_3(C_2) \end{Bmatrix} \\ &=\min\begin{Bmatrix} 6+7 \\ 4+5 \end{Bmatrix}=\min\begin{Bmatrix} 13 \\ 9 \end{Bmatrix}=9 \end{aligned}$$

对于求指标函数最大的动态规划问题的基本方程则把 min 改为 max 即可。

二、最优化原理和动态规划的基本方法

(一)最优化原理

最优化原理是美国学者 R. Bellman 提出的，其内容是：“作为整个过程的最优策略具有下述性质：无论过去的状态和决策如何，对前面的决策所形成的状态而言，余下的诸决策必须构成最优策略。”

最优化原理说明，对于一个全过程最优化的策略而言，其任一 k 子过程的策略也必须是最优的。这一原理为动态规划从最后阶段的优化开始，逐步向前一阶段优化扩展，直到最早阶段达到全程优化的方法奠定了理论基础。在求解时，前面的各状态与决策，对后面的子过程来说，只相当于初始条件，并不影响后面子过程的最优决策。

(二)动态规划的基本方法

从最优化原理可以导出动态规划的基本方法，即由最后一个阶段的优化开始，按逆向顺序逐步向前一阶段扩展，并将后一阶段的优化结果带到扩展后的阶段中去，以此逐步向前推进，直到得到全过程的最优化结果。如例 8-1 就是按这种方法进行求解的。

例 8-1 的逆向求解过程可以直接在图上用标号法进行，如图 8-2 所示。其中每一状态上方方框内的标号，代表从该点到终点的最短距离。具体步骤如下。

(1) 从最后的结点 E 开始，令其标号为 0，并记在结点 E 上方的方框内，用以表示从该点到终点的最短距离。

(2) 逆向找到上一阶段的任一状态点，如 D_1。因 D_1 到 E 点只有一条路线，故从 D_1 到 E 的最短距离为 $d(D_1,E)=4$。将标号 4 记在 D_1 点上方的方框内。同理，D_2 点的标号为 3。

(3) 继续找到状态点 C_1，C_2 和 C_3。从 C_1 到 D 状态的各点有两条路线 C_1D_1 和 C_1D_2。这时 C_1 点的标号值$=\min\begin{Bmatrix} d(C_1,D_1)+D_1\text{点的标号值} \\ d(C_1,D_2)+D_2\text{点的标号值} \end{Bmatrix}=\min\begin{Bmatrix} 3+4 \\ 5+3 \end{Bmatrix}=7$。

将其记在 C_1 点上方的方框内。它表示从 C_1 点到终点 E 的最短距离是 7。同理可以算出 C_2 点的标号为 5，C_3 点的标号为 5。

(4) 继续反向找到相邻的状态点，重复上面的标号计算过程。依次类推直到计算出 A 点的标号为止。最后的优化结果如图 8-2 所示。其上的粗线表示最优的运输路线。

第三节　建立动态规划模型的基本要求与求解步骤

一、建立动态规划模型的基本要求

将一个实际问题建立成动态规划模型时，关键是要分析实际问题的特点能否满足动态规划模型的基本要求。下面就几个关键要点说明一下。

(1) 所研究的问题必须能够分成几个相互联系的阶段，而且在每一个阶段都具有需要进行决策的问题。如在例 8-1 选择最优运输路线的例子中，问题的阶段性是很明显的。在每一个阶段都有选择继续走哪条路线的决策问题。而在很多其他类型的决策问题中，问题的阶段性可能并不明显，这时要仔细地识别。例如资源分配问题。这一类问题的基本模式是，现有一定数量的资源(如资金、原材料、设备、劳力等)要分配给 m ($m>1$)个下属企业(或工厂或个人)。由于各企业的人员素质、生产能力、销售情况、成本与质量水平等情况的不同，各企业获得一定数量的该资源后，产生的效益不同。现在的问题是，如何合理地分配这些资源，使该资源发挥的总效益最大。在这类问题中，按时间的阶段性来划分阶段并不显著，可以从分配的先后次序上来人为地赋予分配过程的阶段性。如先考虑分配给企业 1 的数量，再依次考虑分配给企业 $2,3,\cdots,m$ 的数量。很显然在每一个分配阶段都有一个分配给该企业多少资源的决策问题。

(2) 在每一阶段都必须有若干个与该阶段相关的状态。识别每一个阶段的状态是建立动态规划模型的关键内容。在一般情况下，状态是所研究系统在该阶段可能处于的情况或条件。状态的选择必须注意以下两个要点：①在所研究问题的各阶段，都能直接或间接确定状态变量的数值。例如在选择最优运输路线的例 8-1 中，每一阶段的状态是运输主体(人或汽车)在各阶段可能到达的不同城市，这是可以直接确定的。在一般情况下建模时总是从与决策有关的条件中，或是从问题的约束条件中去选择状态变量，并能通过现阶段的决策，使当前状态转移成下一阶段的某个状态，或者说能够给出状态的转移方程 $s_{k+1}=T_k(s_k,x_k)$。②状态的无后效性。状态的无后效性是指以第 k 阶段的状态 s_k 为出发点的后部子过程的最优策略应与 s_k 状态之前的过程无关。也就是说，当某阶段的状态 s_k 一旦给定，其后部子过程就是一个与 s_k 前部子过程无关的独立过程。这一点并不是每一个问题都很容易满足的。例如著名的旅行推销员问题，有 n 个城市，要求一个推销员至少要去一次，最后回到原来的出发城市，而走的路线最短。对于这个问题就不能再以城市的位置作为状态变量，因为它不能满足无后效性的要求。

(3) 具有明显的指标函数，而且阶段指标值 $r_k(s_k,x_k)$ 可以计算，能正确列出最优指标函数 $f_k(s_k)$ 的递推公式和终点条件。

二、动态规划的求解步骤

首先将问题合理分成阶段。该阶段总数为 n，给定终点条件 $f_{n+1}(s_{n+1})$。然后从最后一个阶段 n 的优化开始，逐步向前一阶段推进，直到第一阶段为止。在每一个阶段都进行如下的步骤。

(1) 列出本阶段所有可能的状态变量 s_k。

(2) 对每一个状态 s_k 列出可能的决策变量 $x_k(s_k)$。

(3) 对每一对 $s_k,x_k(s_k)$ 计算本阶段的指标值 $r_k(s_k,x_k)$。

(4) 利用状态转移方程 $s_{k+1}=T_k(s_k,x_k)$ 对每一对 $s_k,x_k(s_k)$ 求出 s_{k+1} 的值。

(5) 计算每一对 $s_k,x_k(s_k)$ 的指标值 $r_k(s_k,x_k)+f_{k+1}(s_{k+1})$。

(6) 将第(5)步中各指标值进行比较，取最优者(最大值或最小值)为从本阶段 s_k 状态开始的后部子过程的最优指标 $f_k(s_k)$，相应的决策 $x_k(s_k)$ 即是本阶段以 s_k 为起始状态的最优决策 $x_k^*(s_k)$。

(7) 在第一阶段的最优决策 $x_1^*(s_1)$ 确定之后，全过程的最优策略随之而确定。

第四节　动态规划的应用

一、资源分配问题

例 8-2　某公司准备将 5 台加工设备分配给所属的甲、乙、丙、丁 4 个工厂，各工厂若获得该设备后，可以取得的利润估算如表 8-5 所示，试问：应该如何分配这些设备使公司的总利润最大？

表 8-5　各工厂分得设备后利润估算表　　单位：万元

设备台数 \ 工厂	甲	乙	丙	丁
0	0	0	0	0
1	6	3	5	4
2	7	7	10	6
3	10	9	11	11
4	12	12	11	12
5	15	13	11	12

解：(1)　按动态规划要求确定参数。

将分配问题按工厂甲、乙、丙、丁顺序分成 4 个阶段。设

s_k 表示分配给第 k 个工厂以后(含第 k 个工厂)的各工厂的设备总数。

x_k 表示分配给第 k 个工厂的设备台数。

状态转移方程 $s_{k+1}=s_k-x_k(s_k)$ 。

最优指标函数 $f_k(s_k)$ 是从第 k 阶段开始到最后阶段为止的最大利润，公式如下：

$$\begin{cases} f_k(s_k)=\max\limits_{x_k}\{r_k(s_k,x_k)+f_{k+1}(s_{k+1})\} \\ \text{终点条件：} f_5(s_5)=0 \end{cases}$$

(2)　进行分阶段计算。

当 $k=4$ 时，$s_4=0,1,2,3,4,5$，s_4 取不同的值时，$f_4(s_4)$ 的计算如表 8-6 所示。

当 $k=3$ 时，是将 $s_3=0,1,2,3,4,5$ 台设备分配给丙和丁两个工厂。这时，对于每一个 s_3 的值都有一个最优分配方案，使这两个工厂的总利润为最大。即

$$\begin{aligned} f_3(s_3)&=\max_{x_3}\{r_3(s_3,x_3)+f_4(s_4)\} \\ &=\max_{x_3}\{r_3(s_3+x_3)+f_4(s_3-x_3)\} \end{aligned}$$

表 8-6　第四阶段的计算表

s_4	x_4	$r_4(s_4,x_4)$	$f_4(s_4)$	$x_4^*(s_4)$
0	0	0	0	0
1	1	4	4	1
2	2	6	6	2
3	3	11	11	3
4	4	12	12	4
5	5	12	12	5

当 s_3 取不同值时 $f_3(s_3)$ 的计算如表 8-7 所示。

表 8-7　第三阶段的计算表

s_3	x_3	$r_3(s_3,x_3)$	$f_4(s_3-x_3)$	r_3+f_4	$x_3^*(s_3)$	$f_3(s_3)$
0	0	0	0	0	0	0
1	0	0	4	4		5
	1	5	0	5	1	
2	0	0	6	6		10
	1	5	4	9		
	2	10	0	10	2	
3	0	0	11	11		14
	1	5	6	11		
	2	10	4	14	2	
	3	11	0	11		
4	0	0	12	12		16
	1	5	11	16	1	
	2	10	6	16	2	
	3	11	4	15		
	4	11	0	11		
5	0	0	12	12		21
	1	5	12	17		
	2	10	11	21	2	
	3	11	6	17		
	4	11	4	15		
	5	11	0	11		

当 $k=2$ 时，$s_2=0,1,2,3,4,5$，当 s_2 取不同值时，$f_2(s_2)$ 的计算如表 8-8 所示。

表 8-8　第二阶段的计算表

s_2	x_2	$r_2(s_2,x_2)$	$f_3(s_2-x_2)$	r_2+f_3	$x_2^*(s_2)$	$f_2(s_2)$
0	0	0	0	0	0	0
1	0	0	5	5	0	5
	1	3	0	3		
2	0	0	10	10	0	10
	1	3	5	8		
	2	7	0	7		
3	0	0	14	14	0	14
	1	3	10	13		
	2	7	5	12		
	3	9	0	9		
4	0	0	16	16		17
	1	3	14	17	1	
	2	7	10	17	2	
	3	9	5	14		
	4	12	0	12		
5	0	0	21	21	0	21
	1	3	16	19		
	2	7	14	21	2	
	3	9	10	19		
	4	12	5	17		
	5	13	0	13		

当 $k=1$ 时，$s_1=5$，$f_1(s_1)$ 的计算如表 8-9 所示。

表 8-9　第一阶段的计算表

s_1	x_1	$r_1(s_1,x_1)$	$f_2(5-x_1)$	r_1+f_2	$x_1^*(s_1)$	$f_1(s_1)$
5	0	0	21	21		23
	1	6	17	23	1	
	2	7	14	21		
	3	10	10	20		
	4	12	5	17		
	5	15	0	15		

(3) 从第一个阶段开始寻找最优决策序列，其步骤如下。

① 由 $x_1^*(5)=1$ 可知，应分配给甲工厂 1 台设备，剩余 4 台设备待以后分配。

② 由 $x_2^*(4)=1或2$ 可知，分配给乙工厂有两个最优方案，1 台或 2 台。当分配给乙工厂 1 台时，剩余 3 台设备待以后分配；当分配给乙工厂 2 台设备时，将剩余 2 台设备待以后分配。

③ 由 $x_3^*(3)=2$ 可知，应分配给丙工厂 2 台设备，这时剩余 1 台设备待分配。由 $x_3^*(2)=2$ 可知，应分配给丙工厂 2 台设备，这时剩余 0 台，分配完毕。

④ 由 $x_4^*(1)=1$ 可知，应分配给丁工厂 1 台设备，这时剩余 0 台，分配完毕。

由以上分析可知，有两个最优分配方案，最大利润都是 23 万元。这两个最优方案分别为：分配给甲工厂 1 台，乙工厂 1 台，丙工厂 2 台，丁工厂 1 台；分配给甲工厂 1 台，乙工厂 2 台，丙工厂 2 台，丁工厂 0 台。

二、背包问题

所谓背包问题是指对于 N 种具有不同重量和不同价值的物品，在携带物品总重量限制的情况下，决定这 N 种物品中每一种物品有多少数量装入背包内，使得装入背包内的物品总价值最大。

例 8-3 现有一辆货车，最大运载量为 10 吨，准备用它装载三种货物，每种货物的单位重量及相应单位价值如表 8-10 所示。问：如何装载可以使总价值最大？试用动态规划方法求解。

表 8-10 不同货物单位重量和单位价值表

货物编号	1	2	3
单位重量 a_i	3	4	5
单位价值 c_i	4	5	6

解：(1) 按动态规划要求确定参数。

将装载问题按 3 种货物分为三个阶段，每阶段装载一种货物。

设状态变量 s_k 表示在第 k 阶段货车还可以装载的重量。

决策变量 x_k 表示第 k 阶段货车装载货物的数量。决策变量的允许集合

$$x_k(s_k)=\left\{x_k \middle| 0\leqslant x_k\leqslant \frac{s_k}{a_k}\right\}$$

状态转移方程 $s_{k+1}=s_k-a_k x_k$

阶段指标函数 $r_k(s_k,\ x_k)=c_k x_k$

最优指标函数 $\left.\begin{aligned} f_k(s_k) &= \max\{r_k(s_k,\ x_k)+f_{k+1}(s_{k+1})\} \\ &= \max\{c_k x_k + f_{k+1}(s_k - a_k x_k)\}\end{aligned}\right\}$

终点条件　$f_4(s_4)=0$

(2)　分段计算。

$k=3$ 时，s_3=0,1,2,3,4,5,6,7,8,9,10，计算结果如表 8-11 所示。

表 8-11　第三阶段的计算表

s_3	$x_3=\left\{\dfrac{s_3}{a_3}\right\}$	$r_3(s_3,x_3)=6x_3$	$s_4=s_3-a_3x_3$	r_3+f_4	$x_3^*(s_3)$	$f_3(s_3)$
0	0	0	0	0	0	0
1	0	0	1	0	0	0
2	0	0	2	0	0	0
3	0	0	3	0	0	0
4	0	0	4	0	0	0
5	0 1	0 6	5 0	0 6	1	6
6	0 1	0 6	6 1	0 6	1	6
7	0 1	0 6	7 2	0 6	1	6
8	0 1	0 6	8 3	0 6	1	6
9	0 1	0 6	9 4	0 6	1	6
10	0 1 2	0 6 12	10 5 0	0 6 12	2	12

$k=2$ 时，s_2=0,1,2,3,4,5,6,7,8,9,10，计算结果如表 8-12 所示。

表 8-12　第二阶段的计算表

s_2	$x_2=\left\{\dfrac{s_2}{a_2}\right\}$	$r_2(s_2,x_2)=5x_2$	$s_3=s_2-a_2x_2$	r_2+f_3	$x_2^*(s_2)$	$f_2(s_2)$
0	0	0	0	0+0	0	0
1	0	0	1	0+0	0	0
2	0	0	2	0+0	0	0
3	0	0	3	0+0	0	0
4	0 1	0 5	4 0	0+0 5+0	1	5

续表

s_2	$x_2=\left\{\frac{s_2}{a_2}\right\}$	$r_2(s_2,x_2)=5x_2$	$s_3=s_2-a_2x_2$	r_2+f_3	$x_2^*(s_2)$	$f_2(s_2)$
5	0	0	5	0+6	0	6
	1	5	1	5+0		
6	0	0	6	0+6	0	6
	1	5	2	5+0		
7	0	0	7	0+6	0	6
	1	5	3	5+0		
8	0	0	8	0+6		10
	1	5	4	5+0		
	2	10	0	10+0	2	
9	0	0	9	0+6		11
	1	5	5	5+6	1	
	2	10	1	10+0		
10	0	0	10	0+12	0	12
	1	5	6	5+6		
	2	10	2	10+0		

$k=1$时，$s_1=10$，计算结果如表 8-13 所示。

表 8-13　第一阶段的计算表

s_1	$x_1=\left\{\frac{s_1}{a_1}\right\}$	$r_1(s_1,x_1)$	$s_2=s_1-a_1x_1$	r_1+f_2	$x_1^*(s_1)$	$f_1(s_1)$
10	0	0	10	0+12		13
	1	4	7	4+6		
	2	8	4	8+5	2	
	3	12	1	12+0		

最优决策为：$x_1=2$，$x_2=1$，$x_3=0$，可装载的最大价值为 13。

实际上，背包问题也可以用整数线性规划来求解。设装载第 i 种货物的件数为 x_i，i=1,2,3，则该问题的整数线性规划模型为

$$\max Z=4x_1+5x_2+6x_3$$

$$\text{s.t.}\begin{cases}3x_1+4x_2+5x_3\leqslant 10\\ x_i\geqslant 0\text{且为整数}(i=1,2,3)\end{cases}$$

三、生产存储问题

例 8-4　某公司为主要电力公司生产大型变压器，由于电力公司采取预订方式购买，所

以该公司可以预测几个月的需求量。为确保需求，该公司为新的一年的前 4 个月制订一项生产计划，这 4 个月的需求如表 8-14 所示。

生产成本随着生产数量而变化。调试费为 4，除了调试费外，每月生产的头两台各花费为 2，后两台各花费为 1。最大生产能力每月为 4 台，生产成本如表 8-15 所示。

表 8-14　某公司大型变压器 4 个月需求量

月　份	需求量/台
1	2
2	4
3	1
4	3

表 8-15　某公司生产台数及生产成本表

生产台数	总成本
0	0
1	6
2	8
3	9
4	10

每台变压器在仓库中由这个月存到下个月的储存费为 1，仓库的最大储存能力为 3 台，另外，知道在 1 月 1 日时仓库里存有 1 台变压器，要求在 4 月 30 日仓库的库存量为零。试问：该公司应如何制订生产计划，使得 4 个月的生产成本和储存总费用最少？

解：(1) 按动态规划要求确定参数。

按月份来划分阶段，第 i 个月为第 i 阶段，$i=1,2,3,4$。

设 s_k 为第 k 阶段的期初库存量，$k=1,2,3,4$。

x_k 为第 k 阶段的生产量，$k=1,2,3,4$。

d_k 为第 k 阶段的需求量，$k=1,2,3,4$。

第 k 阶段的生产量 x_k 必须满足如下条件。

$$x_k \geqslant d_k - s_k,\quad k=1,2,3,4$$

另一方面，第 k 阶段的生产量 x_k 必须不大于同期的生产能力(4 台)，也不大于第 k 阶段至第四阶段的需求之和与 k 阶段期初库存之差，故有

$$x_k \leqslant \min\left[\left(\sum_{i=k}^{4} d_i\right) - s_k, 4\right]$$

状态转移方程为

$$s_{k+1} = s_k + x_k - d_k$$

阶段指标函数 $r_k(s_k, x_k)$ 可以分成两部分，即生产成本 $c_k(x_k)$ 与储存费 $h_k(s_k, x_k)$，也即

$$r_k(s_k, x_k) = c_k(x_k) + h_k(s_k, x_k)$$

最优指标函数为

$$f_k(s_k)=\min\{r_k(s_k,x_k)+f_{k+1}(s_{k+1})\}$$
$$=\max\{c_k(x_k)+h_k(s_k,x_k)+f_{k+1}(s_k+x_k-d_k)\}$$

终点条件为

$$f_5(s_5)=0$$

(2) 分段计算。

$k=4$ 时，由于 4 月份期初的库存量不能超过 4 月份的需求量 3 台，另外仓库的最大储存能力为 3 台，因此 s_4 的可能取值为 0,1,2,3。计算结果如表 8-16 所示。

表 8-16　第四阶段的计算表

s_4	$x_4(s_4)$	$r_4(s_4,x_4)$	s_5	r_4+f_5	$x_4^*(s_4)$	$f_4(s_4)$
0	3	9	0	9+0	3	9
1	2	8	0	8+0	2	8
2	1	6	0	6+0	1	6
3	0	0	0	0+0	0	0

$k=3$ 时，s_3 的可能取值为 0,1,2,3。其计算结果如表 8-17 所示。

表 8-17　第三阶段的计算表

s_3	$x_3(s_3)$	$r_3(s_3,x_3)$	s_4	r_3+f_4	$x_3^*(s_3)$	$f_3(s_3)$
0	1	6+0	0	6+9		13
	2	8+1	1	9+8		
	3	9+2	2	11+6		
	4	10+3	3	13+0	4	
1	0	0+0	0	0+9	0	9
	1	6+1	1	7+8		
	2	8+2	2	10+6		
	3	9+3	3	12+0		
2	0	0+1	1	1+8	0	9
	1	6+2	2	8+6		
	2	8+3	3	11+0		
3	0	0+2	2	2+6	0	8
	1	6+3	3	9+0		

$k=2$ 时，s_2 取各值时的计算结果如表 8-18 所示。

表 8-18 第二阶段的计算表

s_2	$x_2(s_2)$	$r_2(s_2,x_2)$	s_3	r_2+f_3	$x_2^*(s_2)$	$f_2(s_2)$
0	4	10+0	0	10+13	4	23
1	3	9+0	0	9+13		20
	4	10+1	1	11+9	4	
2	2	8+0	0	8+13	3	19
	3	9+1	1	10+9		
	4	10+2	2	12+9		
3	1	6+0	0	6+13	2	18
	2	8+1	1	9+9		
	3	9+2	2	11+9		
	4	10+3	3	13+8		

$k=1$时，$s_1=1$，计算结果如表 8-19 所示。

表 8-19 第一阶段的计算表

s_1	$x_1(s_1)$	$r_1(s_1,x_1)$	s_2	r_1+f_2	$x_1^*(s_1)$	$f_1(s_1)$
1	1	6+0	0	6+23	1	29
	2	8+1	1	9+20	2	
	3	9+2	2	11+19		
	4	10+3	3	13+18		

利用递推关系，从表 8-19、表 8-18、表 8-17 和表 8-16 得到两组最优解：

$$\text{I}:\begin{cases}x_1=1\\x_2=4\\x_3=4\\x_4=0\end{cases}\qquad \text{II}:\begin{cases}x_1=2\\x_2=4\\x_3=0\\x_4=3\end{cases}$$

这时最低总成本为 29。

四、设备更新问题

企业中经常会遇到一台设备应该使用多少年更新的更合算的问题。一般来说，一台设备在比较新时，年运转量大，经济收入高，故障少，维修费用少，但随着使用年限的增加，年运转量减少因而收入减少，故障变多维修费用增加。如果更新可提高年净收入，但是当年要支出一笔数额较大的购买费。设备更新问题的一般提法：在已知一台设备的效益函数

$r(t)$、维修费用函数 $w(t)$ 及更新费用函数 $c(t)$ 的条件下，要求在 n 年内的每年年初作出决策，是继续使用旧设备还是更换一台新设备，使 n 年内总效益最大。

例 8-5 设某台新设备的年收益及年均维修费、更新净费用如表 8-20 所示。试确定今后 5 年内的更新策略，使总收益最大。

表 8-20 设备收益、维修费及更新费用 万元

项目 \ 役龄	0	1	2	3	4	5
效益 $r_k(t)$	5	4.5	4	3.75	3	2.5
维修费 $w_k(t)$	0.5	1	1.5	2	2.5	3
更新费 $c_k(t)$	0.5	1.5	2.2	2.5	3	3.5

解：设 $r_k(t)$：在第 k 年设备已使用过 t 年(或称役龄为 t 年)，再使用 1 年时的效益。

$w_k(t)$：在第 k 年设备役龄为 t 年，再使用 1 年的维修费用。

$c_k(t)$：在第 k 年卖掉一台役龄为 t 年的设备，买进一台新设备的更新净费用。

(1) 按动态规划要求确定以下参数。

将设备更新问题按今后 5 年分为 $k=5$ 个阶段。

状态参数 s_k 表示第 k 年初，设备已使用过的年限，$s_k=[0,1,2,3,4,5]$。

决策变量 x_k 表示是第 k 年初更新(replacement)，还是保留使用(keep)旧设备，分别用 R 与 K 表示。

状态转移方程为

$$s_{k+1}=\begin{cases}s_k+1 & , x_k=\mathrm{K}\\ 1 & , x_k=\mathrm{R}\end{cases}$$

阶段指标为

$$d_k(s_k,x_k)=\begin{cases}r_k(s_k)-w_k(s_k), & x_k=\mathrm{K}\\ r_k(0)-w_k(0)-c_k(s_k), & x_k=\mathrm{R}\end{cases}$$

最优指标函数为

$$f_k(s_k)=\max\{d_k(s_k,\ x_k)+f_{k+1}(s_{k+1})\}$$

不难看出：用动态规划求解设备更新问题时，各阶段的决策只有“继续使用”和“更新”两种决策方案。不同方案要采用不同的效益计算公式。

(2) 分阶段计算。

当 $k=5$ 时，$f_5(s_5)=\max\begin{cases}r_5(s_5)-w_5(s_5), & x_5=\mathrm{K}\\ r_5(0)-w_5(0)-c_5(s_5), & x_5=\mathrm{R}\end{cases}$

$s_5=1,2,3,4$，第五阶段的计算如表 8-21 所示。

表 8-21 第五阶段的计算表

s_5	x_5	$d_5(s_5,x_5)$	$x_5^*(s_5)$	$f_5(s_5)$
1	K R	4.5−1=3.5 5−0.5−1.5=3	K	3.5
2	K R	4−1.5=2.5 5−0.5−2.2=2.3	K	2.5
3	K R	3.75−2=1.75 5−0.5−2.5=2	R	2
4	K R	3−2.5=0.5 5−0.5−3=1.5	R	1.5

当 $k=4$ 时，$f_4(s_4)=\max\begin{cases}r_4(s_4)-w_4(s_4)+f_5(s_k+1), & x_4=\mathrm{K}\\ r_4(0)-w_4(0)-c_4(s_4)+f_5(1), & x_4=\mathrm{R}\end{cases}$

$s_4=1,2,3$，第四阶段的计算如表 8-22 所示。

表 8-22 第四阶段的计算表

s_4	x_4	$d_4(s_4,x_4)+f_5$	$x_4^*(s_4)$	$f_4(s_4)$
1	K R	4.5−1+2.5=6 5−0.5−1.5+3.5=6.5	R	6.5
2	K R	4−1.5+2=4.5 5−0.5−2.2+3.5=5.8	R	5.8
3	K R	3.75−2+1.5=3.25 5−0.5−2.5+3.5=5.5	R	5.5

当 $k=3$ 时，$f_3(s_3)=\max\begin{cases}r_3(s_3)-w_3(s_3)+f_4(s_4+1), & x_3=\mathrm{K}\\ r_3(0)-w_3(0)-c_3(s_3)+f_4(1), & x_3=\mathrm{R}\end{cases}$

$s_3=1,2$，第三阶段计算如表 8-23 所示。

表 8-23 第三阶段的计算表

s_3	x_3	$d_3(s_3,x_3)+f_4$	$x_3^*(s_3)$	$f_3(s_3)$
1	K R	4.5−1+5.8=9.3 5−0.5−1.5+6.5=9.5	R	9.5
2	K R	4−1.5+5.5=8.5 5−0.5−2.2+6.5=8.8	R	8.8

当 $k=2$ 时，$f_2(s_2)=\max\begin{cases}r_2(s_2)-w_2(s_2)+f_3(s_2+1), & x_2=\mathrm{K}\\ r_2(0)-w_2(0)-c_2(s_2)+f_3(1), & x_2=\mathrm{R}\end{cases}$

$s_2=1$，第二阶段的计算如表 8-24 所示。

表 8-24　第二阶段的计算表

s_2	x_2	$d_2(s_2,x_2)+f_3$	$x_2^*(s_2)$	$f_2(s_2)$
1	K	4.5−1+8.8=12.3	R	12.5
	R	5−0.5−1.5+9.5=12.5		

当 $k=1$ 时，$f_1(s_1)=\max\begin{cases}r_1(s_1)-w_1(s_1)+f_2(s_1+1), & x_1=\mathrm{K}\\ r_1(0)-w_1(0)-c_1(s_1)+f_2(1), & x_1=\mathrm{R}\end{cases}$

$s_1=(0)$，第一阶段的计算如表 8-25 所示。

表 8-25　第一阶段的计算表

s_1	x_1	$d_1(s_1,x_1)+f_2$	$x_1^*(s_1)$	$f_1(s_1)$
0	K	5−0.5+12.5=17	K	17
	R	5−0.5−0.5+12.5=16.5		

(3) 从第一阶段开始寻找最优决策序列。

当 $x_1^*(0)=k$ 时，由状态转移方程

$$s_2=\begin{cases}s_1+1, & x_1=\mathrm{K}\\ 1, & x_1=\mathrm{R}\end{cases}$$

知 $s_2=1$，查 $f_2(1)$ 得 $x_2^*=R$。则由 $s_3=\begin{cases}s_2+1, & x_2=\mathrm{K}\\ 1, & x_2=\mathrm{R}\end{cases}$

推出 $s_3=1$，查 $f_3(1)$ 得 $x_3^*=R$。推出 $s_4=1$，查 $f_4(1)$ 得 $x_4^*=\mathrm{R}$。推出 $s_5=1$，查 $f_5(1)$ 得 $x_5^*=\mathrm{K}$。

由此本例最优策略为$\{\mathrm{K,R,R,R,K}\}$，即第一年初购买的设备，第二、三、四年年初各更新一次，第五年继续使用到年底，其总效益为 17 万元。

五、系统可靠性问题

例 8-6　某科研项目组由三个小组用不同的手段分别研究，它们失败的概率各为 0.40，0.60，0.80。为了减少三个小组都失败的可能性，现决定给三个小组中增派两名高级科学家，到各小组后，各小组科研失败的概率如表 8-26 所示。

表 8-26　各小组增派科学家数及其科研失败的概率

高级科学家	小　组		
	1	2	3
0	0.40	0.60	0.80
1	0.20	0.40	0.50
2	0.15	0.20	0.30

问：如何分派科学家才能使三个小组都失败的概率(即科研项目最终失败的概率)最小？

解：(1) 按动态规划要求确定参数。

阶段：每个研究小组为一个阶段，可分为 3 个阶段。

决策变量 x_k：分配给第 k 小组的高级科学家数目，相应的失败概率为 $p_k(x_k)$。

状态变量 s_k：从第 k 阶段到第三阶段可供分配的高级科学家人数。

状态转移方程：$s_{k+1} = s_k - x_k$

递推关系：

$$f_3(s_3) = \min_{x_3 \leqslant s_3}\{p_3(x_3)\}$$

$$f_k(s_k) = \min_{x_k \leqslant s_k}\{p_k(x_k) \times f_{k+1}(s_k - x_k)\},\ n = 1,2$$

(2) 分阶段计算。

$k=3$ 时，$s_3 = 0,1,2$，第三阶段的计算如表 8-27 所示。

表 8-27　第三阶段的计算表

s_3	x_3	$p_3(x_3)$	$x_3^*(s_3)$	$f_3(s_3)$
0	0	0.80	0	0.80
1	1	0.50	1	0.50
2	2	0.30	2	0.30

$k=2$ 时，$s_2 = 0,1,2$，第二阶段的计算如表 8-28 所示。

表 8-28　第二阶段的计算表

s_2	x_2	$p_2(x_2) \times f_3(s_2 - x_2)$	$x_2^*(s_2)$	$f_2(s_2)$
0	0	0.60×0.80=0.48	0	0.48
1	0	0.60×0.50=0.30	0	0.30
	1	0.40×0.80=0.32		
2	0	0.60×0.30=0.18	2	0.16
	1	0.40×0.50=0.20		
	2	0.20×0.80=0.16		

$k=1$时，$s_1=2$，第一阶段的计算如表 8-29 所示。

表 8-29　第一阶段的计算表

s_1	x_1	$p_1(x_1)\times f_2(s_1-x_1)$	$x_1^*(s_1)$	$f_1(s_1)$
2	0	0.40×0.16=0.064	1	0.060
	1	0.20×0.30=0.060		
	2	0.15×0.48=0.072		

最优解为：$x_1^*=1$，$x_2^*=0$，$x_3^*=1$，即分配给第一个小组 1 名高级科学家，第三个小组 1 名高级科学家，此时科研项目最终失败的概率最小，为 0.060。

第五节　动态规划问题的 WinQSB 求解

下面通过例子来讲解用 WinQSB 软件来进行计算机求解动态规划问题。

一、最短路径问题

例 8-7　如图 8-3 所示，弧边上的权为两点间的距离，求点 1 到点 10 的最短距离及最短路径长。

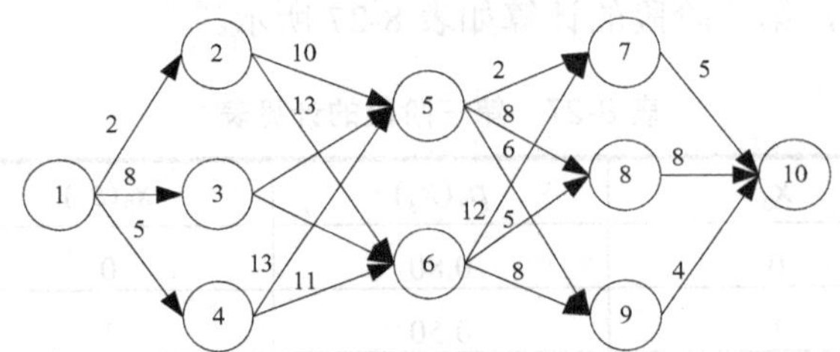

图 8-3　求解最短路径问题网络图

解：调用子程序 DP，选择 Shortest Route Problem 建立问题，输入数据。按照图中弧的方向将数据输入。两点间没有弧线连接时不输入数据，如图 8-4 所示。选择 Solve and Analyze｜Solve the Problem 命令，选择起点 1 到终点 10，得到如图 8-5 所示的结果。

From \ To	Node1	Node2	Node3	Node4	Node5	Node6	Node7	Node8	Node9	Node10
Node1		2	8	5						
Node2					10	13				
Node3					7	10				
Node4					13	11				
Node5							2	8	6	
Node6							12	5	8	
Node7										5
Node8										8
Node9										4
Node10										

图 8-4　弧上权的数据输入图

09-13-2010 Stage	From Input State	To Output State	Distance	Cumulative Distance	Distance to Node10
1	Node1	Node2	2	2	19
2	Node2	Node5	10	12	17
3	Node5	Node7	2	14	7
4	Node7	Node10	5	19	5
	From Node1	To Node10	Min. Distance	= 19	CPU = 0

图 8-5　最短路径问题动态规划结果

由图 8-5 可知，点 1 到点 10 的最短路径为①→②→⑤→⑦→⑩，最短路径长度为 19。

二、生产存储问题

例 8-8　某工厂生产一种产品，经过对市场情况的调查，预测今后 3 个月可能出售的产品数量，同时对未来 3 个月该产品的生产能力、单位产品的生产成本和库存费用进行估算，如表 8-30 所示。假定该厂生产每批产品的固定成本为 2000 元，若不生产就为 0，第一月份的初始库存量为 0，第三月末的库存量也为 0。试问：该厂该如何安排各个时期的生产与库存，才能在满足市场需求条件下，使得总成本最小？

表 8-30　某工厂未来 3 个月预测数据表

月　份	可销售量/单位	生产能力/单位	单位产品生产成本/(千元/单位)	单位产品存储费/(千元/单位)
1	2	5	1	0.5
2	3	5	1	0.5
3	2	5	1	0.5

解：调用 Dynamic Programming 模块，选择 File | New Problem 命令，创建新问题。在对话框中选择问题 Production and Inventory Scheduling， 输入问题名称和阶段数目 3，然后单击 OK 按钮。在单元格内输入相应的数据，如图 8-6 所示。当第一阶段生产量为 2，第二阶段生产量为 5，第三阶段生产量为 0，决策为最优。成本为 12 元，如图 8-7 所示。

Period (Stage)	Period Identification	Demand	Production Capacity	Storage Capacity	Production Setup Cost	Variable Cost Function (P,H,B: Variables) (e.g., 5P+2H+10B, 3(P-5)^2+100H)
1	Period1	2	5	M	2	P+0.5H
2	Period2	3	5	M	2	P+0.5H
3	Period3	2	5	M	2	P+0.5H
Initial	Inventory =	0				

图 8-6　动态规划问题数据输入界面

09-13-2010 Stage	Period Description	Net Demand	Starting Inventory	Production Quantity	Ending Inventory	Setup Cost	Variable Cost Function (P,H,B)	Variable Cost	Total Cost
1	Period1	2	0	2	0	¥ 2.00	P+0.5H	¥ 2.00	¥ 4.00
2	Period2	3	0	5	2	¥ 2.00	P+0.5H	¥ 6.00	¥ 8.00
3	Period3	2	2	0	0	0	P+0.5H	0	0
Total		7	2	7	2	¥ 4.00		¥ 8.00	¥ 12.00

图 8-7 生产存储问题动态规划结果

三、背包问题

例 8-9 设有 3 种物品，每种物品的数量无限，其重量和价值如表 8-31 所示。现有一只可装载重量为 10 千克物品的背包。试问：各种物品各取多少件放入背包，可使背包中的所有物品总价值最高？

表 8-31 物品重量和价值表

物 品	重量/(千克/件)	价值/(千元/件)
A	3	4
B	4	5
C	5	6
背包可容纳的总量	10	

解：调用 Dynamic Programming 模块，选择 File | New Problem 命令，创建新问题，选择 Knapsack Problem，输入问题名称，物品数目 3，然后单击 OK 按钮。按照图 8-8 输入相应的数据。选择 Solve and Analyze | Solve the Problem 命令，得到如图 8-9 所示的结果。

Item (Stage)	Item Identification	Units Available	Unit Capacity Required	Return Function (X: Item ID) (e.g., 50X, 3X+100, 2.15X^2+5)
1	A	M	3	4A
2	B	M	4	5B
3	C	M	5	6C
Knapsack	Capacity =	10		

图 8-8 动态规划问题数据输入界面

09-13-2010 Stage	Item Name	Decision Quantity (X)	Return Function	Total Item Return Value	Capacity Left
1	A	2	4A	8	4
2	B	1	5B	5	0
3	C	0	6C	0	0
	Total	Return	Value =	13	CPU = 0

图 8-9 背包问题的动态规划结果

由图 8-9 可知，当物品 A 取 2 件、B 取 1 件、C 取 0 件时，可使背包中的总价值最大，最优结果为 13。

习　题

1. 拟从内陆城市 Q 向沿海港口 T 运送一批货物，途中经由的 A、B、C 这 3 个地区各有几个不同的转运站，如图 8-10 所示。图中每条边的权数代表相应两地间运送这批货物的费用(万元)。问：如何选择运输路线使总运费最少？

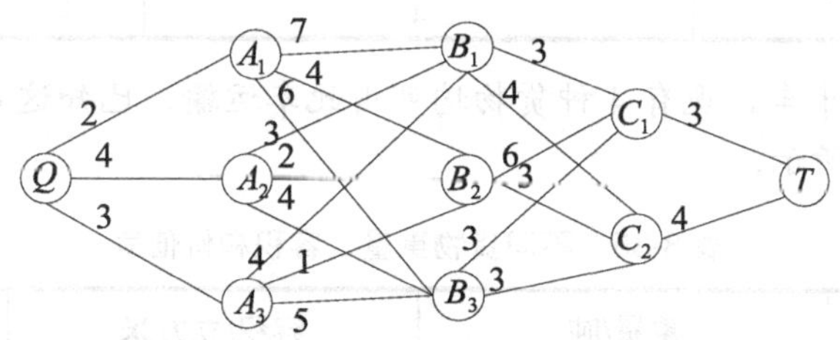

图 8-10　内陆城市和沿海港口运输路线图

2. 某公司拟聘请 4～6 名商业专家，以分给其所辖 3 个商店任用。预计各商店分得不同人数的专家后每年可多赢利(万元)如表 8-32 所示。该公司应聘请几名商业专家并如何分配，才能使每年预计赢利总额最大？

表 8-32　专家数和各商店多赢利润表　　单位：万元

商店＼专家数	0	1	2	3	4	5	6
1	0	1	4	8	7	7	6
2	0	3	4	6	7	8	9
3	0	2	4	5	6	5	4

3. 某公司打算在三个不同的地区设置 4 个销售点，根据市场预测部门估计，在不同的地区设置不同数量的销售店，每月可得到的利润如表 8-33 所示。试问：在各个地区应如何设置销售点，才能使每月获得的总利润最大？其值是多少？

表 8-33　不同地区设置不同销售店的利润

地区＼销售店	0	1	2	3	4
1	0	16	25	30	32
2	0	12	17	21	22
3	0	10	14	16	17

4. 某工厂生产三种产品，各种产品重量与利润关系如表 8-34 所示。现将此三种产品运往市场出售，运输能力总重量不超过 10 吨，问：应如何安排运输使总利润最大？

表 8-34 不同产品重量与利润表

产品种类	重量/(吨/件)	利润/(元/件)
1	2	100
2	3	140
3	4	180

5. 设有一辆载重卡车，现有 4 种货物均可用此车运输。已知这 4 种货物的重量、容积及价值关系如表 8-35 所示。

表 8-35 不同货物重量、容积和价值表

货物代号	重量/吨	容积/立方米	价值/千元
1	2	2	3
2	3	2	4
3	4	2	5
4	5	3	6

若该卡车的最大载重为 15 吨，最大容许装载容积为 10 立方米，在许可的条件下，每车装载每一种货物的件数不限。问：应如何搭配这 4 种货物，才能使每车装载货物的价值最大？

6. 某厂准备连续 3 个月生产 A 种产品，每月初开始生产。A 的生产成本费为 x^2，其中 x 是 A 产品当月的生产数量。仓库存货成本是每月每单位为 1 元。估计 3 个月的需求量分别为 $d_1=100$，$d_2=110$，$d_3=120$。现设开始时第一个月月初存货为 0，第三个月月末的存货为 0。试问：每月的生产数量是多少才使总的生产和存货费用为最小？

7. 某厂根据合同，今后半年的交货量如表 8-36 所示。表中数字为月底的交货量。该厂每月生产能力为 400 件，而仓库存货能力为 300 件。在进行生产的月份，固定费用为 4000 元，变动费用为每件 100 元；仓库保管费为每件货物每月 10 元。假定 1 月初和 6 月末均无库存，问：每月各生产多少件，才能既按期交货又使总费用最少？

表 8-36 月底的交货量

月 份	1	2	3	4	5	6
交货量/100 件	1	2	5	3	2	1

8. 为保证某一设备的正常运转，需备有三种不同的零件 A_1, A_2, A_3。若增加备用零件的数量，可提高设备正常运转的可靠性，但增加了费用，而投资额仅为 8 千元。已知备用零

件数与它的可靠性和费用的关系如表 8-37 所示。

表 8-37　增加的可靠性及备用零件费用

备件数	增加的可靠性			备用零件费用/千元		
	A_1	A_2	A_3	A_1	A_2	A_3
1	0.3	0.2	0.1	1	3	2
2	0.4	0.5	0.2	2	5	3
3	0.5	0.9	0.7	3	6	4

9. 考虑某设备在今后 5 年内的更新问题。在每年年初要决定是继续使用原来的设备还是更新。如果继续使用要承担维修费用，维修费用具体金额如表 8-38 所示。

表 8-38　年维修费用表　　单位：万元

使用年数	0～1	1～2	2～3	3～4	4～5
年维修费用	5	6	8	11	18

如果选择更新设备，需要购买新设备，费用如表 8-39 所示。

表 8-39　不同年份购置新设备费用表　　单位：万元

年	1	2	3	4	5
成本	11	11	12	12	13

已知设备已经使用了 1 年，问：在每年年初应采取何种策略，使得 5 年内的维修费用和购买设备的总成本最小？

第九章 存 储 论

存储论是定量方法和技术最早应用的领域之一，是运筹学的重要分支。存储论(inventory theory)也称库存论，是研究物资最优存储策略及存储控制的理论。物资的存储是工业生产和经济运转的必然现象。对存储论的研究最早始于19世纪末对银行现金保有量的研究，随着生产的发展、企业库存物资的增加以及库存范围的扩大，人们越来越认识到存储问题的重要性，存储论及其应用已经成为现代管理的重要内容之一。在国外，存储论的应用已经推广到存储、采购和订货等较典型的存储问题以外的更加广泛的领域，根据1974年美国对一些企业的不完全的统计资料表明，运用存储论进行管理的企业已经达到90.7%。在我国，一些企业将ABC分类管理、各种确定型与随机型存储模型运用到物流仓储中，提高了企业的管理水平，有的企业还建立了物资管理信息系统，使存储管理水平得到不断的提高。

通过本章的学习，应当了解存储论的基本概念，掌握确定型存储模型，了解单周期随机存储模型与其他类型的存储模型，学会运用WinQSB求解确定型存储模型和单周期随机型存储模型。

第一节 存储论的基本概念

一、问题描述

在生产和生活中，人们经常进行着各种各样的存储活动，这是为了解决供应(或生产)与需求(或消费)之间不协调和矛盾的一种手段。例如，在工厂里，生产需要原材料和某些外协零部件。这些物资如果没有一定的库存，一旦供应不上就会发生停工待料现象，而使工厂蒙受损失。但如果存储过多，除了积压资金外，还要承担一笔可观的保管费用，以及由于物资存储过久造成锈蚀、霉烂变质、流失等损失。就是在生产过程中，为了均衡而有节奏地进行生产，工序与工序之间也存在合理的存储问题。再如，工厂的产品生产通常是根据市场需求和订货合同来进行的，由于市场需求常常具有随机性，于是，企业的决策者便面临各种产品应该间隔多长时间生产一批、每批生产多少、仓库应该存放多少才最合适等一系列问题。另外，在商店里，如果存储商品数量不足，发生缺货现象，就会失去销售机会而减少利润；如果存量过多，一时销售不出去，造成商品积压，占有流动资金过多而周转不开，同样造成经济损失。

诸如此类供需不协调的现象十分普遍，在工业、农业、商业、物流领域都存在。人们在解决这类矛盾时，很容易想到利用存储这个环节，可以协调供应与需求之间的矛盾。通

常可把存储看作中心，把供应和需求看作一个具有输入(供应)和输出(需求)的控制系统，如图 9-1 所示。

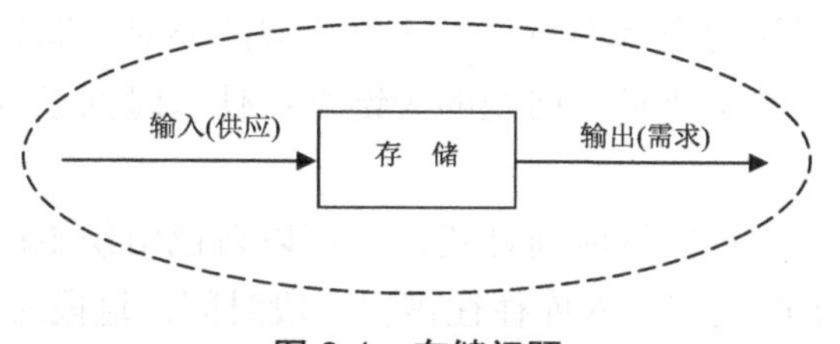

图 9-1　存储问题

因此，存储论的中心问题之一是：为了解决图 9-1 中供、需之间的矛盾，就要对存储系统进行综合分析，以获得最佳的经济效益为日标，求出最佳的订购批量和订购周期，从而得到最佳存储量，使整个存储系统所支付的费用最少。另一个中心问题是：从图 9-1 中储存系统的安全性出发，研究在连续均衡生产的条件下物资的合理存储量，以防止出现缺货或积压现象。

二、基本概念

(一)需求

需求就是从存储系统中提取一定的数量，使存储量减少。从输出物资的多少来说，若输出的物资是一个常数，则称需求为确定性的需求；否则为不确定性需求。例如，火电厂每月固定需要燃烧一定数量的煤，这是确定的。而某大型商场卖出的某种商品数量，如洗衣粉的袋数，可能今天是 60 袋，明天是 80 袋，对于未来的某一天并不能确定其需求数量，但经过大量统计后可发现其具有某种统计规律，这称为有一定随机分布的需求。从输出的时间来说，若时间是一个连续性变量，则此需求是一个连续性需求；否则为间断性需求。图 9-2 和图 9-3 分别给出了均匀连续式需求和间断式需求的两种图例。

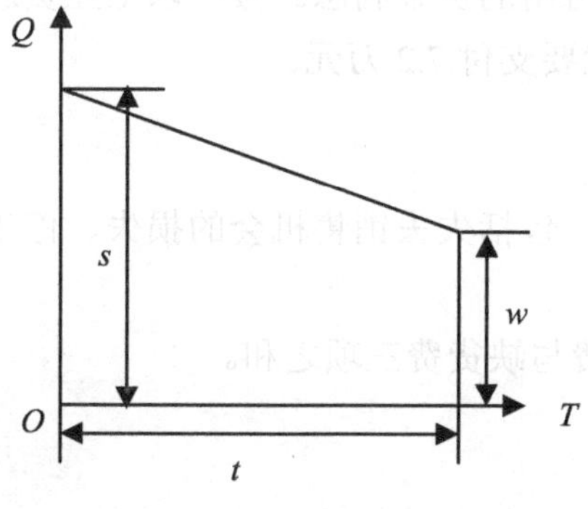

图 9-2　均匀连续式需求

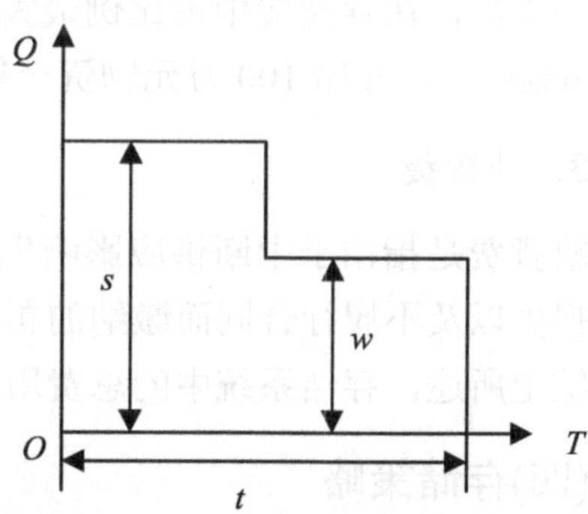

图 9-3　间断式需求

(二)补充(供应)

由于不断有需求，存储物资将不断向外输出，因此要对不断减少的物资及时地予以补充，才能使库存物资时刻满足要求。问题的关键是：什么时间予以补充？每次补充的物资数量又是多少？

一般来说，补充可以通过向供应商订货，也可以自己组织生产来实现。从订货到货物进入“存储”或从组织生产到产品入库往往需要一段时间，这段时间称为“滞后时间”。从另一角度看，为了能够及时补充存储，必须提前订货或组织生产，因此，这段时间也可称为“提前时间”(lead time)。“滞后时间”可能很长也可能较短，可能是确定性的，也可能是随机性的。

(三)费用

1．订购费

订购费是指在一次订货时发生的有关费用。订货费包括两项费用，一项是订购货物时的固定费用，如与厂家或批发部门联系的订货信函、电传费用、采购人员的差旅费、签订合同的手续费、对货物的检查费用等。订购费与订货次数有关，而与订购货物的多少无关。另一项是订购货物的成本费用，如货物本身的价格、运费等。假定货物单价为K，订购费用为C_3，订购数量为Q，则订货费用为$C_3+K\times Q$。对于生产企业来说，订货费相当于生产准备费，同样与生产的准备次数有关，而与生产的数量无关。

2．存储费

存储费是指存储单位物资、单位时间内所发生的费用。包括仓库的建设和维修费、设备的折旧、保险费、管理费、搬运费以及物资在保管期间流失、变质、损坏造成的损失。还应当指出，在存储费中占比例最大的是存储物资所占用的资金利息。假如以工业贷款月利率 6‰计算，存储 100 万元物资一年时间，仅利息就要支付 7.2 万元。

3．缺货费

缺货费是指由于中断供应影响生产造成的损失费，包括失去销售机会的损失、停工待料的损失以及不履行合同而缴纳的罚款等。

综上所述，存储系统中的总费用为订购费、存储费与缺货费三项之和。

(四)存储策略

确定存储系统何时补货以及补货多少的决定称为存储策略。与存储策略有关的概念主

要有如下几个。

(1) 订购批量Q：为补充某种物资的库存而向供应商一次订货的数量。

(2) 订货点s：该点的存储量与提前订货时间相对应，当存储量下降到这一点时，必须立即订货。在所订货物尚未到达并入库之前，现有存储量应能按既定服务水平满足提前订货时间的要求。

(3) 安全库存ss：用于应对不确定因素(如大量突发性订货、交货期突然延期)而准备的缓冲库存。

(4) 最高库存量S：在提前订货时间可以忽略不计的存储模型中，S是指每次到货后所达到的库存量。

(5) 最低库存量：是指实际的库存最低数量。

(6) 订货间隔期t_0：指两次订货的时间间隔。

(7) 平均库存量Q_A：指库存保有的平均数量。

常用的存储策略主要有如下几个。

(1) t_0循环策略：指每经过一个固定的时间间隔t_0就补充Q存储量的策略。

(2) (S,s)策略：指随时检查库存，当存储量$x \geqslant s$时，不补充；当$x < s$时，补充存储，补充量$Q = S - x$(即将存储量补充到S)。

(3) (t,S,s)混合策略：指每经过t时间检查存储量，当$x > s$时，不补充；当$x \leqslant s$时，补充存储量使之达到S。

(五)存储模型

确定存储策略时，首先是把实际问题抽象为数学模型。在形成数学模型的过程中，对一些复杂的条件尽量简化，只要模型能够反映问题的本质特征就可以了。然后对模型用数学的方法加以研究，得出数量的结论。这些结论是否正确，还要拿到实践中加以检验。如结论与实际不符，则要对模型重新加以研究和修改。存储问题经过长期研究已得出一些行之有效的模型。从存储模型的总体上看，可以分为两类：

(1) 确定型模型，即模型中的数据都为确定性的数值；

(2) 随机型模型，即模型中含有随机变量，用以反应订购、库存和需求的不确定性。

不论是哪一种类型的存储问题，在建模和求解的过程中，都要紧紧把握三个重要环节：

(1) 根据实际问题，准确地绘制存储及其变化状态图；

(2) 通过全面分析存储系统的费用，建立费用函数；

(3) 求出在总费用最低意义下的订购批量Q、订货间隔期t_0等。

第二节　确定型存储模型

一、模型一：不允许缺货、瞬时补充

对模型作如下假设。

(1) 不允许缺货。如发生缺货，则认为缺货费 C_2 为无穷大。

(2) 当库存物资为零时，补充可以瞬时实现，即补货时间近似为零。

(3) 需求 D 是连续、均匀的，即需求速度(单位时间的需求量)R 是常数。

(4) 每次的订购批量 Q 不变，每次的订购费 C_3 也不变。

(5) 单位货物在单位时间内的存储费 C_1 不变。

根据假设条件，绘制存储及其变化状态图如图 9-4 所示。

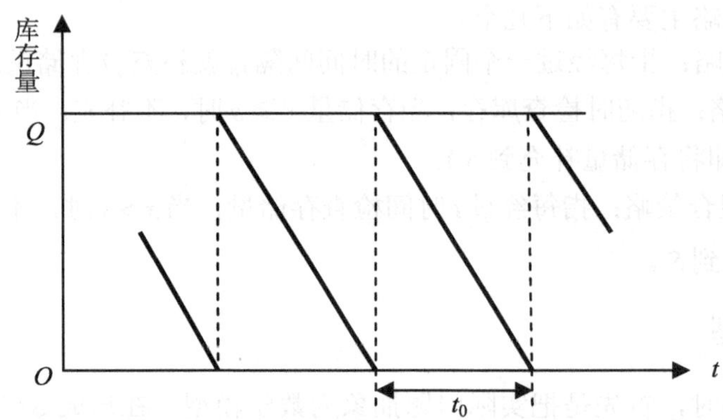

图 9-4　存储及其状态变化图(1)

图 9-4 中，Q 为最高库存量，t_0 为库存量的时间变化周期。当库存量为 0 时，瞬间就可把货物补充到最高库存量。因需求是连续、均匀的，则库存量随时间的下降为一条直线。

由于不允许缺货，所以库存的总费用由订货费与仓储费两部分组成。在一个计划周期内，若订购批量 Q 较小，则订购的次数就会增多，订购费就会增大；若订购的批量较大，虽然会减少订购次数及其费用，但相应的存储量就会增大，存储费用就会增加。所以，订购费是订购批量的减函数，存储费是订购批量的增函数，如图 9-5 所示。

在一个计划期内，由于库存总费用是订购费与存储费之和，所以总费用线是存储费与订购费叠加之后而形成的一条曲线。

假定计划期为一年，由于每次的订购量就是最高库存量，所以库存量总是在最高存储量与零之间摆动；又因为库存物资是连续地、均匀地投放市场，所以年平均库存量为最高存储量的一半，即 $Q/2$，故有

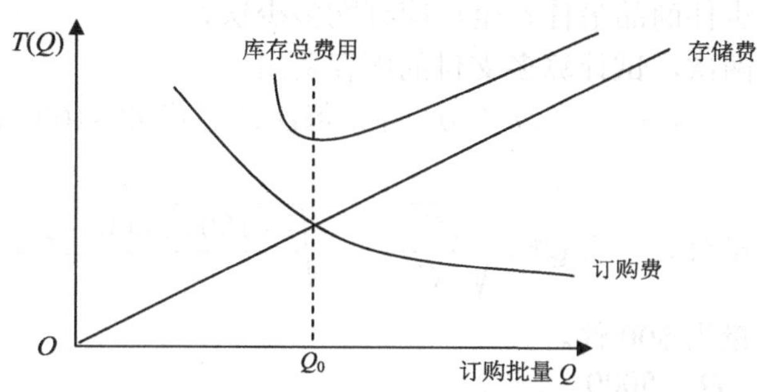

图 9-5 存储费、订购费与库存总费用

年存储费＝年平均库存量×单位货物存储费$=\frac{1}{2}C_1Q$

年订购费＝每次订购费×年订购次数$=C_3\frac{D}{Q}$

全年总费用＝年存储费＋年订购费，即$T(Q)=\frac{1}{2}C_1Q+C_3\frac{D}{Q}$

根据极值存在的必要条件，则

$$T'(Q)=\frac{1}{2}C_1-C_3\frac{D}{Q^2}=0$$

即

$$Q^*=\sqrt{\frac{2C_3D}{C_1}} \tag{9-1}$$

全年总费用函数：

$$T(Q)=\frac{1}{2}C_1\sqrt{\frac{2C_3D}{C_1}}+C_3\frac{D}{\sqrt{\frac{2C_3D}{C_1}}}=\sqrt{2C_1C_3D} \tag{9-2}$$

称公式(9-1)为经济订购批量公式，简称 EOQ 模型(economic ordering quantity)。

全年订购次数=全年需求量/每次订购量$=\frac{D}{\sqrt{\frac{2C_3D}{C_1}}}=\sqrt{\frac{C_1D}{2C_3}}$ (9-3)

两次订货的时间间隔，即订购周期为

$$t_0=\frac{1}{\sqrt{\frac{C_1D}{2C_3}}}=\sqrt{\frac{2C_3}{C_1D}}\,(\text{年})=365\sqrt{\frac{2C_3}{C_1D}}\,(\text{天}) \tag{9-4}$$

例 9-1 某商品的年需求量为 5000 件，每次的订购费为 100 元，单位产品的价格为 400 元，每件产品的年保管费为单价的 1%。按照最佳经济订购批量求解。

(1) 每次订购多少件商品最佳？全年应订购多少次？

(2) 若每年订购两次，试计算多支付的库存费用。

解：(1) 已知条件：年需求量 D=5000 件，每次订购费 C_3=100 元，每件产品的年保管费为 C_1=400×1%=4 元。

按照经济订购批量公式，有 $Q^*=\sqrt{\dfrac{2C_3D}{C_1}}==\sqrt{\dfrac{2\times100\times5000}{4}}=500(\text{件})$

即每次的经济订购批量为 500 件。

全年订购次数 $n=\dfrac{D}{Q}=\dfrac{5000}{500}=10(\text{次})$

(2) 若每年订购两次，则每次的订购批量为 $Q'=\dfrac{5000}{2}$=2500(件)

则全年应支付的库存总费用为

$$T(Q')=\frac{1}{2}C_1Q'+C_3\frac{D}{Q'}=\frac{1}{2}\times4\times2500+100\times2=5200(\text{元})$$

若按照经济订购批量采购，则全年的库存总费用为

$$T(Q)=\frac{1}{2}C_1Q+C_3\frac{D}{Q}=\frac{1}{2}\times4\times500+100\times10=2000(\text{元})$$

$$T(Q')-T(Q)=5200-2000=3200(\text{元})$$

这说明如果不按照经济订购批量订购，而按照自己设计的每年两次采购，全年要多支付库存费用 3200 元。

例 9-2 某工厂仓库规定每件物料保管一个月费用为 0.16 元，工厂每月需求量为 1000 件。每次订购费为 20 元，不允许缺货。求最佳订购批量、最小费用及最佳订购周期。

解：依题意，问题属于 EOQ 模型，其中月需求量 D=1000，每次订购费 $C_3=20$ 元，每件产品的月保管费为 $C_1=0.16$ 元。注意，计算时时间单位要一致，本题的时间单位是“月”。

经济订购批量为

$$Q^*=\sqrt{\frac{2C_3D}{C_1}}=\sqrt{\frac{2\times20\times1000}{0.16}}=500(\text{件})$$

每月支付的库存总费用为

$$T(Q)=\sqrt{2C_1C_3D}=\sqrt{2\times0.16\times20\times1000}=80(\text{元})$$

订购周期为

$$t_0=\frac{1}{\sqrt{\dfrac{C_1D}{2C_3}}}=\sqrt{\frac{2C_3}{C_1D}}=\sqrt{\frac{2\times20}{0.16\times1000}}=0.5(\text{月})$$

即每半个月订一次货。

二、模型二：不允许缺货、边补充边消耗

边补充、边消耗是一种最为常见的现象，是企业中几乎处处存在的存储模型。研究这种模型具有普遍的现实意义。该模型具有以下特点。

(1) 不允许缺货。如发生缺货，则认为缺货费 C_2 为无穷大。

(2) 当存储量降为零时，可立即得到补充。

(3) 对库存物资是边输入、边输出，且输入大于输出。

(4) 需求 D 是连续、均匀的，即需求速度(单位时间的需求量) R 是常数。

(5) 每次的订购批量(或生产批量) Q 不变，每次的订购费(生产准备费) C_1 也不变。

(6) 单位货物在单位时间内的存储费 C_3 不变。

假定计划期为一年，记以下符号。

P——单位时间的供货速度；

R——单位时间的消耗速度；

t_1——边补充边消耗的时间；

t_2——只消耗不补充的时间；

t_0——两次订购货物时间间隔。

根据假设条件，绘制存储及其变化状态图如图 9-6 所示。

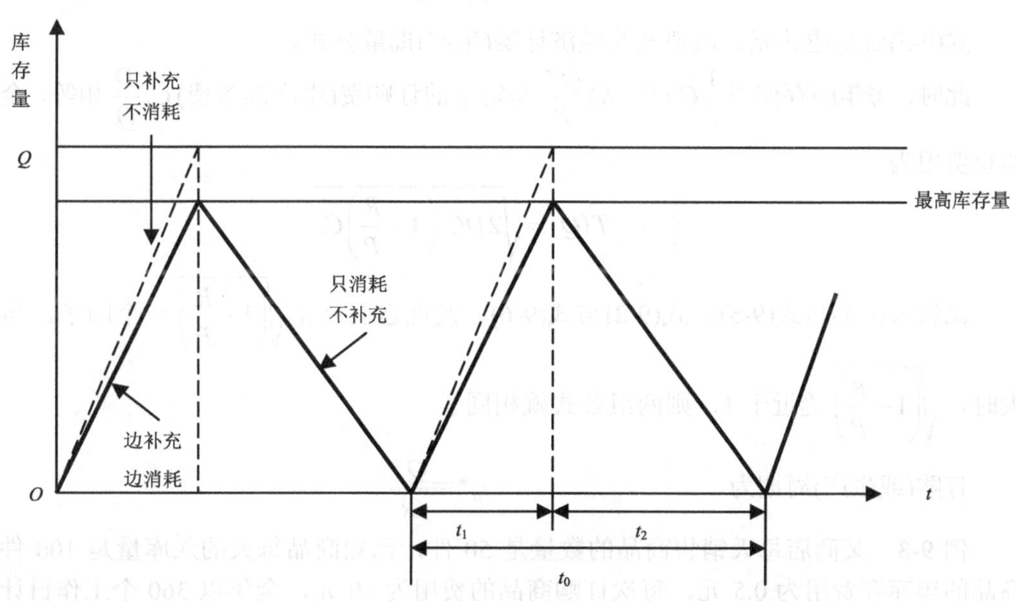

图 9-6　存储及其状态变化图(2)

在t_1时间内，存储以$(P-R)$的速度增加；在t_2时间内，存储以$(-R)$速度减少。由图 9-6 可知，$(P-R)t_1 = Rt_2 = R(t_0 - t_1)$，即$Pt_1 = Rt_0$(等式表示以速度$P$供货$t_1$的产品等于$t_0$时间内的消耗)，并求出$t_1 = Rt_0 / P$。

由于这种消耗是一种均匀的连续性消耗，所以周期内的平均库存量仍为最高库存量的一半，即t_0时间内的平均库存量为$\frac{1}{2}(P-R)t_1$，故得以下费用。

(1) 全年的存储费：$\frac{1}{2}C_1(P-R)t_1 = \frac{1}{2}C_1(P-R)\frac{Q}{P}$

(2) 全年的订购费(生产准备费)：$C_3\frac{D}{Q}$

全年的总费用是全年的存储费与订购费(或生产准备费)之和。所以

$$T(Q) = \frac{1}{2}C_1(P-R)\frac{Q}{P} + C_3\frac{D}{Q}$$

根据极值存在的必要条件，则

$$T'(Q) = \frac{1}{2}C_1\left(1-\frac{R}{P}\right) - \frac{DC_3}{Q^2} = 0$$

解得

$$Q^* = \sqrt{\frac{2DC_3}{\left(1-\frac{R}{P}\right)C_1}} \tag{9-5}$$

式(9-5)就是边补充、边消耗的经济订购(生产)批量公式。

此时，每年的存储费$\frac{1}{2}C_1(P-R)\frac{Q^*}{P}$与每年的订购费(生产准备费)$C_3\frac{D}{Q}$相等，全年存储的总费用为

$$T(Q) = \sqrt{2DC_3\left(1-\frac{R}{P}\right)C_1} \tag{9-6}$$

比较式(9-1)与式(9-5)、式(9-2)与式(9-6)，发现它们只差$\sqrt{\left(1-\frac{R}{P}\right)}$一个因子。当$P$相当大时，$\sqrt{\left(1-\frac{R}{P}\right)}$趋近于 1，则两组公式就相同了。

订购(或生产)周期为

$$t_0^* = \frac{Q^*}{R} \tag{9-7}$$

例 9-3 某商店每天销售商品的数量是 50 件，已知商品每天的入库量是 100 件，每件商品的年库存费用为 0.5 元，每次订购商品的费用为 10 元，全年以 360 个工作日计算，试确定最佳订购批量与库存周期。

解：依题意，年需求量$D = 50\times360 = 18\,000$件，$P = 100$件，$R = 50$件，$C_1 = 0.5$元，$C_3 = 10$

元。根据式(9-5)，得

$$Q^* = \sqrt{\frac{2DC_3}{\left(1-\frac{R}{P}\right)C_1}} = \sqrt{\frac{2\times 18\,000\times 10}{\left(1-\frac{50}{100}\right)\times 0.5}} = 1200(件)$$

根据式(9-7)，得 $t_0{}^* = \frac{Q^*}{R} = \frac{1200}{50} = 24$ 天。其中，进货时间为 $t_1 = \frac{Q^*}{P} = \frac{1200}{100} = 12$ 天，只销售、不进货的时间为 12 天。

例 9-4　某商店经销甲商品成本单价为 500 元，年存储费用为成本的 20%，年需求量 365 件，需求速度为常数。单位甲商品的每次订购费为 20 元，提前期为 20 天，求最佳订购批量及最低费用。

解：此题从表面上看，似乎应按照式(9-5)处理。因为滞后时间与生产(订购)需一定时间意义差不多。其实不然，现将本题存储变化情况用图 9-7 表示，分别将图 9-7 与图 9-4 和图 9-6 进行比较，可发现与图 9-4 完全相同。本题只需要提前 10 天订购即可保证需求，其余与 EOQ 模型类似。

运用式(9-1)，可得

$$Q^* = \sqrt{\frac{2C_3D}{C_1}} == \sqrt{\frac{2\times 20\times 365}{100}} \approx 12(件)$$

$$T(Q) = \sqrt{2C_1C_3D} = \sqrt{2\times 20\times 100\times 365} \approx 1208(元)$$

由于提前期为 10 天，10 天内的需求为 10 单位甲商品。因此，只要当库存降低至 10 单位就要订货。如果设 t 为提前期，R 为需求速度，当库存降至 $s = Rt$ 的时候即订货。s 即为前面所称的“订货点”。

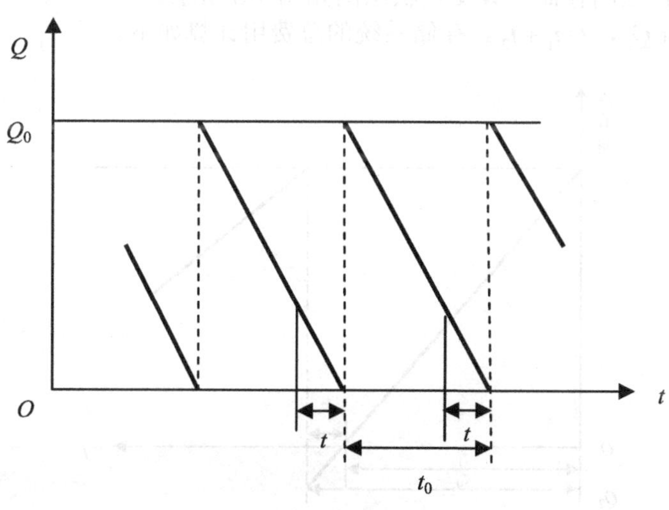

图 9-7　存储及其状态变化图(3)

从本例题来看，多少时间订一次货，虽可以用 EOQ 公式($t=Q/R$)得出t，但求解的过程并没有求出t，只求出订货点s，这时存储策略是：不考虑t，只要存储降至s即订货，订货量为Q_0，称这种存储策略为定点订货。相应地，称每间隔t时间订货一次为定时订货，每次订货量不变则称为定量订货。

三、模型三：允许缺货、瞬时补充

对于实际的存储系统来说，要保证不缺货，就要有较大的存储量满足需求，这必然加大了存储费用。而适当的缺货，尽管要支付缺货费，但可以减少存储量，也可以延长订购周期。综合考虑存储系统的总费用，适当地采用缺货策略未必是失策的。该模型假设如下。

(1) 允许物资缺货，单位物资的缺货费为C_2；

(2) 补充可以瞬时实现，即补货时间近似为零；

(3) 需求D是连续、均匀的，即需求速度(单位时间的需求量)R是常数；

(4) 每次的订购批量Q不变，每次的订购费C_3也不变；

(5) 单位货物在单位时间内的存储费C_1不变。

另外，记下列符号。

Q_1——按期入库量(补充完缺货后剩下的数量)；

Q_2——缺货量(未能按期入库的数量)；

t_1——进货后到货物使用完的时间；

t_2——货物用完后到再次进货的时间；

t_0——两次订购货物时间间隔。

根据假设条件，绘制存储及其变化状态图如图 9-8 所示。

显然，$Q=Q_1+Q_2$，$t=t_1+t_2$。存储系统的总费用计算如下。

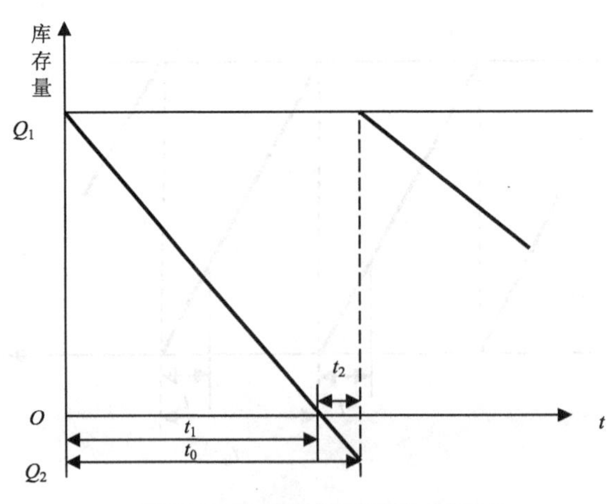

图 9-8 存储及其状态变化图(4)

(一)存储费

因为Q_1只能满足t_1时间内的要求，所以在t_1时间内的平均存储量为$Q_1/2$；而在t_2时间内平均存储量为0，这样可以计算出平均存储量，其值等于一个周期内的平均存储量。

平均存储量=周期总存储量/周期时间

=(周期内不缺货时总的存储量+同期内缺货时总的存储量)/周期时间

因此，平均存储量

$$Q_A = \frac{\frac{1}{2}Q_1 \times t_1 + 0 \times t_2}{t_1 + t_2} = \frac{\frac{1}{2}Q_1 \times t_1}{t_0}$$

将$t_1 = \frac{Q_1}{R}$和$t_0 = \frac{Q}{R}$代入上式，得

$$Q_A = \frac{Q_1^2}{2Rt_0}$$

则一个周期内所需的存储费为

$$\frac{Q_1^2}{2Rt_0}C_1 \times t_0 = \frac{Q_1^2}{2R}C_1$$

(二)缺货费

像计算平均存储量那样计算平均缺货量。平均缺货量等于t_0内的平均缺货量。由图9-8可知，在t_1时间内不缺货，平均缺货量为零；而在t_2时间内平均缺货量为$Q_2/2$。即得

$$Q_B = \frac{0 \times t_1 + \frac{1}{2}Q_2 \times t_2}{t_1 + t_2} = \frac{Q_2 \times t_2}{2t_0}$$

将$t_2 = \frac{Q_2}{R}$和$t_0 = \frac{Q}{R}$代入上式，得

$$Q_B = \frac{(Rt_0 - Q_1)^2}{2Rt_0}$$

则一个周期内的缺货费为$\frac{(Rt_0 - Q_1)^2 C_2}{2Rt_0}t_0 = \frac{(Rt_0 - Q_1)^2}{2R}C_2$。

(三)订购费

一个周期内的订购费为C_3。

总费用为

$$TC=\frac{Q_1^2}{2R}C_1+\frac{(Rt_0-Q_1)^2}{2R}C_2+C_3$$

总费用是Q_1和t_0的二元函数，用多元微分法求TC的极小值，即

$$\begin{cases}\dfrac{\partial TC}{\partial Q_1}=0\\ \dfrac{\partial TC}{\partial t_0}=0\end{cases}$$

解得经济订购周期为

$$t_0^*=\sqrt{\frac{2C_3}{RC_1}\left(\frac{C_1+C_2}{C_2}\right)} \tag{9-8}$$

最佳存储量为

$$Q_1^*=\sqrt{\frac{2RC_3}{C_1}\left(\frac{C_2}{C_1+C_2}\right)} \tag{9-9}$$

经济订购批量为

$$Q^*=\sqrt{\frac{2RC_3}{C_1}\left(\frac{C_1+C_2}{C_2}\right)} \tag{9-10}$$

经济缺货量为

$$Q_2^*=\sqrt{\frac{2RC_3}{C_2}\left(\frac{C_1}{C_1+C_2}\right)} \tag{9-11}$$

最小库存费为

$$TC^*=\sqrt{\frac{2RC_1C_2C_3}{C_1+C_2}} \tag{9-12}$$

例 9-5 某百货公司对海尔冰箱的年需求量为 4900 台。设每次的订购费为 50 元，每台每年的存储费为 100 元。如果允许缺货，每台每年的缺货损失费为 200 元。试求该百货公司的经济订购批量、经济存储批量、经济缺货量、经济订购周期和最小存储费用。

解：根据题意，年存储费$C_1=100$元，年缺货费$C_2=200$元，每次订购费$C_3=50$元。分别代入式(9-8)至式(9-12)，计算得

经济订购批量$Q^*=\sqrt{\dfrac{2RC_3}{C_1}\left(\dfrac{C_1+C_2}{C_2}\right)}=\sqrt{\dfrac{2\times4900\times50}{100}\left(\dfrac{300}{200}\right)}\approx85$(台)

经济存储批量$Q_1^*=\sqrt{\dfrac{2RC_3}{C_1}\left(\dfrac{C_2}{C_1+C_2}\right)}=\sqrt{\dfrac{2\times4900\times50}{100}\left(\dfrac{200}{100+200}\right)}\approx57$(台)

经济缺货量 $Q_2^* = \sqrt{\dfrac{2RC_3}{C_2}\left(\dfrac{C_1}{C_1+C_2}\right)} = \sqrt{\dfrac{2\times4900\times50}{200}\left(\dfrac{100}{100+200}\right)} \approx 28$(台)

经济订购周期为

$$t_0^* = \sqrt{\frac{2C_3}{RC_1}\left(\frac{C_1+C_2}{C_2}\right)} = \sqrt{\frac{2\times50}{4900\times100}\left(\frac{100+200}{200}\right)} \approx 0.0174(\text{年})=6.36(\text{天}) \approx 7(\text{天})$$

最小存储费用 $TC^* = \sqrt{\dfrac{2RC_1C_2C_3}{C_1+C_2}} = \sqrt{\dfrac{2\times4900\times50\times100\times200}{100+200}} \approx 5715$(元)

四、模型四：允许缺货、边补充边消耗

该模型假设条件如下。

(1) 允许缺货，单位物资的缺货费为 C_2；

(2) 对库存物资是边输入、边输出，且输入大于输出；

(3) 需求 D 是连续、均匀的，即需求速度(单位时间的需求量) R 是常数；

(4) 每次的订购批量(或生产批量) Q 不变，每次的订购费(生产准备费) C_1 也不变；

(5) 单位货物在单位时间内的存储费 C_3 不变。

根据假设条件，绘制存储及其变化状态图如图 9-9 所示。

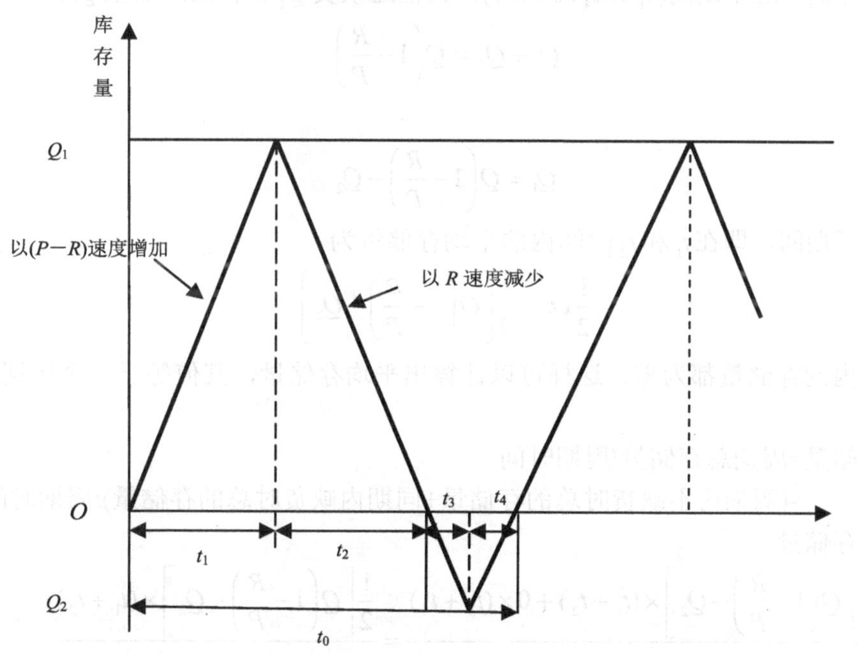

图 9-9　存储及其状态变化图(5)

由于在t_1时间内每天的存储量为$P-R$，可知$Q_1=(P-R)t_1$，即得

$$t_1=\frac{Q_1}{P-R}$$

同理，在t_2时间内每天的消耗量为R，可知$Q_1=Rt_2$，即得

$$t_2=\frac{Q_1}{R}$$

在t_3开始时没有库存量，每天的消耗量仍为R，直到缺货量为Q_2，则有$Q_2=Rt_3$，即

$$t_3=\frac{Q_2}{R}$$

在t_4时间内，每天除了满足当天的需求外，还有$P-R$的产品用于减少缺货，则有

$$t_4=\frac{Q_2}{P-R}$$

存储系统的总费用计算如下。

(一)存储费

由图 9-9 可知，在t_1和t_4时间内边补充边消耗，设在同期t_0中总的补货为Q(都是在t_1和t_4时间内补充的)，其中总补充量Q的R/P满足了当时的需求，而剩下的部分$Q\left(\frac{1-R}{P}\right)$用于偿还缺货和存储。这个期间($t_1$和$t_4$时间内)，共偿还缺货$Q_2$和存储产品量$Q_1$，即有

$$Q_1+Q_2=Q\left(1-\frac{R}{P}\right)$$

于是有

$$Q_1=Q\left(1-\frac{R}{P}\right)-Q_2$$

可知在不缺货期间，即在t_1和t_2时间内的平均存储量为

$$\frac{1}{2}Q_1=\frac{1}{2}\left[Q\left(1-\frac{R}{P}\right)-Q_2\right]$$

而在缺货期内的存储量都为零，这样可以计算出平均存储量，其值等于一个周期内的平均存储量。

平均存储量=周期总存储量/周期时间

=(周期内不缺货时总的存储量+同期内缺货时总的存储量)/周期时间

因此，平均存储量

$$Q_A=\frac{\frac{1}{2}\left[Q\left(1-\frac{R}{P}\right)-Q_2\right]\times(t_1+t_2)+0\times(t_3+t_4)}{t_1+t_2+t_3+t_4}=\frac{\frac{1}{2}\left[Q\left(1-\frac{R}{P}\right)-Q_2\right]\times(t_1+t_2)}{t_1+t_2+t_3+t_4}$$

将 $t_1=\dfrac{Q_1}{P-R}$，$t_2=\dfrac{Q_1}{R}$，$t_3=\dfrac{Q_2}{R}$，$t_4=\dfrac{Q_2}{P-R}$ 代入上式，化简得平均存储量

$$Q_A=\frac{\frac{1}{2}\left[Q\left(1-\frac{R}{P}\right)-Q_2\right]\times Q_1}{Q_1+Q_2}$$

将 $Q_1=Q\left(1-\dfrac{R}{P}\right)-Q_2$ 代入上式，化简得平均存储量

$$Q_A=\frac{\left[Q\left(1-\frac{R}{P}\right)-Q_2\right]^2}{2Q\left(1-\frac{R}{P}\right)}$$

因此，一年的存储费为

$$Q_A^*C_1=\frac{\left[Q\left(1-\frac{R}{P}\right)-Q_2\right]^2}{2Q\left(1-\frac{R}{P}\right)}\times C_1$$

(二)缺货费

同理，在 t_3 和 t_4 时间内平均缺货量为 $\dfrac{1}{2}Q_2$，在 t_1 和 t_2 时间内平均缺货量为零，可求得平均缺货量

$$Q_B=\frac{0\times(t_1+t_2)+\frac{1}{2}Q_2\times(t_3+t_4)}{t_1+t_2+t_3+t_4}$$

将 $t_1=\dfrac{Q_1}{P-R}$，$t_2=\dfrac{Q_1}{R}$，$t_3=\dfrac{Q_2}{R}$，$t_4=\dfrac{Q_2}{P-R}$ 代入上式，化简得平均缺货量

$$Q_B=\frac{\frac{1}{2}{Q_2}^2}{Q_1+Q_2}$$

将 $Q_1=Q\left(1-\dfrac{R}{P}\right)-Q_2$ 代入上式，化简得平均缺货量

$$Q_B=\frac{{Q_2}^2}{2Q\left(1-\frac{R}{P}\right)}$$

因此，一年的缺货费为

$$Q_B \times C_2 = \frac{Q_2^{\ 2}}{2Q\left(1-\dfrac{R}{P}\right)} \times C_2$$

(三)一年的订购费(或生产准备费)

一个周期内的订购费(或生产准备费)为$\dfrac{DQ}{C_3}$，则一年的总费用 TC=一年的存储费+一年的缺货费+一年的订购费

因此，

$$TC = \frac{\left[Q\left(1-\dfrac{R}{P}\right)-Q_2\right]^2}{2Q\left(1-\dfrac{R}{P}\right)} \times C_1 + \frac{Q_2^{\ 2}}{2Q\left(1-\dfrac{R}{P}\right)} \times C_2 + \frac{DQ}{C_3}$$

由于C_1, C_2, C_3, D和P都是常量，TC是Q和Q_2的函数，同上一节求极值的方法一样，当

$$\begin{cases} \dfrac{\partial TC}{\partial Q_2} = 0 \\ \dfrac{\partial TC}{\partial Q} = 0 \end{cases}$$

时，一年的总费用TC的值最小。这样就可求得使一年总费用TC最小的最优订购量Q^*和最优缺货量Q_2^*，有

$$Q^* = \sqrt{\frac{2DC_3}{C_1}\left(\frac{C_1+C_2}{C_2}\right)\left(\frac{1}{1-\dfrac{R}{P}}\right)}$$

$$Q_2^{\ *} = \sqrt{\frac{2DC_3}{C_2}\left(\frac{C_1}{C_1+C_2}\right)\left(1-\frac{R}{P}\right)}$$

同样可求出一年的总费用为

$$\mathrm{TC} = \sqrt{\frac{2DC_1C_2C_3}{C_1+C_2}\left(1-\frac{R}{P}\right)}$$

五、模型五：价格有折扣的存储模型

为了鼓励大批量订货，供方常对需方实行价格优惠。我们常看到一种商品有所谓零售价、批发价和出厂价，购买同一种商品的数量不同，商品单价也不同。一般情况下，订货批量越大，商品单价就越低。模型五除含有这样的价格刺激机制外，其他假设条件和模型

一相同。

一般地，设订购批量为Q，对应的货物单价为$K(Q)$，$K(Q)$按三个数量等级变化，如图 9-10 所示。

$$\begin{cases} K_1, & 0 \leqslant Q < Q_1 \\ K_2, & Q_1 \leqslant Q < Q_2 \\ K_3, & Q_2 \leqslant Q \end{cases}$$

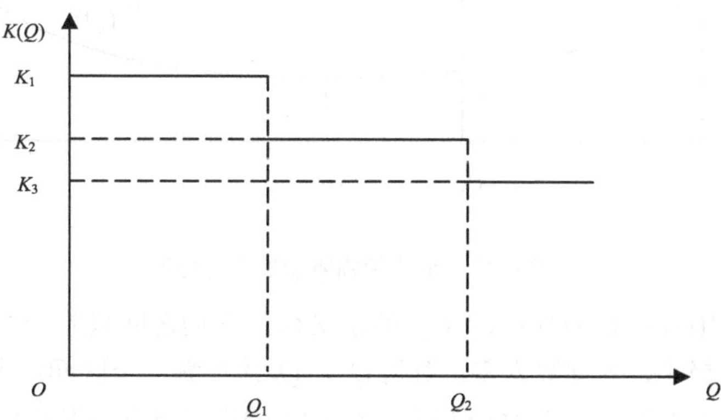

图 9-10　订购批量与货物单价的关系

一个周期内所需要的费用为

$$T(Q) = \frac{1}{2} C_1 Q \frac{Q}{R} + C_3 + K(Q)Q$$

即有

$$T(Q) = \begin{cases} \frac{1}{2} C_1 Q \frac{Q}{R} + C_3 + K_1 Q, & 0 \leqslant Q < Q_1 \\ \frac{1}{2} C_1 Q \frac{Q}{R} + C_3 + K_2 Q, & Q_1 \leqslant Q < Q_2 \\ \frac{1}{2} C_1 Q \frac{Q}{R} + C_3 + K_3 Q, & Q_2 \leqslant Q \end{cases}$$

平均每单位货物所用费用为$C(Q)$，如图 9-11 所示。

图 9-11 中，有

$$C^{\mathrm{I}}(Q) = \frac{1}{2} C_1 \frac{Q}{R} + \frac{C_3}{Q} + K_1, \qquad 0 < Q < Q_1$$

$$C^{\mathrm{II}}(Q) = \frac{1}{2} C_1 \frac{Q}{R} + \frac{C_3}{Q} + K_2, \qquad Q_1 \leqslant Q < Q_2$$

$$C^{\mathrm{III}}(Q) = \frac{1}{2} C_1 \frac{Q}{R} + \frac{C_3}{Q} + K_3, \qquad Q_2 \leqslant Q$$

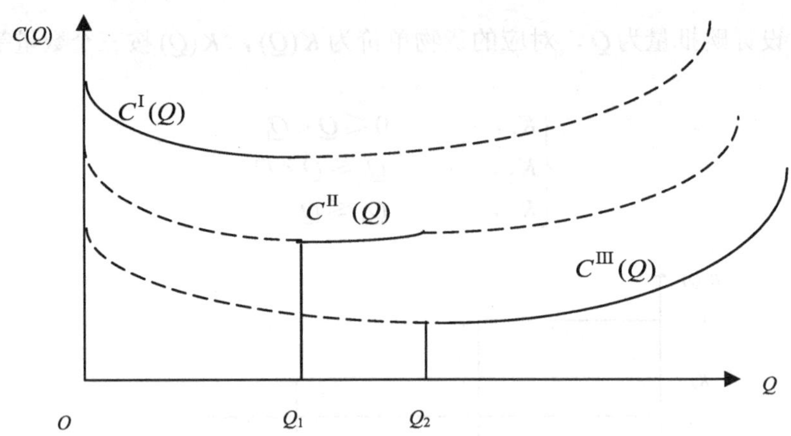

图 9-11　单位货物所需的平均费用

如果不考虑$C^{\mathrm{I}}(Q)$、$C^{\mathrm{II}}(Q)$和$C^{\mathrm{III}}(Q)$的定义域，它们之间只差一个常数，因此它们的导函数相同。为求极小，令导数为零，解得Q_0，Q_0落在哪一个区间，事先难以预计。假设$Q_1 \leqslant Q_0 < Q_2$，这也不能肯定$C^{\mathrm{II}}(Q_0)$最小。图 9-11 的直观感觉启发我们考虑：是否$C^{\mathrm{III}}(Q_2)$的费用最小？设最佳订购批量为Q^*，在给出价格折扣情况下，求解步骤如下。

(1)　对$C^{\mathrm{I}}(Q)$(不考虑定义域)求得极小值点为Q_0。

(2)　若$Q_0 < Q_1$，计算：

$$C^{\mathrm{I}}(Q) = \frac{1}{2}C_1\frac{Q_0}{R} + \frac{C_3}{Q_0} + K_1$$

$$C^{\mathrm{II}}(Q_1) = \frac{1}{2}C_1\frac{Q_1}{R} + \frac{C_3}{Q_1} + K_2$$

$$C^{\mathrm{III}}(Q_2) = \frac{1}{2}C_1\frac{Q_2}{R} + \frac{C_3}{Q_2} + K_3$$

由$\min\{C^{\mathrm{I}}(Q_0),\ C^{\mathrm{II}}(Q_1),\ C^{\mathrm{III}}(Q_2)\}$得到单位货物最小费用的订购批量为$Q^*$。例如$\min\{C^{\mathrm{I}}(Q_0),\ C^{\mathrm{II}}(Q_1),\ C^{\mathrm{III}}(Q_2)\} = C^{\mathrm{II}}(Q_1)$，则取$Q^*=Q_2$。

(3)若$Q_1 \leqslant Q_0 < Q_2$，计算$C^{\mathrm{II}}(Q_1)$，$C^{\mathrm{III}}(Q_2)$，由$\min\{C^{\mathrm{II}}(Q_1),\ C^{\mathrm{III}}(Q_2)\}$决定$Q^*$。

(4)若$Q_2 \leqslant Q_0$，取$Q^*=Q_0$。

以上步骤很容易推广到单价折扣分为m个等级的情况。

例 9-6　某工厂每年需要零配件 5000 箱，存储费每年每箱 10 元，每次订购费为 500 元，不允许缺货。零配件进货时，若：①订货量小于 1500 箱，每箱 20 元；②订货量大于等于 1500 箱，每箱 19 元。求最优存储策略。

解：利用经济订货批量公式 EOQ，计算

$$Q^* = \sqrt{\frac{2C_3R}{C_1}} = \sqrt{\frac{2\times 500\times 5000}{10}} = 707\ (\text{箱})$$

分别计算每次订购 707 个和 1500 个零配件平均单位零部件所需费用。

$$T(707) = \frac{1}{2}\times 10\times \frac{707}{5000} + \frac{500}{707} + 20 = 21.414(\text{元/箱})$$

$$T(1500) = \frac{1}{2}\times 10\times \frac{1500}{5000} + \frac{500}{1500} + 19 = 20.833(\text{元/箱})$$

因为$T(707) > T(1500)$，则最佳订购批量$Q = 1500$箱。

本节中，由于订购批量不同，订购周期长短也不一样，所以才利用平均单位货物所需费用比较优劣。当然也可以利用不同批量，计算其全年所需费用来比较优劣。

第三节 单周期随机存储模型

随机型存储模型的重要特点是需求为随机的，其概率或分布为已知。在这种情况下，上节介绍的确定型模型已经不能适用了。对于随机型存储模型，可供选择的策略主要有三种。

(1) 定期订货法：定期订购，但订购数量需要根据上一周期末剩下货物的数量决定。

(2) 定点订货法：当存储降到某一确定的数量时即订货，每次订货的数量不变。

(3) 组合订货法：综合考虑定期订货与定点订货，隔一定时间检查一次库存，如果库存数高于一个值s，则不订货；若小于s则订货补充库存，订货量要达到S。

本节只研究单周期随机型存储问题。典型的单周期存储模型是“报童问题”(newsboy problem)，它是由报童卖报演变而来的，在存储论和供应链的研究中有广泛的应用。报童问题大量存在于报纸、书刊、服装、食品和计算机硬件等时令性产品的订货中，具有以下特点：在一个周期内订货只进行一次，若未到期末已售完也不再补充订货；若发生滞销，未售出的货应在期末降价处理。无论是供大于求还是供不应求都会造成损失，研究的目的是确定该时期的订货量，使预期的总损失最少或总赢利最大。

为了便于研究，需要引入各变量的记号。

X——一个时期的需求量，是一个非负的随机变量；

Q——一个时期的订购批量；

C——单位产品的获得成本，即产品的订购价格；

P——单位产品的售出价格；

V——单位产品的残值，即剩余产品的处理价格；

B——单位产品的缺货成本；

H——供过于求时单位产品一个时期内的存储成本，供不应求时等于零；

C_o——供过于求时单位产品的总成本，即 $C_o = C - V + H$；

C_u——供不应求时单位产品的总成本，即 $C_u = P - C + B$。

一、模型一：需求是离散型随机变量

如果一个时期内需求量 X 是一个离散型随机变量，其取值为 $x_i, i = 1, 2, \cdots, n$，概率分布为 $P(x_i)$，最优存储策略是使该时期内的总期望费用最小或总期望收益最大。

当订购批量 $Q \geqslant x_i$ 时，供大于求发生存储，总费用期望值为

$$C_o \sum_{Q \geqslant x_i} (Q - x_i) P(x_i)$$

当订购批量 $Q < x_i$ 时，供不应求发生缺货，总费用期望值为

$$C_u \sum_{Q < x_i} (x_i - Q) P(x_i)$$

综合得总费用的期望值为

$$E[C(Q)] = C_o \sum_{Q \geqslant x_i} (Q - x_i) P(x_i) + C_u \sum_{Q < x_i} (x_i - Q) P(x_i)$$

由于需求量 X 是一个离散型随机变量，不能用求导数的方法求极值。为方便起见，不妨设 X 的取值为非负整数，则取小值 Q 的必要条件为

$$\begin{cases} E[C(Q)] \leqslant E[C(Q+1)] \\ E[C(Q)] \leqslant E[C(Q-1)] \end{cases}$$

可得

$$\begin{cases} E[C(Q+1)] = C_o \sum_{x_i=0}^{Q+1} (Q + 1 - x_i) P(x_i) + C_u \sum_{x_i=Q+2}^{\infty} (x_i - Q - 1) P(x_i) \geqslant E[C(Q)] \\ E[C(Q-1)] = C_o \sum_{x_i=0}^{Q-1} (Q - 1 - x_i) P(x_i) + C_u \sum_{x_i=Q}^{\infty} (x_i - Q + 1) P(x_i) \geqslant E[C(Q)] \end{cases}$$

将上式化简后得到

$$\begin{cases} \sum_{x_i=0}^{Q} P(x_i) \geqslant \dfrac{C_u}{C_o + C_u} \\ \sum_{x_i=0}^{Q-1} P(x_i) \leqslant \dfrac{C_u}{C_o + C_u} \end{cases}$$

即最佳订购批量应按下面的不等式确定。

$$\sum_{x_i=0}^{Q-1} P(x_i) \leqslant \frac{C_u}{C_o + C_u} \leqslant \sum_{x_i=0}^{Q} P(x_i)$$

设$M=\dfrac{C_u}{C_o+C_u}$称为临界值，上式的左、右两端都是累加概率。一般说来，所有大于临界值M的累加概率中的最小者对应的批量Q^*，就是经济订购批量。

例 9-7 某报童每天向邮局订购报纸若干份，假设报童一提出订购，就可立即拿到报纸。设订购报纸每份 0.35 元，零售每份 0.50 元，如果当天没有售完第二天可退回邮局，邮局按每份 0.10 元退款。已知这种报纸需求的概率分布见表 9-1 所示，问：报童应订多少份报纸才能保证损失最小而赚钱最多？

表 9-1 需求概率分布

需求 x	9	10	11	12	13	14
P(x)	0.05	0.15	0.20	0.40	0.15	0.05

解：根据题意，$C=0.35$元，$P=0.50$元，$V=0.10$元，如果当天订货量小于需求量，则$B=0$，$H=0$。

$$C_o=C-V+H=0.35-0.10+0=0.25\,(\text{元})$$
$$C_u=P-C+B=0.50-0.35+0=0.15\,(\text{元})$$
$$M=\frac{C_u}{C_o+C_u}=\frac{0.15}{0.25+0.15}=0.375$$

根据表 9-1 计算累加概率得到

$$\sum_{x=0}^{10}P(x)=0.20<M=0.375<\sum_{x=0}^{11}P(x)=0.40$$

因此，$Q^*=11$，即报童每天从邮局订购 11 份报纸，能保证损失最小而赚钱最多。

例 9-8 某集团公司将从国外进口 150 台设备。这种设备有一个关键部件，其备件必须在进口设备时购买，不能单独订货。这种备件订购价为 500 元，无备件时导致的停产损失和修复费合计为 10 000 元。根据有关资料计算，在计划期内，150 台设备因关键部件损坏而需要r个备件的概率分布$P(r)$见表 9-2 所示，问：该公司应为这些设备同时购买多少关键部件的备件？

表 9-2 概率分布

r	0	1	2	3	4	5	6	7	8	9	9 以上
P(r)	0.47	0.20	0.07	0.05	0.05	0.03	0.03	0.03	0.03	0.02	0.02

解：根据题意，$C=500$元，如果缺这种备件造成的损失$B=1000$元，$V=H=P=0$，则$C_o=C-V+H=500$元，$C_u=P-C+B=0-500+1000=9500$元，

$$M = \frac{C_u}{C_o + C_u} = \frac{9500}{500 + 9500} = 0.95$$

根据表 9-2 计算累加概率得到

$$\sum_{r=0}^{7} P(r) = 0.93 < M = 0.95 < \sum_{x=0}^{8} P(r) = 0.96$$

因此，$Q^* = 8$，即该公司应同时订购8个关键部件的备件，可使损失期望值最小。

例 9-9 某设备上有一关键部件常需更换，更换需求量 X 服从泊松分布。根据以往的经验平均需求量为 5 件，此零件的价格为 100 元/件。若零件用不完，到期末完全报废；若备件不足，待零件损坏后再去购买就会造成停工损失 180 元。试确定起初准备多少备件最好。

解：根据题意，$C = 100$ 元，$B = 180$ 元，$V = H = 0$，$P = C = 100$ 元，则

$C_o = C - V + H = 100 - 0 + 0 = 100$ (元)　$C_u = P - C + B = 100 - 100 + 180 = 180$ (元)

泊松分布的概率分别为

$$P(x) = \frac{\lambda^x}{x!} e^{-\lambda} \quad , x = 1, 2, \cdots$$

其中，参数 $\lambda = 5$，临界值为

$$M = \frac{C_u}{C_o + C_u} = \frac{180}{100 + 180} = 0.6428$$

查泊松分布的概率分布值表，并计算其累计概率可知

$$\sum_{x=0}^{5} P(x) = 0.6160 < M = 0.6428 < \sum_{x=0}^{6} P(x) = 0.7622$$

因此，$Q^* = 6$，即起初有6个备件最好。

二、模型二：需求是连续型随机变量

当一个时期的需求量 X 是一个连续型随机变量，$f(x)$ 为其概率密度函数，$F(x) = \int_0^x f(t)\mathrm{d}t$ 是分布函数，最优存储策略仍然是使该时期内的总期望费用最小或总期望收益最大。

当订购批量 $Q \geqslant x$ 时，供大于求发生存储，总费用期望值为

$$C_o \int_0^Q (Q - x) f(x) \mathrm{d}x$$

当订购批量 $Q < x$ 时，供不应求发生缺货，总费用期望值为

$$C_u \int_Q^{\infty} (x - Q) f(x) \mathrm{d}x$$

综合得总费用期望值为

$$E[C(Q)] = C_o \int_0^Q (Q - x) f(x) \mathrm{d}x + C_u \int_Q^{\infty} (x - Q) f(x) \mathrm{d}x$$

其中，X 是连续型随机变量，可用微分法得到极值，推导过程从略。最优解 Q^* 满足

$$F(Q)=\int_0^Q f(x)\mathrm{d}x=\frac{C_u}{C_o+C_u}$$

例 9-10　某服装连锁店计划订购一批夏季时装，进货价为每件 500 元，预计售价为每件 1000 元。夏季未售完需要在季末进行削价处理，处理价为每件 200 元。根据以往经验，该时装的销量服从[50，100]上的均匀分布，求最佳订购量。

解：根据题意

$C_o=C-V+H=500-200+0=300$ 元，$C_u=P-C+B=1000-500+0=500$ 元，则有

$$F(Q)=\int_0^Q f(x)\mathrm{d}x=\frac{C_u}{C_o+C_u}=\frac{500}{300+500}=0.625$$

由于销售量 Q 服从均匀分布，有

$$F(Q)=P(X\leqslant Q)=\int_{50}^{Q}\frac{1}{50}\mathrm{d}x=\frac{Q-50}{50}$$

综合得

$$\frac{Q-50}{50}=0.625$$

解得 $Q^*=81.25$，取 $Q^*=82$ 件为最佳订购批量。

第四节　其他类型存储问题

库存管理的实际需求是非常迫切的，即使是简单的存储策略，也会带来巨大的经济效益。由于实际问题的多样性，存储模型也远比我们前面介绍的模型要多得多，解决存储问题的方法也灵活多样。运筹学的任务是建立更为实用的库存模型，并用于实际。

一、库容有限制的存储问题

在前面讨论经济订购批量模型时，由于物品多样且订货受到仓库容积或资金方面的限制，于是在考虑经济订购批量时，必须增加必要的约束条件。现以仓库容积为限制条件，讨论瞬时进货不允许缺货模型的处理方法。

设 Q_i 为第 i 种，$i=1,2,\cdots,n$ 物品的订购批量，已知每件第 i 件物品占有的存储空间为 w_i，仓库的最大容积为 W，在考虑各种物品的订货批量时要附加约束条件如下。

$$\sum_{i=1}^{n}Q_i w_i\leqslant W$$

设第 i 种物品单位时间内需求率为 D_i，每批订购费和单位时间的存储费分别为 C_{2i} 和 C_{1i}，求订购批量。使总费用最小的数学模型为

$$\min C = \sum_{i=1}^{n}\left(\frac{D_i}{Q_i}C_{2i} + \frac{1}{2}Q_i C_{1i}\right)$$

$$\text{s.t.}\begin{cases}\sum_{i=1}^{n} Q_i w_i \leqslant W \\ Q_i \geqslant 0,\ i = 1,2,\cdots,n\end{cases}$$

在不考虑库容限制条件时，每种物品的经济订购批量就是前面介绍的 EOQ 公式。若由该公式计算结果能够满足上述约束条件，则由 EOQ 公式计算的 Q^* 值就是每种物品的经济订购批量。

假设不满足约束条件，可运用拉格朗日乘数法求多元函数的极值。先建立拉格朗日函数。

$$L(\lambda, Q_1, Q_2, \cdots, Q_n) = \sum_{i=1}^{n}\left(\frac{D_i}{Q_i}C_{2i} + \frac{1}{2}Q_i C_{1i}\right) - \lambda\left(\sum_{i=1}^{n} Q_i w_i - W\right)$$

式中 $\lambda < 0$，称为拉格朗日乘数。上式分别对 Q_i 和 λ 求偏导数，并令其为 0，得到

$$\begin{cases}\dfrac{\partial L}{\partial Q_i} = -\dfrac{D_i}{Q_i^2}C_{2i} + \dfrac{1}{2}C_{1i} - \lambda w_i = 0 \\ \dfrac{\partial L}{\partial \lambda} = -\sum_{i=1}^{n} Q_i w_i + W = 0\end{cases}$$

解得

$$Q^* = \sqrt{\frac{2D_i C_{2i}}{C_{1i} - 2\lambda w_i}}$$

拉格朗日乘数 λ 也可联立求出。但在实际问题中一般先令 $\lambda = 0$，再运用 $Q^* = \sqrt{\dfrac{2D_i C_{2i}}{C_{1i} - 2\lambda w_i}}$ 求得 Q^*，并验证是否满足库容限制条件。如果不满足，采用试算法，逐步减少 λ，直到求出的 Q^* 满足约束条件为止。

例 9-11 某仓库要存储三种物品，有关数据如表 9-3 所示。已知仓库的存储容量为 W=30 立方米，试求每种物品的经济订购批量。

表 9-3 存储物品种类及相关费用

物 品	C_{2i}	D_i	C_{1i}	w_i
1	10	2	0.3	1
2	5	4	0.1	1
3	15	4	0.2	1

解：根据题意，当$\lambda=0$时，计算三种物品的经济订购批量如下。

$$Q_1=\sqrt{\frac{2\times 2\times 10}{0.3}}=11.5$$

$$Q_2=\sqrt{\frac{2\times 4\times 5}{0.1}}=20$$

$$Q_3=\sqrt{\frac{2\times 4\times 15}{0.2}}=24.5$$

因为

$$\sum_{i=1}^{3}Q_i w_i=11.5\times 1+20\times 1+24.5\times 1=56>30$$

所以通过逐步减少λ值进行试算，计算过程见表9-4所示。

表 9-4 试算过程

λ	Q_1	Q_2	Q_3	$\sum_{i=1}^{3}Q_i w_i$
−0.05	10.0	14.1	17.3	41.4
−0.10	9.0	11.5	14.9	35.4
−0.15	8.2	10.0	13.4	31.6
−0.20	7.6	8.9	12.2	28.7

根据表9-4，通过取整的方法，得到$Q_1^*=8$，$Q_2^*=9$，$Q_3^*=13$。

某些情况下，也可运用线性规划建立库存模型，并进行求解。

例 9-12 已知仓库最大容量为A，原有存储量为I，第i个周期出售一个单位货物的收入为a_i，而订购一个单位货物的订购费为b_i，$i=1,2,\cdots,m$。要计划在m个周期内，确定每一个周期的合理进货量与销售量，使总收入最多。

解：设x_i，y_i分别为第i个周期的进货量及销售量，这时总收入为

$$R=\sum_{i=1}^{m}(a_i y_i-b_i x_i)$$

要求出x_i，y_i使R达到最大值，$i=1,2,\cdots,m$。容易理解，x_i，y_i这些变量不能任意取值。

(1) 它们受到库容的限制，即进货量加上原有的库存量不能超过A。

(2) 每个周期的销售量不能超过该周期的存储量。

(3) 进货量及销售量不能取负值。

用方程组表示上述的限制(约束条件)。

(1) $I+\sum_{i=1}^{s}(x_i-y_i)\leqslant A$，　$s=1,2,\cdots,m$

(2) $y_s\leqslant I+\sum_{i=1}^{s-1}(x_i-y_i)$，　$s=1,2,\cdots,m$

(3) $x_i\geqslant 0$，$y_i\geqslant 0$，　$s=1,2,\cdots,m$

目标函数、约束条件是线性的，可利用线性规划进行求解。

二、易腐物品的存储问题

在存储问题中，通常假定存储物品的使用价值保持不变，即假定物品的寿命等于无穷。但许多实际情况并非如此，如血库中供输血用的血液一般可存放 21 天，其寿命为常数。还有一些物品，如农产品、食品、药品、武器弹药等，其寿命无法事先确定，因而通常作为非负随机变量来处理。由于这些实际的需要，近年来对易腐物品的存储问题开展了不少研究。

易腐物品的存储问题按存货的寿命，可分为固定寿命和随机寿命两大类。

例如，固定寿命 m 下的模型假定如下。

(1) 周期盘点，在周期开始时订购，瞬时交货，新到的货年龄为 0。

(2) 相继周期中的需求量独立同分布，分布已知，不能满足的需求事后补足。

(3) 货物按先进先出的规则供应需求。当存货年限超过 m 时，这部分货物失去使用价值，故而报废。

(4) 费用：包括购货费、保管费、缺货损失费及过期损失费等。

由于易腐物品库存模型(特别是随机寿命类型)的复杂性，寻找最优策略是十分困难的。现有的研究主要集中在各种限定条件下的近似最优策略上。例如，当库存量小于某个规定的临界值才订货，否则不订货；在周期盘点下保持库存量为常数；当库存物品由于需求或过期而减少一个时就订货，且只订一个；应用不耐烦顾客排队系统理论研究该类模型等。这些问题都有很鲜明的实际背景。

三、具有概率约束的存储问题

具有概率约束的存储问题一般表述为：设工厂 B 以固定的速度消耗某种原材料。某季度开始前，B 与 A 签订合同，由 A 提供该季度 B 所需要的原材料。A 可分若干次交货，但具体交货时间不能事先确定。为保证生产连续进行，B 在季度开始时需要有一定数量的原材料储备，应储备多少才能维持正常生产？

可把问题抽象成如下基本模型。

考虑在固定的 $(0,T)$ 区间内，假定交货次数 n 取定，并且条件如下。

(1) 工厂 B 在 $(0,T)$ 区间内连续使用这些原材料，单位时间的用量 c 为常数；

(2) 交货时间是随机的，假定是 $(0,T)$ 区间内独立同分布的 n 个均匀随机变量；

(3) 每次的交货量相同，都为 $\frac{1}{n}cT$。

取 B 的初始库存水平 M 为模型的决策变量，记 $X(t)$ 为时刻 t 以前的累计交货量，则问题归结为求 M，使下式左端的概率足够大，即使得

$$P\left\{\inf_{0\leqslant t\leqslant T}[M+X(t)-ct]\geqslant 0\right\}=1-\varepsilon$$

式中，ε 是事先指定的 $(0,1)$ 中的数。

上述基本模型有许多推广。例如，每次交货量相等的条件可减弱；B 工厂以均匀速率消耗原材料的过程可推广到更一般的随机过程。此外，还可推广到多种原材料的情形等。

四、多品种多级库存的存储问题

多品种多级库存系统含有多个级别的库存点，可以用图 9-12 来描述。最高的第一级是货源点(中心仓库)，它供应第二级的库存点。最低一级的库存点(如零售仓库)直接满足顾客的需求。而货源点直接从外界订货(或自行组织生产)。

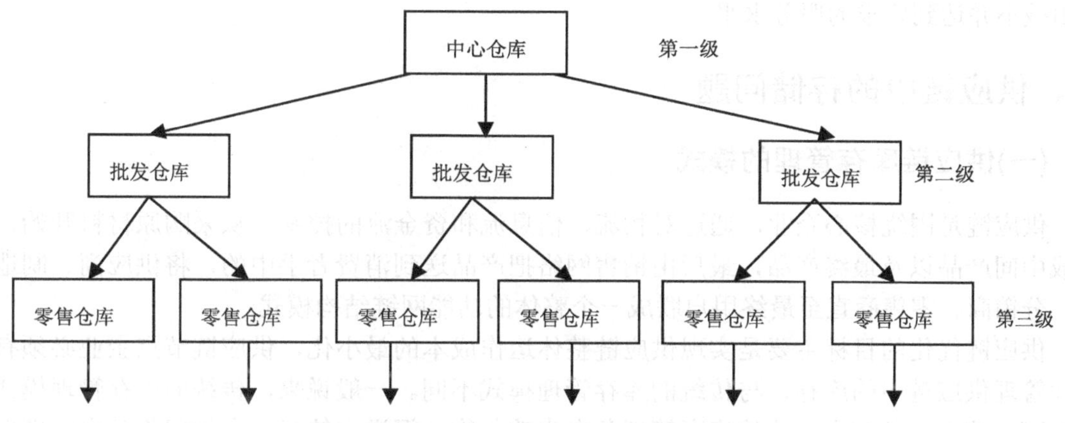

图 9-12　多品种多级库存问题

多品种多级库存系统特点是可能有多种不同的订货策略：单个物品分别订购；联合订购，即同时订购所有物品；混合式策略，即允许同时订购所有物品或部分物品。对于这三种订货策略，每次订货的固定费用对最优策略有显著影响。

以 n 种货物为例，一次单独订购货物 i 的固定费用为 K_i，联合订购时为 K，一般应有

$$\max_i(K_i)\leqslant K\leqslant\sum_{i=1}^{n}K_i$$

问题的复杂性表现在如下几个方面。

(1) 由于整个系统具有一种层次结构，因此，与不同的库存(或生产)策略结合起来的需

求过程是复杂的过程的叠加。

(2) 决策变量需要从系统的角度同时优化。

(3) 某一级的安全库存量会影响另一级的缺货情况。多级问题必须从总体上考虑，避免过多的安全库存量。

(4) 当缺货出现时，可采用的处理方式灵活多样。例如，一个下级的仓库向中心仓库发出订购量为Q的一份订单时，若中心仓库的现有库存量小于Q时，是马上发送部分还是等货备齐后一起发送；从中心仓库向零售仓库紧急发货是否可能；同一级之间能否相互调用；当最高一级面对几个不同地点的要求不能全部满足时，是采用配给策略还是采用其他策略来处理等。

(5) 无论用多级多变量的动态规划来计算，或者即使评定有限个不同的系统策略的优劣，甚至仅做一些近似的启发式计算，其计算量也是非常大的。

(6) 管理一个多级系统需要协调多种活动。但是，局部利益常妨碍系统成功地实施，这是实际执行中的最大障碍。

目前已开发出一些比较实用的库存控制方法，例如发送式库存系统。发送式库存系统采取集中控制，从系统全局着眼把货物发送至下一级，这样可以消除过多的订货次数，使费用减小并达到要求的服务水平。

五、供应链中的存储问题

(一)供应链库存管理的模式

供应链是围绕核心企业，通过对物流、信息流和资金流的控制，从采购原材料开始，制成中间产品以及最终产品，最后由销售网络把产品送到消费者手中的，将供应商、制造商、分销商、零售商直至最终用户联成一个整体的功能网链结构模式。

供应链优化的目标主要是实现供应链整体运作成本的最小化，供应链节点企业必须有效地管理供应链中的库存，与传统的库存管理模式不同。一般说来，传统的库存管理模式存在不少缺点：各节点企业的库存管理各自为政，物流渠道中的每一个部门都各自管理自有库存，都有自己的库存控制策略并且相对封闭，管理的思想都是个体库存成本最小化。供应链库存管理是存储管理的最新思想，主要包含以下三种模式。

1. 联合库存管理模式

联合库存管理模式是一种基于协调中心的库存管理模式，体现了供应链节点企业之间的协作关系，这种模式强调供应链节点企业同时参与、共同制定库存计划，从而使供应链管理过程中的每个库存管理者都能从相互的协调性来考虑问题，供应链整体最优是追求的目标。

2．供应商管理库存模式

供应商管理库存模式是一种战略贸易伙伴之间的合作性策略，是一种库存决策代理模式。这种库存控制策略允许上游企业对下游企业的库存策略、订货策略进行计划与管理，由供应商来管理库存，由供应商代理分销商或批发商行使库存决策的权力。

3．协同计划、预测与补货模式

协同计划、预测与补货模式是一种协同式的供应链库存管理模式，建立在前两种模式的最佳分级实践基础上，应用一系列处理过程和技术模型，覆盖整个供应链合作过程，通过共同管理业务过程和共享信息来改善分销商与供应商的伙伴关系，提高预测的准确度，最终达到提高供应链效率、降低库存成本和提高客户满意度的目的。

该模式需要建立供需计划协调管理机制，包括如下。

(1) 建立共同的合作目标，如用户满意度、利润的共同增长和风险的减少等。

(2) 建立库存优化的计划协调控制方法，包括库存如何在多个需求商之间调节与分配，库存的最大量和最低库存水平、安全库存的确定，需求的预测等。

(3) 建立一种信息沟通的渠道或系统，以保证需求信息在供应链中的畅通并确保准确性。

(4) 建立利益分配机制和激励约束机制，要有效运行基于计划协调机制的库存管理，必须建立一套公平的利益分配机制，对参与的各节点企业进行有效激励与约束。

(5) 建立风险分担机制，用以明确界定各节点企业的责任与风险。

(二)供应链库存管理的几个模型

供应链节点企业的局部化行为会导致供应链库存管理的次优解。因此，供应链中的存储问题集中表现为供应链节点企业通过设计与履行供应链契约来使整个供应链的库存成本达到最优。常用的供应链契约有多种，如批发价格契约、收益分享契约、数量弹性契约、回购契约等。最简单的供应链包括一个供应商和一个分销商，供应商决定批发价格，分销商决定订货量。本部分主要介绍供应商与分销商之间的批发价格契约、回购价格契约等。

假设市场需求为随机需求，在某个特定时期只有一次订货。为了便于研究，需要引入各参数和变量的记号。

c_s——供应商的制造成本；

g_s——供应商的缺货损失费；

w——供应商对分销商的批发价格；

c_r——分销商的分销成本；

g_r——分销商的缺货损失费；

v——剩余产品的价值；

p——分销商的固定零售价格；

q——分销商的决策订货量；

x——市场随机需求量；

$F(x)$——市场需求 x 的分布函数；

$f(x)$——市场需求 x 的密度函数；

μ——市场需求 x 的数学期望。

1．批发价格契约

令 $c=c_s+c_r$，$g=g_s+g_r$。

如果订货量为 q，则期望销售量 $S(q)$ 为

$$S(q)=\min\{q,x\}=\int_0^q xf(x)\mathrm{d}x+q[1-F(q)]=q-\int_0^q F(x)\mathrm{d}x$$

两边求导，得

$$S'(q)=1-F(q)$$

期望剩余存货 $I(q)$ 为

$$I(q)=q-S(q)=\int_0^q F(x)\mathrm{d}x$$

期望缺货量 $L(q)$ 为

$$L(q)=E(x-q)^+=\mu-S(q)$$

因此，分销商的收益函数为

$$\begin{aligned}\pi_r(w,q)&=pS(q)+vI(q)-g_rL(q)-c_rq-wq\\&=(p-v+g_r)S(q)-(w+c_r-v)q-g_r\mu\end{aligned}$$

供应商的收益函数为

$$\pi_s(w,q)=wq-g_sL(q)-c_sq=g_sS(q)+(w-c_s)q-g_s\mu$$

则供应链的整体利润为

$$\pi(w,q)=\pi_s(q)+\pi_r(q)=(p-v+g)S(q)-(c-v)q-g\mu$$

整个供应链作为一个整体，进行最优化的集中决策，最优订货量 q^0 满足 $\pi(q)$ 的一阶条件。由此，从供应链整体最优化的角度，得到最优订货量 q^0 满足

$$S'(q^0)=\overline{F}(q^0)=\frac{c-v}{p-v+g}$$

订货量是分销商的决策变量，分销商的决策是使 $\pi_r(w,q)$ 最大化。利用 $\pi_r(w,q)$ 关于 q 的一阶条件，得到分销商的最优决策为

$$S'(q_r^*)=\frac{w+c_r-v}{p-v+g_r}$$

q^0 是从供应链整体角度的最优订货量，符合整体理性；q_r^* 是从分销商个体角度的最优订货量，符合个体理性。如果 $q_r^* = q^0$，则整体利益与个体利益就是协调的。q_r^* 能够等于 q^0 吗？

显然，

$$q_r^* = q^0 \Leftrightarrow \frac{w + c_r - v}{p - v + g_r} = \frac{c - v}{p - v + g} \Leftrightarrow w = \frac{p - v + g_r}{p - v + g}(c - v) - (c_r - v) < c_s$$

供应商的批发价格不可能低于其生产成本，因此，q_r^* 不可能等于 q^0，即批发价格不能协调整个供应链。

2．回购价格契约

回购价格契约是指供应商为鼓励分销商订货，对分销商剩余的产品以回购价格 b 回收，降低分销商多订货的风险。

回购价格契约条件下，分销商的收益函数为

$$\begin{aligned}\pi_r(w,b,q) &= pS(q) + vI(q) - g_r L(q) - c_r q - wq + bI(q) \\ &= (p - v + g_r - b)S(q) - (w - b + c_r - v)q - g_r \mu\end{aligned}$$

如果供应商决定批发价格和回购价格，使分销商的收益正比于整个供应链的收益，如使 $\pi_r(w,b,q) = \lambda\pi(w,b,q)$，则分销商的最优化策略也是供应链整体的最优策略。

由 $\pi_r(w,b,q) = \lambda\pi(w,b,q)$，得到供应商的契约设计如下，如此设计的契约就可以协调整个供应链：

$$p - v + g_r - b = \lambda(p - v + g)$$
$$w - b + c_r - v = \lambda(c - v)$$

因此，回购价格契约能够协调整个供应链，供应商可以通过 λ 任意分配供应链的整体利益。

第五节　存储模型的 WinQSB 求解

本章介绍的确定型存储模型和单周期随机存储模型均可用 WinQSB 软件进行求解。用 WinQSB 求解存储问题时，需要调用子程序 Inventory Theory and System(存储论及控制系统)。建立新问题，系统显示如图 9-13 所示。

图 9-13 给出了 8 种问题的类型，分别包括确定型的 EOQ 模型、确定型的数量折扣模型、单周期随机库存模型、多周期随机需求模型等。需要注意的是：系统默认时间单位是年，用户可修改时间单位，如季、月、周、天等。当选择第四项时，要求用户输入周期数。

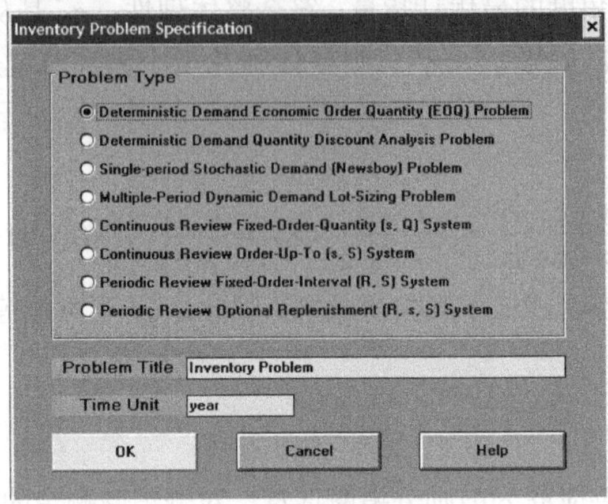

图 9-13　问题类型

一、求解确定型存储模型

选择图 9-13 中的第一项和第二项功能，即可解决求解确定型存储模型的计算问题。

例 9-13　已知某汽车制造厂年需求钢板 15 000 吨，一次订货成本为 5000 元，钢板价格为 6000 元/吨，每年钢板的存储费(持有成本)为 200 元/吨，订货提前期为 15 天(0.0411 年)。求下列各种情况的订货策略。

(1)　瞬时进货，不允许缺货。

(2)　瞬时进货，允许缺货，缺货损失费用为 200 元/吨。

(3)　瞬时进货，不允许缺货。订货量一次达到 1000 吨时，价格优化 1%。以后每增加 2000 吨价格优化 5%，最多优惠 3%。工厂考虑到库存容量限制，当存储量达到 1000 吨时存储费将达到 500 元/吨。

解：(1)　选择 Deterministic Demand Economic Order Quantity (EOQ) Problem，得到如图 9-14 所示的界面。

DATA ITEM	ENTRY
Demand per year	
Order or setup cost per order	
Unit holding cost per year	
Unit shortage cost per year	M
Unit shortage cost independent of time	
Replenishment or production rate per year	M
Lead time for a new order in year	
Unit acquisition cost without discount	
Number of discount breaks (quantities)	
Order quantity if you known	

图 9-14　EOQ 模型的界面

根据题意，将年需求量 15 000 吨、一次订购费用 5000 元、年存储费用 200 元、提前期 0.0411 年、订购价 6000 元、瞬时进货，不允许缺货时的系统缺损值 M 输入系统，如图 9-15 所示。

DATA ITEM	ENTRY
Demand per year	15000
Order or setup cost per order	5000
Unit holding cost per year	200
Unit shortage cost per year	M
Unit shortage cost independent of time	
Replenishment or production rate per year	M
Lead time for a new order in year	0.0411
Unit acquisition cost without discount	6000
Number of discount breaks (quantities)	
Order quantity if you known	

图 9-15　输入数据(1)

选择菜单 Solve and Analyze，下拉菜单中有直接求解(Solve the Problem)和参数分析(Performance Parametric Analyze)。选择 Solve the Problem，得到如图 9-16 所示的求解结果。

根据图 9-16 中的最右两列可知，最优订货策略是：经济订购批量为 866 吨，订购周期为 0.0577 年，约 21 天订购一次货，再订购点是 616.5 吨，总费用为 90 173 208 元。

08-12-2010	Input Data	Value	Economic Order Analysis	Value
1	Demand per year	15000	Order quantity	866.0254
2	Order (setup) cost	¥ 5,000.00	Maximum inventory	866.0254
3	Unit holding cost per year	¥ 200.00	Maximum backorder	0
4	Unit shortage cost		Order interval in year	0.0577
5	per year	M	Reorder point	616.5
6	Unit shortage cost			
7	independent of time	0	Total setup or ordering cost	¥ 86,602.54
8	Replenishment/production		Total holding cost	¥ 86,602.54
9	rate per year	M	Total shortage cost	0
10	Lead time in year	0.0411	Subtotal of above	¥ 173,205.08
11	Unit acquisition cost	¥ 6,000.00		
12			Total material cost	¥ 90,000,000.00
13				
14			Grand total cost	¥ 90,173,208.00

图 9-16　计算结果(1)

(2) 输入数据，将 Unit shortage cost per year 一栏中的 M 改为 200，如图 9-17 所示。

DATA ITEM	ENTRY
Demand per year	15000
Order or setup cost per order	5000
Unit holding cost per year	200
Unit shortage cost per year	200
Unit shortage cost independent of time	
Replenishment or production rate per year	M
Lead time for a new order in year	0.0411
Unit acquisition cost without discount	6000
Number of discount breaks (quantities)	
Order quantity if you known	

图 9-17　输入数据(2)

选择 Solve and Analyze | Solve the Problem 命令，得到如图 9-18 所示的求解结果。

08-12-2010	Input Data	Value	Economic Order Analysis	Value
1	Demand per year	15000	Order quantity	1224.745
2	Order (setup) cost	¥ 5,000.00	Maximum inventory	612.3724
3	Unit holding cost per year	¥ 200.00	Maximum backorder	612.3724
4	Unit shortage cost		Order interval in year	0.0816
5	per year	¥ 200.00	Reorder point	4.1276
6	Unit shortage cost			
7	independent of time	0	Total setup or ordering cost	¥ 61,237.24
8	Replenishment/production		Total holding cost	¥ 30,618.62
9	rate per year	M	Total shortage cost	¥ 30,618.62
10	Lead time in year	0.0411	Subtotal of above	¥ 122,474.48
11	Unit acquisition cost	¥ 6,000.00		
12			Total material cost	¥ 90,000,000.00
13				
14			Grand total cost	¥ 90,122,472.00

图 9-18　计算结果(2)

由图 9-18 可知，最优订货策略是：每次订购量为 1225 吨，订购周期为 0.0816 年，约 30 天订货一次，再订货点为 4 吨，最大缺货量为 612 吨，总费用为 90 122 472 元。

(3) 选择图 9-13 中的第二项，如图 9-19 所示输入数据；选择 Edit | Discount Breaks 命令，如图 9-20 所示输入数据。选择 Solve and Analyze | Solve the Problem 命令，得到如图 9-21 所示的求解结果。

DATA ITEM	ENTRY
Demand per year	15000
Order or setup cost per order	5000
Unit holding cost per year	500
Unit shortage cost per year	M
Unit shortage cost independent of time	
Replenishment or production rate per year	M
Lead time for a new order in year	0.0411
Unit acquisition cost without discount	6000
Number of discount breaks (quantities)	5
Order quantity if you known	

图 9-19　输入数据(3)

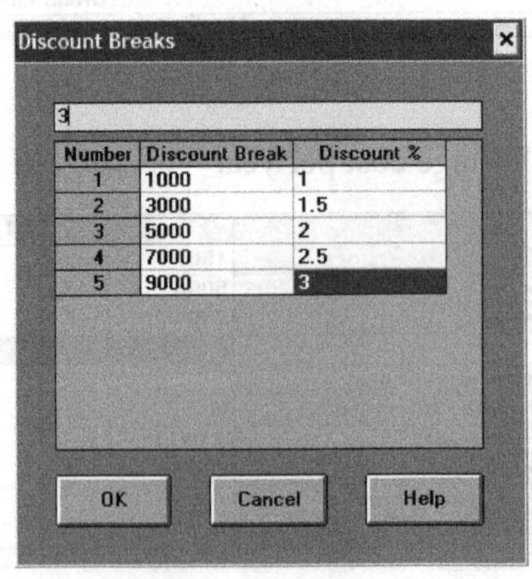

图 9-20　输入数据(4)

08-12-2010	Break Qty.	Discount %	EOQ	EOQ Cost	Feasibility	Order Qty.	Total Cost
0	0	0	547.7225	￥90,273,864.00	Yes	547.7225	￥90,273,864.00
1	1000	1	547.7225	￥89,373,864.00	No	1000	￥89,425,000.00
2	3000	1.5	547.7225	￥88,923,864.00	No	3000	￥89,425,000.00
3	5000	2	547.7225	￥88,473,864.00	No	5000	￥89,465,000.00
4	7000	2.5	547.7225	￥88,023,864.00	No	7000	￥89,510,712.00
5	9000	3	547.7225	￥87,573,864.00	No	9000	￥89,558,336.00
	Recommended	Order Qty. =	1000	Discount =	1%	Total Cost =	￥89,425,000.00

图 9-21 计算结果(3)

根据图 9-21 可知，最佳订购策略是：每次订购 1000 吨，订购周期为 0.0667 年，约 24 天订购一次货，总费用为 89 425 000 元。

二、求解单周期随机存储模型

例 9-14 以例 9-7 简要说明单周期随机存储模型的 WinQSB 求解方法。

解：选择图 9-13 中的第三项，系统显示图 9-22 所示的数据输入格式。

DATA ITEM	ENTRY
Demand distribution (in year)	Discrete
Mean (u)	6
Standard deviation (s>0)	9/0.05,10/0.15,11/0.20,12/0.40,13/0.1!
(Not used)	
Order or setup cost	
Unit acquisition cost	0.35
Unit selling price	0.50
Unit shortage (opportunity) cost	
Unit salvage value	0.1
Initial inventory	
Order quantity if you know	
Desired service level (%) if you know	

图 9-22 输入数据(5)

双击图 9-22 中 ENTRY 下的第一行，出现图 9-23 所示。选择 Discrete，此时图 9-22 中的第一行出现 Discrete；在第二行输入 6，第三行中输入概率分布，写法是“取值/概率”，并用逗号隔开。求解后得到图 9-24 所示，其结果与前面的计算相同。

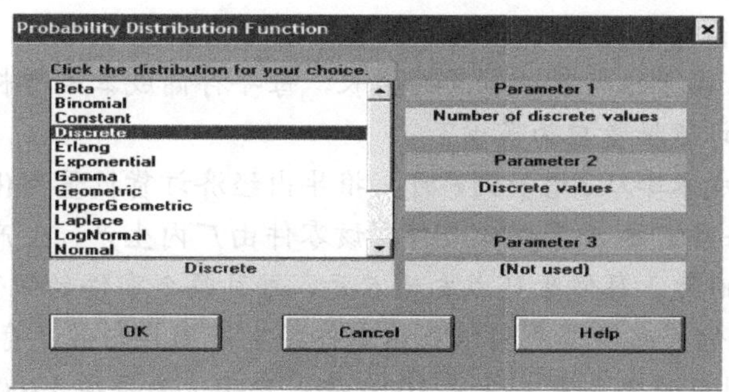

图 9-23 输入数据(6)

08-12-2010	Input Data or Result	Value
1	Demand distribution (in year)	Discrete
2	Demand mean	11.6
3	Demand standard deviation	1.2
4	Order or setup cost	0
5	Unit cost	¥ 0.35
6	Unit selling price	¥ 0.50
7	Unit shortage (opportunity) cost	0
8	Unit salvage value	¥ 0.10
9	Initial inventory	0
10		
11	Optimal order quantity	11
12	Optimal inventory level	11
13	Optimal service level	37.5%
14	Optimal expected profit	¥ 1.66

图 9-24　计算结果(4)

习　　题

1. 假设某工厂需要外购某个部件，年需求量为 4800 件，单价为 40 元。每次的订购费用为 350 元，每个部件存储一年的费用为每个部件的价格的 25%。又假设每年有 250 个工作日。该部件需要提前 5 天订货(即订货后 5 天可送货到厂)，不允许缺货。求解:

(1) 经济订购批量;

(2) 再订货点;

(3) 两次订货所间隔的时间;

(4) 每年订货与存储的总费用。

2. 某建筑工地每月需求水泥 1200 吨，每吨定价为 1500 元，不允许缺货。设每吨每月的存储费为 2%，每次订货 1800 元，需要提前 7 天订货，每年的工作日为 365 天。求解:

(1) 经济订购批量;

(2) 再订货点;

(3) 两次订货所间隔的时间;

(4) 每次订货和存储的总费用。

3. 某个食品批发站，用经济订货批量模型处理某种品牌啤酒的存储策略，当存储每箱啤酒一年的费用为每箱啤酒价格的 22%，即每年存储成本率为 22%，该批发站确定的经济订货批量为 8000 箱。由于银行贷款利息的增长，每年存储成本率增长为 27%时，求解:

(1) 这时其经济订货批量应为多少?

(2) 当每年存储成本率从 i 增长到 i' 时，推导出经济订货批量变化的一般表达式。

4. 某装配车间每月需要 A 零件 400 件。该零件由厂内生产，生产率为每月 800 件，每批生产准备费用为 100 元，每件生产成本为 5 元，每月每个零件的保管费为 0.5 元。试求装配车间对 A 零件的存储策略及其费用以及该零件的生产周期与最高存储水平。

5. 某厂对某种材料的全年需求量为 1040 吨，其购价为每吨 1200 元，每次订货费用为 2040 元，每年每吨的保管费用为 170 元。若允许缺货，且缺货费为每吨每年 500 元。

(1) 求最优策略、最大缺货量及最小费用。

(2) 若为实用方便，则结果又应如何？

6. 对于习题1所提出的问题，假设允许缺货，并假设每个部件缺货一年的缺货费用为25元，求解:

(1) 最优订货批量;

(2) 再订货点;

(3) 两次订货所间隔的时间;

(4) 每年订货、存储与缺货的总费用;

(5) 把以上结果与习题1的结果比较，哪个结果总费用少？为什么？

7. 某公司采用无安全存量的存储策略，每年需电感5000个，每次订购费为500元，保管费用为每年每个10元，不允许缺货。若采购少量电感每个单价为30元，若一次采购1500个以上则每个单价18元，问：该公司每次应采购多少个？

8. 某商店存有某种商品10件，每件的进价为3元，存储费为1元，缺货费为16元。已知对该商品的需求量服从$\mu=20,\sigma=5$的正态分布，求商店对该种商品的最佳订购量。

9. 某商店准备订购一批圣诞树迎接节日。根据历年经验，其销售服从正态分布，$\mu=20,\sigma^2=300$。每棵圣诞树售价为25元，进价为15元。如果进了货卖不出去，则节后其残值基本为零。试求解回答:

(1) 该商店应进多少棵圣诞树，使期望利润值为最大;

(2) 如果商店按销售量的期望值200棵进货，则期望的利润值为多大;

(3) 如商店按(1)计算的结果进货，则未能销售出去的圣诞树的期望值是多少。

10. 某工厂在包装车间安装了一台价值数百万元的自动包装机，生产速度为包装50件/小时。由于包装机需要定期检修，故在生产车间同包装车间之间需建立一定量的缓冲储备。据测算包装机在检修时的停工损失为500元/小时，产品的存储费用为0.05元/(件·小时)，包装机每工作100小时需要停机检修一次，每次检修时间服从负指数分布，$\frac{1}{\mu}=2$小时。试确定缓冲储备的数量，使各项费用和的期望值为最小。

第十章 决 策 分 析

人们在从事各种各样活动的过程中，对可能采取行动的计划方案作出决定，就是决策。决策分析，又称决策论，是运筹学的重要分支之一。它是帮助人们进行科学决策的基本理论和方法。决策分析模型在经济领域的应用非常广泛，在石油和天然气工业，在投资分析、产品开发、房地产开发、市场营销、科学试验等方面都有决策分析模型应用的有效成果。由于计算机软件的不断发展，大大改进了决策者的决策进程。

通过本章的学习，应当了解决策问题的概念和类型，掌握不确定型决策和风险型决策的理论、效用理论和层次分析方法，并能使用软件 WinQSB 求解决策分析问题。

第一节 决策分析的概念

决策问题中，所有与问题有关的各种因素以及各种可能后果事先知道，或者随机因素很弱，称为确定条件下的决策。反之，决策者对可能出现的不同自然状态缺乏必要的信息，无法确定未来各种可能情况(称为自然状态)发生的概率，这类问题称为不确定型决策，若决策者能确定未来各个自然状态发生的概率，这类问题称为风险型决策。本书中决策论主要研究不确定条件下的决策问题，即不确定型决策和风险型决策。

例如，某公司拟建一个新水泥厂，有 3 种不同的建厂规模可供选择，分别记为小型 a_1、中型 a_2 和大型 a_3。未来市场水泥需求可能有低需求(公司占市场份额 4%)、一般需求(公司占市场份额 6%)和高需求 s_3 (公司占市场份额 8%)三种情况，但未来市场水泥需求的各种状态 s_1、s_2 和 s_3 发生的概率不清楚时，该问题就是不确定型决策。如果决策者知道未来市场水泥需求的三种状态：s_1、s_2 和 s_3 发生的概率，这时的决策问题称为风险型决策。

一、自然状态

决策人无法控制的不确定因素或未来发生的各种可能情况，统称为自然状态。如上面的未来市场可能有低需求 s_1、一般需求 s_2 和高需求 s_3 三种情况就是三个自然状态。一般地，n 个自然状态的状态集用 $S=\{s_1,s_2,\cdots,s_n\}$ 表示。

二、方案

方案指决策人为实现目标所可能采取的措施、行动等。可供选择的行动方案称为方案

集，m 个行动方案的方案集用 $\boldsymbol{A}=\{a_1,a_2,\ldots,a_m\}$ 表示。

三、收益

选择不同的方案在不同的自然状态下的收益或损失构成一个损益矩阵，记为 $\boldsymbol{B}$。其中 b_{ij} 表示决策人选择方案 a_i，自然状态 s_j 发生时的收益或损失。

$$\boldsymbol{B}=\begin{pmatrix} b_{11} & b_{12} & \cdots & b_{1n} \\ b_{21} & b_{22} & \cdots & b_{2n} \\ \vdots & \vdots & & \vdots \\ b_{m1} & b_{m2} & \cdots & b_{mn} \end{pmatrix}$$

四、决策准则

面对这些自然状态、方案集和相应的收益或损失，决策人为获得最佳收益，而对选取不同的方案进行判别，所依据的准则称为决策准则。不同的决策人，其性格和态度偏好不同，决策准则也不尽相同。

有人选择期望收益最大或者损失最小，但也有人选择其他决策准则和方案。

决策问题的损益除了用矩阵表示以外，也可以使用表达更清楚的决策表或者损益表如表 10-1 所示。

表 10-1　决策损益表

状态 / 收益 / 方案	S_1	S_2	…	S_n
a_1	b_{11}	b_{12}	…	b_{1n}
a_2	b_{21}	b_{22}	…	b_{2n}
⋮	⋮	⋮		⋮
a_m	b_{m1}	b_{m2}	…	b_{mn}

在明确了自然状态、行动方案和收益矩阵以后，决策人根据其主观意识和处理问题的态度偏好有以下几类决策准则。仍通过上面的例题来说明。

第二节　不确定型决策

不确定型决策广泛应用于管理科学、经济学以及其他传统的和特殊的领域，所以 20 世纪 60 年代以来发展得十分迅速。根据决策者的不同偏好，分为以下几种情况。

一、乐观准则

乐观准则又称为大中取大准则，决策者对问题持乐观态度，认为每种情况都会出现最好的。因此对每一种方案找出最大收益，然后从这些最大收益的方案中再选取最大的方案作为决策方案。

例 10-1 某公司拟建一个新水泥厂，有 3 种不同的水泥建厂规模可供选择，分别记为小型 a_1、中型 a_2 和大型 a_3。未来市场水泥需求可能有低需求 s_1(公司占市场份额 4%)、一般需求 s_2(公司占市场份额 6%)和高需求 s_3(公司占市场份额 8%)三种情况，各种情况的收益如表 10-2 所示。

表 10-2 水泥厂决策损益表

状态 / 收益 / 方案	低需求 s_1(4%)	一般需求 s_2(6%)	高需求 s_3(8%)
小型 a_1	25	4	0
中型 a_2	−5	35	6
大型 a_3	−10	8	40

(1) 求每个方案的最大收益，记方案 a_i 的最大收益为 m_i。

$$m_1=\max_{a_1}\{25, 4 , 0 \}=25$$

$$m_2=\max_{a_2}\{-5, 35, 6 \}=35$$

$$m_3=\max_{a_3}\{-10, 8, 40 \}=40$$

(2) 取收益最大值的方案：$\max\{m_1, m_2, m_3\}=40$，对应最优方案 a_3，故方案 a_3 是最优决策方案。

二、悲观准则

与乐观准则相反，悲观准则反映决策者对问题持保守悲观态度，先作最坏打算，然后在此基础上选择其中的最优方案，这种决策方法只希望避免最坏的可能结果，因此它又称为小中取大准则。

(1) 求每一方案的最小收益值，记方案 a_i 的最小收益为 n_i。

$$n_1=\min_{a_1}\{25, 4, 0 \}=0$$

$$n_2=\min_{a_2}\{-5, 35, 6 \}=-5$$

$$n_3 = \min_{a_3} \{-10, 8, 40\} = -10$$

(2) 取收益最大值的方案，$\max\{n_1, n_2, n_3\}=0$。

对应最优方案 a_1，故方案 a_1 是最优决策方案，对应建小厂方案，在最不利的情况下，也不会出现亏损。

三、适度乐观准则

适度乐观准则也称为赫维茨(Hurwicz)准则，是一种介于乐观准则和悲观准则之间的折中决策准则，该准则要求决策者对各种可能出现的最大收益确定一个乐观系数 $\alpha\,(0<\alpha<1)$，并利用乐观系数求每一方案的折中收益，然后，从中选择折中收益最大的方案为最优决策方案。

在适度乐观准则下，乐观系数为 α 时，方案 a_i 的期望收益记为 $H(a_i,\alpha)$，则有

$$H(a_i,\alpha) = \alpha \max_j a_{ij} + (1-\alpha)\min_j a_{ij}$$

对例 10-1，取 $\alpha = 0.4$，则

$$H(a_1,\alpha) = \alpha \max_j a_{1j} + (1-\alpha)\min_j a_{1j} = 0.4\times 25 = 10$$

$$H(a_2,\alpha) = \alpha \max_j a_{2j} + (1-\alpha)\min_j a_{2j} = 0.4\times 35 - 0.6\times 5 = 11$$

$$H(a_3,\alpha) = \alpha \max_j a_{3j} + (1-\alpha)\min_j a_{3j} = 0.4\times 40 - 0.6\times 10 = 10$$

故最优方案选取 a_2。

四、等概率准则

等概率准则是一种机会均等的决策准则，决策者不能判断哪一种自然状态发生的可能性更大或更小，所以决策者计算每一方案的等概率收益，然后从中选取均值收益最大的方案为最优决策方案。

取每个方案的等概率期望值，$E(a_i) = \dfrac{1}{n}\sum_{i=1}^{n} a_{ij}$，再取最大值对应的方案。

对例 10-1 计算如下：

$$E(a_1) = \frac{1}{3}(25+4+0) = \frac{29}{3}$$

$$E(a_2) = \frac{1}{3}(-5+35+6) = \frac{36}{3}$$

$$E(a_3) = \frac{1}{3}(-10+8+40) = \frac{38}{3}$$

结论是选择方案 a_3，即建大厂，平均收益为 $\dfrac{38}{3}$ 万元。

五、后悔值准则

当决策者选定某一方案后，如果发现所选方案并非最优方案，必然会后悔，最优方案收益值与所选方案收益值之差越大，后悔程度越严重。每一种方案在各种不同状态下的后悔值定义为每一状态的最大收益与所选方案收益之差，决策时，从每一方案的最大后悔值中选择后悔值最小的方案作为最优方案，这就是后悔值准则的决策过程。

对例 10-1，先计算各方案在不同状态下的后悔值，列表如表 10-3 所示。

表 10-3　后悔值决策表

状态 / 后悔值 / 方案	低需求 s_1(4%)	一般需求 s_2(6%)	高需求 s_3(8%)
小型 a_1	0	31	40
中型 a_2	30	0	34
大型 a_3	35	27	0

三个方案的最大后悔值分别是 40，34，35，取最小的 34，对应决策方案为 a_2。容易看出，后悔准则与悲观准则所作出的决策结果是一致的。

第三节　风险型决策

风险型决策是决策者根据收集到的有关自然状态以往的信息，获得各个自然状态发生的概率。这些以往的信息称为先验信息，由先验信息加工整理得到的概率分布称为先验分布。决策者根据不同的自然状态可能发生的概率所进行的决策，称为风险型决策。在风险决策问题中，决策者还可以追加新的样本信息来修正原有的先验分布，形成后验分布，以提高决策的可靠性。与不确定型决策一样，风险型决策也有不同的决策准则。

例 10-2　在例 10-1 中，决策者通过样本调查得知，出现低需求、一般需求和高需求三种状态的概率分别为 $p(s_1)=0.3$ ，$p(s_2)=0.6$ ，$p(s_3)=0.3$ ，如表 10-4 所示。

表 10-4 风险决策表

状态 / 收益 / 方案	低需求 s_1(4%)	一般需求 s_2(6%)	高需求 s_3(8%)
	0.3	0.6	0.1
小型 a_1	25	4	0
中型 a_2	−5	35	6
大型 a_3	−10	8	40

现在有如下常用决策准则。

一、最大可能准则

最大可能准则要求决策者首先找出发生概率最大的自然状态，然后在这一状态下选取收益最大的方案为决策方案。根据这一准则，本例中一般需求发生的概率 0.6 最大，此时，选择建造中型水泥厂方案 a_2，收益为 35 万元。

二、期望收益准则

期望收益准则要求计算每一方案的期望收益，然后从中选择期望收益最大的方案为决策方案。

方案 a_i 的期望收益记为 $E(a_i)$，$E(a_i)=\sum_{j=1}^{n} a_{ij} p(s_j)$。

对于例 10-2 有，$E(a_1)=\sum_{j=1}^{3} a_{1j} p(s_j)=25\times 0.3+4\times 0.6=9.93$

$$E(a_2)=\sum_{j=1}^{3} a_{3j} p(s_j)=(-5)\times 0.3+35\times 0.6+6\times 0.1=20.1$$

$$E(a_3)=\sum_{j=1}^{3} a_{2j} p(s_j)=(-10)\times 0.3+8\times 0.6+40\times 0.1=4.9$$

取其最大 $\max_i \sum_{j=1}^{3} a_{ij} p(s_j)$ =20.1 对应的方案 a_2 就是最优决策。

三、贝叶斯决策

在形势发生变化时，决策者追加新的样本信息，利用贝叶斯公式求得各种状态的后验分布，用后验分布求出期望收益最大的方案，称为贝叶斯决策。

设 x 是追加新的样本信息所做的实验的结果，每一决策方案的期望收益是

$$E(a_i)=\sum_{j=1}^{n}a_{ij}p(s_j\mid x)$$

取期望收益最大值，$d^*=\max\limits_i\sum_{j=1}^{n}a_{ij}p(s_j|x)$，所对应方案为最优方案。

其中 $p(s_j|x)$ 满足贝叶斯公式：

$$p(s_j|x)=\frac{p(x|s_j)p(s_j)}{\sum_j p(x|s_j)p(s_j)}$$

这里 $p(x|s_j)$ 是在给定状态 s_j 下事件 x 所发生的概率。

对于例 10-2，决策者进行市场调查，现在公司向 40 个潜在水泥用户发出购买订单，其中 3 户打算购买。记这一抽样试验结果为 x，根据二项分布，得到如下数据：

$$p(x|s_1)=C_{40}^{3}0.08^3 0.92^{37}=0.2313$$
$$p(x|s_2)=C_{40}^{3}0.06^3 0.94^{37}=0.2162$$
$$p(x|s_3)=C_{40}^{3}0.04^3 0.96^{37}=0.1396$$

最终总和

$$\sum_j p(x|s_j)p(s_j)=0.2313\times0.3+0.2162\times0.6+0.1396\times0.1=0.21307$$

后验概率分别为

$$p(s_1|x)=\frac{p(x|s_j)p(s_j)}{\sum_j p(x|s_j)p(s_j)}=\frac{0.2313\times0.3}{0.21307}=0.3257$$

$$p(s_2|x)=\frac{p(x|s_j)p(s_j)}{\sum_j p(x|s_j)p(s_j)}=\frac{0.2162\times0.6}{0.21307}=0.6088$$

$$p(s_3|x)=\frac{p(x|s_j)p(s_j)}{\sum_j p(x|s_j)p(s_j)}=\frac{0.1396\times0.1}{0.21307}=0.06552$$

这时每一方案的期望收益为

$$E(a_1)=\sum_{j=1}^{3}a_{1j}p(s_j)=25\times0.3257+4\times0.6088=10.5777$$

$$E(a_2)=\sum_{j=1}^{3}a_{2j}p(s_j)=(-5)\times0.3257+35\times0.6088+6\times0.06552=20.0762$$

$$E(a_3)=\sum_{j=1}^{3}a_{3j}p(s_j)=(-10)\times0.3257+8\times0.6088+40\times0.065\,52=4.2342$$

取其最大 $\max_i\sum_{j=1}^{3}a_{ij}p(s_j)$ =20.0762 对应的方案 a_2 就是最优决策。

四、决策树

风险型决策也可以用更直观的方法，即用决策树来表达。下面以例 10-3 来说明决策树的画法和计算。

例 10-3　在例 10-2 中，决策者通过样本调查得知，出现低需求、一般需求和高需求三种状态的概率分别为 $p(s_1)=0.3$， $p(s_2)=0.6$， $p(s_3)=0.3$，如表 10-4 所示。

根据表 10-4 中内容画决策树如图 10-1 所示。

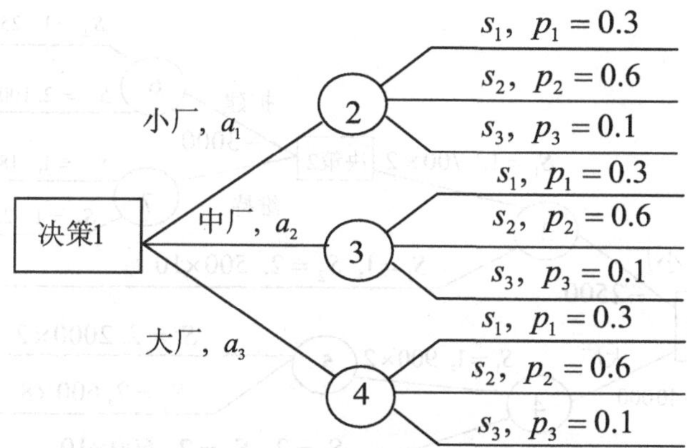

图 10-1　决策树(1)

决策树是把某一决策问题未来发展情况的各种可能性及其结果用树状图反映出来。图中的矩形表示决策节点，由矩形引出的分支表示不同的行动方案；图中的圆圈称机会节点，由圆圈向右的分支表示各种可能的情况，图中直线旁的数字表示方案或自然状态及其发生的概率。

利用期望收益准则，

在机会点 2，$E(a_1)=\sum_{j=1}^{3}a_{1j}p(s_j)=25\times0.3+4\times0.6=9.93$

在机会点 3，$E(a_2)=\sum_{j=1}^{3}a_{2j}p(s_j)=(-5)\times0.3+35\times0.6+6\times0.1=20.1$

在机会点 4，$E(a_3)=\sum_{j=1}^{3}a_{3j}p(s_j)=(-10)\times0.3+8\times0.6+40\times0.1=4.9$

取其最大 $\max\limits_{i}\sum\limits_{j=1}^{3}a_{ij}p(s_j)$ =20.1 对应的方案 a_2 就是最优决策。

决策树更适合用于随机性决策和多级决策。

例 10-4 某公司准备开发一种新产品，预计该产品未来的销售情况将分为：前 2 年与后 8 年两期，把前 2 年，销量高记作 $S_1=1$，销量低记作 $S_1=2$；后 8 年，销量高记作 $S_2=1$，销量低记作 $S_2=2$。已知 S_1，S_2 发生的概率分布为

$$p\{S_2=1,S_1=1\}=\frac{2}{5},\quad p\{S_2=1,S_1=2\}=\frac{1}{5},\quad p\{S_2=2,S_1=2\}=\frac{2}{5}$$

公司考虑如下两个方案，方案Ⅰ建大厂，方案Ⅱ开始先建小厂，如果前 2 年畅销，则考虑是否扩建，否则维持小厂。两个方案的收益及费用均标在图 10-2 上。图中直线下侧有“-”号的数字表示投资或费用。直线上侧的数字表示收入，如 2500×8 表示 8 年中每年平均回收 2500(单位：万元)。

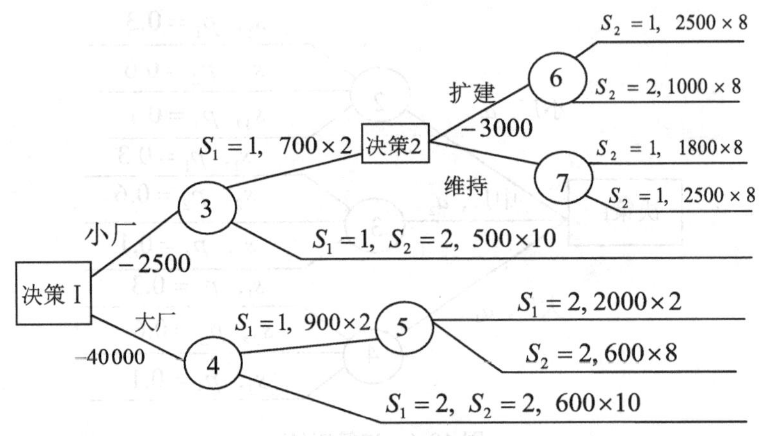

图 10-2 随机决策树

解： 为了简化问题，在下面的计算中不考虑货币的时间价值，而着重说明随机性决策树的计算方法。一般先从后面的决策点开始计算。

根据决策树，在两个决策点 1，2 分两个大步骤计算如下。

(1) 决策点 2。要对扩建与维持小厂两个方案进行比较，每个方案均面对销量高与销量低两种可能。用收益的数学期望大小作为评价方案的标准，机会节点⑥对应的是扩建方案，机会节点⑦对应于维持小厂，但它们都是在开始建小厂且前 2 年销量高的前提之下。下面分别算出后 8 年市场状态的概率分布，有

$$p\{S_2=1|S_1=1\}=\frac{p\{S_2=1|S_1=1\}}{p\{S_1=1\}}=\frac{2}{3},\quad p\{S_2=2|S_1=1\}=1-\frac{2}{3}=\frac{1}{3}$$

故扩建方案的期望收益为：$E_1=2500\times8\times\frac{2}{3}+1000\times8\times\frac{1}{3}-3000=13\,000$

维持小厂的期望收益为：$E_2 = 800 \times 8 \times \frac{2}{3} + 500 \times 8 \times \frac{1}{3} = 5600$

结论：在决策点 2 应选择扩建方案。

(2) 决策点 1。机会节点③对应小厂方案。两种可能性概率分布为

$p\{S_1 = 1\} = p\{S_1 = 1 | S_2 = 1\} + p\{S_1 = 1 | S_2 = 2\} = \frac{3}{5}$，$p\{S_1 = 2\} = 1 - \frac{3}{5} = \frac{2}{5}$

① 决策点 1 建小厂。当 $S_1 = 1$ 时，前 2 年收益是 $700 \times 2 = 1400$，后 8 年期望收益为 13 000，总收益为 14 400。

当 $S_1 = 2$ 时，总收益为 $500 \times 10 = 5000$。

于是小厂方案的期望收益是：$E_3 = 14\,400 \times \frac{3}{5} + 5000 \times \frac{2}{5} - 250 = 8140$

② 决策点 1 建大厂。在机会节点⑤，在 $S_1 = 1$ 条件下，后 8 年面临两种可能性。在节点⑤的机会收益为

$$E_4 = 2000 \times 8 \times p\{S_2 = 1 | S_1 = 1\} + 600 \times 8 \times p\{S_2 = 2 | S_1 = 1\} = 12\,267$$

在节点④，如果 $S_1 = 1$ 出现，前 2 年收益为 $900 \times 2 = 1800$，后 8 年期望收益为 12 267，故总收益为 14 067。

如果 $S_1 = 2$ 出现，则收益为 $600 \times 10 = 6000$。

于是大厂方案的期望收益为

$$E_5 = 14\,067 \times p\{S_1 = 1\} + 6000 \times p\{S_1 = 2\} - 4000 = 6840$$

易见 $E_5 < E_3$，故最优方案是：开始建小厂，若前 2 年销量高则扩建，否则维持小厂方案。

第四节 效用理论

一、效用函数

效用是经济学家为了衡量决策人对某些事物的主观价值、态度、偏好和倾向等而给出的一个指标，是决策人对后果偏好的量化，是一个相对指标。

例 10-5 圣·彼得堡悖论。这一悖论是数学家伯努利于 1728 年提出的，内容如下：假设让你玩投掷一枚硬币游戏(假设硬币是均匀的)，游戏规定，如果你直到第 n 次才掷出正面，就可以获得 2^n 元。如果玩这种游戏需要购票，那么票价定在什么范围内你才愿意玩这种游戏？

计算游戏的期望报酬为

$$2\cdot\frac{1}{2}+2^2\cdot\left(\frac{1}{2}\right)^2+\cdots+2^n\cdot\left(\frac{1}{2}\right)^n+\cdots=\infty$$

因此，从期望值的角度考虑，似乎不论票价多高都应该玩这种游戏(可以获利∞)。但试验表明，大多数人只在票价低于 30 元的情况下才愿意玩这种游戏，这说明在期望值为∞的游戏与(期望值)30 元的收益之间很多人选择 30。

例 10-6 一个资产为 200 万元的工厂，该厂发生火灾的可能性是 0.1%，工厂的决策者面临的问题是：要不要买保险。若买保险，每年需支付 2500 元保险费，一旦发生火灾后，保险公司可以偿还全部资产；若不买保险，就不需要支付保险费，但发生火灾后，工厂的决策者将承担资产损失的责任。决策者面对这个决策问题时，若仍按货币损益期望值为准则进行决策，因为工厂发生火灾的损失的期望值是 200 万元×0.1%＝2000 元，小于保险费，结论是不买保险。这种结论往往与实际情况不一致，工厂的决策者一般愿意买保险，每年支付保险费，同时不希望发生火灾。

这里提出了一个问题，同一笔货币量在不同的情况下，它的价值在人们的主观上具有不同值的含义，经济学家和社会学家应用了效用这个概念，用它去衡量人们对同一笔货币在主观上的价值，这就给出了货币的效用值的概念。对于一个人来说不能认为获得 200 元的价值是获得 100 元价值的 2 倍。认为决策者的不同财富水平对应着不同的效用值，这一对应关系对于不同的决策者可以是不同的，未必是成正比例，称这种对应关系为效用函数。

一般地，决策的每一个行动方案对应着一个结果或报酬。全部报酬的集合称为报酬集，记为R。效用函数是报酬集R到实数集上的映射$u(x)$，$0\leqslant u(x)\leqslant 1$，1 表示最大效用值，0 表示最小效用值。效用值的大小表示决策者对于风险的态度、偏好等主观因素的强弱程度。这一映射$u(x)$必须满足如下性质：设$x, y\in \mathbf{R}$，

第一，x与y一样好，记为$x\sim y$，当且仅当$u(x)=u(y)$；

第二，y比x好，记为 $x\prec y$，当且仅当$u(x)<u(y)$；

第三，若报酬R中有随机变量作为元素，计算效用的期望值的公式为

$$u[px\,\&\,(1-p)y]=pu(x)+(1-p)u(y)$$

记号$px\,\&\,(1-p)y$表示决策人以概率p取值x，而以概率$(1-p)$取值y。

二、效用曲线

前面提到，决策人对不同风险程度的相同损益值，具有不同的效用值，若在直角坐标系内，用横坐标表示损益值，用纵坐标表示效用值，将某决策人对风险偏好的变化关系画出的曲线，叫做决策人的效用曲线。一般来讲，不同的人其效用曲线也不同。

下面采用心理实验法介绍效用曲线的画法。

某商场决定搞一次活动，对客户规定两种领奖办法如下。

第一种，直接发给客户 25 元现金；

第二种，采用二签抽一发奖的办法(抽中、抽不中的概率各为 0.5)，抽中了，客户可得到奖金 200 元，若抽不中，客户得-100 元，即向商场支付 100 元。

问：客户愿意按哪种办法领奖？

规定 200 元的效用值为 1，-100 元的效用值为 0。下面提问试验客户(决策者)对于不同方案的选择。

(1) 按第一种办法领奖，比较稳妥，可以稳得 25 元奖金；按第二种办法领奖，得奖的期望值是 50 元，比第一种办法多得，但他有 50%的机会损失 100 元。所以客户(决策者)认为 25 元效用值大于第二方案效用值。

(2) 若将第一方案的 25 元降为 15 元，决策者仍选择第一方案稳拿 15 元，说明 15 元的效用值仍大于第二方案效用值。

(3) 若把第一方案的 25 元改为-10 元，这时决策者选择第二方案，说明-10 元的效用值小于第二方案的效用值。

(4) 若把第一方案的 25 元降为 0 元，决策者认为两个方案均可选择，没有太大差别，即 0 元的效用值等于第二方案的效用值，即 $u(0)=0.5\times1+0.5\times0=0.5$。

(5) 以 0.5 的概率取得收益 200 元，0.5 的概率取得 0 元，重复上述询问，最后判断 75 元的效用与这个机会的效用相等，则 75 元的效用值为 $u(75)=0.5\times1+0.5\times0.5=0.75$。

(6) 在-100 元与 0 元之间，以 0.5 的概率取得收益 0 元，0.5 的概率取得-100 元，重复上述询问，最后判断-50 元的效用与这个机会的效用相等，则-50 元的效用值为 $u(-50)=0.5\times0.5+0.5\times0=0.25$。

采用同样的方法，可以得到许多点，把它们的描点连接起来，就是效用曲线，如图 10-3 所示。

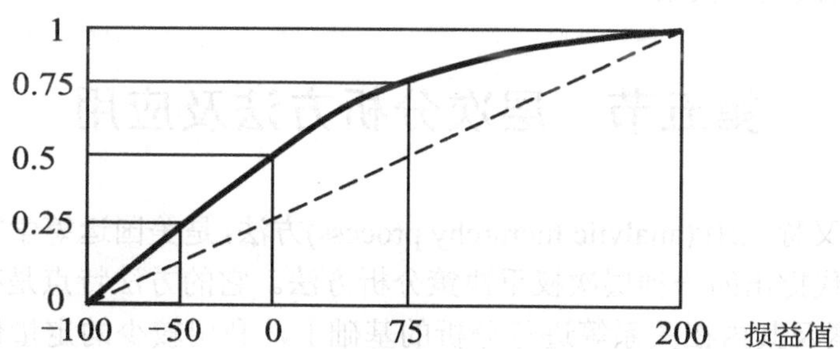

图 10-3　效用曲线

如果已知某决策人的效用曲线，从这条曲线上可以找出各损益值对应的效用值；反过来，也可以找出效用值对应的损益值。

三、效用曲线的类型及应用

效用曲线有三种类型，如图 10-4 所示。

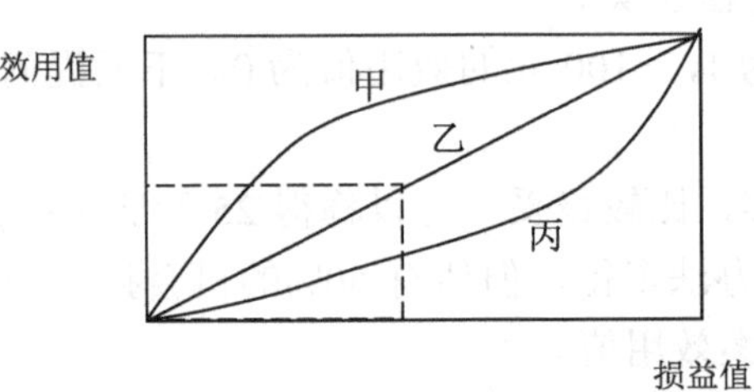

图 10-4　效用曲线类型

曲线甲所代表的决策人的特点是：他对肯定得到的某一损益值的效用大于他对带有风险的损益期望值的效用。这就是说，他宁愿选择例如肯定得到 25 元的机会，而不愿选择 $200\times50\%+(-100)\times50\%=50$ (元)的机会，这样类型的决策人对于损失比较敏感，而对利益反应比较迟缓。他是一种不求大利、避免风险、谨慎小心的保守型决策人。

曲线丙所代表的决策人的特点恰恰相反，他宁愿选择 $200\times50\%+(-100)\times50\%=50$ (元)的机会，而不愿接受肯定得到 25 元的机会，这种决策人对于损失反应迟缓，而对利益比较敏感，是一种谋求大利，不怕冒险的进取型决策人。

曲线乙所代表的是一种中间型的决策人，他认为，肯定得到 50 元的机会和风险期望收益得 $200\times50\%+(-100)\times50\%=50$ (元)的机会没有差别，有相等的效用值 ，他对损益的效用大小与损益值本身的大小呈正比。

有了效用曲线以后，可以根据这一曲线，求出一个决策方案的期望收益的效用值，以效用值的大小作为决策的依据。

第五节　层次分析方法及应用

层次分析法，又称 AHP(analytic hierarchy process)方法，是美国运筹学家塞蒂(T. L. Saaty)于 20 世纪 70 年代提出的一种层次权重决策分析方法。它的方法特点是在对复杂决策问题的本质、影响因素及其内在关系等进行分析的基础上，利用较少的定量信息使决策的思维过程数学化，从而为多目标、多准则或无结构特性的复杂决策问题提供简便的决策方法。尤其适合对决策结果难以直接准确计量的场合。该方法自 1982 年被介绍到我国以来，以其定性与定量相结合地处理各种决策因素，并且灵活简洁的优点，迅速地在我国社会经济各个领域，如能源系统分析、城市规划、经济管理、科研评价等，得到广泛的重视和应用。

一、层次分析法概述

层次分析法是人们对于复杂的多结构层次问题进行定量化判断的一种方法。

例 10-7 某大学校学生会准备选拔一名学生干部，有三名候选人 A、B、C，推荐小组要对三名候选人进行考察排队后上报领导，考察的准则有三个，D_1：热心学生工作且有工作经验；D_2：有体育或歌舞特长；D_3：学习成绩优秀。推荐小组对于三个准则关于目标的优先次序讨论认为，首先是热心学生工作且有工作经验；其次是学习成绩优秀；最后是有体育或歌舞特长。

学生 A、B、C 对于三个指标 D_1、D_2、D_3 各有偏重。决策时，先对三指标 D_1、D_2、D_3 进行权重排序，再求出三个学生 A、B、C 对每一指标的权重排序，最后把这些数据综合，得到三个学生对于总目标的权重排序。

层次结构如图 10-5 所示。

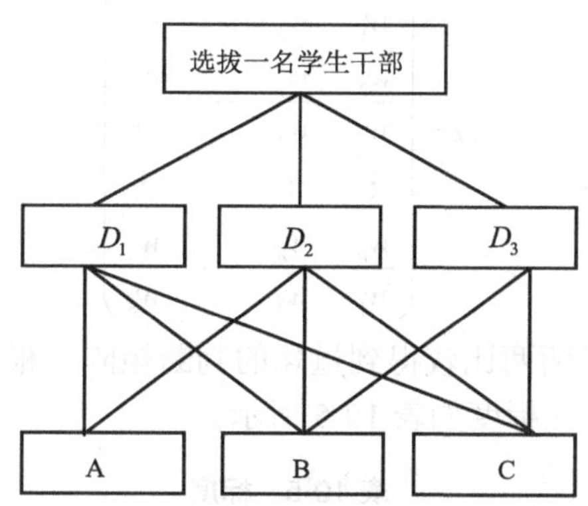

图 10-5 推荐学生的层次结构

复杂问题层次模型一般分为总目标层、子目标层、指标层(制约因素层)和方案措施层。总目标层，指明进行决策应达到的目标，这类目标很抽象，因此应被分解为若干子目标，子目标更具体，各个方案在此指标下，容易比较出优先级。方案措施层，指明为了实现总目标和各个子目标而制定的供决策者选择的一组方案，可以用层次分析图画出由总目标到各级子目标直至具体指标的层次图。

一般地，用层次分析法决策时需要 5 个步骤。

第一步，弄清问题的范围、所包含的因素及其相互关系、解决问题的目的、是否具有 AHP 所描述的特征。

第二步，建立层次结构，将问题所包含的因素划分为不同层次。①最高层，又称目标层，是解决问题的目标。②中间层，表示采取某种措施或政策实现预定目标所涉及的中间环节，又分为准则层、策略层等。③最低层，是解决问题的措施或方案，又称为措施层或方案层。

第三步，构造判断矩阵。

第四步，层次单排序及一致性检验。

第五步，层次总排序及一致性检验。

其中，第二步由决策者和相关专家根据第一步建立层次结构。

下面对主要步骤重点讨论，最后给出例题。

二、构造判断矩阵

对上层某一指标，设下层与之相关的有 n 个因素，由决策人或专家组通过对两两因素比较，第 i 个因素对第 j 个因素的相对重要性，用属性的权重之比表示为 $\frac{w_i}{w_j}$，n 个因素成对比较的结果记为判断矩阵 $\boldsymbol{A}$ 为

$$\boldsymbol{A}=\begin{pmatrix} \frac{w_1}{w_1} & \frac{w_1}{w_2} & \cdots & \frac{w_1}{w_n} \\ \frac{w_2}{w_1} & \frac{w_2}{w_2} & \cdots & \frac{w_2}{w_n} \\ \vdots & \vdots & & \vdots \\ \frac{w_n}{w_1} & \frac{w_n}{w_2} & \cdots & \frac{w_n}{w_n} \end{pmatrix}$$

为了使各因素之间进行两两比较得到量化的判断矩阵，根据心理学家对人们区分信息等级的极限能力的研究，引入标度如表 10-5 所示。

表 10-5　标度

标　度 a_{ij}	定　义
1	i 因素与 j 因素同等重要
3	i 因素比 j 因素稍微重要
5	i 因素比 j 因素较重要
7	i 因素比 j 因素更重要
9	i 因素比 j 因素重要得多
2，4，6，8	i 因素比 j 因素的重要性处在对应的两个奇数之间

判断矩阵 $\boldsymbol{A}$ 具有以下性质：若用权重向量 $\boldsymbol{W}=(w_1,w_2,\cdots,w_n)^{\mathrm{T}}$ 表示 n 个因素的权重，$\boldsymbol{W}$ 右乘矩阵 $\boldsymbol{A}$ 得到

$$AW = \begin{pmatrix} \frac{w_1}{w_1} & \frac{w_1}{w_2} & \cdots & \frac{w_1}{w_n} \\ \frac{w_2}{w_1} & \frac{w_2}{w_2} & \cdots & \frac{w_2}{w_n} \\ \vdots & \vdots & & \vdots \\ \frac{w_n}{w_1} & \frac{w_n}{w_2} & \cdots & \frac{w_n}{w_n} \end{pmatrix} \begin{pmatrix} w_1 \\ w_2 \\ \vdots \\ w_n \end{pmatrix} = n \begin{pmatrix} w_1 \\ w_2 \\ \vdots \\ w_n \end{pmatrix}$$

即 $(\boldsymbol{A}-n\boldsymbol{I})\boldsymbol{W}=0$，由矩阵理论，$\boldsymbol{W}$ 为特征向量，n 为特征值，如果 $\boldsymbol{W}$ 未知，可以根据决策人对因素之间两两相比，主观作出比值的判断，使 $\boldsymbol{A}$ 为已知，这时判断矩阵记作 $\overline{\boldsymbol{A}}$。

根据正矩阵理论，可以证明：如果矩阵 $\boldsymbol{A}$ 有以下特点：

$$a_{ii}=1$$

$$a_{ij}=\frac{1}{a_{ji}}$$

$$a_{ij}=a_{ik}a_{kj}$$

则该矩阵具有唯一非零的最大特征值 $\lambda_{\max}=n$。

若给出的判断矩阵 $\overline{\boldsymbol{A}}$ 具有上述特征，则该矩阵具有完全一致性，此时，$a_{ii}=1,\ \sum_{i=1}^{n}\lambda_i=\sum_{i=1}^{n}a_{ii}=n$。然而人们对复杂事物的各个因素，采用两两比较时，不可能做到判断得完全一致，存在着估计误差，必然导致特征值和特征向量也有偏差，这时问题由 $\boldsymbol{AW}=n\boldsymbol{W}$ 变成 $\overline{\boldsymbol{A}}\boldsymbol{W}'=\lambda_{\max}\boldsymbol{W}'$，$\boldsymbol{W}'$ 是带有偏差的相对权重向量，这是因判断不相容而引起的误差，为了避免误差太大，所以要衡量 $\overline{\boldsymbol{A}}$ 的一致性。

三、层次单排序及一致性检验

对于判断矩阵 $\boldsymbol{A}$，塞蒂提出满意一致性的概念，即用 $\lambda_{\max}$ 与 n 的接近程度作为一致性程度的尺度，即以平均值 $CI=\frac{\lambda_{\max}-n}{n-1}$ 作为检验判断矩阵 $\boldsymbol{A}$ 的一致性指标。

当 $\lambda_{\max}=n$，$CI=0$ 为完全一致，CI 越大，判断矩阵的完全一致性将越差，一般只要 $CI\leqslant 0.1$，则认为判断矩阵的一致性可以接受，否则重新进行两两比较。

当判断矩阵维数太高，判断的一致性将越差，故应放宽对高维数矩阵一致性的要求，于是引入平均随机一致性指标 RI。对于 1 至 13 阶矩阵，列出 RI 数值如表 10-6 所示，它是 Satty 计算完成的。过程如下。

对每一阶数 n，随机取 9 标度数构造正互反矩阵后求其最大特征值，共计算 1000 次最大特征值，其平均值记为 $\overline{\lambda}_{\max}$，得到

$$RI = \frac{\overline{\lambda}_{\max} - n}{n-1}$$

表 10-6 平均随机一致性指标表

维数	1	2	3	4	5	6	7	8	9	10	11	12	13
RI	0.00	0.00	0.58	0.90	1.12	1.24	1.32	1.41	1.45	1.49	1.51	1.54	1.56

最后计算一致性比率CR

$$CR = \frac{CI}{RI}$$

为衡量判断矩阵 $\boldsymbol{A}$ 一致性的指标，用来判定矩阵 $\boldsymbol{A}$ 能否被接受。

若 $CR \geqslant 0.1$，说明判断矩阵 $\boldsymbol{A}$ 中的各元素 a_{ij} 估计得一致性太差，应重新估计。

若 $CR < 0.1$，说明判断矩阵 $\boldsymbol{A}$ 中各元素 a_{ij} 的估计具有满意一致性。

四、近似计算

当判断矩阵很大时，计算最大特征根和特征向量比较麻烦，并且判断矩阵本身可能存在相对误差，所以计算矩阵 $\boldsymbol{A}$ 的最大特征根和特征向量时，并不追求较高的精度。从实用性来看，希望使用较为简单的近似算法。计算步骤如下：

(1) 对 $\boldsymbol{A}$ 中每行元素连乘并开 n 次方，得到

$$w^*_i = \sqrt[n]{\prod_{j=1}^{n} a_{ij}}\text{，}\quad i = 1,2,\cdots,n$$

(2) 归一化为

$$w_i = \frac{w^*_i}{\sum_{i=1}^{n} w^*_i}\text{，}\quad i = 1,2,\cdots,n$$

$\boldsymbol{W} = (w_1, w_2, \cdots, w_n)^{\mathrm{T}}$ 是所求特征向量。

(3) 计算判断矩阵的最大特征根为

$$\lambda_{\max} = \frac{1}{n}\sum_{i=1}^{n} \frac{(\boldsymbol{AW})_i}{w_i}$$

其中 $(\boldsymbol{AW})_i$ 是向量 $\boldsymbol{AW}$ 的第 i 个分量，$\boldsymbol{A} = (a_{ij})$，$\boldsymbol{W} = (w_1,\ w_2,\ \cdots,\ w_n)^{\mathrm{T}}$。

五、层次总排序及一致性检验

设第 $k-1$ 层上有 n_{k-1} 个元素，它们对于总目标 $\boldsymbol{A}$ 的权重排序为

$$W^{(k-1)}=\left(w_1^{(k-1)},\quad w_2^{(k-1)},\quad \ldots,\quad w_{n_{k-1}}^{(k-1)}\right)^{\mathrm{T}}$$

再设第 k 层上有 n_k 个元素，它们关于第 $k-1$ 层上第 j 个元素的单一准则排序权重向量为

$$U_j^{(k)}=\left(u_{1j}^{(k)},\quad u_{2j}^{(k)},\quad \cdots,\quad u_{n_kj}^{(k)}\right)^{\mathrm{T}},\quad j=1,2,\cdots,n_{k-1}$$

于是第 k 层的 n_k 个元素关于第 $k-1$ 层的 n_{k-1} 个元素的权重排序矩阵记为 $U^{(k)}$

$$U^{(k)}=\left(U_1^{(k)},\quad U_2^{(k)},\quad \cdots,\quad U_{n_{k-1}}^{(k)}\right)=\begin{pmatrix} u_{11}^{(k)} & u_{12}^{(k)} & \cdots & u_{1n_{k-1}}^{(k)} \\ u_{21}^{(k)} & u_{22}^{(k)} & \cdots & u_{2n_{k-1}}^{(k)} \\ \vdots & \vdots & & \vdots \\ u_{n_k1}^{(k)} & u_{n_k2}^{(k)} & \cdots & u_{n_kn_{k-1}}^{(k)} \end{pmatrix}$$

所以第 k 层的 n_k 个元素关于目标层的权重排序为

$$W^{(k)}=U^{(k)}W^{(k-1)}$$

递推得到

$$W^{(k)}=U^{(k)}U^{(k-1)}\cdots U^{(3)}W^{(2)}$$

其中，$W^{(2)}$ 是第二层元素对目标层的排序权重向量。

下面讨论 $W^{(k)}$ 的综合一致性检验问题。各层元素对目标层的合成排序权重向量是否可以满意接受，同单一准则下的排序问题一样，需要进行综合一致性检验。

设第 k 层的一致性指标是 $CI^{(k)}$，随机一致性指标是 $RI^{(k)}$，一致性比率是 $CR^{(k)}$，再设以第 $k-1$ 层上第 j 元素为准则的一致性指标为 $CI_j^{(k)}$，平均一致性指标为 $RI_j^{(k)}$，$j=1,2,\cdots,n_{k-1}$，那么

$$CI^{(k)}=(CI_1^{(k)},CI_2^{(k)},\cdots,CI_{n_{k-1}}^{(k)})W^{(k-1)}$$

$$RI^{(k)}=(RI_1^{(k)},RI_2^{(k)},\cdots,RI_{n_{k-1}}^{(k)})W^{(k-1)}$$

所以综合一致性比率是

$$CR^{(k)}=\frac{CI^{(k)}}{RI^{(k)}}$$

当 $CR^{(k)}<0.1$ 时，认为递阶层次结构在第 k 层以上的判断具有整体满意的一致性。

在实际应用中，整体一致性检验常常不予进行，主要原因是对整体进行考虑是十分困难的，另一方面，在每个单一准则下的判断具有满意一致性，则整体达不到满意一致性时，调整起来非常困难。这个整体满意一致性的背景不如单一准则下的背景清晰，它的必要性也有待进一步研究。

例 10-8 层次结构如图 10-6 所示，写出底层对于总目标的权重排序计算过程。

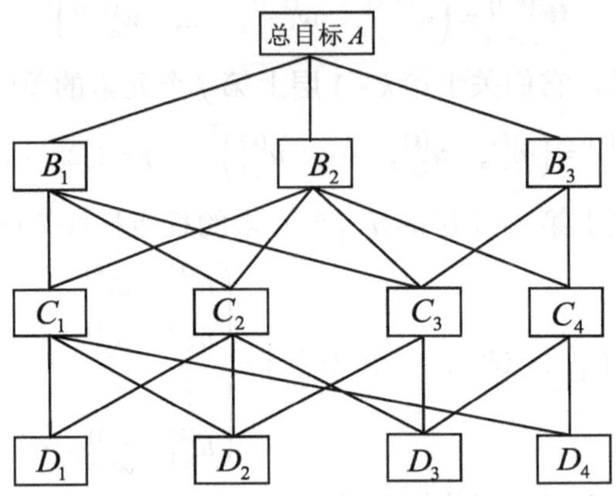

图 10-6　层次结构

解：先求第二层指标 B_1, B_2, B_3 对总目标 A 的权重排序，这是单目标权重排序，按公式

$$\boldsymbol{W}^{(2)}=\left(w_1^{(B)},\quad w_2^{(B)},\quad w_3^{(B)}\right)^{\mathrm{T}}$$

再求第三层指标 C_1，C_2，C_3，C_4 对第二层指标的权重排序矩阵，记为 $\boldsymbol{U}^{(C)}$。先计算 C_1，C_2，C_3，C_4 对第二层指标 B_1 的单目标权重排序，得 $\boldsymbol{U}_1^{(C)}=(U_{11}^{(B)},U_{21}^{(B)},U_{31}^{(B)},0)^{\mathrm{T}}$，由于第三层指标 C_4 与第二层指标 B_1 无关，所以 C_4 对于 B_1 的权重为 0。然后再求它们对第二层指标 B_2，B_3 的单目标权重排序，得 $\boldsymbol{U}_2^{(C)}$，$\boldsymbol{U}_3^{(C)}$。注意，第三层指标 C_1，C_2 对于第二层指标 B_3 的权重均为 0。得到

$$\boldsymbol{U}^{(C)}=\left(\boldsymbol{U}_1^{(C)},\quad \boldsymbol{U}_2^{(C)},\quad \boldsymbol{U}_3^{(C)}\right)=\begin{pmatrix} U_{11}^{(B)} & U_{12}^{(B)} & 0 \\ U_{21}^{(B)} & U_{22}^{(B)} & 0 \\ U_{31}^{(B)} & U_{32}^{(B)} & U_{33}^{(B)} \\ 0 & U_{42}^{(B)} & U_{34}^{(B)} \end{pmatrix}$$

这样第三层指标 C_1，C_2，C_3，C_4 对总目标 A 层的权重排序是

$$\boldsymbol{W}^{(3)}=\begin{pmatrix} U_{11}^{(B)} & U_{12}^{(B)} & 0 \\ U_{21}^{(B)} & U_{22}^{(B)} & 0 \\ U_{31}^{(B)} & U_{32}^{(B)} & U_{33}^{(B)} \\ 0 & U_{42}^{(B)} & U_{34}^{(B)} \end{pmatrix}\begin{pmatrix} w_1^{(2)} \\ w_2^{(2)} \\ w_3^{(2)} \end{pmatrix}=\begin{pmatrix} w_1^{(C)} \\ w_2^{(C)} \\ w_3^{(C)} \\ w_4^{(C)} \end{pmatrix}$$

类似地，计算第四层元素 D_1, D_2, D_3, D_4 对第三层指标的权重排序矩阵，记为 $\boldsymbol{U}^{(D)}$，

$$U^{(D)} = \left(U_1^{(D)},\ U_2^{(D)},\ U_3^{(D)},\ U_4^{(D)}\right) = \begin{pmatrix} U_{11}^{(C)} & U_{21}^{(C)} & 0 & 0 \\ U_{12}^{(C)} & U_{22}^{(C)} & U_{23}^{(C)} & 0 \\ 0 & U_{32}^{(C)} & U_{33}^{(C)} & U_{34}^{(C)} \\ U_{14}^{(C)} & 0 & 0 & U_{44}^{(C)} \end{pmatrix}$$

所以第四层元素 D_1, D_2, D_3, D_4 对总目标层的权重排序是

$$W^{(4)} = \begin{pmatrix} U_{11}^{(C)} & U_{21}^{(C)} & 0 & 0 \\ U_{12}^{(C)} & U_{22}^{(C)} & U_{23}^{(C)} & 0 \\ 0 & U_{32}^{(C)} & U_{33}^{(C)} & U_{34}^{(C)} \\ U_{14}^{(C)} & 0 & 0 & U_{44}^{(C)} \end{pmatrix} \begin{pmatrix} w_1^{(C)} \\ w_2^{(C)} \\ w_3^{(C)} \\ w_4^{(C)} \end{pmatrix}$$

即 $W^{(4)} = U^{(D)}W^{(3)} = U^{(D)}U^{(C)}W^{(2)}$。

下面通过例题说明 AHP 的应用。

例 10-9 应用 AHP 方法对例 10-7 中三名候选人 A、B、C 进行排序。

解: 推举小组对于三个准则关于目标的优先次序讨论认为，首先是对学生工作积极；其次是学习成绩优秀；最后是有体育或歌舞特长。推举小组构造判断矩阵如表 10-7 所示。

表 10-7 判断矩阵

	D_1	D_2	D_3
D_1	1	5	3
D_2	1/5	1	1/3
D_3	1/3	3	1

首先，计算这三个准则关于目标的排序权值如下。

(1) 每行元素连乘并开 3 次方，$w^*_1 = \sqrt[3]{15} = 2.466$，$w^*_2 = \sqrt[3]{0.0667} = 0.405$，$w^*_3 = \sqrt[3]{1} = 1$。

(2) 归一化，$w_1 = 0.637$，$w_2 = 0.105$，$w_3 = 0.258$。

(3) 一致性检验，$\lambda_{\max}$=3.0385，$CI = 0.0192$，$CR = \dfrac{0.192}{0.58} = 0.0332 < 0.1$。

同样，推荐小组经过讨论，对于准则 D_1(热心学生工作且有工作经验)，三个候选人的判断矩阵以及运算所得的结果如表 10-8 所示。

表 10-8 对准则 1 的判断矩阵

D_1	A	B	C	W
A	1	1/4	2	0.1818
B	4	1	8	0.7272
C	1/2	1/8	1	0.0910

$\lambda_{\max}$=3.0，$CI = 0.0$，$CR = 0.0 < 0.1$。

对于准则 D_2 (有体育或歌舞特长)，三个候选人的判断矩阵以及运算所得的结果如表 10-9 所示。

表 10-9 对准则 2 的判断矩阵

D_2	A	B	C	W
A	1	4	1/3	0.2599
B	1/4	1	1/8	0.0733
C	3	8	1	0.6708

$\lambda_{max}=3.0183$，$CI=0.0091$，$CR=0.0157<0.1$。

对于准则 D_3 (学习成绩优秀)，三个候选人的判断矩阵以及运算所得的结果如表 10-10 所示。

表 10-10 对准则 3 的判断矩阵

D_3	A	B	C	W
A	1	1	1/3	0.2599
B	1	1	1/5	0.0733
C	3	5	1	0.6708

$\lambda_{max}=3.0290$，$CI=0.0145$，$CR=0.0250<0.1$。

层次总排序结果如表 10-11 所示。

表 10-11 总排序

	D_1	D_2	D_3	总排序权重
	0.637	0.105	0.258	
A	0.1818	0.2559	0.1851	0.1904
B	0.7272	0.0733	0.1562	0.5112
C	0.0910	0.6708	0.6587	0.2984

$CR=0.0081<0.1$。

从总排序权重结果可知，三个候选人的推荐排序是 B>C>A，即 B 优于 C，C 优于 A。

第六节　决策分析的 WinQSB 求解

用于决策分析的子程序是 Decision Analysis，主要功能包括贝叶斯分析、效益表分析、二人零和对策(见第十一章)、决策树等问题的求解，这里给出简要使用说明。

一、效益表分析

效益表分析是已知策略各状态的效益和概率，分析 7 种决策准则下的决策结果。

例 10-10　用 WinQSB 软件求解例 10-2。

解：(1)建立新问题后，系统显示如图 10-7 所示的对话框，选中 Payoff Table Analysis 单选按钮，输入标题、自然状态数 3 和供选方案数 3。单击 OK 按钮。

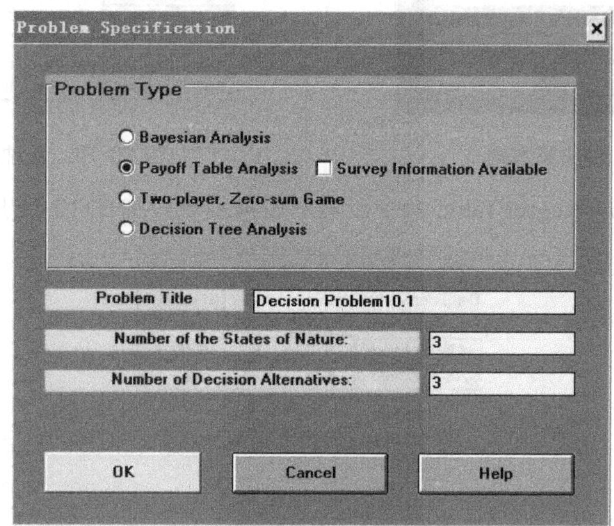

图 10-7　子程序界面

将表 10-2 中的数据输入图 10-8 中，第一行是输入先验概率 0.3，0.6，0.1。

Decision \ State	State1	State2	State3
Prior Probability	0.3	0.6	0.1
Alternative1	25	4	0
Alternative2	-5	35	6
Alternative3	-10	8	40

图 10-8　输入数据界面

(2) 选择 Solve the Problem，显示如图 10-9 所示的界面，提示将用到的各种决策准则对应的决策结果，输入乐观系数 0.4。单击 OK 按钮。

求解结果显示各决策准则的详细分析结果，如图 10-10 所示。

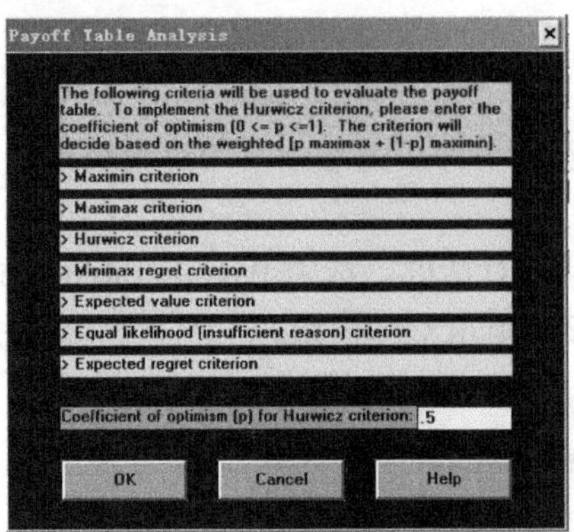

图 10-9　几种决策准则

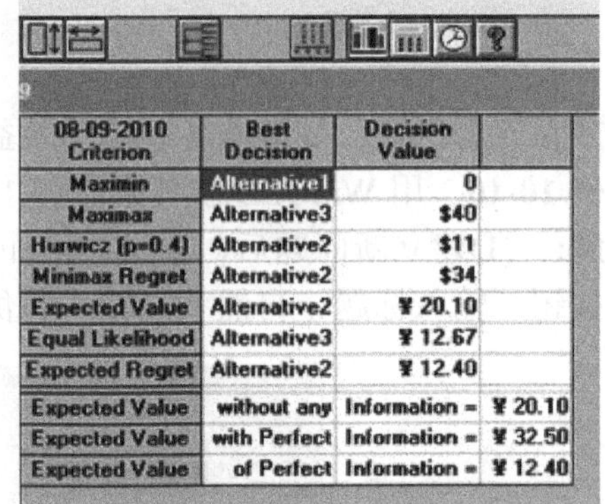

08-09-2010 Criterion	Best Decision	Decision Value
Maximin	Alternative1	0
Maximax	Alternative3	$40
Hurwicz (p=0.4)	Alternative2	$11
Minimax Regret	Alternative2	$34
Expected Value	Alternative2	¥20.10
Equal Likelihood	Alternative3	¥12.67
Expected Regret	Alternative2	¥12.40
Expected Value	without any Information =	¥20.10
Expected Value	with Perfect Information =	¥32.50
Expected Value	of Perfect Information =	¥12.40

图 10-10　几种准则及结果

选择 Result | Show Regret Table 命令，显示后悔值表，如图 10-11 所示。

Decision\State	State1	State2	State3
Alternative1	0	$31	$40
Alternative2	$30	0	$34
Alternative3	$35	$27	0

图 10-11　后悔准则下的结果

二、决策树图

应用软件解题进行到上一步时，单击 Show Decision Tree Graph，显示决策树如图 10-12 所示。

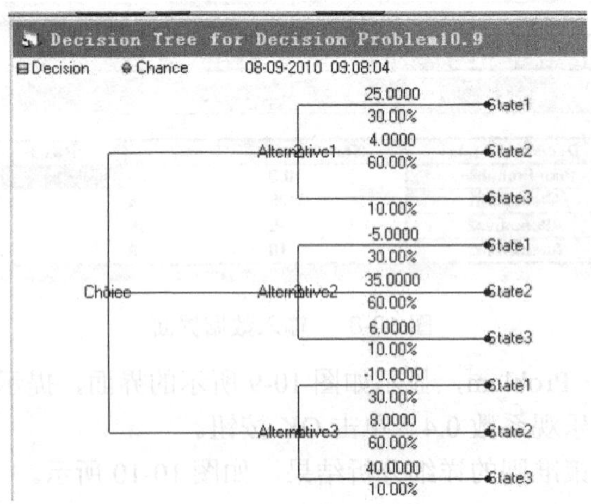

图 10-12　决策树(2)

用该软件作贝叶斯分析只能计算后验概率，收益期望值需手工计算。

习　　题

1. 某地方书店希望订购最新出版的好图书，根据以往经验，新书的销售量可能为 50 本，100 本，150 本或 200 本，假定每本新书的订购价为 4 元，销售价为 6 元，剩书的处理价为每本 2 元，书店据以往统计资料预计新书销售量的规律如表 10-12 所示。

表 10-12　销售数据表

销售量	50	100	150	200
所占比例/%	20	40	30	10

要求如下。

(1) 分别用期望值法和期望损失最小法决定订购数量。

(2) 如某市场调查部门能帮助书店调查销售量的确切数字，期望收益是多少？

(3) 为获取市场需求信息该书店愿意付出多少调查费用？

2. 某钟表公司计划通过它的销售网推销一种低价钟表，计划零售价为每块 10 元，对这种钟表有 3 个设计方案，方案Ⅰ需要一次投资 10 万元，投产后每块成本 5 元；方案Ⅱ需一次投资 16 万元，投产后每块成本 4 元；方案Ⅲ需一次投资 25 万元，投产后每块成本 3 元。该种钟表需求量不确切，但估计有三种可能：$E_1 = 30\,000$，$E_2 = 120\,000$，$E_1 = 200\,000$。

要求如下。

(1) 建立这个问题的损益矩阵。

(2) 分别用悲观法、乐观法及等可能法决定公司应采用哪一个设计方案。

(3) 建立后悔矩阵，用后悔值法决定采用哪一个设计方案。

3. 某工厂要订购一台新设备，该设备中有一个重要部件，每个售价 500 元。如果在使用中该部件损坏，而工厂又无备件，将造成 20 000 元的损失，因此工厂需要考虑购买备用件的问题，但该备件只能在订购设备时同时购买，每个备件在设备全胜期内的存储费，不论时间长短均为 100 元。已知该台设备在使用期内所需备用件的数量如表 10-13 所示。

表 10-13　备用件数据表

备用件	0	1	2	3	4	5	>5
概率	0.9	0.05	0.02	0.01	0.01	0.01	0

问：在订购设备的同时，订购多少个备用件最为经济？用期望值法决策。

4. 某企业要确定下一个计划期内产品生产批量，根据以前资料及市场调查得到决策表，如表 10-14 所示。

表 10-14　决策表

状态 / 收益 / 方案	销路好 s_1 $p(s_1)=0.3$	销路一般 s_2 $p(s_2)=0.5$	销路差 s_3 $p(s_3)=0.2$
大量生产 a_1	10	12	8
中量生产 a_2	16	16	10
小量生产 a_3	12	12	12

要求：画出决策树并用期望值准则进行决策。

5. 某工程队承建一施工任务，由于施工地区夏季多雨，需停工 3 个月，在停工期间，工程队可将施工设备搬走或留在原处，如搬走需运费 4 万元；如留原处，一种方案是花 1 万元筑一护堤，防止河水上涨发生高水位的侵袭，若不筑护堤发生高水位侵袭时将损失 20 万元，如下暴雨发生洪水时，则不管是否筑护堤，施工设备留在原处将损失 100 万元。由历史资料可估计，该地区夏季高水位发生概率为 0.1，洪水发生率为 0.01，试用决策树、用期望准则分析该施工队要不要搬走设备，要不要筑护堤。

6. 甲先生的效用值为 $u(-10)=0$，$u(40)=1$，$u(10)=0.160$，试求甲先生的效用函数。若有两项投资，s_1 稳收 20；s_2 成功收益 40，成功率为 0.4，失败损失为-10，失败概率为 0.6。问：甲先生愿意投资 s_1 还是 s_2。

第十一章 博 弈 论

博弈论也称对策论(game theory)，是研究具有对抗或竞争性质现象的数学理论和决策方法，是近几十年发展起来的一门新兴学科。博弈论中有一个重要的概念即对策行为。对策行为是指具有竞争或对抗性质的行为，在这类行为中，参加斗争或竞争的各方具有不同的利益和目标，各方需考虑对手的各种可能的行动方案，并力图选择对自己最为有利或最为合理的方案。目前关于对策和对策论的定义都不统一，我们从数学的角度给出对策论的定义：对策论就是研究对策行为中斗争各方是否存在着最合理的行动方案，以及如何找到这个合理方案的数学理论和方法。

通过本章的学习，应当了解对策论的概念，重点掌握二人有限零和矩阵对策的几种解法，并且了解非零和对策的理论及其应用，能用这些理论分析和解决现实生活中的冲突问题，并学会用 WinQSB 求解博弈论问题。

第一节 对策的概念和分类

我国古代早有关于对策的记载，“齐王赛马”就是一个著名的例子。在目前的生产和社会经济活动中，各个社会集团公司之间的竞争、商品价格的调整、金融市场的政策制定等，都有对策论的应用。首先看几个例子。

例 11-1 两个儿童Ⅰ和Ⅱ在一起玩石头—剪刀—布游戏，每个人都只能在石头、剪刀、布中选择一种出法，当Ⅰ、Ⅱ各自选定一个出法(或称策略)时，就确定了一个局势或结局，从而决定了输赢，如果我们规定胜者得 1 分，负者得-1 分，平手时各得零分，则对于各种可能的局势，儿童的得分可以用表 11-1 中的矩阵来表示，矩阵中各元素的相反数则表示儿童Ⅱ在不同局势下的得分，这个矩阵称为支付矩阵或赢得矩阵(Payoff Matrix)。

表 11-1 儿童游戏支付表

儿童Ⅰ \ 儿童Ⅱ	石头	剪刀	布
石头	0	1	−1
剪刀	−1	0	1
布	1	−1	0

在这个游戏中，参与者Ⅰ和Ⅱ都称为局中人，每一个局中人都有可供选择的策略以对付另一方，两个局中人都了解自己和对手的策略集合，石头、剪刀、布，但不能确切知道对手在一局游戏中到底选择哪一个策略，儿童Ⅰ和Ⅱ都是“理性的”“聪明的”的孩子，都想选取适当的策略以取得胜利，这样的对策一般称为策略型、非合作对策。

例 11-2 警察抓住了两个合伙犯罪的罪犯，但缺乏足够的证据指证他们的罪行。如果其中至少有一人供认犯罪，就能确认罪名成立。为了得到所需的口供，警察将这两名罪犯分别关押并给他们同样的选择机会：如果他们两人都拒不认罪，则他们会被以较轻的妨碍公务罪各判 1 年徒刑；如果两人中有一人坦白认罪，则坦白者从轻处理，立即释放，而另一人则将重判 10 年徒刑；如果两人同时认罪，则他们将被各判 6 年监禁。问题：两名罪犯如何选择他们的行为(坦白或不坦白)使结果对自己最有利。

两个囚徒的选择和支付矩阵如表 11-2 所示。这个例子就是对策论中经典的“囚徒困境”模型。

表 11-2 囚徒困境支付表

		囚徒 2	
		坦白 β_1	不坦白 β_2
囚徒 1	坦白 α_1	(−6，−6)	(0，−10)
	不坦白 α_2	(−10，0)	(−1，−1)

从上述例子中可以看出，对策模型本质上都必须包含以下三个基本要素。

一、局中人

局中人是指在一个对策行为中，有权决定自己行动方案的对策参加者。通常用 I 表示局中人的集合，如果有 n 个局中人，则 $I=\{1,2,3,\cdots,n\}$。一般要求一个对策中至少要有两个局中人。

对策中关于局中人的概念具有广义性。除了可以理解为一个人外，还可理解为某一集体，如球队、交战国、企业等。当研究不确定的气候条件下进行某项与气候条件有关的生产决策时，也可以把大自然当作局中人。另外，在一个对策中利益完全一致的参加者只能看作一个局中人。例如桥牌中的东西方和南北方各为一个局中人，虽有四人参赛，但只能算两个局中人。

二、策略集

一局对策中，可供局中人选择的一个实际可行的完整的行动方案称为一个策略，所有行动方案的集合构成一个策略集。例 11-1 中{石头，剪刀，布}就是儿童的策略集。每一个

局中人i都有自己的策略集S_i，$i=1,2,\cdots,n$。一般地，每一个局中人的策略集中至少包含两个策略。

三、参与方的收益

每一个局中人$i\,(i=1,2,\cdots,n)$各自选定自己的策略$s_i\in S_i$后，就形成一个局势。全体局势的集合S可用各局中人的策略集的笛卡尔集表示，即

$$S=S_1\times S_2\times\cdots\times S_n$$

对应于每一局势，局中人$i\ \ (i=1,2,\cdots,n)$的支付函数记为$u_i(s)$，$u_i(s)=u_i(s_1,s_2,\cdots,s_n)$。

一般地，当以上三个基本因素确定后，一个对策模型也就给定了。

四、对策的结构和分类

对策的种类很多，按不同的原则和对策的特征可以将对策分成不同的类型。根据参与方的数量可以分为两人对策和多人对策；根据对策中所选策略的数量可分为有限对策和无限对策；根据赢得函数的情况可分为零和对策和非零和对策；根据对策过程可分为静态对策和动态对策；根据信息结构可分为完全信息对策和不完全信息对策；还可以根据对策双方的理性行为和逻辑差别分为完全理性对策和有限理性对策、非合作对策和合作对策，如图 11-1 所示。

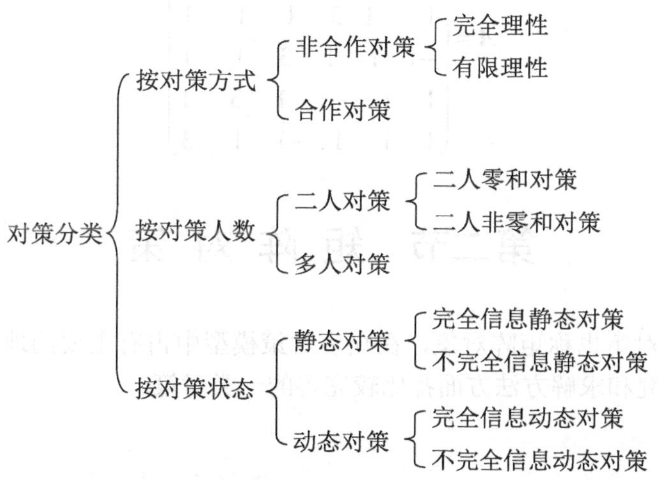

图 11-1 对策分类

在所有这些对策模型中，理论研究和求解方法都相对完善的一类对策是二人有限零和对策，又称为矩阵对策，它是研究其他对策模型的基础。基于本书的目的，我们主要介绍矩阵对策的基本理论和方法，本章最后扼要介绍非零和对策的理论及其应用。

例 11-3 齐王赛马问题：假设齐王与田忌赛马，双方各有上、中、下三种等级的马。每次双方各出三匹马，一对一比赛三场，当选择不同的策略组合时，双方得益如表 11-3 所示。

表 11-3 齐王赛马支付表

齐王 \ 田忌	上中下	上下中	中上下	中下上	下上中	下中上
上中下	3，−3	1，−1	1，−1	1，−1	−1，1	1，−1
上下中	1，−1	3，−3	1，−1	1，−1	1，−1	−1，1
中上下	1，−1	−1，1	3，−3	1，−1	1，−1	1，−1
中下上	−1，1	1，−1	1，−1	3，−3	1，−1	1，−1
下上中	1，−1	1，−1	1，−1	−1，1	3，−3	1，−1
下中上	1，−1	1，−1	−1，1	1，−1	1，−1	3，−3

表 11-3 中的数对中，第一个数为齐王的赢得，第二个为田忌的赢得，齐王的所得就是田忌的所失。因此该问题是二人有限零和对策。这样的对策常用赢得矩阵表示。

齐王的赢得矩阵是 $\boldsymbol{A}$，容易理解，田忌的赢得是 $-\boldsymbol{A}$：

$$\boldsymbol{A}=\begin{pmatrix} 3 & 1 & 1 & 1 & 1 & -1 \\ 1 & 3 & 1 & 1 & -1 & 1 \\ 1 & -1 & 3 & 1 & 1 & 1 \\ -1 & 1 & 1 & 3 & 1 & 1 \\ 1 & 1 & -1 & 1 & 3 & 1 \\ 1 & 1 & 1 & -1 & 1 & 3 \end{pmatrix}$$

第二节 矩 阵 对 策

二人有限零和对策也称矩阵对策，在众多对策模型中占有主要的地位，矩阵对策是到目前为止在理论研究和求解方法方面都比较完善的一类对策。

一、数学描述

矩阵对策中只有两个局中人，一局对策中双方得失和为零，并且所选的策略为有限个。用Ⅰ，Ⅱ表示两个局中人，并设局中人Ⅰ有 m 个纯策略，$\alpha_1,\alpha_2,\cdots,\alpha_m$，局中人Ⅱ有 n 个纯策略 $\beta_1,\beta_2,\cdots,\beta_n$，则局中人Ⅰ，Ⅱ的策略集分别记为

$$S_1=\{\alpha_1,\alpha_2,\cdots,\alpha_m\}，\ S_2=\{\beta_1,\beta_2,\cdots,\beta_n\}$$

显然，局中人Ⅰ，Ⅱ所构成的策略组合共有 $m \times n$ 个，记局中人Ⅰ选择策略 α_i，局中人Ⅱ选择策略 β_j，就形成局势$(\alpha_i,\ \beta_j)$。这时局中人Ⅰ赢得 a_{ij}，局中人Ⅱ赢得 $-a_{ij}$，二人支付之和为0。则每个局势下的赢得构成一个矩阵如下。

$$\boldsymbol{A}=\begin{pmatrix} a_{11} & a_{12} & \cdots a_{1n} \\ a_{21} & a_{22} & \cdots a_{2n} \\ \vdots & \vdots & \vdots \\ a_{m1} & a_{m2} & \cdots a_{mn} \end{pmatrix}$$

称 $\boldsymbol{A}$ 为局中人Ⅰ的赢得矩阵(或支付矩阵)。由于是零和对策，故局中人Ⅱ的赢得矩阵为 $-\boldsymbol{A}$。

当局中人Ⅰ，Ⅱ的策略集 S_1, S_2 及Ⅰ的赢得矩阵 $\boldsymbol{A}$ 确定后，一个矩阵对策就给定了。通常将矩阵对策记为

$$G=\{S_1, S_2, \boldsymbol{A}\} \tag{11-1}$$

在完全信息条件下，两个局中人都知道自己和对手的策略集及支付，如何选取策略以谋求最大赢得呢？通过下面的例子说明最优策略及解的概念。

例 11-4　给定矩阵对策 $G=\{S_1, S_2, \boldsymbol{A}\}$，其中，$S_1=\{\alpha_1, \alpha_2, \alpha_3\}$，$S_2=\{\beta_1, \beta_2, \beta_3, \beta_4\}$，支付矩阵

$$\boldsymbol{A}=\begin{pmatrix} -1 & 4 & -2 & 3 \\ 5 & 3 & 2 & 4 \\ 6 & 1 & -8 & 5 \end{pmatrix}$$

求双方的最优策略和赢得。

解：　由支付矩阵 $\boldsymbol{A}$ 得

(1)　局中人Ⅰ的最大赢得是6，局中人Ⅰ想得到6，就要出策略 α_3。但局中人Ⅱ会选择策略 β_3，这样局中人Ⅰ不但不能赢得6反而要支付8给局中人Ⅱ。

(2)　同样，局中人Ⅱ的最大赢得是8，局中人Ⅱ想得到8，就要出策略 β_3。但局中人Ⅰ会选择策略 α_2，这样局中人Ⅱ不但不能赢得8反而要支付2给局中人Ⅰ。

(3)　如果局中人都是理智的，则稳妥的做法是，从最坏的情况中选择最好的。比如，局中人Ⅰ，三个策略的赢得最小值分别是-2，2，-8，这其中的最好情况是赢得2，此时局中人应选择策略 α_2。类似地，对局中人Ⅱ来说，4个策略中最不利情况是支付各列的最大值6,4,2,5，其中最小值是最好的，是支付2，即选取策略 β_3。这时所形成的局势 (α_2, β_3)，对局中人Ⅰ，Ⅱ来说都是最稳妥的，其对应的值 $a_{23}=2$，很明显它满足：$a_{i3} \leqslant a_{23} \leqslant a_{2j}$，$i=1,2,3; j=1,2,3,4$。

定义 11-1　矩阵对策 $G=\{S_1, S_2, \boldsymbol{A}\}$，存在策略 a_{i^*}, β_{j^*}，构成局势 (a_{i^*}, β_{j^*})，使得对一切 $i=1,2,\cdots,m$，$j=1,2,\cdots,n$，均有

$$a_{ij^*} \leqslant a_{i^*j^*} \leqslant a_{i^*j}$$

则称局势(a_{i^*}, β_{j^*})为矩阵对策G在纯策略意义下的解。a_{i^*}, β_{j^*}分别称为局中人Ⅰ，Ⅱ的最优纯策略，$a_{i^*j^*}$称为对策G的值，记为V_G，(i^*, j^*)称为矩阵$\boldsymbol{A}$的鞍点，由矩阵$\boldsymbol{A}$构成的对策称为具有鞍点的矩阵对策。

定理 11-1 矩阵对策$G=\{S_1, S_2, \boldsymbol{A}\}$在纯策略意义下有解的充分必要条件是

$$\max_i \min_j a_{ij} = \min_j \max_i a_{ij}$$

证明： 必要性：设(a_{i^*}, β_{j^*})为对策G的解，由定义 11-1 可得

$$\max_i a_{ij^*} \leqslant a_{i^*j^*} \leqslant \min_j a_{i^*j}$$

因为

$$\min_j \max_i a_{ij} \leqslant \max_i a_{ij^*}，\quad \min_j a_{i^*j} \leqslant \max_i \min_j a_{ij}$$

得

$$\min_j \max_i a_{ij} \leqslant a_{i^*j^*} \leqslant \max_i \min_j a_{ij} \tag{11-2}$$

对任意矩阵$\boldsymbol{A}$，显然有

$$\max_i \min_j a_{ij} \leqslant \min_j \max_i a_{ij} \tag{11-3}$$

综合式(11-2)、式(11-3)，得

$$\max_i \min_j a_{ij} = \min_j \max_i a_{ij} = a_{i^*j^*}$$

充分性：设$\min\limits_j a_{ij}$在$i=i^*$时达到最大，而$\max\limits_i a_{ij}$在$j=j^*$时达到最小。即

$$\min_j a_{i^*j} = \max_i \min_j a_{ij}，\quad \max_i a_{ij^*} = \min_j \max_i a_{ij}$$

由于

$$\max_i \min_j a_{ij} = \min_j \max_i a_{ij}$$

得$\min\limits_j a_{i^*j} = \max\limits_i a_{ij^*}$，所以$\max\limits_i a_{ij^*} \leqslant a_{i^*j^*}$。故对一切$i=1,2,\cdots,m$，都有

$$a_{ij^*} \leqslant a_{i^*j^*} \tag{11-4}$$

仿此可证，对一切$j=1,2,\cdots,n$，都有$a_{i^*j^*} \leqslant a_{i^*j}$。 (11-5)

综合式(11-4)、式(11-5)可知，对策$G=\{S_1, S_2, \boldsymbol{A}\}$有解$(a_{i^*}, \beta_{j^*})$。

例 11-5 设有矩阵对策$G=\{S_1, S_2, \boldsymbol{A}\}$，其中$S_1=\{\alpha_1, \alpha_2, \alpha_3, \alpha_4\}$，$S_2=\{\beta_1, \beta_2, \beta_3, \beta_4\}$，赢得矩阵为

$$\boldsymbol{A} = \begin{pmatrix} 6 & 5 & 6 & 5 \\ 1 & 4 & 2 & -1 \\ 8 & 5 & 7 & 5 \\ 0 & 2 & 6 & 6 \end{pmatrix}$$

求对策的解。

解： 直接在赢得矩阵上计算，有

$S_1 \backslash S_2$	β_1	β_2	β_3	β_4	min
α_1	6	5	6	5	5^*
α_2	1	4	2	−1	−1
α_3	8	5	7	5	5^*
α_4	0	2	6	2	0
max	8	5^*	7	5^*	

由于

$$\max_i \min_j a_{ij} = \min_j \max_i a_{ij} = a_{i^* j^*}$$

可知 $a_{i^* j^*}=5$，$i^*=1,3$，$j^*=2,4$。故 (α_1,β_2)，(α_1,β_4)，(α_2,β_2)，(α_2,β_4) 为矩阵对策 G 在纯策略意义下的解，$V_G=5$。

由例 11-4 可知，对策的鞍点不一定是唯一的，当鞍点不唯一时，解之间的关系具有下面两条性质。

性质 11-1 无差别性。若 $(\alpha_{i_1},\beta_{j_1})$ 和 $(\alpha_{i_2},\beta_{j_2})$ 为 G 的两个解，则有 $a_{i_1 j_1} = a_{i_2 j_2}$。

性质 11-2 可交换性。若 $(\alpha_{i_1},\beta_{j_1})$ 和 $(\alpha_{i_2},\beta_{j_2})$ 为 G 的两个解，则 $(\alpha_{i_1},\beta_{j_2})$ 和 $(\alpha_{i_2},\beta_{j_2})$ 也是对策的解。

二、具有混合策略的对策

一般地说，对于矩阵对策 $G=\{S_1,S_2,\boldsymbol{A}\}$，不一定有 $\max\limits_i \min\limits_j a_{ij} = \min\limits_j \max\limits_i a_{ij}$。因此在纯策略意义下对策不一定有解。

例 11-6 设一矩阵对策赢得矩阵为 $\boldsymbol{A}=\begin{pmatrix} 4 & 2 \\ 0 & 8 \end{pmatrix}$，由于

$$\max_i \min_j a_{ij} = 2 \neq \min_j \max_i a_{ij} = 4$$

因此，在纯策略意义下无解。所以假设局中人Ⅰ选取纯策略 α_1 和 α_2 的概率分别为 x_1 和 x_2，并且 $x_1+x_2=1,\ \ x_1 \geqslant 0, x_2 \geqslant 0$，局中人Ⅱ选取纯策略 β_1 和 β_2 的概率分别为 y_1 和 y_2，并且 $y_1+y_2=1,\ \ y_1 \geqslant 0, y_2 \geqslant 0$。此时二维向量 $\boldsymbol{X}=(x_1,x_2)^{\mathrm{T}}$ 和 $\boldsymbol{Y}=(y_1,y_2)^{\mathrm{T}}$ 分别表示两个局中人的一套策略，即混合策略，这时局中人Ⅰ赢得的数学期望为

$$E(\boldsymbol{X},\boldsymbol{Y})=\boldsymbol{X}^{\mathrm{T}}\boldsymbol{A}\boldsymbol{Y}=\sum_{i=1}^{2}\sum_{i=1}^{2} a_{ij}x_i y_j = 8-6x_1-8y_1+10x_1 y_1$$

一般地，给定对策 $G=\{S_1,S_2,\boldsymbol{A}\}$，设局中人Ⅰ以概率 x_i，$0\leqslant x_i\leqslant 1$ 来选取纯策略 α_i，$i=1,2,\cdots,m$，于是得到 m 维概率向量 $\boldsymbol{X}=(x_1,x_2,\cdots,x_m)^{\mathrm{T}}$，它是定义在纯策略集 $S_1=\{\alpha_1,\alpha_2,\cdots,\alpha_m\}$ 上的概率分布。这可以解释为局中人Ⅰ在一局对策中，对各种纯策略的偏爱程度，显然有

$$\sum_{i=1}^{m}x_i=1,\quad x_i\geqslant 0,\quad i=1,2,\cdots,m$$

同样，对局中人Ⅱ有相应的 n 维概率向量 $\boldsymbol{Y}=\left(y_1,y_2,\cdots,y_n\right)^{\mathrm{T}}$，它是定义在纯策略集 $S_2=\{\beta_1,\beta_2,\cdots,\beta_n\}$ 上的概率分布，满足

$$\sum_{j=1}^{n}y_j=1,\quad y_j\geqslant 0,\quad j=1,2,\cdots,n$$

设 $\boldsymbol{X}=(x_1,x_2,\cdots,x_m)^{\mathrm{T}}$，$\boldsymbol{Y}=(y_1,y_2,\cdots,y_n)^{\mathrm{T}}$，$\boldsymbol{X}$ 和 $\boldsymbol{Y}$ 分别称为局中人Ⅰ，Ⅱ的混合策略，$(\boldsymbol{X},\boldsymbol{Y})$ 称为混合局势，令

$$S_1^*=\{\boldsymbol{X}\mid x_i\geqslant 0;\sum_{i=1}^{m}x_i=1\},\quad S_2^*=\{\boldsymbol{Y}\mid y_i\geqslant 0;\sum_{i=1}^{n}y_i=1\}$$

S_1^*，S_2^* 分别称为局中人Ⅰ，Ⅱ的混合策略集。这时纯策略可以认为是混合策略的特殊情况。例如，当局中人Ⅰ取纯策略 α_1 时，对应于混合策略 $\boldsymbol{e}_1=(1,0,0,\cdots,0)^{\mathrm{T}}\in S_1^*$，所以以后不再区分纯策略和混合策略，统称为策略。

混合局势下，局中人Ⅰ赢得的数学期望是

$$E(\boldsymbol{X},\boldsymbol{Y})=\boldsymbol{X}^{\mathrm{T}}\boldsymbol{A}\boldsymbol{Y}=\sum_{i=1}^{m}\ \sum_{t=1}^{n}a_{ij}x_iy_j$$

局中人Ⅱ赢得的数学期望是 $-E(\boldsymbol{X},\boldsymbol{Y})$。

定义 11-2 设矩阵对策 $G=\{S_1,S_2,\boldsymbol{A}\}$，$S_1^*$，$S_2^*$ 分别为局中人Ⅰ，Ⅱ的混合策略集，$E=E(\boldsymbol{X},\boldsymbol{Y})=\boldsymbol{X}^{\mathrm{T}}\boldsymbol{A}\boldsymbol{Y}$ 是局中人Ⅰ的赢得期望值，则称 $G^*=\{S_1^*,S_2^*,\boldsymbol{E}\}$ 是 G 的混合扩充。

类似于纯策略的情况，若存在混合局势 $(\boldsymbol{X}^*,\boldsymbol{Y}^*)$ 满足

$$E(\boldsymbol{X},\boldsymbol{Y}^*)\leqslant E(\boldsymbol{X}^*,\boldsymbol{Y}^*)\leqslant E(\boldsymbol{X}^*,\boldsymbol{Y})\tag{11-6}$$

对一切 $\boldsymbol{X}\in S_1^*$，$\boldsymbol{Y}\in S_2^*$ 成立，则称 $(\boldsymbol{X}^*,\boldsymbol{Y}^*)$ 为混合扩充的解。而 $\boldsymbol{X}^*,\boldsymbol{Y}^*$ 分别称为局中人Ⅰ，Ⅱ的最优(混合)策略，$E(\boldsymbol{X}^*,\boldsymbol{Y}^*)$ 称为对策 G 在混合扩充下的值。

对于例 11-6，矩阵对策 $\boldsymbol{A}=\begin{pmatrix}4 & 2\\ 0 & 8\end{pmatrix}$，局中人Ⅰ赢得的期望值

$$E\left(\boldsymbol{X},\boldsymbol{Y}\right)=\boldsymbol{X}^{\mathrm{T}}\boldsymbol{A}\boldsymbol{Y}=8-6x_1-8y_1+10x_1y_1$$

$$\frac{\partial E}{\partial x_1}=-6+10y_1=0,\quad y_1=\frac{3}{5},\quad \frac{\partial E}{\partial y_1}=-8+10x_1,\quad x_1=\frac{4}{5}$$

容易解出 $\boldsymbol{X}^*=\left(\frac{4}{5},\frac{1}{5}\right)$，$\boldsymbol{Y}^*=\left(\frac{3}{5},\frac{2}{5}\right)$，可以验证 $\boldsymbol{X}^*$，$\boldsymbol{Y}^*$ 满足式(11-6)，分别是局中人Ⅰ，Ⅱ的最优策略，对策的值是 $\frac{16}{5}$。

定理 11-2 矩阵对策 G 在混合扩充意义下有解的充分必要条件是

$$\max_{X\in S_1^*}\min_{Y\in S_2^*}E(\boldsymbol{X},\boldsymbol{Y})=\min_{Y\in S_2^*}\max_{X\in S_1^*}E(\boldsymbol{X},\boldsymbol{Y})$$

定理 11-2 的证明类似于定理 11-1，故省略。

如果局中人Ⅰ取定纯策略 α_i，即 $\boldsymbol{X}=\boldsymbol{e}_i=(0,\cdots,0,1,0,\cdots,0)^{\mathrm{T}}\in S_1^*$ 时，对任意的 $\boldsymbol{Y}\in S_2^*$，记

$$E(i,\boldsymbol{Y})=E(\boldsymbol{e}_i,\boldsymbol{Y})=\sum_{i=1}^{m}\sum_{i=1}^{n}a_{ij}x_iy_j=\boldsymbol{e}_i^{\mathrm{T}}\boldsymbol{A}\boldsymbol{Y}=\sum_{j=1}^{n}a_{ij}y_j$$

类似地，局中人Ⅱ取定纯策略 β_j，即 $\boldsymbol{Y}=\boldsymbol{e}_j=(0,\cdots,0,1,0,\cdots,0)^{\mathrm{T}}\in S_2^*$ 时，对任意的 $\boldsymbol{X}\in S_1^*$，记

$$E(\boldsymbol{X},j)=E(\boldsymbol{X},\boldsymbol{e}_j)=\sum_{i=1}^{m}\sum_{i=1}^{n}a_{ij}x_iy_j=\boldsymbol{X}^{\mathrm{T}}\boldsymbol{A}\boldsymbol{e}_j=\sum_{i=1}^{m}a_{ij}x_i$$

对 $\boldsymbol{X}\in S_1^*$，$\boldsymbol{Y}\in S_2^*$，有

$$E(\boldsymbol{X},\boldsymbol{Y})=\sum_{i=1}^{m}E(i,\boldsymbol{Y})x_i=\sum_{j=1}^{n}E(\boldsymbol{X},j)y_j$$

三、最优策略的性质

定理 11-3 对于矩阵对策 G，$(\boldsymbol{X}^*,\boldsymbol{Y}^*)$ 是对策 G 的解且对策的值为 v_0 的充分必要条件是对任意的 i，j，$i=1,2,\cdots,m;\ j=1,2,\cdots,n$，均有

$$E(i,\boldsymbol{Y}^*)\leqslant v_0\leqslant E(\boldsymbol{X}^*,j)\text{，}\quad \boldsymbol{X}^*\in S_1^*\text{，}\quad \boldsymbol{Y}^*\in S_2^*$$

证明：充分性，由于

$$E(\boldsymbol{X},\boldsymbol{Y}^*)=\sum_{i=1}^{m}E(i,\boldsymbol{Y}^*)x_i\leqslant\sum_{i=1}^{m}v_0x_i=v_0$$

$$E(\boldsymbol{X}^*,\boldsymbol{Y})=\sum_{j=1}^{n}E(\boldsymbol{X}^*,j)y_j\geqslant\sum_{j=1}^{n}v_0y_j=v_0$$

即对于任意 $\boldsymbol{X}\in S_1^*$，$\boldsymbol{Y}\in S_2^*$，有

$$E(\boldsymbol{X},\boldsymbol{Y}^*)\leqslant v_0\leqslant E(\boldsymbol{X}^*,\boldsymbol{Y})$$

特别地为

$$E(\boldsymbol{X}^*,\boldsymbol{Y}^*)\leqslant v_0\leqslant E(\boldsymbol{X}^*,\boldsymbol{Y}^*)$$

所以 $v_0=E(\boldsymbol{X}^*,\boldsymbol{Y}^*)$，对策 G 的解是 $(\boldsymbol{X}^*,\boldsymbol{Y}^*)$。

必要性自己证明。

定理 11-4 矩阵对策 $G=\{S_1,S_2,\boldsymbol{A}\}$ 的混合扩充 $G^*=\{S_1^*,S_2^*,\boldsymbol{E}\}$ 一定有解。

证明： 只要证明存在 v_0 和 $\boldsymbol{X}^*\in S_1^*$，$\boldsymbol{Y}^*\in S_2^*$，均有

$$E(i,\boldsymbol{Y}^*)\leqslant v_0\leqslant E(\boldsymbol{X}^*,j)$$

对任意的 $i,\ j,\ i=1,2,\cdots,m;\ j=1,2,\cdots,n$。构造如下对偶线性规划问题(Ⅰ)和(Ⅱ)。

(Ⅰ)：

$$\min v$$

$$\text{s.t.}\begin{cases}\sum_{j=1}^{n}a_{ij}y_j\leqslant v,\ i=1,2,\cdots,m\\ \sum_{j=1}^{n}y_j=1,\ y_j\geqslant 0,\ j=1,2,\cdots,n\end{cases}$$

(Ⅱ)：

$$\max w$$

$$\text{s.t.}\begin{cases}\sum_{i=1}^{m}a_{ij}x_i\geqslant w,\ j=1,2,\cdots,n\\ \sum_{i=1}^{m}x_i=1,\ x_i\geqslant 0,\ i=1,2,\cdots,m\end{cases}$$

注意到问题(Ⅰ)有可行解，$\boldsymbol{Y}_1=\boldsymbol{e}_1=(1,0,\cdots,0)^{\mathrm{T}}\in S_2^*$，$v=\max\limits_{1\leqslant i\leqslant m}a_{i1}$。

问题(Ⅱ)也有可行解，$\boldsymbol{X}_1=\boldsymbol{e}_1=(1,0,\cdots,0)^{\mathrm{T}}\in S_1^*$，$w=\min\limits_{1\leqslant j\leqslant n}a_{1j}$。

由对偶线性规划问题的性质可知，问题(Ⅰ)有最优解 $\boldsymbol{Y}^*$，问题(Ⅱ)有最优解 $\boldsymbol{X}^*$，并且最优值相等：$v_0=v^*=w^*$。并且 $\sum_{j=1}^{n}a_{ij}y_j^*\leqslant v_0\leqslant\sum_{i=1}^{m}a_{ij}x_i^*$，对任意的 $i,\ j,\ i=1,2,\cdots,m;\ \ j=1,2,\cdots,n$。证毕。

定理 11-5 若对策 $G=\{S_1,S_2,\boldsymbol{A}\}$ 的值为 v_0，且 $(\boldsymbol{X}^*,\boldsymbol{Y}^*)$ 是最优策略，$\boldsymbol{X}^*\in S_1^*$，$\boldsymbol{Y}^*\in S_2^*$，则

(1) $i=1,2,\cdots,m$，对某一个 i，当 $E(i,\boldsymbol{Y}^*)=\sum_{j=1}^{n}a_{ij}y_j^*<v_0$ 时，有 $x_i^*=0$；

(2) $i=1,2,\cdots,m$，对某一个 i，当 $x_i^*\neq 0$ 时，有 $E(i,\boldsymbol{Y}^*)=\sum_{j=1}^{n}a_{ij}y_j^*=v_0$；

(3) $j=1,2,\cdots,n$，对某一个 j，当 $E(\boldsymbol{X}^*,j)\ \sum_{i=1}^{m}a_{ij}x_i^*$ 时，有 $\boldsymbol{X}^*=0$；

(4) $j=1,2,\cdots,n$，对某一个 j，当 $y_j^*\neq 0$ 时，有 $E(\boldsymbol{X}^*,j)=\sum_{i=1}^{m}a_{ij}x_i^*=v_0$。

证明： 反证法。假设对某 $h,\ h=1,2,\cdots,m$，有 $E(h,\boldsymbol{Y}^*)=\sum_{j=1}^{n}a_{hj}y_j^*<v_0$ 时，但 $x_h^*\neq 0$，得

$E(h,\boldsymbol{Y}^*)\ x_h^* < v_0 x_h^*$。

根据定理 11-3，对于 $i=1,2,\cdots,h-1,h+1,\cdots,m$, 都有 $E(i,\boldsymbol{Y}^*) \leqslant v_0^*$，或 $E(i,\boldsymbol{Y}^*)\ x_i^* \leqslant v_0 x_i^*$。

以上两式相加，从而 $\sum\limits_{i=1}^{m} E(i,\boldsymbol{Y}^*)x_i^* < \sum\limits_{i=1}^{m} v_0 x_i^* = v_0$，这与 $v_0 = E(\boldsymbol{X}^*,\boldsymbol{Y}^*)$ 矛盾。

所以 $x_h^* = 0$。

类似证明(2)，(3)，(4)。

第三节　矩阵对策的一般解法

一、矩阵对策的简化

定义 11-3　给定矩阵对策 $G=\{S_1,S_2,\boldsymbol{A}\}$，$\boldsymbol{A}=(a_{ij})_{m\times n}$，如果有 $a_{kj} \geqslant a_{lj}$，$j=1,2,\cdots,n$，则称局中人(Ⅰ)的纯策略 α_k 优超纯策略 α_l；如果有 $a_{ik} \leqslant a_{il}$，$i=1,2,\cdots,m$，则称局中人(Ⅱ)的纯策略 α_k 优超纯策略 α_l。

如果有 $a_{kj} > a_{lj}$，$j=1,2,\cdots,n$，则称局中人(Ⅰ)的纯策略 α_k 严格优超纯策略 α_l；如果有 $a_{ik} < a_{il}$，$i=1,2,\cdots,m$，则称局中人(Ⅱ)的纯策略 α_k 严格优超纯策略 α_l。

定理 11-6　设两个矩阵对策 $G=\{S_1,S_2,\boldsymbol{A}\}$，$\overline{G}=\{S_1,S_2,\overline{\boldsymbol{A}}\}$，其中 $\boldsymbol{A}=(a_{ij})_{m\times n}$，$\overline{\boldsymbol{A}}=(a_{ij}+d)_{m\times n}$，

(1)　若 $(\boldsymbol{X}^*,\boldsymbol{Y}^*)$ 是 G 的解，则 $(\boldsymbol{X}^*,\boldsymbol{Y}^*)$ 是 $\overline{G}$ 的解，反之亦然；

(2)　$\overline{v_0}=v_0+d$，$\overline{v_0}$ 是对策 $\overline{G}$ 的值，v_0 是对策 G 的值。

证明：若 $(\boldsymbol{X}^*,\boldsymbol{Y}^*)$ 是 G 的解，则 $v_{G^*}=E(\boldsymbol{X}^*,\boldsymbol{Y}^*)$，并且

$$E(i,\boldsymbol{Y}^*) \leqslant v_0 \leqslant E(\boldsymbol{X}^*,j),\quad i=1,2,\cdots,m;\ j=1,2,\cdots,n$$

即

$$\sum_{j=1}^{n} a_{ij} y_j^* \leqslant v_0 \leqslant \sum_{i=1}^{m} a_{ij} x_i^*$$

$$\sum_{j=1}^{n} a_{ij} y_j^* + d \leqslant v_0 + d \leqslant \sum_{i=1}^{m} a_{ij} x_i^* + d$$

$$\sum_{j=1}^{n} (a_{ij}+d) y_j^* \leqslant v_0 + d \leqslant \sum_{i=1}^{m} (a_{ij}+d) x_i^*$$

所以 $(\boldsymbol{X}^*,\boldsymbol{Y}^*)$ 是 $\overline{G}$ 的解，并且 $\overline{v_0}=v_0+d$。类似可证，若 $(\boldsymbol{X}^*,\boldsymbol{Y}^*)$ 是 $\overline{G}$ 的解，则 $(\boldsymbol{X}^*,\boldsymbol{Y}^*)$ 是 G 的解。

二、矩阵对策的线性规划解法

下面以例题来说明矩阵对策的简化和线性规划求解。

例 11-7 求矩阵对策的解，$A=\begin{pmatrix}2&0&2\\0&3&1\\1&2&1\end{pmatrix}$。

解：注意到第三列不小于第一列，所以划去第三列，支付矩阵简化为

$$\overline{A}=\begin{pmatrix}2&0\\0&3\\1&2\end{pmatrix}$$

由定理 11-4，求解如下对偶线性规划问题。

$$(\text{I}):\quad \min v \quad \text{s.t.}\begin{cases}2y_1\leqslant v\\3y_2\leqslant v\\y_1+y_2=1\\y_1,y_2\geqslant 0\end{cases}\qquad (\text{II}):\quad \max w \quad \begin{cases}2x_1+x_3\geqslant w\\3x_2+2x_3\geqslant w\\x_1+x_2+x_3=1\\x_1,x_2,x_3\geqslant 0\end{cases}$$

利用单纯形方法可以求得问题(Ⅰ)的解为$\left(\frac{2}{3},\frac{1}{3}\right)^{\mathrm{T}}$，(Ⅱ)的解为$\left(\frac{1}{3}\quad 0\quad \frac{2}{3}\right)^{\mathrm{T}}$。

所以原矩阵对策的解为

$$X^*=\left(\frac{1}{3}\quad 0\quad \frac{2}{3}\right)^{\mathrm{T}},\ Y^*=\left(\frac{2}{3}\quad \frac{1}{3}\quad 0\right)^{\mathrm{T}}，对策的值 v_0=\frac{4}{3}。$$

例 11-8 求矩阵对策的解，$A=\begin{pmatrix}-3&1&-2\\2&-1&2\\-1&3&-1\end{pmatrix}$

解：由于 A 中第三行各元素都大于第一行对应元素，所以划去第一行，得

$$A_1=\begin{pmatrix}2&-1&2\\-1&3&-1\end{pmatrix}$$

第一列、第三列元素相同，再划去第一列，得

$$A_2=\begin{pmatrix}-1&2\\3&-1\end{pmatrix}$$

将矩阵 A_2 各元素都加上 1，得

$$\overline{\boldsymbol{A}}=\begin{pmatrix}0 & 3\\4 & 0\end{pmatrix}$$

现在需要求解对策 $\overline{G}=\{\overline{S_1},\overline{S_2},\overline{\boldsymbol{A}}\}$。对下面对偶线性规划问题求解，

$$(\text{I}):\quad \min v \quad \text{s.t.}\begin{cases}3y_3\leqslant v\\3y_2\leqslant v\\y_2+y_3=1\\y_2,y_3\geqslant 0\end{cases}\qquad (\text{II}):\quad \max w \quad \text{s.t.}\begin{cases}4x_3\geqslant w\\3x_2\geqslant w\\x_2+x_3=1\\x_2,x_3\geqslant 0\end{cases}$$

用单纯形方法容易求出问题(Ⅰ)，(Ⅱ)的解分别为

$$y_2^*=\frac{3}{7},\quad y_3^*=\frac{4}{7},\quad v^*=\frac{12}{7}\ ;\quad x_2^*=\frac{4}{7},\quad x_3^*=\frac{3}{7},\quad w^*=\frac{12}{7}$$

因此原对策 G 的解为 $\boldsymbol{x}^*=\left(0,\frac{4}{7},\frac{3}{7}\right)^{\mathrm{T}}$，$\boldsymbol{y}^*=\left(0,\frac{3}{7},\frac{4}{7}\right)^{\mathrm{T}}$，对策的值 $v_0=\frac{12}{7}-1=\frac{5}{7}$。

三、特殊解法

当矩阵阶数高时，线性规划求解比较麻烦，但对某些特殊矩阵有一些特殊解法。

(一)2×2 对策的公式法

给出赢得矩阵 $\boldsymbol{A}=\begin{pmatrix}a_{11} & a_{12}\\a_{21} & a_{22}\end{pmatrix}$，如果 $\boldsymbol{A}$ 有鞍点，则很快可求出各局中人的最优纯策略；如果 $\boldsymbol{A}$ 无鞍点，则存在最优混合策略。由定理 11-5 得如下方程组。

$$(\text{I})\quad\begin{cases}a_{11}x_1+a_{21}x_2=v\\a_{12}x_1+a_{22}x_2=v\\x_1+x_2=1\end{cases}$$

$$(\text{II})\quad\begin{cases}a_{11}y_1+a_{12}y_2=v\\a_{21}y_1+a_{22}y_2=v\\y_1+y_2=1\end{cases}$$

可证明上面等式组(Ⅰ)和(Ⅱ)一定有严格非负解。

$$\boldsymbol{x}^*=(x_1^*,x_2^*)^{\mathrm{T}},\boldsymbol{y}^*=(y_1^*,y_2^*)^{\mathrm{T}}$$

其中

$$x_1^*=\frac{a_{22}-a_{21}}{(a_{11}+a_{22})-(a_{12}+a_{21})},\quad x_2^*=\frac{a_{11}-a_{12}}{(a_{11}+a_{22})-(a_{12}+a_{21})}$$

$$y_1^* = \frac{a_{22} - a_{12}}{(a_{11} + a_{22}) - (a_{12} + a_{21})}, \quad y_2^* = \frac{a_{11} - a_{21}}{(a_{11} + a_{22}) - (a_{12} + a_{21})}$$

$$V_G = \frac{a_{11}a_{22} - a_{12}a_{21}}{(a_{11} + a_{22}) - (a_{12} + a_{21})}$$

例 11-9 求解矩阵对策 $G = \{S_1, S_2, \boldsymbol{A}\}$，其中

$$\boldsymbol{A} = \begin{pmatrix} 1 & 3 \\ 4 & 2 \end{pmatrix}$$

解： 易看出 $\boldsymbol{A}$ 无鞍点，按上面的公式，可计算出

$$\boldsymbol{x}^* = \left(\frac{1}{2}, \frac{1}{2}\right)^{\mathrm{T}}, \quad \boldsymbol{y}^* = \left(\frac{1}{4}, \frac{3}{4}\right)^{\mathrm{T}}; \quad V_G = \frac{5}{2}$$

(二)2×n 和 n×2 矩阵的图解法

对于 $2 \times n$ 矩阵

$$\boldsymbol{A} = \begin{pmatrix} a_{11} & \dots & a_{1j} & \dots a_{1n} \\ a_{21} & \dots & a_{2j} & \dots a_{2n} \end{pmatrix}$$

设局中人 I 的混合策略为 $(x, 1-x)^{\mathrm{T}}$，根据定义 11-2 和定理 11-3 得

$$v_0 = \max_{X \in S_1^*} \min_{Y \in S_2^*} E(\boldsymbol{X}, \boldsymbol{Y}) = \max_{0 \leqslant x \leqslant 1} \min_j E(\boldsymbol{X}, \boldsymbol{\beta}_j)$$

$$E(\boldsymbol{X}, \boldsymbol{\beta}_j) = (x, 1-x) \begin{pmatrix} a_{11} & \dots & a_{1j} & \dots a_{1n} \\ a_{21} & \dots & a_{2j} & \dots a_{2n} \end{pmatrix} \begin{pmatrix} 0 \\ \vdots \\ 1 \\ \vdots \\ 0 \end{pmatrix}$$

$$= (x, 1-x) \begin{pmatrix} a_{1j} \\ a_{2j} \end{pmatrix} = (a_{1j} - a_{2j})x + a_{2j}$$

所以

$$v_0 = \max_{0 \leqslant x \leqslant 1} \min_j E(\boldsymbol{X}, \boldsymbol{\beta}_j) = \max_{0 \leqslant x \leqslant 1} \min_j [(a_{1j} - a_{2j})x + a_{2j}]$$

根据上式，在 n 条直线 $v = [(a_{1j} - a_{2j})x + a_{2j}]$，$j = 1, 2, \cdots, n$ 所围的公共区域上小中取大。

例 11-10 求矩阵对策的解，$\boldsymbol{A} = \begin{pmatrix} 1 & 3 & 11 \\ 8 & 5 & 2 \end{pmatrix}$。

解： 设局中人 I 的策略为 $(x, 1-x)^{\mathrm{T}}$，$x \in [0,1]$，在数轴上过 0,1 两点分别作两条垂线 I，II，垂线上点的纵坐标分别表示局中人 I 采取纯策略 α_1 和 α_2 时，局中人 II 采取各种纯策略的赢得值，画出下面的三条直线，如图 11-2 所示。

$$\beta_1: \ v = 2 - x + 8(1-x)，过(0, 10)，(1, 1)$$

$$\beta_2: \ v = 3x + 5(1-x)，过(0, 5)，(1, 3)$$

$$\beta_3: \ v = 11x + 2(1-x)，过(0, 2)，(1, 11)$$

注意到β_j： $v = (a_{1j} - a_{2j})x + a_{2j}$， $x = 0, v = a_{2j}$， $x = 1, v = a_{1j}$。

三条直线在[0,1]区间上，下方形成的一段折线(图 11-2 中阴影线段)，根据小中取大的原则知，这一段折线最高点 M 的横坐标就是局中人Ⅰ的最优混合策略的一个分量，M 点的纵坐标就是对策的值。

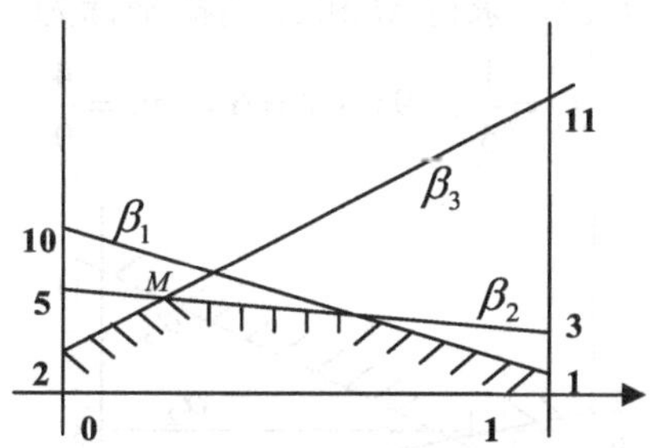

图 11-2 小中取大图

将β_2, β_3所确定的直线联立方程为

$$\begin{cases} -2x + 5 = v \\ 9x + 2 = v \end{cases}$$

得 $x = \dfrac{3}{11}$， $v_0 = 9x + 2 = \dfrac{49}{11}$，局中人Ⅰ的最优策略为$\left(\dfrac{3}{11}, \dfrac{8}{11}\right)^{\mathrm{T}}$。

由图可知局中人Ⅱ的最优策略只能由β_2，β_3组成，所以

$$\begin{cases} 3y_2 + 11y_3 = \dfrac{49}{11} \\ 5y_2 + 2y_3 = \dfrac{49}{11} \\ y_2 + y_3 = 1 \end{cases}$$

解得，$y_2 = \dfrac{9}{11}, y_3 = \dfrac{2}{11}$。故局中人Ⅱ的最优策略为$\boldsymbol{A} = \begin{pmatrix} 0 & \dfrac{9}{11} & \dfrac{2}{11} \end{pmatrix}$。

例 11-11 求矩阵对策的解，$\boldsymbol{A} = \begin{pmatrix} 2 & 7 \\ 6 & 6 \\ 11 & 2 \end{pmatrix}$。

解：设局中人Ⅱ的策略为$(y, 1-y)^{\mathrm{T}}$，$x \in [0,1]$，在数轴上过 0，1 两点分别作两条垂线Ⅰ，Ⅱ，垂线上点的纵坐标分别表示局中人Ⅱ采取纯策略β_1，β_2时，局中人Ⅰ采取各种纯

策略的赢得值，画三条直线如下。

$$\alpha_1: \ v=-5y+7$$
$$\alpha_2: \ v=6$$
$$\alpha_3: \ v=9y+2$$

三条直线在$x\in[0,1]$区间上，上方形成的一段折线(图 11-3 中阴影线段)，根据大中取小的原则知，这一段折线最低点(线段 MN)的横坐标就是局中人Ⅱ的最优混合策略的一个分量，M 点的纵坐标就是对策的值。

联立α_1，α_2的直线联立方程，求得 M 和 N 的横坐标为

$$y_1=\frac{1}{5}; \quad 9y+2=6, \quad y_2=\frac{4}{9}$$

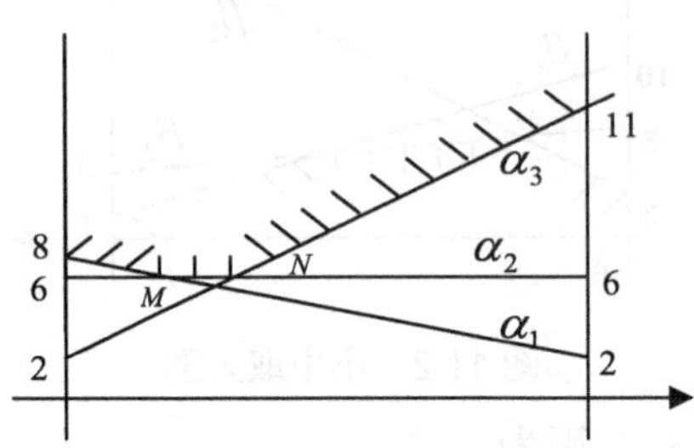

图 11-3 大中取小图

因此，局中人Ⅱ的最优策略$\boldsymbol{Y}^*=(y^*,1-y^*)^{\mathrm{T}}$，其中，$\frac{1}{5}\leqslant y^*\leqslant\frac{4}{9}$。局中人Ⅱ的最优策略是$\boldsymbol{X}^*=(0,1,0)^{\mathrm{T}}$，取纯策略$\alpha_2$，对策的值为 6。

图解法一般只适用于两局中人之一仅有两种可供选择的对策问题。

(三)线性方程组解法

根据定理 11-5 的结论(2)，(4)，当矩阵对策中，如果局中人Ⅰ，Ⅱ的最优策略$\boldsymbol{X}^*$，$\boldsymbol{Y}^*$均不含零分量，则可将求解互为对偶的两个线性规划问题，简化为求解两个线性方程组。其实，前面的 2×2 矩阵对策的求解中已经使用了这个方法。

例 11-12 求解矩阵对策——“齐王赛马”的解。

解：已知齐王的赢得矩阵为

$$\boldsymbol{A}=\begin{pmatrix} 3 & 1 & 1 & 1 & 1 & -1 \\ 1 & 3 & 1 & 1 & -1 & 1 \\ 1 & -1 & 3 & 1 & 1 & 1 \\ -1 & 1 & 1 & 3 & 1 & 1 \\ 1 & 1 & -1 & 1 & 3 & 1 \\ 1 & 1 & 1 & -1 & 1 & 3 \end{pmatrix}$$

易知 $\boldsymbol{A}$ 无鞍点，对齐王和田忌来说不存在最优纯策略，最优混合策略为

$$\boldsymbol{x}^*=(x_1^*,x_2^*,x_3^*,x_x^*,x_5^*,x_6^*)^{\mathrm{T}},\boldsymbol{y}^*=(y_1^*,y_2^*,y_3^*,y_4^*,y_5^*,y_6^*)^{\mathrm{T}}$$

$x_i^*>0$，$y_j^*>0$，i，j=1,2,⋯，6，由定理 11-5，得线性方程组

$$\begin{cases}3x_1+x_2+x_3-x_4+x_5+x_6=V\\x_1+3x_2-x_3+x_4+x_5+x_6=V\\x_1+x_2+3x_3+x_4-x_5+x_6=V\\x_1+x_2+x_3+x_4-x_5-x_6=V\\x_1-x_2+x_3+x_4+3x_5+x_6=V\\-x_1+x_2+x_3+x_4+x_5+3x_6=V\\x_1+x_2+x_3+x_4+x_5+x_6=1\end{cases}$$

和

$$\begin{cases}3y_1+y_2+y_3+y_4+y_5-y_6=V\\y_1+3y_2+y_3+y_4-y_5+y_6=V\\y_1-y_2+3y_3+y_4+y_5+y_6=V\\-y_1+y_2+y_3+3y_4+y_5+y_6=V\\y_1+y_2-y_3+y_4+3y_5+y_6=V\\y_1+y_2+y_3-y_4+y_5+3y_6=V\\y_1+y_2+y_3+y_4+y_5+y_6=1\end{cases}$$

求解得：$x_i=\dfrac{1}{6}(i=1,2,\cdots,6)$，$y_j=\dfrac{1}{6}(j=1,2,\cdots,6)$；$V$=1。故齐王和田忌的混合策略为

$\boldsymbol{x}^*=\left(\dfrac{1}{6},\dfrac{1}{6},\dfrac{1}{6},\dfrac{1}{6},\dfrac{1}{6},\dfrac{1}{6}\right)^{\mathrm{T}}$，$\boldsymbol{y}^*=\left(\dfrac{1}{6},\dfrac{1}{6},\dfrac{1}{6},\dfrac{1}{6},\dfrac{1}{6},\dfrac{1}{6}\right)^{\mathrm{T}}$，$V_G$=1。

结局是：齐王赢田忌，期望赢得是 1 千金，但需注意在选择这样的策略时必须双方均对自己所选策略保密。典故中田忌不败反胜，是因为孙膑事先估计到了齐王的策略的缘故。

第四节　二人有限非零和对策

一、基本概念与定理

在一个对策模型中，如果仅有两个局中人，每一局中人的纯策略集合均为有限集，在各局中人选定了自己的策略后，各局中人所得支付之和不全为零，这样的对策模型称为二人有限非零和对策。如例题 11-2。

设局中人Ⅰ，Ⅱ的纯策略集合分别为

$$S_1=\{\alpha_1,\alpha_2,\cdots,\alpha_m\}，\ S_2=\{\beta_1,\beta_2,\cdots,\beta_n\}$$

当局中人Ⅰ选择策略α_i，局中人Ⅱ选择策略β_j，就形成局势(α_i, β_j)。这时局中人Ⅰ赢得a_{ij}，局中人Ⅱ赢得b_{ij}，二人支付之和$a_{ij}+b_{ij}$不全为0。则每个局势下的两个局中人的赢得构成两个矩阵：$\boldsymbol{A}=(a_{ij})_{m\times n}$和$\boldsymbol{B}=(b_{ij})_{m\times n}$。因此这一对策又称为双矩阵对策。

为了方便，两个局中人的支付矩阵常常全写在一起，记作

$$\boldsymbol{C}=(a_{ij}, b_{ij})=(\boldsymbol{A},\boldsymbol{B})$$

可以验证，上述双矩阵对策问题如囚徒困境问题等在纯策略意义下无解，所以，一般要对双矩阵对策进行混合扩充。记局中人Ⅰ，Ⅱ的混合策略集分别为S_1^*，S_2^*，其中，

$$S_1^*=\{\boldsymbol{X}=(x_1,x_2,\cdots,x_m)^{\mathrm{T}} \mid x_i\geqslant 0;\sum_{i=1}^{m}x_i=1, i=1,2,\cdots,m\}$$

$$S_2^*=\{\boldsymbol{X}=(y_1,y_2,\cdots,y_n)^{\mathrm{T}} \mid y_j\geqslant 0;\sum_{j=1}^{n}y_j=1, j=1,2,\cdots,n\}$$

特别地，当局中人Ⅰ，Ⅱ分别取单位向量$\boldsymbol{X}=\boldsymbol{e}_i=(0,\cdots,1,\cdots,0)^{\mathrm{T}}\in S_1^*$，$\boldsymbol{Y}=\boldsymbol{e}_j=(0,\cdots,1,\cdots,0)^{\mathrm{T}}\in S_2^*$时，则认为局中人Ⅰ，Ⅱ分别取了纯策略$\alpha_i$，$\beta_j$，所以纯策略是混合策略的特殊情况。

当局中人Ⅰ，Ⅱ分别选取策略$\boldsymbol{X}=(x_1,x_2,\cdots,x_m)^{\mathrm{T}}\in S_1^*$和$\boldsymbol{Y}=(y_1,y_2,\cdots,y_n)^{\mathrm{T}}\in S_2^*$，形成混合局势$(\boldsymbol{X},\boldsymbol{Y})$，此时局中人Ⅰ，Ⅱ的期望支付分别为

$$E_1=E_1(\boldsymbol{X},\boldsymbol{Y})=\boldsymbol{X}^{\mathrm{T}}\boldsymbol{A}\boldsymbol{Y}=\sum_{i=1}^{m}\sum_{j=1}^{n}a_{ij}x_iy_j$$

$$E_2=E_2(\boldsymbol{X},Y)=\boldsymbol{X}^{\mathrm{T}}\boldsymbol{B}\boldsymbol{Y}=\sum_{i=1}^{m}\sum_{j=1}^{n}b_{ij}x_iy_j$$

因此，在混合扩充意义下，双矩阵对策$(\boldsymbol{A},\boldsymbol{B})$可以记为

$$G=(S_1^*,S_2^*;E_1,E_2)$$

定义 11-4 对于双矩阵对策 $(\boldsymbol{A},\boldsymbol{B})$，如果存在$\boldsymbol{X}^*\in S_1^*$，$\boldsymbol{Y}^*\in S_2^*$，对任意$\boldsymbol{X}\in S_1^*$，$\boldsymbol{Y}\in S_2^*$，有

$$E_1(\boldsymbol{X}^*,\boldsymbol{Y}^*)\geqslant E_1(\boldsymbol{X},\boldsymbol{Y}^*)，\quad E_2(\boldsymbol{X}^*,\boldsymbol{Y}^*)\geqslant E_2(\boldsymbol{X}^*,\boldsymbol{Y})$$

则称$(\boldsymbol{X}^*,\boldsymbol{Y}^*)$是双矩阵对策的$(\boldsymbol{A},\boldsymbol{B})$的一个均衡对或均衡解。这时局中人Ⅰ，Ⅱ的期望支付分别是

$$E_1(\boldsymbol{X}^*,\boldsymbol{Y}^*)=(\boldsymbol{X}^*)^{\mathrm{T}}\boldsymbol{A}\boldsymbol{Y}^*\quad,\qquad E_2(\boldsymbol{X}^*,\boldsymbol{Y}^*)=(\boldsymbol{X}^*)^{\mathrm{T}}\boldsymbol{B}\boldsymbol{Y}^*$$

定理 11-7 任何具有有限个纯策略的二人对策(零和与非零和)至少存在一个均衡对。证明超出本书范围，这里不作介绍。

例 11-13 求以下问题的均衡对。

I \ II	β_1	β_2
α_1	(3,2)	(2,1)
α_2	(0,3)	(4,4)

解：设 $(\boldsymbol{X}^*,\boldsymbol{Y}^*)$ 是对策问题的均衡对，则有

$$E_1(\boldsymbol{X}^*,\boldsymbol{Y}^*) \geqslant E_1(\boldsymbol{X},\boldsymbol{Y}^*)$$

设 $\boldsymbol{X}=(x,1-x)^{\mathrm{T}}$，$\boldsymbol{Y}=(Y,1-Y)^{\mathrm{T}}$，则有

$$\begin{aligned}E_1(\boldsymbol{X},\boldsymbol{Y}) &= 3xy+2x(1-y)+4(1-x)(1-y)\\ &= x(5y-2)+4(1-y)\end{aligned}$$

显然，当 $y<\dfrac{2}{5}$ 时，则 $x=0$ 时，上式 $E_1(\boldsymbol{X},\boldsymbol{Y})$ 达到最大；

当 $y>\dfrac{2}{5}$ 时，则 $x=1$ 时，上式 $E_1(\boldsymbol{X},\boldsymbol{Y})$ 达到最大；

当 $y=\dfrac{2}{5}$ 时，则 $0\leqslant x\leqslant 1$ 时，上式 $E_1(\boldsymbol{X},\boldsymbol{Y})$ 达到最大。

以上计算如图 11-4(a)所示。

类似地，$E_2(\boldsymbol{X}^*,\boldsymbol{Y}^*) \geqslant E_2(\boldsymbol{X}^*,\boldsymbol{Y})$，

$$\begin{aligned}E_2(\boldsymbol{X},\boldsymbol{Y}) &= 2xy+x(1-y)+3(1-x)y+4(1-x)(1-y)\\ &= y(2y-1)+4-3x\end{aligned}$$

显然，当 $x<0.5$ 时，则 $y=0$ 时，上式 $E_2(\boldsymbol{X},\boldsymbol{Y})$ 达到最大；

当 $x>0.5$ 时，则 $y=1$ 时，上式 $E_2(\boldsymbol{X},\boldsymbol{Y})$ 达到最大；

当 $x=0.5$ 时，则 $0\leqslant y\leqslant 1$ 时，上式 $E_2(\boldsymbol{X},\boldsymbol{Y})$ 达到最大。

以上计算如图 11-4(b)。图 11-4(c)是图 11-4(a)、(b)的合成图，图中的折线的交点对应本例的均衡对。

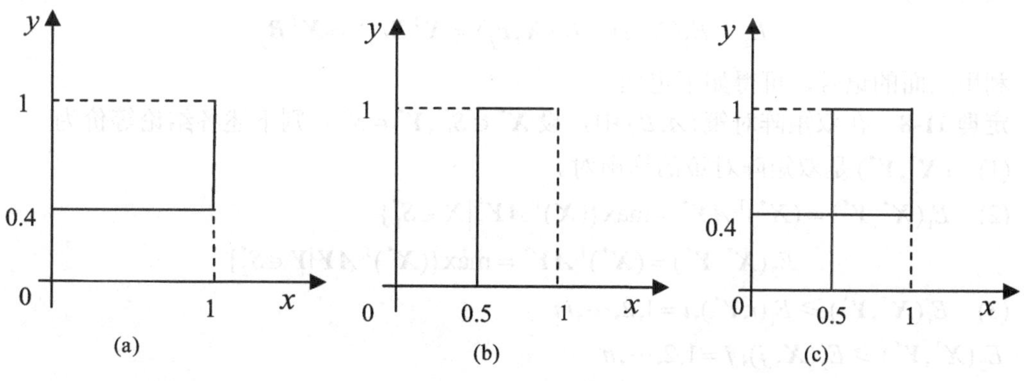

图 11-4 策略对

它们分别如下。

(1) $x=0, y=0$ 对应于纯策略 (α_2,β_2)，损益值为(4，4)；

(2) $x=1, y=1$ 对应于纯策略 (α_1,β_1)，损益值为(3，2)；

(3) $x=0.5, y=0.4$ 对应于混合策略 $\left((0.5,0.5)^{\mathrm{T}},(0.4,0.6)^{\mathrm{T}}\right)$，对应的损益值为(2.4，2.5)。

从上例可以看出，双局矩阵对策的均衡对往往不止一个，如果对策的双方选用的不是同一个均衡对，就会导致事与愿违的结局。因此有学者建议将有某些特殊性质的均衡对作为对策的解，从而产生了不同类型解的概念。

定义 11-5 称策略对 $(\boldsymbol{X},\boldsymbol{Y})$ 支配策略对 (X',Y')，当且仅当 $E_1(\boldsymbol{X},\boldsymbol{Y})\geqslant E_1(\boldsymbol{X}',\boldsymbol{Y}')$ 和 $E_2(\boldsymbol{X},\boldsymbol{Y})\geqslant E_2(\boldsymbol{X}',\boldsymbol{Y}')$，且至少有一个不等式严格成立。

定义 11-6 策略对 $(\boldsymbol{X},\boldsymbol{Y})$ 称为帕累托(Pareto)最优，当且仅当 $(\boldsymbol{X},\boldsymbol{Y})$ 不被任何策略对所支配。

定义 11-7 一个对策称为在严格意义下有解，当且仅当

(1) Pareto 最优策略对中存在均衡对；

(2) 所有 Pareto 最优策略对是可交换的，并且具有相同的损益值。

此时，所有 Pareto 最优策略均衡对构成的集合便是该对策的严格解。

例 11-13 的对策中只有一个均衡对 (α_2,β_2)，且是 Pareto 最优的，故是严格意义下的解。

二、非合作对策

记矩阵 $\boldsymbol{A}$ 的行向量组为 $\boldsymbol{A}_1^{\mathrm{T}},\boldsymbol{A}_2^{\mathrm{T}},\cdots,\boldsymbol{A}_m^{\mathrm{T}}$，矩阵 B 的列向量组为 $\boldsymbol{B}_1,\boldsymbol{B}_2,\cdots,\boldsymbol{B}_n$，则当局中人Ⅰ取定纯策略 α_i，而局中人Ⅱ取混合策略 $\boldsymbol{Y}=(y_1,y_2,\cdots,y_n)^{\mathrm{T}}\in S_2^*$ 时，局中人Ⅰ的支付为

$$E_1=E_1(i,\boldsymbol{Y})=E_1(\boldsymbol{e}_i,\boldsymbol{Y})=\boldsymbol{e}_i^{\mathrm{T}}\boldsymbol{A}\boldsymbol{Y}=\boldsymbol{A}_i^{\mathrm{T}}\boldsymbol{Y}$$

类似地，当局中人Ⅰ取混合策略 $\boldsymbol{X}=(x_1,x_2,\cdots,x_m)^{\mathrm{T}}\in S_1^*$，而局中人Ⅱ取定纯策略 $\boldsymbol{\beta}_j$ 时，局中人的支付为

$$E_2=E_2(\boldsymbol{X},j)=E_1(\boldsymbol{X},\boldsymbol{e}_j)=\boldsymbol{X}^{\mathrm{T}}\boldsymbol{B}\boldsymbol{e}_j{}^{\mathrm{T}}=\boldsymbol{X}^{\mathrm{T}}\boldsymbol{B}_j$$

利用上面的记号，可得如下定理。

定理 11-8 在双矩阵对策 $(\boldsymbol{A},\boldsymbol{B})$ 中，设 $\boldsymbol{X}^*\in S_1^*, \boldsymbol{Y}^*\in S_2^*$，则下述各结论等价为

(1) $(\boldsymbol{X}^*,\boldsymbol{Y}^*)$ 是双矩阵对策的均衡对。

(2) $E_1(\boldsymbol{X}^*,\boldsymbol{Y}^*)=(\boldsymbol{X}^*)^{\mathrm{T}}\boldsymbol{A}\boldsymbol{Y}^*=\max\{(\boldsymbol{X})^{\mathrm{T}}\boldsymbol{A}\boldsymbol{Y}^*\,|\,\boldsymbol{X}\in S_1^*\}$

$$E_2(\boldsymbol{X}^*,\boldsymbol{Y}^*)=(\boldsymbol{X}^*)^{\mathrm{T}}\boldsymbol{A}\boldsymbol{Y}^*=\max\{(\boldsymbol{X}^*)^{\mathrm{T}}\boldsymbol{A}\boldsymbol{Y}\,|\,\boldsymbol{Y}\in S_2^*\}$$

(3) $E_1(\boldsymbol{X}^*,\boldsymbol{Y}^*)\geqslant E_1(i,\boldsymbol{Y}^*), i=1,2,\cdots,m$

$E_2(\boldsymbol{X}^*,\boldsymbol{Y}^*)\geqslant E_2(\boldsymbol{X},j), j=1,2,\cdots,n$

证明：结论(1)，(2)的等价性可由定义直接得到，下面证明结论(1)，(3)等价。

如果(3)成立，则对任意 $\boldsymbol{X}=(x_1,x_2,\cdots,x_m)^{\mathrm{T}}\in S_1^*$，在 $E_1(\boldsymbol{X}^*,\boldsymbol{Y}^*)\geqslant E_1(i,\boldsymbol{Y}^*)$ 两边乘 x_i，$i=1,2,\cdots,m$，并求和，得

$$\sum_{i=1}^{m}x_i\cdot E_1(\boldsymbol{X}^*,\boldsymbol{Y}^*)\geqslant\sum_{i=1}^{m}x_i\cdot E_1(i,\boldsymbol{Y}^*)=\sum_{i=1}^{m}x_i\boldsymbol{A}_i\boldsymbol{Y}^*$$

即 $E_1(\boldsymbol{X}^*,\boldsymbol{Y}^*)\geqslant\boldsymbol{X}^{\mathrm{T}}\boldsymbol{A}\boldsymbol{Y}^*$，$\boldsymbol{X}=(x_1,x_2,\cdots,x_m)^{\mathrm{T}}\in S_1^*$。

类似证明，$E_2(\boldsymbol{X}^*,\boldsymbol{Y}^*)\geqslant(\boldsymbol{X}^*)^{\mathrm{T}}\boldsymbol{A}\boldsymbol{Y}$，$\boldsymbol{Y}=(y_1,y_2,\cdots,y_n)^{\mathrm{T}}\in S_2^*$。

由此可知，$(\boldsymbol{X}^*,\boldsymbol{Y}^*)$ 是双矩阵对策的均衡对。

反过来，如果(1)成立，则对任意

$$\boldsymbol{X}=(x_1,x_2,\cdots,x_m)^{\mathrm{T}}\in S_1^*,\quad \boldsymbol{Y}=(y_1,y_2,\cdots,y_n)^{\mathrm{T}}\in S_2^*$$

有

$$(\boldsymbol{X}^*)^{\mathrm{T}}\boldsymbol{A}\boldsymbol{Y}^*\geqslant\boldsymbol{X}^{\mathrm{T}}\boldsymbol{A}\boldsymbol{Y}^*,\quad(\boldsymbol{X}^*)^{\mathrm{T}}\boldsymbol{A}\boldsymbol{Y}^*\geqslant(\boldsymbol{X}^*)^{\mathrm{T}}\boldsymbol{A}\boldsymbol{Y}$$

特别地，取

$$\boldsymbol{X}=\boldsymbol{e}_i=(0,\cdots,1,\cdots,0)^{\mathrm{T}}\in S_1^*,\quad \boldsymbol{Y}=\boldsymbol{e}_j=(0,\cdots,1,\cdots,0)^{\mathrm{T}}\in S_2^*$$

代入以上不等式，则得到

$$E_1(\boldsymbol{X}^*,\boldsymbol{Y}^*)=(\boldsymbol{X}^*)^{\mathrm{T}}\boldsymbol{A}\boldsymbol{Y}^*\geqslant E_1(i,\boldsymbol{Y}^*),i=1,2,\cdots,m$$
$$E_2(\boldsymbol{X}^*,\boldsymbol{Y}^*)=(\boldsymbol{X}^*)^{\mathrm{T}}\boldsymbol{A}\boldsymbol{Y}^*\geqslant E_2(\boldsymbol{X}^*,j),j=1,2,\cdots,n$$

定理 11-8 说明，当局中人Ⅱ取定 $\boldsymbol{Y}=(y_1,y_2,\cdots,y_n)^{\mathrm{T}}\in S_2^*$ 时，局中人Ⅰ的最优策略 $\boldsymbol{X}=(x_1,x_2,\cdots,x_m)^{\mathrm{T}}$ 是问题 $\max(\boldsymbol{X})^{\mathrm{T}}\boldsymbol{A}\boldsymbol{Y}^*$ 的最优解；而当局中人Ⅰ取定 $\boldsymbol{X}=(x_1,x_2,\cdots,x_m)^{\mathrm{T}}\in S_1^*$ 时，局中人Ⅱ的最优策略 $\boldsymbol{Y}=(y_1,y_2,\cdots,y_n)^{\mathrm{T}}$ 是问题 $\max(\boldsymbol{X}^*)^{\mathrm{T}}\boldsymbol{A}\boldsymbol{Y}$ 的最优解。

例 11-14　考虑例 11-2 中“囚徒两难”问题。

Ⅰ \ Ⅱ	β_1	β_2
α_1	(−6,−6)	(0,−10)
α_2	(−10,0)	(−1,−1)

可以验证出

$$E_1(\boldsymbol{X}^*,\boldsymbol{Y}^*)=E_1(\alpha_1,\beta_1)=(1,0)\begin{pmatrix}-6&0\\-10&-1\end{pmatrix}\begin{pmatrix}1\\0\end{pmatrix}=-6$$
$$\geqslant E_1(\alpha_2,\beta_1)=(0,1)\begin{pmatrix}-6&0\\-10&-1\end{pmatrix}\begin{pmatrix}1\\0\end{pmatrix}=-10$$

类似可以验证出

$$E_2(\boldsymbol{X}^*,\boldsymbol{Y}^*)=E_2(\alpha_1,\beta_1)\geqslant E_2(\alpha_1,\beta_2)$$

在囚徒困境问题中，由于囚徒双方不能合作，可以验证此问题有唯一的均衡对 (α_1,β_1)，但它导致支付(−6,−6)，被支付为(−1,−1)的策略对 (α_2,β_2) 支配，所以也不是 Pareto 最优，故也没有严格意义上的解。如果囚徒双方合作订立“攻守同盟”，两个局中人都选择“不坦白”，策略对(α_2,β_2)导致支付对(−1,−1)，这时，(−1,−1)是支付对中的 Pareto 有效点，(α_2,β_2)是 Pareto 最优。

三、合作对策

例 11-15 夫妻争执问题。一对夫妻要去度周末，如果丈夫(局中人Ⅰ)喜爱看足球(记为 *F*)，妻子(局中人Ⅱ)喜爱听音乐会(记为 *C*)，两人又想一同去度周末，因此相互争执，两人的策略集相同：$S_1 = S_2 = \{F, C\}$。对于可能出现的各种局势给出各人的支付，假设支付矩阵$(\boldsymbol{F}, \boldsymbol{C})$为

夫＼妻	*F*	*C*
F	(3,1)	(0,0)
C	(0,0)	(1,3)

其中a_{ij}，b_{ij}可以理解为不同局势下，局中人Ⅰ，Ⅱ所得到的分值或叫满意程度。

可以验证，在非合作的情形，这一双矩阵对策有纯策略均衡对(F,F)和(C,C)，对应的支付对分别为(3，1)和(1，3)，同时，此对策还有混合扩充意义下的均衡对$(\boldsymbol{X}^*,\boldsymbol{Y}^*)$，其中$\boldsymbol{X}^* = \left(\frac{3}{4},\frac{1}{4}\right)^{\mathrm{T}}$，$\boldsymbol{Y}^* = \left(\frac{1}{4},\frac{3}{4}\right)^{\mathrm{T}}$，对应的支付对为$\left(\frac{3}{4},\frac{3}{4}\right)$。

夫妻博弈中的(*F*,*F*)和(*C*,*C*)都是 Pareto 最优均衡对，但不可交换，故没有严格意义下的解。

由此例也说明，在非合作的情形下，对策的均衡对不是唯一的，不同的均衡对所对应的各局中人的支付也未必相等。这与矩阵对策是完全不同的。

另一方面，如果更深入地分析这个例子，可以发现，如果两人事先进行协商或谈判，达成两人都可以接受的协议，则可以取得更好的结果。

设局中人Ⅰ丈夫选取混合策略$\boldsymbol{X} = (x, 1-x)^{\mathrm{T}}$，局中人Ⅱ妻子选取混合策略$\boldsymbol{Y} = (y, 1-y)^{\mathrm{T}}$，两个局中人对应的期望支付分别记为$u$和$v$，则

$$u = E_1(\boldsymbol{X},\boldsymbol{Y}) = \boldsymbol{X}^{\mathrm{T}}\boldsymbol{AY} = 4xy - x - y + 1,\quad 0 \leqslant u \leqslant 1$$

$$v = E_2(\boldsymbol{X},\boldsymbol{Y}) = \boldsymbol{X}^{\mathrm{T}}\boldsymbol{BY} = 4xy - 3x - 3y + 3,\quad 0 \leqslant v \leqslant 1$$

对于所有的x, y的取值，求出对应的支付对(u,v)，并在坐标平面$u0v$上表示出来，就得到非合作情形下两个局中人的支付区域(图 11-5(a)中的阴影区域)。

如果两个人协商，例如以抛硬币的方式决定同去看足球或去听音乐会，可以得到支付对$\frac{1}{2}(3,1) + \frac{1}{2}(1,3) = (2,2)$。而(2，2)并不在非合作区域之内，可见合作对策的损益域要大于非合作对策的区域。可以证明，合作对策的损益域是非合作对策的损益域的凸闭包 *A*0*B*

(图 11-5(b)中的阴影区域)。这一凸闭包区域 $A0B$ 也称为谈判集。

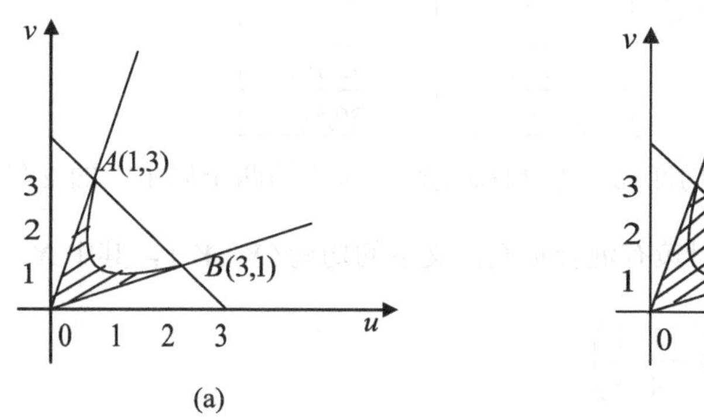

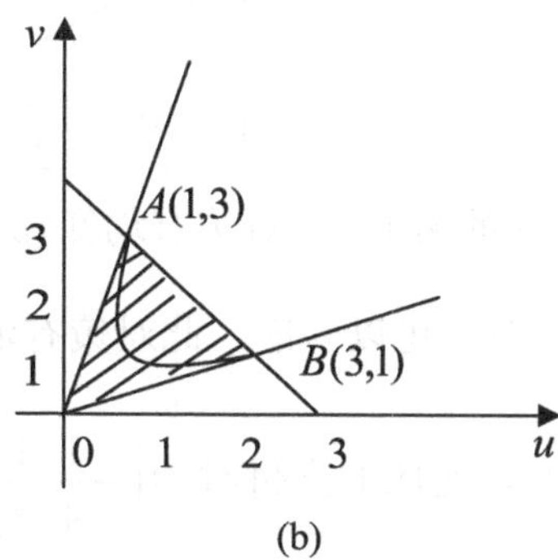

图 11-5 损益区域

在合作对策中，定义损益对 (u,v) 被损益对 (u',v') 联合支配，如果

$$(u,v) \geqslant (u',v')，且 (u,v) \neq (u',v')$$

其中，$u = E_1\left(\boldsymbol{X},\boldsymbol{Y}\right)$，$v = E_2\left(\boldsymbol{X},\boldsymbol{Y}\right)$。

定义 11-8 损益对称为 Pareto 最优，如果他不被其他损益对联合支配。所有 Pareto 最优损益对的集合称为 Pareto 最优集，记为 P。

显然，局中人只会对 Pareto 最优集中的损益对感兴趣。Neumann 在其经典著作《对策论与经济行为》一书中指出，一个合作对策的解必须是谈判集 B 的一部分。这里 $B = \{(u,v) |\ u \geqslant d_1, v \geqslant d_2, (u,v) \in P\}$，其中

$$d_1 = \max_{\boldsymbol{X}\in S_1^*} \min_{\boldsymbol{Y}\in S_2^*} E_1(\boldsymbol{X},\boldsymbol{Y})，\quad d_2 = \max_{\boldsymbol{Y}\in S_2^*} \min_{\boldsymbol{X}\in S_1^*} E_2(\boldsymbol{X},\boldsymbol{Y})$$

分别代表局中人 I 和 II 在不合作的情况下自己至少能保证得到的支付。如果低于这个支付，局中人是不会愿意合作的。纳什提出了“不变威胁谈判模型”。假设如下。

(1) H 是两个局中人合作时可以达到的支付集合，且 H 是有界凸集；

(2) $d = (d_1, d_2) \in H$ 表示在两个局中人达不成协议时将接受的支付对，$d = (d_1, d_2)$ 称为威胁点，也是两个局中人谈判的出发点。如果存在 $(u,v) \in H$，满足 $(u,v) > (d_1,d_2)$，称 (H,d) 为二人不变威胁谈判模型。

为了得到“不变威胁谈判模型”的 Pareto 最优点，需要求解线性规划问题。

$$\max_{(u,v)\in H} [(u-d_1)(v-d_2)]$$

可以证明：这一问题的最优解 (u^*,v^*) 是唯一存在的并且是 H 的 Pareto 最优点。这个解也称为谈判解。

例 11-16 考虑下面的双矩阵对策。

II / I	β_1	β_2
α_1	(5,20)	(−7,−19)
α_2	(−16,−4)	(20,5)

在非合作的情形，此对策有均衡(α_1,β_1)和(α_2,β_2)，对应的两个局中人的支付对为(5,20)和(20,5)，同时，可以验证，此对策有混合扩充意义下的均衡$(\boldsymbol{X}^*,\boldsymbol{Y}^*)$，其中$\boldsymbol{X}^*=\left(\dfrac{3}{4},\dfrac{1}{4}\right)^{\mathrm{T}}$，$\boldsymbol{Y}^*=\left(\dfrac{1}{2},\dfrac{1}{2}\right)^{\mathrm{T}}$，对应的支付对为$\left(-\dfrac{1}{4},\dfrac{1}{2}\right)$。

在合作时，两个局中人相互协商谈判，支付域如图 11-6 中的闭凸集，它是双矩阵对策中各支付对的闭凸包(图中的凸多边形 $ABCD$ 围成的区域)。

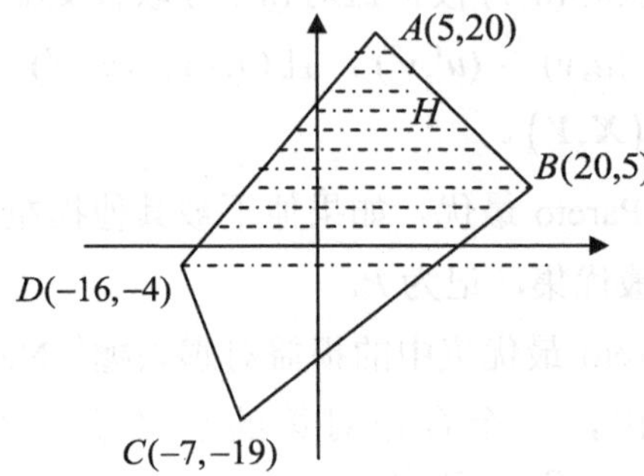

图 11-6　谈判支付域

如果取威胁点$d=(-16,-4)$，则应求解

$$\max_{(u,v)\in H}[(u+16)(v+4)]$$

注意到此问题的最优解不可能位于 H 的内部，而应位于线段 AB 上，因此只需求解

$$\max[(u+16)(v+4)]$$

$$(P)\quad\begin{cases}u+v=25\\5\leqslant u,v\leqslant 20\end{cases}$$

问题(P)的解为 $u^*=\dfrac{13}{2},v^*=\dfrac{37}{2}$。

局中人Ⅱ获得了较多的支付$v^*=\dfrac{37}{2}$，反映出局中人Ⅱ的“威胁”−4 较大，如果局中人Ⅰ不甚满意，改变了自己的威胁，而局中人Ⅱ在谈判时也提高了自己的威胁，则问题的解将发生较大的变化。

例如，如果取威胁点 $d=\left(-\frac{1}{4},\frac{1}{2}\right)$，用类似的方法可求得谈判解 $u^*=\frac{87}{8},v^*=\frac{94}{2}$，局中人Ⅰ的支付有所改进，而局中人Ⅱ的支付有所降低。

第五节　博弈论的 WinQSB 求解

WinQSB 软件应用只能求解二人有限零和对策。调用的子程序是 Decision Analysis，在图 11-7 所示对话框的 Problem Type 选项组中，选中 Two-player，Zero-sum Game 单选按钮。

例 11-17　求解例 11-10 的矩阵对策。

$$A=\begin{pmatrix}1 & 3 & 11\\ 8 & 5 & 2\end{pmatrix}$$

解：调用子程序 Decision Analysis，选择 New Problem，选中 Two-player，Zero-sum Game 单选按钮，如图 11-7 所示，输入局中人Ⅰ的策略数 2，局中人Ⅱ的策略数 3。单击 OK 按钮。

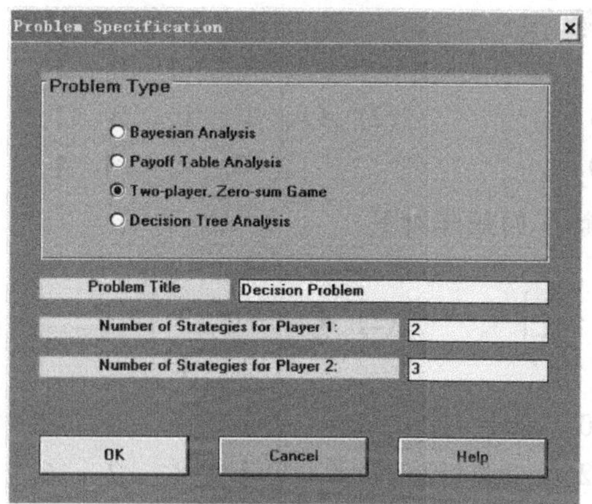

图 11-7　调用子程序界面

输入矩阵 A 的数据，如图 11-8 所示。

r Decision Problem

Player1 \ Player2	Strategy2-1	Strategy2-2	Strategy2-3
Strategy1-1	1	3	11
Strategy1-2	8	5	2

图 11-8　输入数据界面

求解得到图 11-9 所示。

局中人Ⅰ最优解为(0.27,0.73)，局中人Ⅱ最优解为(0,0.82,0.18)，对策值 4.45。

当对策有鞍点时，系统直接给出策略的解。

sion Problem

08-09-2010	Player	Strategy	Dominance	Elimination Sequence
1	1	Strategy1-1	Not Dominated	
2	1	Strategy1-2	Not Dominated	
3	2	Strategy2-1	Not Dominated	
4	2	Strategy2-2	Not Dominated	
5	2	Strategy2-3	Not Dominated	
	Player	Strategy	Optimal Probability	
1	1	Strategy1-1	0.27	
2	1	Strategy1-2	0.73	
1	2	Strategy2-1	0	
2	2	Strategy2-2	0.82	
3	2	Strategy2-3	0.18	
	Expected	Payoff	for Player 1 =	4.45

图 11-9　最优解

习　题

1. 求解以下矩阵对策。

(1) $A=\begin{pmatrix} 2 & 1 & 4 \\ 2 & 0 & 3 \\ -1 & -2 & 0 \end{pmatrix}$　　(2) $A=\begin{pmatrix} 2 & -1 & 0 & 3 \\ 1 & 0 & 3 & 2 \\ -3 & -2 & -1 & 4 \end{pmatrix}$

2. 利用优超原则求解下列矩阵对策。

(1) $A=\begin{pmatrix} 1 & 2 & 0 & 4 \\ 0 & -2 & 2 & -3 \end{pmatrix}$　　(2) $A=\begin{pmatrix} 4 & -3 \\ -1 & 3 \\ 2 & 1 \end{pmatrix}$

(3) $A=\begin{pmatrix} -3 & 3 & 0 & 2 \\ -4 & -1 & 2 & -2 \\ 1 & 1 & -2 & 0 \\ 0 & -1 & 3 & -1 \end{pmatrix}$　　(4) $A=\begin{pmatrix} 2 & 4 & 0 & -2 \\ 4 & 8 & 2 & 6 \\ -2 & 0 & 4 & 2 \\ -4 & -2 & -2 & 0 \end{pmatrix}$

3. 用线性规划法求解矩阵对策。

(1) $A=\begin{pmatrix} 8 & 2 & 4 \\ 2 & 6 & 6 \\ 6 & 4 & 4 \end{pmatrix}$　　(2) $A=\begin{pmatrix} 2 & 0 & 2 \\ 0 & 3 & 1 \\ 1 & 2 & 1 \end{pmatrix}$

4. 有一种赌博游戏，游戏者 A 拿两张牌：红 1 和黑 2，游戏者 B 也拿两张牌：红 2 黑 3。游戏时两人同时出一张牌，如果颜色相同，B 付给 A 钱，如果颜色不同，A 付给 B 钱。并规定，如果 A 出的是红 1，按两牌点数差付钱；如果 A 出的是黑 2，按两牌点数和付钱。求游戏者 A，B 的最优策略。这游戏合理吗？

5. 要杀害四类害虫β_1，β_2，β_3，β_4，有四种杀虫剂α_1，α_2，α_3，α_4，每单位药量喷洒杀伤每一类害虫的能力(单位：10 万)如支付矩阵 $\boldsymbol{A}$ 所示，问：如何配方才能使杀伤能力最优？

$$\boldsymbol{A}=\begin{pmatrix} 6 & 15 & 6 & 6 \\ 12 & 6 & 6 & 6 \\ 6 & 6 & 21 & 6 \\ 6 & 6 & 6 & 18 \end{pmatrix}$$

6. 某公司生产某种产品，缺少一种元件需要向其他厂商进货，目前市场上有厂商可提供这种元件，但进货的优劣直接影响产品的性能。第一家厂商提供的是“三级品”，每只售价 1 元，但如果是次品，则因此而带来的更换、测试、检验费用将达到 9 元，加上本身进价总共每只 10 元；第二家厂商提供的是“二级品”，每只售价 6 元，但次品保换直到使元件正常为止；第三家厂商提供的是“一级品”，每只售价 10 元，厂商保证，若发现是次品可以换货并原价退款。问：该公司怎样制定订货策略？

附录　各章习题参考答案

第二章

1．(1)　可行域为空集，无可行解。

(2) 在点(0,5)处，取得最优解为 Z=−15。

(3) 在点(0,6)处，取得最优解为 Z=12。

(4) 可行域无界，目标函数无界。

2．(1)　引入松弛变量，x_5, x_6；令 $x_3 = x_3' - x_3''$。

标准型为

$$\max Z = 3x_1 + 5x_2 - 4x_3' + 4x_3'' + 2x_4$$

$$\text{s.t.}\begin{cases} 2x_1 + 6x_2 - x_3' + x_3'' + 2x_4 + x_5 = 18 \\ x_1 - 3x_2 + 2x_3' - 2x_3'' - 2x_4 - x_6 = 13 \\ -x_1 + 4x_2 - 3x_3' + 3x_3'' - 5x_4 = 9 \\ x_1, x_2, x_3', x_3'', x_4, x_5, x_6 \geqslant 0 \end{cases}$$

(2) 令 $z = -f$，引入松弛变量，x_4, x_5；令 $x_2' = -x_2$，$x_3 = x_3' - x_3''$。

标准型为

$$\max Z = x_1 + 5x_2' + 2x_3' - 2x_3''$$

$$\text{s.t.}\begin{cases} 3x_1 - 2x_2' - 4x_3' + 4x_3'' - x_4 = 6 \\ 2x_1 + 3x_2' + x_3' - x_3'' - x_5 = 5 \\ x_1 - x_2' + x_3' - x_3'' = 9 \\ x_1, x_2', x_3', x_3'', x_4, x_5 \geqslant 0 \end{cases}$$

3．先化为标准型，求得最优解为 $\boldsymbol{x} = (14/3, 0, 2/3, 0, 0)^{\mathrm{T}}$，$z = 26/3$。

4．(1)　没有最优解。

(2) 最优解 $\boldsymbol{x} = (0,4,0,4)^{\mathrm{T}}$，$z = 4$。

(3) 最优解 $\boldsymbol{x} = (6,0,6,0,0,15)^{\mathrm{T}}$，非基变量检验数为 0，存在无穷最优解。

(4) 最优解 $\boldsymbol{x} = (0,8/3,0,4,14/3,0,0)^{\mathrm{T}}$，$z = -68/3$。

5．(1)　最优解 $\boldsymbol{x} = (3,0)^{\mathrm{T}}$，$z = 9$。

(2) 最优解 $\boldsymbol{x} = (3,2,5)^{\mathrm{T}}$，$z = 29$。

6．设决策变量 x_{11}， x_{12} 分别表示第一年投资到项目Ⅰ，Ⅱ的资金额。x_{21}， x_{23} 分别表示第二年投资到项目Ⅰ，Ⅲ的资金额。x_{31}，x_{34} 分别表示第三年投资到项目Ⅰ，Ⅳ的资金额。得到线性规划模型如下。

$$\max Z = 0.2x_{11} + 0.2x_{21} + 0.2x_{31} + 0.5x_{12} + 0.6x_{23} + 0.4x_{34}$$

$$\text{s.t.}\begin{cases} x_{11} + x_{12} \leqslant 300\,000 \\ -0.2x_{11} + x_{21} + x_{12} + x_{23} \leqslant 300\,000 \\ -0.2x_{11} - 0.2x_{21} + x_{31} - 0.5x_{12} + x_{23} + x_{34} \leqslant 300\,000 \\ x_{12} \leqslant 200\,000 \\ x_{23} \leqslant 150\,000 \\ x_{34} \leqslant 100\,000 \\ x_{11},\ x_{21},\ x_{31},\ x_{12},\ x_{23},\ x_{34} \geqslant 0 \end{cases}$$

7．设 5 种饲料分别选取 x_1，x_2，x_3，x_4，x_5 千克，得到下面的数学模型。

$$\max Z = 0.2x_1 + 0.7x_2 + 0.4x_3 + 0.3x_4 + 0.8x_5$$

$$\text{s.t.}\begin{cases} 3x_1 + 2x_2 + x_3 + 6x_4 + 12x_5 \geqslant 700 \\ x_1 + 0.5x_2 + 0.2x_3 + 2x_4 + 0.5x_5 \geqslant 30 \\ 0.5x_1 + x_2 + 0.2x_3 + 2x_4 + 0.8x_5 \geqslant 100 \\ x_1,\ x_2,\ x_3,\ x_4,\ x_5 \geqslant 0 \end{cases}$$

8．设 x_1，x_2，x_3，x_4，x_5，x_6 为每个班开始上班服务员人数。则数学模型为

$$\min Z = x_1 + x_2 + x_3 + x_4 + x_5 + x_6$$

$$\text{s.t.}\begin{cases} x_6 + x_1 \geqslant 80 \\ x_1 + x_2 \geqslant 90 \\ x_2 + x_3 \geqslant 80 \\ x_3 + x_4 \geqslant 70 \\ x_4 + x_5 \geqslant 40 \\ x_5 + x_6 \geqslant 30 \\ x_1,\ x_2,\ x_3,\ x_4,\ x_5,\ x_6 \geqslant 0 \end{cases}$$

9．设 x_{ij} 为第 i 个季度生产的产品 j 的数量，s_{ij} 为第 i 个季度末需库存的产品 j 的数量，t_{ij} 为第 i 个季度不能交货的产品 j 的数量，y_{ij} 为第 i 个季度对产品 j 的预定数量，可以建立如下模型。

$$\min Z = \sum_{i=1}^{4}[20(t_{i1} + t_{i2}) + 15t_{i3}] + 5\sum_{i=1}^{3}\sum_{j=1}^{3}s_{ij}$$

$$
\text{s.t.}\begin{cases} x_{i1}+x_{i2}+x_{i3}\leqslant 15\,000,\ i=1,2,3,4 \\ x_{21}=0 \\ \sum_{i=1}^{4}x_{ij}=\sum_{i=1}^{4}y_{ij}+150,\ j=1,2,3 \\ \sum_{k=1}^{i}x_{kj}+t_{ij}-s_{ij}=\sum_{k=1}^{i}y_{kj},\ i=1,2,3,4;\ j=1,2,3 \\ x_{ij},\ s_{ij},\ t_{ij}\geqslant 0 \end{cases}
$$

10．设 x_i，y_i 分别表示第 i 周用于生产服装Ⅰ或服装Ⅱ的工人数，z_i 表示第 i 周开始加班的工人数，w_i 表示从第 i 周开始参加培训新工人的熟练工人数，u_i 表示从第 i 周开始接受培训的新工人数，v_{i1} 和 v_{i2} 分别表示第 i 周没有能按期交货的服装Ⅰ或服装Ⅱ的数量，M_{i1} 和 M_{i2} 分别为第 i 周对服装Ⅰ或服装Ⅱ的订货量，则有

$$
\min Z=\sum_{i=1}^{8}600z_i+\sum_{i=1}^{8}(10v_{i1}+20v_{i2})+\sum_{i=1}^{8}[80+260(8-i)]u_i
$$

$$
\text{s.t.}\begin{cases} \sum_{i=1}^{k}(400x_i+v_{i1})=\sum_{i=1}^{k}M_{i1},\ k=1,2,\cdots,8 \\ \sum_{i=1}^{k}(240y_i+v_{i2})=\sum_{i=1}^{k}M_{i2},\ k=1,2,\cdots,8 \\ x_1+y_1+w_1=100+0.25z_1 \\ x_i+y_i+w_i=100+\sum_{i=1}^{8}(u_t+0.25z_i),2\leqslant i\leqslant 8 \\ \sum_{i=1}^{8}u_t=100 \\ u_i\leqslant 5w_i,1\leqslant i\leqslant 8 \\ x_i,\ y_i,\ z_i,\ w_i,\ u_i,\ v_{i1},\ v_{i2}\geqslant 0 \end{cases}
$$

第三章

1．(1)

$$
\min w=5y_1+7y_2+9y_3
$$

$$
\text{s.t.}\begin{cases} y_1+4y_2+3y_3\geqslant 3 \\ y_1+2y_2+2y_3\geqslant 2 \\ 2y_1-y_2+y_3\geqslant 1 \\ y_1,y_2,y_3\geqslant 0 \end{cases}
$$

(2)

$$
\max w=5y_1+7y_2+10y_3
$$

$$
\text{s.t.}\begin{cases} 3y_1+2y_2-y_3\leqslant 1 \\ -y_1-4y_2+2y_3\leqslant -2 \\ 2y_1-y_2+4y_3=-3 \\ y_1\leqslant 0,y_2\geqslant 0,y_3\text{无约束} \end{cases}
$$

(3)
$$\min w = 5y_1 - 8y_2 + 10y_3$$
$$\text{s.t.}\begin{cases} -y_1 - 6y_2 + 12y_3 \geqslant 1 \\ y_1 - 7y_2 - 9y_3 = 2 \\ -y_1 + y_2 + 7y_3 \geqslant -3 \\ -3y_1 - 5y_2 + 6y_3 = 4 \\ y_1\text{无符号限制}, y_2, y_3 \geqslant 0 \end{cases}$$

(4)
$$\max w = 8y_1 + 15y_2 + 30y_3$$
$$\text{s.t.}\begin{cases} 2y_1 + 8y_2 = 5 \\ 5y_2 + 4y_3 \leqslant -4 \\ 7y_1 - 4y_2 + 6y_3 \leqslant 3 \\ y_1 \geqslant 0, y_2 \leqslant 0, y_3\text{无约束} \end{cases}$$

(5)
$$\min w = 5y_1 - 8y_2 + 10y_3$$
$$\text{s.t.}\begin{cases} -y_1 - 6y_2 + 12y_3 \geqslant 1 \\ y_1 - 7y_2 - 9y_3 = 2 \\ -y_1 + y_2 + 7y_3 \geqslant -3 \\ -3y_1 - 5y_2 + 6y_3 = 4 \\ y_1\text{无符号限制}, y_2, y_3 \geqslant 0 \end{cases}$$

2．(1)　原问题的对偶问题如下。

$$\min f = 2y_1 + y_2$$
$$\text{s.t.}\begin{cases} -y_1 - y_2 \geqslant 2 \\ y_1 + y_2 \geqslant 2 \\ y_1 - y_2 \geqslant 0 \\ y_1, y_2 \geqslant 0 \end{cases}$$

原有问题有可行解 $\boldsymbol{x} = (0,0,0)^{\mathrm{T}}$，但是对偶问题无可行解。

(2)　原问题的对偶问题如下。

$$\max f = -4y_1 + 6y_2$$
$$\text{s.t.}\begin{cases} 2y_1 + 2y_2 \leqslant 1 \\ -y_1 + y_2 \leqslant 2 \\ y_1 \leqslant 1 \\ y_1 \geqslant 0,\ y_2\text{无符号限制} \end{cases}$$

原有问题有可行解 $\boldsymbol{x} = (6,0,0)^{\mathrm{T}}$，但是对偶问题有可行解 $\boldsymbol{y} = (0,-1)^{\mathrm{T}}$，故原问题有最优解。

3．(1)　写出如下对偶规划。

$$\max Z = 5y_1 + 6y_2 + 8y_3 + 7y_4$$
$$\text{s.t.}\begin{cases} y_1 + y_2 \leqslant 1 \\ y_2 + y_3 \leqslant 1 \\ y_3 + y_4 \leqslant 1 \\ y_1 + y_4 \leqslant 1 \\ y_1, y_2, y_3, y_4 \geqslant 0 \end{cases}$$

(2) 表 1 所示为最优单纯形表。

表 1　最优单纯形表(1)

c_j			5	6	8	7	0	0	0	0
c_B	x_B	b	y_1	y_2	y_3	y_4	y_5	y_6	y_7	y_8
5	y_1	1	1	1	0	0	1	0	0	0
8	y_2	1	0	1	1	0	0	1	0	0
7	y_4	0	0	−1	0	1	0	−1	1	0
0	y_8	0	1	0	0	0	−1	1	−1	1
		σ_j	0	0	0	0	−5	−1	−7	0

原规划的最优解 $\boldsymbol{x}=(5,1,7,0)^{\mathrm{T}}$ 。

(3) 避免引入人工变量，避免用大 M 法或两阶段法，简化了计算。

4.

式(1)和式(2)可以分别转化为各自的对偶问题，分别为

$\min f=b^{\mathrm{T}}y$　　　$\min f=b^{*\mathrm{T}}y$

$\text{s.t.}\begin{cases}A^{\mathrm{T}}y\geqslant c^{\mathrm{T}}\\ y\text{无非负限制}\end{cases}$ 和 $\text{s.t.}\begin{cases}A^{\mathrm{T}}y\geqslant c^{\mathrm{T}}\\ y\text{无非负限制}\end{cases}$

再根据对偶的性质可以得证。

5.

(1) 最优值为 $Z^*=22/3$，最优解为 $x^*=(2/3,2,0)^{\mathrm{T}}$ 。

(2) 最优值为 $Z^*=-2$，最优解为 $x^*=(2,0,0,0,6,2)^{\mathrm{T}}$ 。

6.

(1) $c_1\in[3/2,+\infty]$ 最优解保持不变。$c_2\in[0,4]$ 时，最优解保持不变。

(2) $b_3\in[8,16]$ 最优解保持不变。

(3) $c_2=5$ 超出最优解保持不变的范围，重新求得最优解为 $x^*=(2,3,2,0,8,0)^{\mathrm{T}}$，最优值为 $Z^*=19$ 。

(4) $b_3=4$ 超出最优解保持不变的范围，重新求得最优解为 $x^*=(1,3,4,1,0,0)^{\mathrm{T}}$，最优值为 $Z^*=11$ 。

(5) 最优解为 $x^*=(3,5/2,1,0,4,2,0)^{\mathrm{T}}$，最优值为 $Z^*=27/2$ 。

(6) $\sigma_4=c_4-y^{\mathrm{T}}P_4'$ 。

7.

(1) 设 $x_i,i=1,2,3$ 为生产三种产品的数量

$$\max Z = 3x_1 + 2x_2 + 2.9x_3$$
$$\text{s.t.}\begin{cases}8x_1 + 16x_2 + 10x_3 \leqslant 304\\10x_1 + 5x_2 + 8x_3 \leqslant 304\\2x_1 + 13x_2 + 10x_3 \leqslant 420\\x_1, x_2, x_3 \geqslant 0\end{cases}$$

解得生产Ⅰ产品 38 单位，可以使得工厂获利最大为 114 千元。

(2) 当 $-304 \leqslant \Delta b_1 \leqslant 16$ 最优解不变，现在 $\Delta b_1 = 60$ 故最优解变化。最优解为 $x^* = (544/8, 0, 110/9, 0, 0, 712/3)^{\mathrm{T}}$，最优值为 $Z^* = 1135/9$。$\Delta Z = 126.111 - 114 = 12.111 < 18$，故不合算。

(3) 设新产品Ⅳ和Ⅴ的产量分别为 x_7 和 x_8。

分别计算检验数 $\sigma_7 = -2.4 < 0$ 和 $\sigma_8 = 0.37 > 0$，故不生产产品Ⅳ，而应该生产产品Ⅴ。

(4) 因为影子价格为 0，增加设备乙的台时不会增加总利润。

8.

(1) 设 $x_i, i = 1,2,3$ 为甲、乙和丙的产量

$$\max Z = 4x_1 + x_2 + 5x_3$$
$$\text{s.t.}\begin{cases}6x_1 + 3x_2 + 5x_3 \leqslant 45\\3x_1 + 4x_2 + 5x_3 \leqslant 30\\x_1, x_2, x_3 \geqslant 0\end{cases}$$

最优解为 $x^* = (5, 0, 3)^{\mathrm{T}}$，最优值为 $Z^* = 35$。

(2) 产品甲利润变化范围为[3,6]。

(3) 安排生产丁有利，丁产品生产 15 件，其他产品不生产。

(4) 购进 15 个单位原料 B。

(5) 最优解为 $x^* = (0, 0, 6)^{\mathrm{T}}$，最优值为 $Z^* = 30$。

第四章

1. (1) $x_1 = 2, x_2 = 1, \max Z = 3$ (2) $x_1 = 5, x_2 = 5, \max Z = 35$

2. (1) $x_1 = 5, x_2 = 1, \max Z = 11$ (2) $x_1 = 2, x_2 = 2, \max Z = 18$

3. $\boldsymbol{X} = (1, 0, 1, 1), \max Z = 14$

4. $\boldsymbol{X} = \begin{bmatrix}0 & 1 & 0 & 0\\1 & 0 & 0 & 0\\0 & 0 & 1 & 0\\0 & 0 & 0 & 1\end{bmatrix}$

5．最优解为：工人 1—C，工人 2—A，工人 3—B，工人 4—D。

6．由下列运动员混合接力：张仰泳，王蛙泳，钱蝶泳，赵自由泳，总成绩 126.2s。

7．假设第五人是戊，他完成各项工作的时间取甲、乙、丙、丁 4 人中最小的，构造表 2 如下。

表 2　任务分派平衡表

任务 人	A	B	C	D	E
甲	25	29	31	42	37
乙	39	38	26	20	33
丙	34	27	28	40	32
丁	24	42	36	23	45
戊	24	27	26	20	32

对表 A-2 用匈牙利法求解，得甲—B，乙—B 和 C，丙—E，丁—A，总计用时 131s 。

第五章

1．(1)　根据目标函数的优先因子分析，最优解 $2x_1+3x_2=10$ 的(26/7,6/7)点到(5,0)点线段上所有点。

(2)　根据目标函数的优先因子分析，最优解为(2,2)。

2．(1)最终单纯形表如表 3 所示。

表 3　最优单纯形表(2)

c_j							P_2	P_3	P_1		P_3
C_B	X_B	b	x_1	x_2	x_3	d_1^+	d_2^+	d_3^+	d_1^-	d_2^-	d_3^-
0	x_3	10	0	0	1	−1	1	2	1	−1	−2
0	x_1	10	1	0	0	1/2	−1	−3/2	−1/2	−1	3/2
0	x_2	20	0	1	0	−3/2	2	5/2	3/2	−2	−5/2
c_j-z_j		P_1							1		
		P_2					1				
		P_3						1			1

(2)　最终单纯形表如表 4 所示。

表 4　最优单纯形表(3)

c_j							P_1	P_2	P_3
C_B	X_B	b	x_1	x_2	x_3	d_1^+	d_2^+	d_1^-	d_2^-
0	x_2	4.7	0	1	0	−5/4	1/8	5/4	−1/8
0	x_1	0.6	1	0	0	3/2	−1/4	−3/2	1/4
0	x_3	2.1	0	0	1	−7/4	3/8	7/4	−3/8
c_j-z_j		P_1					1		1
		P_2						1	

3．最优单纯形表如表 5 所示。

表 5　最优单纯形表(4)

c_j							P_2		P_1		P_3
C_B	X_B	b	x_1	x_2	x_3	d_1^+	d_2^+	d_3^+	d_1^-	d_2^-	d_3^-
P_2	d_2^+	0	0	0	−11/5	−1/5	1	0	1/5	−1	0
0	x_2	165/8	0	1	5/4	−3/20	0	−1/16	3/20	0	1/16
0	x_1	5/8	1	0	9/20	1/20	0	−1/16	−1/20	0	1/16
c_j-z_j		P_1							1		
		P_2			11/5	1/5	1		−1/5	1	
		P_3									1

(1)　该目标规划满意解为：$\boldsymbol{x}=(5/8,165/8)^{\mathrm{T}}, d_i^+=d_i^-=0$，$i$=1，2，min Z=0。

(2)　$\Delta\boldsymbol{b}=(0,0,5)^{\mathrm{T}}$ 时，$\boldsymbol{x}=(15/16,335/16)^{\mathrm{T}}, d_i^+=d_i^-=0$，$i$=1，2，min Z=0。

(3)　若目标函数变为 $\min z=p_1(d_1^-+d_2^-)+p_3d_3^-$，重新计算检验数。最优满意解没有变化，$\boldsymbol{x}=(5/8,165/8)^{\mathrm{T}}, d_i^+=d_i^-=0$，$i$=1，2，min Z=0。

(4)　若第二个约束右端改为 45，$\boldsymbol{x}=(5/8,165/8)^{\mathrm{T}}, d_2^-=25$，其余 i=1，2，$d_i^+=d_i^-=0$，i=1，2，min Z=0。

4．所求模型为

$$\min f=p_1d_1^-+p_2(d_2^-+d_2^+)$$

$$\text{s.t.}\begin{cases}11x_1+3x_2\geqslant 25\\100x_1+50x_2+d_1^--d_1^+=1900\\10x_1+16x_2+d_2^--d_2^+=200\\x_1,x_2,d_1^-,d_1^+,d_2^-,d_2^+\geqslant 0\end{cases}$$

5．设每周生产窗帘 $x_1 h$，衣料布 $x_2 h$，所求模型为

$$\min f = p_1 d_1^- + p_2 d_2^+ + p_3(5d_3^- + 3d_4^-) + p_4 d_1^+$$

$$\text{s.t.}\begin{cases} x_1 + x_2 + d_1^- - d_1^+ = 80 \\ d_1^+ + d_2^- - d_2^+ = 10 \\ x_1 + d_3^- = 70 \\ x_2 + d_4^- = 45 \\ x_i, d_j^-, d_j^+ \geqslant 0,\ i = 1,2;\ j = 1,2,3,4 \end{cases}$$

6．设三种产品的产量分别为 x_1，x_2，x_3。

$$\min f = p_1 d_1^- + p_2 d_2^- + p_3 d_3^+ + p_4(d_4^- + d_4^+ + d_5^- + d_5^+ + d_6^- + d_6^+)$$

$$\text{s.t.}\begin{cases} 25\,000x_1 + 32\,500x_2 + 40\,000x_3 + d_1^- - d_1^+ = 490\,000 \\ 30x_1 + 40x_2 + 50x_3 + d_2^- - d_2^+ = 600 \\ d_2^+ + d_3^- - d_3^+ = 30 \\ x_1 + d_4^- - d_4^+ = 8 \\ x_2 + d_5^- - d_5^+ = 6 \\ x_3 + d_6^- - d_6^+ = 4 \\ x_i, d_j^-, d_j^+ \geqslant 0, i = 1,2,3; j = 1,2,3,4,5,6 \end{cases}$$

7．设每周产品 A 生产 x_1 件，产品 B 生产 x_2 件，则所求目标规划模型为

$$\min f = p_1 d_1^- + p_2 d_2^- + p_3(d_3^- + 4d_4^- + 5d_5^-)$$

$$\text{s.t.}\begin{cases} 340x_1 + 601x_3 + d_1^- - d_1^+ = 3000 \\ x_1 + d_2^- - d_2^+ = 7 \\ 20x_1 + d_3^- = 160 \\ 5x_1 + 8x_2 + d_4^- = 90 \\ 3x_1 + 6x_2 + d_5^- = 40 \\ x_i \geqslant 0,\ i = 1,2 \\ d_j^-, d_j^+ \geqslant 0,\ j = 1,2,\cdots,5 \end{cases}$$

第六章

1．(1)运输方案之一如表 6 所示。

表 6 最优运输方案(1)

产地＼销地	甲	乙	丙	丁
1 分厂	0	250	0	50
2 分厂	400	0	0	0
3 分厂	0	0	350	150

计算总费用为 19 800。

(2) 运输方案如表 7 所示。

表 7 最优运输方案(2)

产地＼销地	甲	乙	丙	丁
1 分厂	0	250	0	0
2 分厂	400	0	0	200
3 分厂	0	0	350	0

计算总费用为 19 050。

(3) 运输方案如表 8 所示。

表 8 最优运输方案(3)

产地＼销地	甲	乙	丙	丁
1 分厂	50	250	0	0
2 分厂	400	0	0	0
3 分厂	0	0	350	150

计算总费用为 19 600。

2. (1) 用最小元素法求出此运输问题的初始解如表 9 所示。

表 9 初始解

产地＼销地	甲	乙	丙	产 量
1 分厂	0	0	15	15
2 分厂	10	10	5	25
3 分厂	10	0	0	10
销量	20	10	20	

(2) 用表上作业法求出此运输问题的最优解如表 10 所示。

表 10　最优解(1)

产地＼销地	甲	乙	丙	产　量
1 分厂	0	0	15	15
2 分厂	20	5	0	25
3 分厂	0	5	5	10
销量	20	10	20	

计算总费用为 145。

(3) 该运输问题只有一个最优解如表 11 所示，因为其检验数均不为 0。

(4) 用表上作业法求出其最优运输方案，总费用为 145。

表 11　最优解(2)

产地＼销地	甲	乙	丙
1 分厂	0	0	15
2 分厂	25	0	0

3．增加一个假想需求部门丁，最优调运方案如表 12 所示，将 A 调运给丁 500 件，表明玩具 A 有 500 件销不出去。

表 12　最优分配方案

产地＼销地	甲	乙	丙	丁	产　量
A		500		500	1000
B	1500	500			2000
C		500	1500		2000
销售量	1500	1500	1500	500	

4．设 x_{ij} 为第 i 年生产第 j 年交货的货轮数，c_{ij} 为相应的货轮成本(生产费＋存储费)，则该问题可列出如表 13 所示的产销平衡与单位运价表。

表 13 产销平衡及单位运价

	第一年	第二年	第三年	第三年年末存储	多余	产 量
起初存储	0	40	80	120	0	2
第一年正常生产数	500	540	580	620	0	2
第一年加班生产数	570	610	650	690	0	3
第二年正常生产数	M	600	640	680	0	4
第二年加班生产数	M	670	710	750	0	2
第三年正常生产数	M	M	550	590	0	1
第三年加班生产数	M	M	620	660	0	3
需要量	3	3	3	1	7	

5．运输费用表如表 14 所示。

表 14 产销平衡及单位费用

产地＼销地	甲	甲′	乙	丙	丙′	供 应
A	15	15	18	22	22	400
B	21	21	25	16	16	450
C	M	0	M	M	0	70
需求	290	30	250	270	80	

6．最优方案如表 15 所示。

表 15 最优方案

产地＼销地	1	2	虚
正常 1	55		
加班 1	20		
外协 1			20
正常 2		60	
加班 2	5	5	15
外协 2			20

计算最低费用为 9150 元。

第七章

1．最佳配送路线为$v_1 \rightarrow v_2 \rightarrow v_3 \rightarrow v_5 \rightarrow v_7$。送货的最短时间为27分钟。

2．化为求最短路径问题，最优更新策略为于每年末都换一台新机器，到第四年年末处理掉，总费用为4.2万元。

3．按图1来架设费用最省。

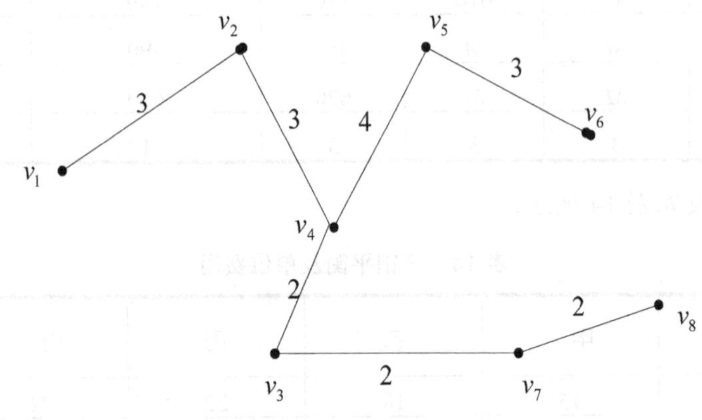

图1　最小生成树

4．最大流量为20。

5．最大流量为6，费用为84。

第八章

1．最短路径有三条，分别为：$Q \rightarrow A_2 \rightarrow B_1 \rightarrow C_1 \rightarrow T$，$Q \rightarrow A_3 \rightarrow B_1 \rightarrow C_1 \rightarrow T$和$Q \rightarrow A_3 \rightarrow B_2 \rightarrow C_2 \rightarrow T$。最小费用为11万元。

2．该公司应分给1店3人，2店1人，3店2人，这样预计每年赢利最大为15万元。

3．最优决策为：在第一个地区设置2个销售点，在第二个地区设置1个销售点，在第三个地区设置1个销售点。每月可获总利润为47。

4．最优解有两个：①$x_1 = 3$，$x_2 = 0$，$x_3 = 1$；②$x_1 = 2$，$x_2 = 2$，$x_3 = 0$。总利润为480元。

5．最优解有三个：①$x_1 = 1$，$x_2 = 3$，$x_3 = 1$，$x_4 = 0$；②$x_1 = 2$，$x_2 = 1$，$x_3 = 2$，$x_4 = 0$；③$x_1 = 0$，$x_2 = 5$，$x_3 = 0$，$x_4 = 0$。最大价值为20千元。

6．最佳生产量为：$x_1 = 110$，$x_2 = 110.5$，$x_3 = 109.5$；总的最低费用为36 321元。

7．各月份生产货物数量的最优决策如表 16 所示。

表 16　最优决策

月　份	1	2	3	4	5	6
生产货物量/百件	4	0	4	3	3	0

8．最优方案为：A_1 备用 1 个，A_2 备用 1 个，A_3 备用 3 个，其总费用为 8 千元，提高设备的可靠性为 0.042。

9．最优解为：第一年继续使用，第二年继续使用，第三年更新，第四年继续使用，第五年继续使用。总成本为 4500 元。

第九章

1．(1)　经济订购批量 $Q^* \approx 579.66$ 件；

(2)　再订货点为 96 件；

(3)　两次订货所间隔的时间约为 30.19 工作日；

(4)　每年订货与存储的总费用约为 5796.55 元。

2．(1)　经济订购批量 $Q^* \approx 1314.53$ 吨；

(2)　再订货点为 276.16 吨；

(3)　两次订货所间隔的时间为 33.32 天；

(4)　每次订货和存储的总费用为 39 436.02 元。

3．(1)　经济订购批量 $Q^* \approx 7221$ 箱；

(2)　$Q^{*\prime} = Q^* \sqrt{\dfrac{i}{i'}}$

4．$t^* = 1.4$ 个月，$Q^* \approx 566$ 件，$T^* \approx 0.7$ 个月，$S^* \approx 283$ 件，$f^* \approx 2141.4$ 元/月。

5．(1) $Q^* \approx 158$ 吨，$t^* \approx 0.152$ 年，$f^* \approx 1\,274\,858$ 元/年；

(2)　$n = 7$ 次，$Q = 148\dfrac{4}{7}$ 吨，$f^* \approx 1\,274\,908$ 元/年。

6．(1)　最优订货批量 $Q^* \approx 685.86$ 件。

(2)　再订货点为－99.96 件。

(3)　两次订货所间隔的时间约为 35.7 工作日。

(4)　每年总费用约为 4898.98 元。

(5)　显然，允许缺货的总费用少。在允许缺货的条件下，企业可以支付一些缺货费，少支付一些存储费和订货费，从而可以在总费用上有所节省。

7．$Q^* = 1500$ 个。

8. $Q^*=14$ 件。

9. (1) 应进 196 棵；

(2) 期望利润值为 1827.28 元；

(3) 未能销售出去的圣诞树的期望值为 5.09 棵。

10. 缓冲储备 $S=69$ 。

第十章

1. (1) 用期望值法订购 100 本，期望损失最小法订购 100 本；

(2) 获最大利润 230 元；

(3) 愿意付出 230−160=70 元的调查费用。

2. (1) 损益表如表 17 所示。

表 17 损益表

方案 \ 收益 \ 状态	E_1	E_2	E_3
Ⅰ	50	50	90
Ⅱ	2	56	104
Ⅲ	−4	59	115

(2) 分别用悲观法收益 5，选取方案Ⅰ；乐观法收益 115，选取方案Ⅲ；等可能法收益 56，选取方案Ⅲ。

(3) 建立后悔值矩阵如表 18 所示。

表 18 后悔值决策表

方案 \ 收益 \ 状态	E_1	E_2	E_3
Ⅰ	0	9	25
Ⅱ	3	3	11
Ⅲ	9	0	0

用后悔值法决定采用设计方案Ⅲ。

3. 最优决策是订购一台备用件；期望利润为 14.8 万元。

4. 决策树如图 2 所示，选择方案 a_2 。

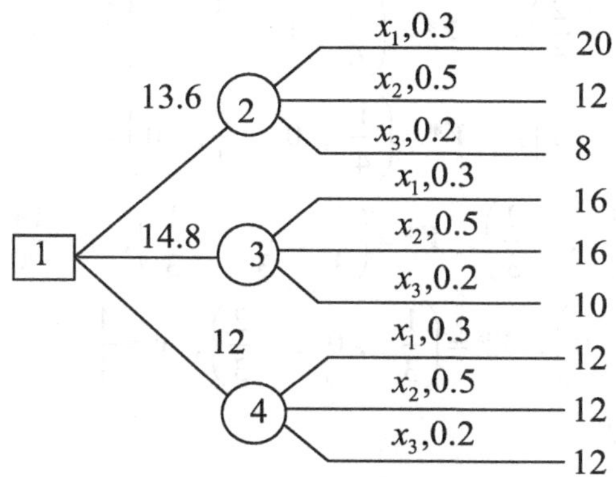

图 2 决策树(1)

5．决策树如图 3 所示，最优策略为不搬走设备并筑堤。

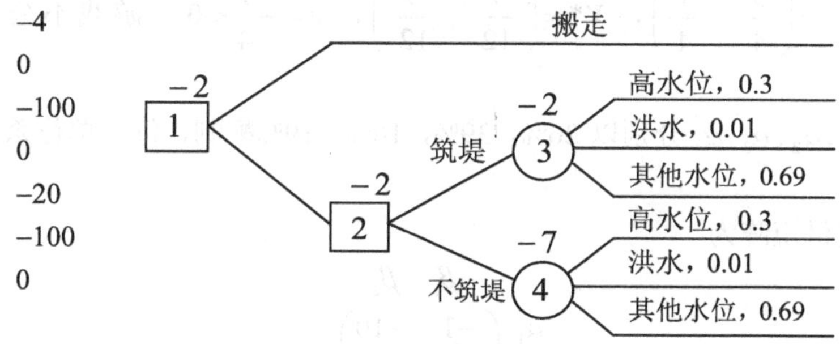

图 3 决策树(2)

6．对点 $(-10,0)$，$(10,0.16)$，$(40,1)$，用二次多项式函数 $u(x)=ax^2+bx+c$ 拟合，由多项式回归可求得 A 先生的效用函数为 $u(x)=\dfrac{x^2}{2500}+\dfrac{x}{125}+\dfrac{1}{25}$，$u(20)=0.36<0.4$，所以 A 先生宁愿选择方案 s_2。

第十一章

1．(1) (a_1,b_2)，$v=1$ (2) (a_2,b_2)，$v=0$

2．(1) $\boldsymbol{X}^*=\left(\dfrac{2}{3},\ \dfrac{1}{3}\right)$，$\boldsymbol{Y}^*=\left(\dfrac{2}{3},0,\ \dfrac{1}{3},\ 0\right)$，$v=\dfrac{2}{3}$

(2) $\boldsymbol{X}^*=\left(0,\ \dfrac{1}{5},\ \dfrac{4}{5}\right)$，$\boldsymbol{Y}^*=\left(\dfrac{2}{5},\ \dfrac{3}{5}\right)$，$v=\dfrac{7}{5}$

(3) $X^*=\left(\frac{1}{6},\ 0,\ \frac{3}{6},\ \frac{2}{6}\right)$， $Y^*=\left(\frac{2}{6},\ 0,\ \frac{1}{6},\ \frac{3}{6}\right)$， $v=0$

(4) $X^*=\left(0,\ \frac{3}{4},\ \frac{1}{4},\ 0\right)$， $Y^*=\left(\frac{1}{4},\ 0,\ \frac{3}{4},\ 0\right)$， $v=\frac{5}{2}$

3．(1) $X^*=\left(0,\ \frac{1}{3},\ \frac{2}{3}\right)$，$Y^*=\left(\frac{1}{3},\ \frac{1}{3},\ \frac{1}{3}\right)$，$v=\frac{14}{3}$

(2) $X^*=\left(\frac{2}{3},\ \frac{1}{3},\ 0\right)$，$Y^*=\left(\frac{1}{3},\ 0,\ \frac{2}{3}\right)$，$v=\frac{4}{3}$

4．A 方的赢的矩阵为

	红2	黑3
红1	1	−2
黑2	−4	5

解之得：$X^*=\left(\frac{3}{4},\ \frac{1}{4}\right)$，$Y^*=\left(\frac{7}{12},\ \frac{5}{12}\right)$，$v=-\frac{1}{4}<0$，游戏不公平，对 B 方有利。

5．杀虫剂$\alpha_1,\alpha_2,\alpha_3,\alpha_4$分别以 26%，39%，16%，19%配制，每一单位杀虫剂至少杀伤 83.4 万个害虫。

6．公司的交付矩阵为

	β_1	β_2
α_1	−1	−10
α_2	−6	−6
α_3	−10	0

α_1——购买第一家；α_2——购买第二家；α_3——购买第三家；

β_1产品为正品；β_2产品为次品。公司的最优混合策略是(0,1,0)，即购买第二家的。

参 考 文 献

1．Garfinkel R S, Nemhauser G L. Integer Programming, NewYork: Wiley,1972
2．现代应用数学手册编委会．现代应用数学手册——运筹学与最优化理论卷．北京：清华大学出版社，1998
3．运筹学教材编写组．运筹学.第 3 版．北京：清华大学出版社，2005
4．Bradley S P.翟立林等译．应用数学规划．北京：机械工业出版社，1983
5．Charnes A,Cooper W W. Management Models and Industrial Applications of Linear Programming.NewYork: John Wiley&Sons，1961
6．Fudenberg,Drewand Jean Yorole.GameTheory.MA,MITpress,1991
7．Hertz D B.Thomas H.Risk Analysisandits Application. NewYork:Wiley,1983
8．Hiller S Frederick,Gerald J Leberman.Introduction to Operations Research Sixthed.NewYork：McGrawHill, 1995
9．Ignizio J P.著.宣家骥，娄彦博译.目标规划及其扩展．北京：机械工业出版社，1988
10．Lindley D V.Making Decision. NewYork:Wiley,1971
11．Mas-Colell A. Whinstonand Md , Green J R.Microeconomic Theory.London:Oxford University Press,1995
12．Moder J J,Elmaghraby S E.Handbook of Operations Research,vol.1,vol.2,1978
13．Osborne M J,Rubinstein A.A Coursein Game Theory MAMITPress,1994
14．Schlaiffer R.Analysis of decisions Under Uncertainty. NewYork：McGraw-Hill,1969
15．常大勇．运筹学．北京：中国物资出版社，2009
16．党耀国，李帮义，朱建军，等．运筹学．北京：科学出版社，2009
17．韩伯棠．管理运筹学．第 2 版．北京：高等教育出版社，2005
18．韩伯棠．管理运筹学．北京：高等教育出版社，2000
19．韩大卫．管理运筹学．大连：大连理工大学出版社，2003
20．何坚勇．运筹学基础．北京：清华大学出版社，2000
21．胡运权，郭耀煌．运筹学教材．第 3 版．北京：清华大学出版社，2007
22．胡运权．运筹学教程．第 3 版．北京：清华大学出版社，2004
23．胡运权．运筹学教程．北京：清华大学出版社，2007
24．胡运权．运筹学习题集．第 3 版．北京：清华大学出版社，2002
25．胡运权．运筹学习题集．北京：清华大学出版社，2002
26．马振华．现代应用数学手册(运筹学与最优化卷)．北京：清华大学出版社，1998
27．宁宣熙．管理运筹学教程．北京：清华大学出版社，2007
28．宁宣熙．运筹学实用教程．第 2 版．北京：科学出版社，2007

29．王建华．对策论．北京：清华大学出版社，1986
30．王凯阳．物流运筹学．北京：清华大学出版社，北京交通大学出版社，2009
31．吴祈宗．运筹学．北京：机械工业出版社，2000
32．徐玖平，胡知能，王瑞．运筹学(Ⅰ类)．北京：科学出版社，2004
33．许国志，马仲蕃．整数规划初步．沈阳．辽宁教育出版社，1985
34．姚恩瑜，何勇，陈仕平．数学规划与组合优化．浙江：浙江大学出版社，2002
35．张宏斌，葛娟．运筹学方法及其应用．北京：清华大学出版社，2008
36．郑成梁．运筹学的原理和方法．第2版．武汉：华中科技大学出版社，2003
37．中国科学院数学研究所．对策论(博弈论)讲义．北京：人民教育出版社，1960
38．周华任．运筹学解题指导．北京：清华大学出版社，2006